Arbeitsbuch zu Grundlagen der Mikroökonomik

T0349740

Martin Kolmar · Magnus Hoffmann

Arbeitsbuch zu Grundlagen der Mikroökonomik

2., erweiterte und vollständig überarbeitete Auflage

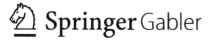

Martin Kolmar
Institute of Economics
University of St. Gallen
St. Gallen, Schweiz

Magnus Hoffmann
Institute of Business Ethics
University of St. Gallen
St. Gallen, Schweiz

ISBN 978-3-662-63472-1   ISBN 978-3-662-63473-8 (eBook)
https://doi.org/10.1007/978-3-662-63473-8

Die Deutsche Nationalbibliothek verzeichnet diese Publikation in der Deutschen Nationalbibliografie;
detaillierte bibliografische Daten sind im Internet über http://dnb.d-nb.de abrufbar.

Springer Gabler
© Springer Fachmedien Wiesbaden GmbH 2018, 2021
Übersetzung der englischen Ausgabe: Workbook for Principles of Microeconomics, 2nd edition von
Martin Kolmar und Magnus Hoffmann erschienen bei Springer International Publishing, © Springer
Nature Switzerland AG. Alle Rechte vorbehalten.
Das Werk einschließlich aller seiner Teile ist urheberrechtlich geschützt. Jede Verwertung, die nicht
ausdrücklich vom Urheberrechtsgesetz zugelassen ist, bedarf der vorherigen Zustimmung des Verlags.
Das gilt insbesondere für Vervielfältigungen, Bearbeitungen, Übersetzungen, Mikroverfilmungen und die
Einspeicherung und Verarbeitung in elektronischen Systemen.
Die Wiedergabe von allgemein beschreibenden Bezeichnungen, Marken, Unternehmensnamen etc. in
diesem Werk bedeutet nicht, dass diese frei durch jedermann benutzt werden dürfen. Die Berechtigung
zur Benutzung unterliegt, auch ohne gesonderten Hinweis hierzu, den Regeln des Markenrechts. Die
Rechte des jeweiligen Zeicheninhabers sind zu beachten.
Der Verlag, die Autoren und die Herausgeber gehen davon aus, dass die Angaben und Informationen in
diesem Werk zum Zeitpunkt der Veröffentlichung vollständig und korrekt sind. Weder der Verlag noch
die Autoren oder die Herausgeber übernehmen, ausdrücklich oder implizit, Gewähr für den Inhalt des
Werkes, etwaige Fehler oder Äußerungen. Der Verlag bleibt im Hinblick auf geografische Zuordnungen
und Gebietsbezeichnungen in veröffentlichten Karten und Institutionsadressen neutral.

Planung/Lektorat: Nora Valussi
Springer Gabler ist ein Imprint der eingetragenen Gesellschaft Springer-Verlag GmbH, DE und ist ein
Teil von Springer Nature.
Die Anschrift der Gesellschaft ist: Heidelberger Platz 3, 14197 Berlin, Germany

Vorwort zur zweiten Auflage

Nach vier Jahren war es an der Zeit, das diesem Arbeitsbuch zugrundeliegende Lehrbuch grundlegend zu erweitern und zu überarbeiten. Damit wurde auch eine Erweiterung und Überarbeitung dieses Arbeitsbuchs erforderlich.

Die nun vorliegende Auflage behält den bewährten Aufbau anhand dreier Aufgabentypen samt Musterlösungen bei. Es wurden insbesondere Aufgaben, die den ökonomischen und methodischen Kontext der Theorien genauer beleuchten, neu entwickelt und in dieses Buch integriert. Darüber hinaus finden sich Aufgaben und Musterlösungen zu den im Lehrbuch neuen Kapiteln. Diese sind zu den Themen (1) traditionelle Entscheidungstheorien unter Risiko und Unsicherheit, (2) Verhaltensökonomik und (3) Neurowissenschaften, Evolutionspsychologie und Narrationspsychologie. Nähere Angaben zur Struktur der Aufgaben finden Sie in dem Vorwort zur ersten Auflage. Es sei an dieser Stelle aber bereits darauf hingewiesen, dass, sofern nicht anders gekennzeichnet, sich sämtliche Referenzen zu Abschnitten in diesem Arbeitsbuch auf das Lehrbuch „Grundlagen der Mikroökonomik – Ein integrativer Ansatz" (2. Aufl.) von Martin Kolmar beziehen.

Wir danken Corinne Knöpfel, Jan Riss und Jan Serwart für die Miterstellung verschiedener Aufgaben. Darüber hinaus danken wir Judith Gamp für ihre kritischen Anmerkungen und die sorgfältige Durchsicht des Manuskripts. Dank gebührt ebenfalls Yara Locher, die die Grafiken erstellt hat. Jürg Furrer, Stefan Legge und Alfonso Sousa-Poza seien ebenfalls für ihre vielen konstruktiven Kommentare gedankt.

Und wir möchten uns bei den vielen Studierenden bedanken, deren zahlreiche Anmerkungen und Kommentare über die Jahre ihren Weg in dieses Buch gefunden haben.

St. Gallen   Magnus Hoffmann & Martin Kolmar
Februar 2021

V

Vorwort zur ersten Auflage

All that effort to make it seem effortless...
Andy Goldsworthy

Wer Klavierspielen lernen möchte, muss sich ans Klavier setzen und spielen. Das ist zu Beginn mühsam, und es klingt auch nicht besonders schön, aber mit zunehmender Praxis wird man immer besser. Genauso ist es mit ökonomischen (und anderen) Theorien auch: Wer mithilfe solcher Theorien bestimmte Aspekte unserer ökonomischen bzw. gesellschaftlichen Wirklichkeit besser verstehen und analysieren möchte, muss sie sich zu eigen machen, mit ihnen arbeiten und ihre innere Struktur verstehen. Die Lektüre eines Lehrbuchs oder der Besuch einer Vorlesung sind dazu nur bedingt geeignet. Beschränkt man sich darauf, ist es so, als wolle man das Klavierspiel erlernen, indem man einem Pianisten beim Spiel zuschaut und die Partituren studiert.

Daher haben wir in diesem Arbeitsbuch zum Lehrbuch „Grundlagen der Mikroökonomik – Ein integrativer Ansatz" Übungsaufgaben zusammengestellt, die es Ihnen ermöglichen sollen, sich Schritt für Schritt die im Lehrbuch behandelten Theorien zu eigen zu machen. Sie finden zu jedem Kapitel des Lehrbuchs ein Kapitel mit Übungsaufgaben und Musterlösungen. Dabei unterscheiden wir zwischen drei Typen von Aufgaben, die unterschiedlich aufwändig sind und die unterschiedliche Kompetenzen entwickeln.

Zunächst finden Sie Wahr-Falsch-Aufgaben. Am Ende dieser Aufgaben finden Sie die Lösungen zusammen mit einer kurzen Erklärung und Verweisen auf die Teile des Lehrbuchs, in denen sich weitere zur Lösung nützliche Informationen nachlesen lassen.

Dann finden sie Aufgaben mit offenen Antwortmöglichkeiten, mit Hilfe derer Sie komplexere Gedankengänge entwickeln sollen. Bei diesem Aufgabentyp gibt es nicht genau eine richtige Lösung, gleichwohl finden Sie auch am Ende dieses Teils Musterlösungen, die Ihnen *einen* Lösungsweg zeigen. Im Lauf der Jahre, in denen wir die Materialen entwickelt und die Theorien unterrichtet haben, stellte sich immer wieder heraus, dass in den Aufgaben typische Fehler gemacht werden. Wir werden auch immer wieder auf diese eingehen und erklären, wie man sie vermeiden kann.

Schliesslich finden sich zu jedem Kapitel Aufgaben, bei denen mehrere Antwortmöglichkeiten vorgegeben sind, von welchen genau eine richtig ist, so dass Sie die
richtige Antwort finden müssen.

Sofern nicht anders gekennzeichnet, beziehen sich sämtliche Referenzen in
diesem Arbeitsbuch auf das Lehrbuch „Grundlagen der Mikroökonomie – Ein
integrativer Ansatz" von Martin Kolmar.

Das in diesem Buch versammelte Material ist über viele Jahre gewachsen, und
es haben viele dabei geholfen, es zu verbessern, zuvorderst die Studierenden, die
mit diesen Aufgaben gearbeitet haben. Ihnen gilt unser Dank. Wir danken darüber
hinaus insbesondere Dario Fauceglia, Jürg Furrer, Carolina Güssow, Katharina
Hofer, Alfonso Sousa-Poza und Fred Henneberger für die vielen Hinweise auf
Fehler, Inkonsistenzen und mögliche Verbesserungen. Desweiteren gebührt Corinne
Knöpfel, Jan Riss und Jan Serwart, grosser Dank, deren Hilfe als Studentische
Mitarbeitende das Buch erst zu dem gemacht hat, was es ist.

Das Ziel einer letztlich nicht nur auf das Verständnis der Wirklichkeit sondern
auch auf die Anwendung zielenden Wissenschaft ist ähnlich des Ziels, welches man
zum Beispiel beim Jazz hat: Die gute Ökonomin und der gute Ökonom sind wie
die gute Klavierspielerin und der gute Klavierspieler: sie müssen die „Standards" so
verinnerlichen, dass sie in der Lage sind, auf ihnen zu improvisieren. Wenn dieses
Ziel erreicht wird, kann es *swingen*. Wir hoffen, dass Ihnen das Arbeitsbuch dabei
helfen wird, dieses Ziel zu erreichen.

St. Gallen   Martin Kolmar
Juni 2017   Magnus Hoffmann

Inhaltsverzeichnis

Grundlagen

1

1.1 Selektivfragen

1.1.1 Aussagen

Block 1

1. Die Nützlichkeit eines ökonomischen Modells ist umso grösser, je mehr Aspekte der Realität berücksichtigt werden.
2. Nach Karl Popper ist eine Grundvoraussetzung für die Güte einer wissenschaftlichen Theorie, dass man sie widerlegen kann.
3. Aussagenlogisch gilt: Aus falschen Annahmen kann man falsche Hypothesen ableiten.
4. Die moderne Mikroökonomik ist makrofundiert.

Block 2

1. Ökonomik als negative Wissenschaft versucht zu erklären, warum bestimmte gesellschaftliche Phänomene auftreten. Ökonomik als positive Wissenschaft versucht zu erklären, warum bestimmte gesellschaftliche Phänomene nicht auftreten sollten.
2. Wenn eine Ökonomin zu bestimmen versucht, wie ein Staat bestmöglich Steuern erheben soll, betreibt sie normative Wissenschaft.
3. Wenn in einer wissenschaftlichen Theorie eine Annahme falsch ist, muss die Theorie verworfen werden, weil sie keinen Beitrag zum Verständnis der Wirklichkeit leisten kann.
4. In der Ökonomik wird das Zusammenspiel des Verhaltens von Menschen auf der Individualebene betrachtet.

© Der/die Autor(en), exklusiv lizenziert durch Springer-Verlag GmbH, DE, ein Teil von Springer Nature 2021
M. Kolmar, M. Hoffmann, *Arbeitsbuch zu Grundlagen der Mikroökonomik*,
https://doi.org/10.1007/978-3-662-63473-8_1

Block 3

1. Bezogen auf die Ökonomik beantwortet die positive Wissenschaft die Frage, wie Menschen mit dem Phänomen der Knappheit umgehen sollten.
2. Gütermengen, die nicht auf der Produktionsmöglichkeitengrenze liegen, können nicht produziert werden.
3. Moderne Makroökonomik ist nicht mikrofundiert, weil sie sich mit ökonomischen Aggregaten beschäftigt.
4. Opportunitätskosten sind Kosten in der Vergangenheit, die nicht mehr reduziert werden können.

Block 4

1. Folgt man der wissenschaftstheoretischen Vorstellung des Kritischen Rationalismus, so ist die Monopoltheorie keine gute wissenschaftliche Theorie, weil die Annahme der Gewinnmaximierung falsifiziert wurde.
2. Nach der wissenschaftstheoretischen Vorstellung des Kritischen Rationalismus lassen sich wissenschaftliche Theorien nur verifizieren aber nicht falsifizieren.
3. Nach der wissenschaftstheoretischen Vorstellung des Kritischen Rationalismus ist eine gute Theorie falsifizierbar, aber bislang noch nicht falsifiziert worden.
4. Die Anwendung von ‚Ockhams Rasiermesser' auf wissenschaftliche Theorien impliziert, dass bei gleichem Erklärungsgehalt eine Theorie, die mit weniger Annahmen auskommt, einer anderen Theorie, die mehr Annahmen benötigt, vorzuziehen ist.

Block 5

1. Ökonomen verwenden die Institutionsebene, die Interaktionsebene und die aggregierte Ebene als die drei Betrachtungsebenen bei der Analyse gesellschaftlicher Phänomene.
2. Inflation, Wachstum und Arbeitslosigkeit sind Phänomene, die man traditionell auf der Interaktionsebene untersucht.
3. Der Methodologische Individualismus ist eine wissenschaftliche Position, nach der gesellschaftliche Phänomene nicht auf das Verhalten der Individuen zurückgeführt werden sollen.
4. Wenn jeder Beweis einer Aussage wiederum auf einer anderen Aussage basiert, welche wieder bewiesen werden muss, so spricht man von Zirkularität.

Block 6

1. Gemäss dem Ansatz der offenbarten Präferenzen kann man unter bestimmten Annahmen vom empirisch beobachteten Verhalten eines Individuums auf dessen Präferenzen schliessen.
2. Das Rationalverhaltensparadigma postuliert, dass sich individuelles Verhalten beschreiben lässt, als ob das Individuum eine vollständige und transitive Präferenzrelation maximierte.
3. Um der Idee der Rationalität gerecht zu werden, wurde der Homo Oeconomicus als egoistischer Akteur konzipiert.

4. Im Kern des Konzepts des Homo Oeconomicus steht die Idee der Rationalität. Trotzdem ist der Homo Oeconomicus auch in der Untersuchung beschränkt rationalen Verhaltens nützlich.

Block 7

1. Knappheit bezieht sich auf Situationen, in denen die Bedürfnisse grösser sind als die zu ihrer Befriedigung zur Verfügung stehenden Mittel. Dementsprechend spielt Knappheit im Alltagsleben auch kaum eine Rolle und ist nur im Kontext ökonomischer Analysen von Relevanz.
2. Auf dem Weg zur Vorlesung haben Sie Glück und können sich im Bus auf den letzten freien Sitzplatz setzen. Da Sie einen Sitzplatz gefunden haben, betrifft Sie die Knappheit an freien Sitzplätzen in diesem Bus nicht.
3. Weder die Studienplätze in der Ökonomik noch die Plätze in der Physik sind beschränkt, und es handelt sich lediglich um eine Frage des persönlichen Ermessens, für welches Studium man sich entscheidet. Da es also keine Knappheit gibt, bringt Studieren auch keine Opportunitätskosten mit sich.
4. Generell wägen Menschen verschiedene Alternativen gegeneinander ab und prüfen so die Opportunitätskosten einer Entscheidung, damit eine fundierte Wahl getroffen werden kann.

Block 8

1. Der Homo Oeconomicus ist ein Konzept, unter welchem Ökonomen eine Reihe von Annahmen über die Art und Weise, wie Individuen Entscheidungen treffen, zusammenfassen.
2. Der Homo Oeconomicus ist die jüngste Evolutionsstufe des Menschen. Daher ist jeder Homo Sapiens notwendigerweise auch ein Homo Oeconomicus.
3. Ökonominnen und Ökonomen in der Tradition Paretos verwenden Konzepte der Psychologie sowie das Rationalverhaltensparadigma, um auf die Motivation hinter menschlichem Handeln zu schliessen.
4. In der ökonomischen Literatur wird der Begriff Homo Oeconomicus meisst rein präskriptiv verwendet.

Block 9

Betrachten Sie das folgende Modell:

Annahme 1:   In Südkalifornien regnet es nie.
Annahme 2:   St. Gallen liegt in Südkalifornien.
Hypothese: In St. Gallen regnet es immer.

1. Das Modell ist logisch inkonsistent, weil Annahme 2 falsch ist: St. Gallen liegt nicht in Südkalifornien.
2. Das Modell ist gültig, weil die Hypothese zutrifft. Ein Modell wird aufgrund der Gültigkeit und Nützlichkeit seiner Hypothesen beurteilt.

Betrachten Sie nun folgendes Modell:

Annahme 1:   Reiche Studentinnen sind glücklich.
Annahme 2:   Alle Studentinnen sind reich.
Annahme 3:   Sie sind Studentin.
Hypothese: Sie sind glücklich.

3. Dieses Model ist kein gutes Modell, da weder die Annahmen noch die Hypothese plausibel sind.
4. Dieses Modell ist ein gutes Modell, aber keine gute Basis für eine Theorie.

Block 10
1. Wie jede Wissenschaft hat die Ökonomik einen positiven Charakter und ist daher frei von jeglichen Werturteilen.
2. Gemäss der Ansicht des Instrumentalismus sind Annahmen zentral für das Verständnis eines kausalen Mechanismus und müssen daher so realistisch wie möglich sein.
3. Der Kritische Rationalismus verlangt, dass eine Theorie so formuliert wird, dass sie sich durch empirische Tests prinzipiell verifizieren lässt.
4. Ein Schwachpunkt des Kritischen Rationalismus besteht in seinem unhinterfragten Glauben an die Möglichkeit der empirischen Falsifikation.

Block 11
1. Die Idee eines ‚herrschaftsfreien Diskurses' verlangt, dass unterschiedliche wissenschaftliche Paradigmen und Theorien unabhängig von der ihnen hinterlegten finanziellen und politischen Macht zu Worte kommen können.
2. Nach ‚Ockhams Rasiermesser' sollte man eine einfache Theorie einer komplexen Theorie vorziehen, wenn beide Theorien dieselben empirischen Phänomene erklären.
3. Nach der Sichtweise des Kritischen Rationalismus lassen sich wissenschaftliche Theorien niemals endgültig falsifizieren, jedoch verifizieren.
4. Moralischer Realismus wird eine Position genannt, die keinen Unterschied hinsichtlich der Wahrheitsfähigkeit von normativen und normwidrigen Aussagen anerkennt.

1.1.2   Lösungen

Musterlösung für Block 1
1. **Falsch.** Ein weitgehend anerkanntes Kriterium für ein gutes Modell ist seine Einfachheit oder Sparsamkeit. Das Prinzip wird oft mit dem Begriff ‚Ockhams Rasiermesser' bezeichnet und besagt, dass man bei gleichem Erklärungsgehalt eine einfache Erklärung einer komplizierten vorziehen sollte. Ockhams Rasiermesser hat notwendig zur Folge, dass die Annahmen eines Modells nicht

realistisch in dem Sinn sein können oder sein sollen, dass sie der Wirklichkeit entsprechen. Vgl. Abschn. 1.2.3.

2. **Wahr.** Nach Karl Popper lassen sich wissenschaftliche Theorien niemals endgültig verifizieren (also ihre Richtigkeit beweisen). Was hingegen im Prinzip möglich ist, ist eine Falsifikation, also eine Widerlegung der Hypothesen durch Konfrontation mit empirischer Evidenz. Vgl. Abschn. 1.2.6.

3. **Wahr.** Vgl. Beispiele in Abschn. 1.2.2.

4. **Falsch.** Die moderne Makroökonomik ist mikrofundiert, der Umkehrschluss gilt nicht. Vgl. Abschn. 1.1.

Musterlösung für Block 2

1. **Falsch.** Positive Theorien haben das Ziel, Phänomene zu erklären. Im Unterschied dazu machen normative Theorien Empfehlungen, was Menschen in welchen Situationen tun sollten. Sie basieren daher auf einem Werturteil. Vgl. Abschn. 1.2.7.

2. **Wahr.** Siehe Erklärung zu Block 2, Aussage 1.

3. **Falsch.** Annahmen sind in der Regel vereinfachend. Es gilt, die richtige Balance zwischen vernünftigen Vereinfachungen der Annahmen und den unterstellten kausalen Gesetzmässigkeiten auf der einen und dem Erklärungsgehalt der ableitbaren Hypothesen auf der anderen Seite zu finden. Vgl. Abschn. 1.2.4.

4. **Falsch.** Auf der Individualebene untersucht man das Verhalten einzelner Menschen. Das Zusammenspiel des Verhaltens von Menschen wird auf der Interaktionsebene betrachtet. Vgl. Abschn. 1.1.

Musterlösung für Block 3

1. **Falsch.** Bezogen auf die Ökonomik beantwortet die positive Wissenschaft die Frage, wie Menschen mit dem Phänomen der Knappheit umgehen (ohne Wertung). Vgl. Abschn. 1.2.7.

2. **Falsch.** Die Produktionsmöglichkeitengrenze gibt lediglich an, welche Gütermengen maximal produziert werden können. Alle Mengen, die unterhalb der Grenze liegen, können ebenfalls produziert werden. Vgl. Abschn. 1.2.5.

3. **Falsch.** Mikrofundierung der Makroökonomik: Ein Forschungsprogramm, welches Regelmässigkeiten auf der aggregierten Ebene wie Zusammenhänge zwischen Inflation und Arbeitslosigkeit durch das Verhalten und die Interaktion von Individuen erklären will. Der heutige makroökonomische Mainstream ist in diesem Sinne weitgehend mikrofundiert. Vgl. Abschn. 1.1.

4. **Falsch.** Opportunitätskosten sind Kosten, die daraus resultieren, dass z. B. auf eine anderweitige Verwendung von Kapital oder Zeit verzichtet wird (z. B: der entgangene Lohn für einen Studenten, der nicht arbeitet). Vgl. Abschn. 1.1.

Musterlösung für Block 4

1. **Falsch.** Falsifikation ist eine Widerlegung der Hypothesen durch Konfrontation mit empirischer Evidenz. Man kann nur Hypothesen falsifizieren, Annahmen aber nicht. Vgl. Abschn. 1.2.6.

2. **Falsch**. Nach der wissenschaftstheoretischen Vorstellung des Kritischen Rationalismus lassen sich wissenschaftliche Theorien niemals endgültig verifizieren,
aber sehr wohl falsifizieren. Vgl. Abschn. 1.2.6.
3. **Wahr**. Eine gute Theorie ist dadurch charakterisiert, dass sie einen grossen
empirischen Gehalt hat (sich einfach falsifizieren lässt), die bisherigen Falsifi-
kationsversuche aber gescheitert sind. Vgl. Abschn. 1.2.6.
4. **Wahr**. Siehe Definition in Abschn. 1.2.3. Siehe auch Erklärung zu Block 1,
Aussage 1 in diesem Abschnitt des Arbeitsbuchs.

Musterlösung für Block 5
1. **Falsch**. Ökonomen verwenden die Individualebene, die Interaktionsebene und
die aggregierte Ebene als die drei Betrachtungsebenen bei der Analyse gesellschaftlicher Phänomene, aber nicht die Institutionsebene. Vgl. Abschn. 1.1.
2. **Falsch**. Inflation, Wachstum oder Arbeitslosigkeit sind Phänomene, die man
traditionell auf der aggregierten Ebene untersucht. Vgl. Abschn. 1.1.
3. **Falsch**. Der Methodologische Individualismus ist eine wissenschaftliche Position, nach der alle gesellschaftlichen Phänomene auf das Verhalten der Individuen
zurückgeführt werden müssen. Vgl. Abschn. 1.1.
4. **Falsch**. Wenn jeder Beweis einer Aussage wiederum auf einer Aussage basiert,
so spricht man von infinitem Regress. Vgl. Abschn. 1.2.

Musterlösung für Block 6
1. **Wahr**. Beachten Sie, dass der Ansatz der offenbarten Präferenzen nicht postuliert, dass ein Individuum eine Präferenzrelation maximiert, lediglich, dass es
sich verhält, *als ob* es eine solche maximiere. Vgl. Abschn. 1.1.
2. **Wahr**. Die Annahmen an die Präferenzrelation sind notwendig, damit das
Verhalten bestimmte Konsistenzanforderungen erfüllt. Vgl. Abschn. 1.1.
3. **Falsch**. Begriffe wie Egoismus oder Altruismus beziehen sich auf (psychologische) Verhaltensmotive, über die man gemäss dem Ansatz der offenbarten
Präferenzen gar nichts sagen kann. Vgl. Abschn. 1.1.
4. **Wahr**. Beschränkt rationales Verhalten folgt Mustern, und diese sind einfacher
aufzuspüren, wenn man sie am Referenzpunkt des rationalen Verhaltens misst.
Vgl. Abschn. 1.1.

Musterlösung für Block 7
1. **Falsch**. Knappheit bezieht sich tatsächlich auf Situationen, in denen die Bedürfnisse die Mittel übersteigen. Allerdings sind solche Situationen auch im
Alltagsleben der meisten Menschen allgegenwärtig und daher höchst relevant.
Der Bezugspunkt ‚Bedürfnis' verweist bereits darauf, dass Knappheit ihren Ursprung in der menschlichen Physiologie und Psychologie hat. Vgl. Abschn. 1.1.
2. **Falsch**. Sitzplätze in einem überfüllten Bus sind objektiv knapp, d.h. die
Nachfrage nach Sitzplätzen übersteigt das vorhandene Angebot. Das hat auch
Auswirkungen für Sie, da Sie z.B. ihren Sitzplatz gegen eine Gebühr einem
anderen Reisenden zur Verfügung stellen könnten.

3. **Falsch.** Das Konzept der Knappheit führt unmittelbar zum Konzept der Opportunitätskosten. Im hier aufgeführten Beispiel ist die relevante Form der Knappheit Zeit. Während man Ökonomik studiert, kann man nicht Physik studieren oder ein Einkommen auf dem Arbeitsmarkt erwirtschaften. Die Opportunitätskosten des Ökonomik-Studiums entsprechen also dem Nutzen, der einem entgeht, weil man auf die (beste) nicht gewählte Alternative verzichten muss. Vgl. Abschn. 1.1.

4. **Falsch.** Das Konzept der Opportunitätskosten erlaubt es, besser zu verstehen, wie Menschen Entscheidungen treffen sollten. Allerdings ist es nicht klar, ob Menschen auch tatsächlich immer Opportunitätskosten abwägen und entsprechend entscheiden. Dem Prinzip der Abwägung von Opportunitätskosten liegt die Annahme der Rationalität zu Grunde. Vgl. Abschn. 1.1.

Musterlösung für Block 8

1. **Wahr.** Vgl. Abschn. 1.1.

2. **Falsch.** Unter dem Begriff Homo Oeconomicus fassen Ökonomen eine Reihe von Annahmen zur individuellen Entscheidungsfindung zusammen. Der Begriff hat keine biologische Bedeutung und stellt auch nicht den Anspruch, den Menschen in seiner ganzen Komplexität zu erfassen. Vgl. Abschn. 1.1.

3. **Falsch.** Nach V. Pareto und P. Samuelson haben Ökonomen psychologische Konzepte weitestgehend aus der ökonomischen Theorie entfernt und sehen Verhalten als rein zweckrational an. Die Idee ist, dass man Handlungen, nicht aber Gefühle oder kognitive Prozesse, beobachten kann, sodass diese auch in der Theorie keine Rolle spielen sollten. Vgl. Abschn. 1.1.

4. **Falsch.** In der ökonomischen Literatur wird der Begriff Homo Oeconomicus meisst rein deskriptiv verwendet. Vgl. Abschn. 1.1.

Musterlösung für Block 9

1. **Falsch.** Das Modell ist logisch inkonsistent, weil die Hypothese nicht logisch aus den Annahmen folgt. Der Punkt ist, dass die Annahmen die Hypothese nicht erklären können, und das macht das Modell für eine Theorie nutzlos. Vgl. Abschn. 1.2.2.

2. **Falsch.** Die Hypothese folgt nicht logisch aus den Annahmen, und das Modell ist logisch inkonsistent, selbst wenn die Hypothese empirisch zutreffen würde. Der Punkt ist, dass die Annahmen die Hypothese nicht erklären können, und das macht das Modell für eine Theorie nutzlos. Ein logisch konsistentes Modell ist eine notwendige Bedingung für eine gute Theorie. Vgl. Abschn. 1.2.2.

3. **Falsch.** Die Sammlung von Annahmen und Hypothesen erfüllt alle Anforderungen an ein gutes Modell. Alle Annahmen sind explizit formuliert, und die Hypothese folgt auf logisch konsistente Weise aus den Annahmen. Vgl. Abschn. 1.2.2.

4. **Wahr.** Das Modell ist logisch konsistent. Allerdings ist logische Konsistenz nur eine notwendige, aber keine hinreichende Bedingung für eine gute Theorie. Es ist nur schwierig vorstellbar, dass eine solche Theorie von vielen Expertinnen und Experten für gut befunden würde. Vgl. Abschn. 1.2.2.

Musterlösung für Block 10

1. **Falsch**. Im Sinne der Sein-Sollen-Dichotomie sollte sich die gesellschaftliche Rolle der Ökonomin auf die einer Technokratin beschränken, die (hoffentlich) Expertin für deskriptive Aussagen ist. Allerdings haben wir am ‚Münchhausen-Trilemma' gesehen, dass auch positive Theorien einen ‚dogmatischen' Ursprung haben, so dass die Unterscheidung positiv-normativ nicht so klar ist, wie man sie gern hätte. Vgl. Abschn. 1.1 sowie 1.2.7.

2. **Falsch**. Nach Auffassung des Instrumentalismus sollte man ein Modell auf Grundlage der Gültigkeit und Nützlichkeit seiner Hypothesen beurteilen, wohingegen die Annahmen irrelevant sind. Die extreme Ansicht, dass Annahmen überhaupt keine Rolle spielen, führt aber auch dazu, dass man nichts über die zugrundeliegenden kausalen Gesetze lernen kann. Vgl. Abschn. 1.2.4.

3. **Falsch**. Nach der Sichtweise des Kritischen Rationalismus lassen sich wissenschaftliche Theorien niemals endgültig verifizieren. Was hingegen im Prinzip möglich ist, ist eine Falsifikation, also eine Widerlegung der Hypothesen durch Konfrontation mit empirischer Evidenz, die im Widerspruch zu den Hypothesen steht. Vgl. Abschn. 1.2.6.

4. **Wahr**. Von einem erkenntnistheoretischen Standpunkt aus ist eine Falsifikation nichts anderes als der Beweis der logischen Unverträglichkeit zweier Theorien, der ‚theoretischen Theorie' und der ‚empirischen Theorie'. Welche man dann verwirft, lässt sich nicht streng wissenschaftlich klären, es bedarf des Gespürs und der Werturteile der Experten. Vgl. Abschn. 1.2.6.

Musterlösung für Block 11

1. **Wahr**. Vgl. Abschn. 1.2.6.

2. **Wahr**. Das Prinzip besagt, dass man bei gleichem Erklärungsgehalt eine einfache Erklärung einer komplizierten vorziehen sollte, bzw. dass man unter verschiedenen Modellen dasjenige wählen sollte, welches dieselben Hypothesen mit weniger Annahmen ableiten kann. Vgl. Abschn. 1.2.3.

3. **Wahr**. Vgl. Abschn. 1.2.6.

4. **Falsch**. Moralischer Realismus wird eine Position genannt, die keinen Unterschied hinsichtlich der Wahrheitsfähigkeit von positiven und normativen Aussagen anerkennt. Vgl. Abschn. 1.2.7.

1.2   Offene Fragen

1.2.1   Aufgaben

Aufgabe 1

Wie unterscheidet sich die Herangehensweise an die Diskrepanz zwischen Bedürfnissen und Mitteln – oder in anderen Worten an Knappheit – zwischen Buddhismus und ‚westlicher' Ökonomik? Welche Lösung präsentieren (i) die westliche Ökonomik und (ii) der Buddhismus bzgl. der Diskrepanz zwischen Ihrem Verlangen nach

Konsumgütern wie Autos, Urlaub, Kleider usw. und Ihren beschränkten finanziellen Mitteln?

Aufgabe 2

Wie kann das Konzept der Opportunitätskosten auf Wohltätigkeit und Spenden angewendet werden? Nennen Sie zwei mögliche Anwendungen im Sinne des ‚Effektiven Altruismus'. Überzeugt Sie dieser utilitaristische Ansatz zur Wohltätigkeit? Welches sind die potenziellen Nachteile? (Es gibt viele mögliche Antworten auf diese Frage. Verlangt ist eine Ausführung Ihrer Gedanken zum Thema.)

Aufgabe 3

Betrachten Sie die folgenden Begriffe:

1. Theorie,
2. Münchhausen-Trilemma,
3. Paradigma,
4. Modell,
5. Infiniter Regress.

Ordnen Sie die o.g. Begriffe den passenden Definitionen und Erklärungen zu:

A. Die geteilten Praxen und Überzeugungen, die zu jedem Zeitpunkt eine wissenschaftliche Disziplin definieren. Für den ökonomischen Mainstream sind zum Beispiel die Idee der Rationalität und des methodologischen Individualismus Teil davon.
B. Ein relativ breiter konzeptioneller Denkansatz, welcher vernünftige Vermutungen über Kausalbeziehungen in der Welt trifft.
C. Jeder Beweis einer Aussage basiert auf einer Aussage, die selbst wieder bewiesen wird, ad infinitum.
D. Es trifft bestimmte Annahmen über einen Aspekt der Wirklichkeit und leitet daraus auf logisch konsistente Weise Hypothesen über diese ab. Seine zentrale Funktion besteht darin, die einer Theorie inhärenten Annahmen offenzulegen und die kausalen Mechanismen in logisch konsistenter Weise abzuleiten.
E. Es gibt nur drei unbefriedigende Alternativen im Umgang mit der Tatsache, dass wissenschaftliches Nachdenken für jede Behauptung Belege oder Beweise verlangt: infiniter Regress, Zirkularität, oder Dogmatismus.

Aufgabe 4

Wie unterscheidet sich das Verständnis von Erleuchtung im Buddhismus von der westlichen Idee der Aufklärung?[1]

---

[1]Im Englischen wird sowohl die Aufklärung als auch die Erleuchtung als „enlightenment" bezeichnet, was die Verwandtschaft der Konzept verdeutlicht.

1.2.2   Lösungen

Lösung zu Aufgabe 1
Wenn eine Diskrepanz zwischen Bedürfnissen und Mitteln besteht, versucht die Ökonomik, Knappheit zu lindern, indem die zur Verfügung stehenden Mittel vergrössert werden. Im Gegensatz hierzu ist die Reaktion auf Knappheit im Buddhismus die Überwindung der Bedürfnisse. Bezogen auf die Diskrepanz zwischen Ihren Konsumbedürfnissen und Ihren beschränkten finanziellen Mitteln bedeutet dies, (i) dass Sie Ihre Kaufkraft vergrössern, d. h. ein höheres Einkommen generieren, damit Sie sich Ihren Konsum leisten können, oder (ii) dass Sie Ihre Bedürfnisse überwinden, d. h. daran arbeiten, dass Sie die schönen Autos oder den luxuriösen Urlaub gar nicht erst haben wollen. Vgl. Abschn. 1.1.

Lösung zu Aufgabe 2
Hinter dem Begriff ‚Effektiver Altruismus' verbirgt sich der Versuch, Spenden und Wohltätigkeit so auf Projekte zu verteilen, dass mit ihnen ein Maximum an Nutzen erreicht wird. Damit steht dieser Ansatz in einer utilitaristischen Tradition. Wenn man das Konzept der Opportunitätskosten auf Wohltätigkeit anwendet, ist die notwendige Konsequenz, dass man sich bei Wohltätigkeit von Effizienz- und Effektivitätsgedanken leiten lässt. Beispielsweise sollte man

- jene Karriere wählen, die es einem erlaubt, möglichst viele Ressourcen für wohltätige Zwecke zur Verfügung zu stellen. Anstatt bei einer wohltätigen Organisation zu arbeiten, arbeitet man z. B. bei einer Bank, um ein hohes Einkommen zu generieren und dieses dann zu spenden.
- an jene wohltätige Organisation spenden, welche die besten Resultate mit den Ressourcen erzielen kann.

Einerseits gibt es genügend empirische Evidenz dafür, dass das Spendenverhalten vieler Menschen irrational ist. So wird für medienwirksame Katastrophen, die allgemein viel Aufsehen erregen, häufig mehr gespendet, als sinnvoll ausgegeben werden kann. Dieses Geld fehlt aber weniger bekannten Hilfsorganisationen, welche besser positioniert wären, mit dem Geld Menschen sinnvoll zu helfen. Effektiver Altruismus zielt auch darauf ab, solche Ineffizienzen zu vermeiden, und scheint vor diesem Hintergrund durchaus berechtigt.

Andererseits ist Nutzen ein nur schwierig zu erfassendes Konzept und das Vergleichen des Nutzens, den verschiedene wohltätige Akte mit sich bringen, ist nicht nur kompliziert, sondern kann auch aus moralischer Sicht problematisch erscheinen: Was ist mehr wert, die Ausbildung eines Kindes in der Dritten Welt oder der Erhalt des Augenlichts eines erwachsenen Menschen? Wie können wir den Nutzen dieser zwei Optionen messen und vergleichen? Dazu kommt, dass der ‚Effektive Altruismus' sehr hohe Ansprüche an die Spender stellt. Um überhaupt sinnvoll spenden zu können, muss man hinreichend über die Konsequenzen der eigenen Wohltätigkeit informiert sein. Es ist aber praktisch unmöglich, über alle Optionen sowie deren mögliche Resultate Bescheid zu wissen. Vgl. Abschn. 1.1.

Lösung zu Aufgabe 3

$1 \rightarrow B$	$2 \rightarrow E$	$3 \rightarrow A$	$4 \rightarrow D$	$5 \rightarrow C$

Lösung zu Aufgabe 4

Im westlichen Denken bezieht sich die Idee der Aufklärung auf die unabhängige Benutzung des Verstands zur Erkenntnis des wahren Wesens der Welt. Andere Denktraditionen aber sehen den blossen Verstand als Hindernis auf dem Weg zur Erleuchtung an. So strebt z. B. der Zen-Buddhismus Überwindung des habituellen, sprachlichen, rationalen Denkens an, damit eine erleuchtete (i.e. enlightened) Sicht auf die Welt erlangt werden kann. Vgl. Abschn. 1.2.

Spezialisierung und Tausch

2

2.1 Selektivfragen

2.1.1 Aussagen

Block 1

Es gebe zwei Individuen A und B, die zwei Güter 1 und 2 produzieren können. Die Produktionsmöglichkeitenkurven der beiden Individuen seien $x_1^A = a - b \cdot x_2^A$ und $x_1^B = c - d \cdot x_2^B$, wobei a, b, c, d strikt grösser null sind.

1. Falls $b > d$, hat A einen komparativen Vorteil bei der Produktion von Gut 1.
2. Falls $a > c$, hat A einen absoluten Vorteil bei der Produktion beider Güter.
3. Falls $a = c$, hat kein Individuum einen komparativen Vorteil.
4. Falls $a = 100$ und $b = 2$, kann A maximal 50 Einheiten des zweiten Guts produzieren.

Block 2

1. Eine Situation, in der es keinen Handel zwischen Ländern gibt, wird als Autarkie bezeichnet.
2. Die Theorie des komparativen Vorteils gilt nur bei linearen Produktionsmöglichkeitenkurven.
3. Wenn ein Land einen komparativen Nachteil bei der Herstellung eines Guts hat, sollte es dieses Gut nicht mit anderen Ländern handeln.
4. Durch Spezialisierung und Handel stellen sich alle Länder immer besser.

Block 3

Charlotte und Phil sind Bäcker. Charlotte kann an einem Tag 20 Kuchen, 15 Pizzas oder jede lineare Kombination der beiden backen. Phil kann 10 Kuchen, 5 Pizzas oder jede lineare Kombination der beiden backen.

© Der/die Autor(en), exklusiv lizenziert durch Springer-Verlag GmbH, DE, ein Teil von Springer Nature 2021
M. Kolmar, M. Hoffmann, *Arbeitsbuch zu Grundlagen der Mikroökonomik*,
https://doi.org/10.1007/978-3-662-63473-8_2

1. Charlotte hat einen komparativen Vorteil beim Backen von Pizza.
2. Charlotte hat einen absoluten Vorteil beim Backen von Pizza.
3. Phils Opportunitätskosten für eine Pizza entsprechen zwei Kuchen.
4. Charlottes Opportunitätskosten für Kuchen sind niedriger als Phils.

Block 4

1. Nehmen Sie lineare Produktionsmöglichkeitenkurven an. Bei identischen Opportunitätskosten zweier Individuen hat kein Individuum einen komparativen Vorteil.
2. Ausgehend vom Autarkiefall können sich 2 Individuen durch Spezialisierung in Richtung des komparativen Vorteils und anschliessendem Handel niemals schlechter stellen.
3. Die Theorie des komparativen Vorteils beschreibt und erklärt den internationalen Güterhandel.
4. Die Reihenfolge der Integration in eine Handelsgemeinschaft (bei sequenziellem Vorgehen) ist unerheblich für die Beurteilung der Vorteilhaftigkeit der Gemeinschaft durch die Handelspartner.

Block 5

1. Individuum A und Individuum B können jeweils Rosen oder Computer herstellen. Können sich beide Individuen durch Handel besser stellen, so wird sich eines der beiden Individuen verpflichten nur Rosen und das andere Individuum nur Computer zu produzieren.
2. Ein Vergleich der Opportunitätskosten erlaubt die Identifikation von potenziellen absoluten Vorteilen.
3. Ein Individuum kann einen komparativen Vorteil bzgl. eines Guts und einen absoluten Vorteil bzgl. eines anderen Guts haben.
4. Zwei Individuen mit identischen linearen Produktionsmöglichkeitenkurven können sich durch Handel besser stellen.

Block 6

Roberto und Chiara sind Schuster. Roberto kann in einer Woche 10 Schuhe, 8 Stiefel oder jede lineare Kombination der beiden produzieren. Chiara kann in einer Woche 5 Schuhe, 6 Stiefel oder jede lineare Kombination der beiden produzieren.

1. Roberto hat einen komparativen Vorteil bei der Produktion von Schuhen.
2. Chiara hat einen absoluten Vorteil bei der Produktion von Stiefeln.
3. Robertos Opportunitätskosten von 5 Schuhen sind 4 Stiefel.
4. Bei der Möglichkeit von Spezialisierung und Handel produziert Chiara mehr Stiefel als Roberto.

Block 7

1. Ontologie ist das Studium von Wissen und Epistemologie das Studium der Existenz der Realität.

2. Epistemologie ist das Studium von Wissen und Ontologie das Studium der Existenz der Realität.
3. Ontologie stellt Fragen zum Wesen der Existenz und wie man zum Wissen darüber gelangt.
4. Epistemologie stellt Fragen zu den Bedingungen von Wissen und dazu, wie wir wissen können, ob etwas wahr ist.

Block 8

1. Die Herstellung materieller Güter ist das primäre Ziel ökonomischer Aktivität.
2. Im Gegensatz zu materiellen Gütern beruht die Existenz von Institutionen auf Konventionen.
3. Institutionen wie Märkte oder Währungen sind ontologisch objektiv, da sie auf Konventionen beruhen.
4. Die Theorie des komparativen Vorteils ist nicht nur für die Ökonomik relevant, sondern auch für die Betriebswirtschaftslehre sowie für die Rechtswissenschaften.

Block 9

1. Die Theorie des komparativen Vorteils lässt sich gleichermassen auf Individuen wie auf Länder anwenden.
2. Die Präferenzen von Händlern sind entscheidend für die Struktur eines optimalen Handelsabkommens.
3. Die Theorie des komparativen Vorteils ist nur für lineare Produktionsmöglichkeitenkurven gültig.
4. Ausbeutung und Entfremdung sind potenzielle Kosten von Spezialisierung.

2.1.2 Lösungen

Musterlösung für Block 1

Die Opportunitätskosten von Gut i, gemessen in Einheiten des Guts j für Individuum k sind gegeben durch $OK_{ij}^k = \left| \frac{dx_j^k}{dx_i^k} \right|$, mit $i, j \in \{1, 2\}$ und $k \in \{A, B\}$. Für Individuum A gilt $OK_{12}^A = \frac{1}{b}$ und $OK_{21}^A = b$, und für Individuum B gilt $OK_{12}^B = \frac{1}{d}$ und $OK_{21}^B = d$. Vgl. Abschn. 2.2.

1. **Wahr.** Falls $b > d$, dann sind die Opportunitätskosten von Gut 1 für A kleiner als für B, und folglich hat A einen komparativen Vorteil bei der Produktion des ersten Guts.
2. **Falsch.** Alleine aus $a > c$ geht nicht hervor, dass A einen absoluten Vorteil bei der Produktion des zweiten Guts hat.
3. **Falsch.** Aus $a = c$ geht das nicht hervor. Dazu müsste $b = d$ sein.

4. **Wahr.** Individuum A kann $x_1^A = 100 - 2 \cdot x_2^A$ Einheiten von Gut 1 produzieren. Falls es null Einheiten des ersten Guts produziert, ergibt das $0 = 100 - 2 \cdot x_2^A$ und somit $x_2^A = 50$.

Musterlösung für Block 2

1. **Wahr.** Per definitionem. Vgl. Abschn. 2.1.
2. **Falsch.** Vgl. die Diskussion zu strikt konkaven und strikt konvexen Produktionsmöglichkeitenkurven in Abschn. 2.3.
3. **Falsch.** Gerade dann ergibt sich für ein Individuum die Möglichkeit, sich durch Handel besser zu stellen. Denn ein komparativer Nachteil in der Produktion eines Guts impliziert stets auch einen komparativen Vorteil in der Produktion eines anderen Guts. Das Individuum kann sich auf die Produktion des Guts, bei dem es einen komparativen Vorteil hat, spezialisieren und sich durch Tausch besser stellen. Vgl. Abschn. 2.1.
4. **Falsch.** Die Reihenfolge der Integration spielt eine Rolle. Darüber hinaus kann es beim Handel zwischen Ländern, die global identische Opportunitätskosten haben, keine Handelsvorteile geben. Vgl. Abschn. 2.3.

Musterlösung für Block 3

Die Opportunitätskosten von Gut i, gemessen in Einheiten des Guts j für Individuum k sind gegeben durch $OK_{ij}^k = \left| \frac{dx_j^k}{dx_i^k} \right|$, mit $i, j \in \{K, P\}$ und $k \in \{C, Ph\}$. Für Charlotte gilt $OK_{KP}^C = \frac{15}{20} = \frac{3}{4}$ und $OK_{PK}^C = \frac{20}{15} = \frac{4}{3}$. Für Phil gilt $OK_{KP}^{Ph} = \frac{5}{10} = \frac{1}{2}$ und $OK_{PK}^{Ph} = \frac{10}{5} = 2$. Vgl. Abschn. 2.2.

1. **Wahr.** $OK_{PK}^C = \frac{4}{3} < 2 = OK_{PK}^{Ph}$, daher hat Charlotte einen komparativen Vorteil beim Backen von Pizza.
2. **Wahr.** Charlotte kann 15 Pizzas herstellen, Phil nur 5. Charlotte hat also einen absoluten Vorteil beim Backen von Pizza.
3. **Wahr.** $OK_{PK}^{Ph} = 2$.
4. **Falsch.** $OK_{KP}^C = \frac{3}{4} > \frac{1}{2} = OK_{KP}^{Ph}$.

Musterlösung für Block 4

1. **Wahr.** Bei identischen Opportunitätskosten müssen beide Individuen ihre jeweilige Produktion des einen Guts im selben Ausmass reduzieren, um eine zusätzliche Einheit des anderen Guts produzieren zu können. Entsprechend hat kein Individuum einen komparativen Vorteil. Vgl. Abschn. 2.1.
2. **Wahr.** Durch Spezialisierung in Richtung des komparativen Vorteils wird ein Überschuss produziert, der beide oder mindestens eines der Individuen besser stellt. Der Autarkiekonsum kann für beide Individuen garantiert werden. Vgl. Abschn. 2.3.
3. **Wahr.** Das Konzept des komparativen Vorteils kann auch von Individuen auf Länder übertragen werden. Vgl. Abschn. 2.1.
4. **Falsch.** Es spielt durchaus eine Rolle. Vgl. dazu die Ausführungen zur sequenziellen Integration in Abschn. 2.3.

Musterlösung für Block 5

1. **Falsch.** Wenn sich die Individuen durch Handel besser stellen können, dann existieren komparative Vorteile. Die Individuen werden sich in Richtung ihrer komparativen Vorteile spezialisieren, ob sie sich aber vollständig spezialisieren hängt von ihrem Konsumverhalten ab. Vgl. Abschn. 2.2.
2. **Falsch.** Vgl. Abschn. 2.2.
3. **Wahr.** Vgl. das Beispiel in Abschn. 2.2, in welchem Anne einen absoluten Vorteil in der Produktion von Tomaten und einen komparativen Vorteil in der Produktion von Pflaumen hat.
4. **Falsch.** Da keiner einen komparativen Vorteil hat, können sich die Individuen durch Spezialisierung und Tausch nicht besser stellen. Vgl. Abschn. 2.1.

Musterlösung für Block 6

Die Produktionsmöglichkeitenkurve (PMK) für Roberto lautet:

$$x_{St}^R = 8 - \frac{8}{10} \cdot x_S^R = 8 - \frac{4}{5} \cdot x_S^R.$$

Die PMK für Chiara lautet:

$$x_{St}^C = 6 - \frac{6}{5} \cdot x_S^C.$$

Die Opportunitätskosten für ein Gut gemessen in Einheiten des jeweilig anderen Guts sind für Roberto wie folgt: $OK_{SSt}^R = \frac{8}{10} = \frac{4}{5}$ und $OK_{StS}^R = \frac{10}{8} = \frac{5}{4}$. Für Chiara sind sie wie folgt: $OK_{SSt}^C = \frac{6}{5}$ und $OK_{StS}^C = \frac{5}{6}$. Vgl. Abschn. 2.2: Ein Rechenbeispiel.

1. **Wahr.** $OK_{SSt}^R = \frac{4}{5} < OK_{SSt}^C = \frac{6}{5}$, daher hat Roberto einen komparativen Vorteil bei der Produktion von Schuhen.
2. **Falsch.** Chiara kann maximal 6 Stiefel produzieren, Roberto aber 8.
3. **Wahr.** $OK_{SSt}^R = \frac{4}{5}$, also 4 Stiefel für 5 Schuhe.
4. **Falsch.** Dies hängt von den Präferenzen der Konsumenten ab. Wir wollen das an einem Beispiel erläutern. Die gemeinsame PMK von Chiara und Roberto ist:

$$x_{St} = \begin{cases} 14 - \frac{4}{5} \cdot x_S, & \text{für } x_S \leq 10, \\ 18 - \frac{6}{5} \cdot x_S, & \text{sonst.} \end{cases}$$

Nehmen wir nun an, dass die Präferenzen durch $x_{St} = \alpha \cdot x_S$ gegeben sind, wobei $\alpha > 0$. Dann folgt daraus, dass im Optimum

$$14 - \frac{4}{5} \cdot x_S = \alpha \cdot x_S \quad \Leftrightarrow \quad \bar{x}_S = \frac{70}{4 + 5 \cdot \alpha}.$$

Somit gilt auch, dass

$$\bar{x}_{St} = 14 - \frac{4}{5} \cdot \bar{x}_S = \frac{70 \cdot \alpha}{4 + 5 \cdot \alpha}.$$

Somit produziert Roberto mehr Stiefel als Chiara, wenn

$$\bar{x}_{St} - 6 > 6 \quad \Leftrightarrow \quad \alpha > 4.8.$$

Musterlösung für Block 7

1. **Falsch**. Umgekehrt: Epistemologie ist das Studium von Wissen und Ontologie das Studium der Existenz von Realität. Vgl. Abschn. 2.4.
2. **Wahr**. Vgl. Abschn. 2.4.
3. **Falsch**. Ontologie stellt Fragen zum Wesen der Existenz. Epistemologie stellt Fragen dazu, wie man zum Wissen darüber gelangt. Vgl. Abschn. 2.4.
4. **Wahr**. Vgl. Abschn. 2.4.

Musterlösung für Block 8

1. **Falsch**. Materielle Güter sind höchstens Mittel, nicht Zweck des Wirtschaftens. Was am Ende zählt, ist der Beitrag, den materielle Güter zum Wohlergehen der Menschen leisten. Der Begriff ‚Handelsgewinn' bezeichnet dabei ein Mass für diesen subjektiven Zugewinn. Vgl. Abschn. 2.2.
2. **Wahr**. Vgl. die Diskussion in Abschn. 2.4 darüber, weshalb Institutionen sowohl epistemologisch objektiv als auch ontologisch subjektiv sind.
3. **Falsch**. Ontologie ist das Studium darüber, ‚was ist'. Da Institutionen auf sozialen Konventionen beruhen (und deshalb verändert oder gar ‚zerstört' werden können), sind sie ontologisch subjektiv. Im Gegensatz dazu existieren physische Objekte unabhängig von menschlichen Konventionen und sind entsprechend ontologisch objektiv. Vgl. Abschn. 2.4.
4. **Wahr**. Betriebswirtschaftslehre: Die divisionale Struktur eines Unternehmens stellt eine spezifische Form von Arbeitsteilung dar, in welcher sich Angestellte beispielsweise als Ingenieure, Facharbeiter oder Buchhalter spezialisieren. Rechtswissenschaften: Damit die komparative Vorteile ausgenutzt werden können, braucht es ein Vertragsrecht. Vgl. Abschn. 2.1 und 2.4.

Musterlösung für Block 9

1. **Falsch**. Ein Handelsabkommen kann sehr unterschiedliche Auswirkungen auf die Menschen innerhalb eines Landes haben. Während es idealerweise das Land als Ganzes besser stellt, wird es auf individueller Ebene stets Gewinner und Verlierer geben. Dafür gibt es zwei Hauptgründe: Erstens sind Länder im Gegensatz zu Individuen keine einheitlichen Akteure. Und zweitens stellt die Marktintegration zwischen Ländern eine spezielle Form sequenzieller Integration dar, in welcher der Ausgangspunkt nicht Autarkie ist, sondern eine Situation mit partiell integrierten Märkten und industriespezifisch spezialisierten Individuen. Vgl. Abschn. 2.1 und 2.3.
2. **Wahr**. Dies kann anhand eines Extrembeispiels verdeutlicht werden. Gehen Sie davon aus, dass Anna 10 Birnen und Bill 10 Tomaten produzieren können.

Wenn Anna lediglich Birnen und Bill nur Tomaten konsumieren möchte, würde offensichtlich kein Handel zustande kommen. Wenn im Gegensatz dazu Anna lediglich Tomaten und Bill nur Birnen konsumieren möchte, werden sie ihre gesamte Produktion miteinander tauschen. Vgl. Abschn. 2.1.

3. **Falsch**. Vgl. die Diskussion zu strikt konkaven und strikt konvexen Produktionsmöglichkeitenkurven in Abschn. 2.3.

4. **Wahr**. Vgl. Abschn. 2.3.

2.2   Offene Fragen

2.2.1   Aufgaben

Aufgabe 1
Was besagt die Theorie des komparativen Vorteils? Welche Bedeutung hat sie für die Ökonomik, Betriebs- und Rechtswissenschaften?

Aufgabe 2
Nehmen Sie an, es gebe zwei Güter, 1 und 2, die in zwei Ländern, A und B, produziert werden können. Beide Güter seien homogen und können von beiden Ländern durch den Faktor Arbeit produziert werden. In Land A kann eine Arbeitskraft maximal 10 Einheiten des ersten, maximal 10 Einheiten des zweiten Guts oder jede lineare Kombination aus diesen beiden Mengen herstellen. In Land B kann eine Arbeitskraft maximal α Einheiten des ersten oder maximal 9 Einheiten des zweiten Guts oder jede lineare Kombination aus diesen beiden Mengen herstellen. Jedes Land verfügt über 100 Arbeitskräfte. Etwaig anfallende Handelsgewinne werden innerhalb eines Landes auf alle Arbeitskräfte gleich verteilt.

1. Sei $\alpha = 8$. Zeichnen Sie die Produktionsmöglichkeitenkurven beider Länder.
2. Bestimmen Sie für allgemeine $\alpha > 0$ die Opportunitätskosten der beiden Güter in den beiden Ländern.
3. Bestimmen Sie den jeweiligen komparativen Vorteil in Abhängigkeit von α.
4. Nehmen Sie an, dass die Konsumenten in beiden Ländern immer gleich viele Mengen von beiden Gütern konsumieren wollen. Wie lautet die optimale Güterproduktion für $\alpha = 9$?
5. Zeigen Sie für $\alpha = 10$, dass sich durch eine vollständige Spezialisierung in Richtung des komparativen Vorteils beide Länder durch die Aufnahme von Handel besser stellen können als in der Autarkie.

Aufgabe 3
Betrachten Sie drei Länder A, B und C, die jeweils zwei Güter 1 und 2 herstellen können. Die Produktionsmöglichkeitenkurven lauten:

$$x_1^A = 1 - x_2^A,$$

$$x_1^B = 1 - \tfrac{1}{2} \cdot x_2^B,$$

$$x_1^C = 1 - \tfrac{1}{4} \cdot x_2^C.$$

Die Länder werden jeweils von Individuen bewohnt, welche von beiden Gütern immer gleich viel konsumieren möchten. Etwaig anfallende Handelsgewinne werden innerhalb eines Landes auf alle Individuen gleich verteilt.

1. Bestimmen Sie die Autarkieproduktions- und Konsummengen.
2. Gehen Sie davon aus, dass Land A und C ein Freihandelsabkommen abgeschlossen haben. Bestimmen Sie die Produktions- und Konsummengen, die den Konsum der Individuen maximieren.
   a) Gehen Sie davon aus, dass die Produktionsüberschüsse relativ zum Autarkiefall (siehe Aufgabenteil 1) gleich auf beide Länder verteilt werden.
   b) Gehen Sie davon aus, dass Land C alle Produktionsüberschüsse abschöpfen kann.
3. Gehen Sie davon aus, dass nun Land B dem Freihandelsabkommen beitritt. Bestimmen Sie die Produktions- und Konsummengen, die den Konsum der Individuen maximieren, falls
   a) alle Handelsgewinne im Vergleich zum Autarkiefall (siehe Aufgabenteil 1) gleich unter allen Ländern verteilt werden,
   b) alle Handelsgewinne im Vergleich zum ersten AC-Abkommen (vgl. Aufgabenteil 2a) gleich unter allen Ländern verteilt werden,
   c) alle Handelsgewinne im Vergleich zum zweiten AC-Abkommen (siehe Aufgabenteil 2b) gleich unter allen Ländern verteilt werden.
4. Welche Lehren können Sie aus Aufgabe 3 für die Handelspolitik ziehen?

Aufgabe 4
Bitte beantworten Sie die folgenden Fragen in einem Satz.

1. Wodurch zeichnet sich ein ökonomisches System, welches auf Spezialisierung und Tausch aufbaut, gemäss frühen Theoretikern des Kapitalismus aus?
2. Inwiefern unterscheidet sich dieses Verständnis von jenem der Mainstream-Ökonomen des zwanzigsten Jahrhunderts?
3. Inwiefern können Handel und Wettbewerb als ‚Schule der Moral' verstanden werden?
4. Welche Sichtweise vertrat Milton Friedman in Bezug auf die Frage der Diskriminierung – nach Merkmalen wie Religionszugehörigkeit, Abstammung oder gesellschaftlicher Herkunft – in einer Wettbewerbswirtschaft?

2.2.2 Lösungen

Lösung zu Aufgabe 1

Jedes Individuum hat in der Regel einen komparativen Vorteil bei der Produktion bestimmter Güter, auch wenn es absolut bei der Produktion jedes Guts weniger produktiv ist als ein anderes Individuum. Ein komparativer Vorteil liegt vor, wenn man ein Gut zu niedrigeren Opportunitätskosten, gemessen in Einheiten eines anderen Guts, produzieren kann, als alle anderen Individuen. Man kann eine Einheit eines bestimmten Guts leichter in ein anderes Gut transformieren. Das Phänomen des komparativen Vorteils ist Grundlage für alles weitere Nachdenken über die Organisation des Wirtschaftens, da sich durch Spezialisierung in Richtung komparativer Vorteile und Handel alle Individuen besser stellen können.

Bedeutung für die Ökonomik Die Ökonomik möchte verstehen, wie man die Organisation wirtschaftlicher Aktivitäten als Reaktion auf Knappheit verstehen kann (positiv), oder wie man ökonomische Aktivitäten organisieren sollte (normativ). Die Theorie des komparativen Vorteils erklärt nun, warum eine solche Organisation potenziell in dem Sinne wichtig ist, dass man mit ihr Knappheit verringern kann. Gleichzeitig gibt sie eine Perspektive vor, aus der heraus man Institutionen verstehen kann: inwieweit erlauben oder erschweren sie Spezialisierung und Tausch?

Bedeutung für die Betriebswirtschaftslehre Die Betriebswirtschaftslehre hat das Unternehmen als Untersuchungseinheit. Ein Unternehmen ist aber nichts anderes als eine bestimmte Art, ökonomische Aktivitäten zu organisieren. Man kann daher die Frage stellen, wo Unternehmen ihre komparativen Vorteile besitzen, wie sie unterschiedliche Organisationsweisen von Unternehmen auf ihre Leistungsfähigkeit Einfluss nehmen, oder ob bestimmte Vorprodukte selbst hergestellt (Insourcing) oder auf Märkten zugekauft (Outsourcing) werden sollten.

Bedeutung für die Rechtswissenschaften Das Rechtssystem beeinflusst durch Regeln, Gebote und Verbote ökonomisches Handeln. Das Vertragsrecht legt fest, welche Verträge geschlossen werden können, und das Wettbewerbsrecht nimmt Einfluss auf das Verhalten von Unternehmen, um zwei Beispiele zu nennen. Daher kann man Recht aus der Perspektive von Spezialisierung und Tausch betrachten und fragen, inwieweit es diese Prozesse befördert oder behindert.

Lösung zu Aufgabe 2

1. Produktionsmöglichkeitenkurven für $\alpha = 8$:

Land A: $x_1^A = 1'000 - x_2^A$,
Land B: $x_1^B = 100 \cdot \alpha - (\frac{\alpha}{9}) \cdot x_2^B$, d. h. $x_1^B = 800 - \frac{8}{9} \cdot x_2^B$ für $\alpha = 8$

Beide Produktionsmöglichkeitenkurven sind in Abb. 2.1 dargestellt.

Abb. 2.1 Aufgabe 2.1. Die
Produktionsmöglichkeiten-
kurven von Land A und B für
$\alpha = 8$

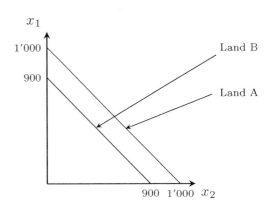

Tab. 2.1 Lösung zu
Aufgabe 1.2

	Land A	Land B
OK_{12}^{k}	$OK_{12}^{A} = 1$	$OK_{12}^{B} = \dfrac{9}{\alpha}$
OK_{21}^{k}	$OK_{21}^{A} = 1$	$OK_{21}^{B} = \dfrac{\alpha}{9}$

2. Die Opportunitätskosten von Gut i, gemessen in Einheiten des Guts j in Land k sind gegeben durch $OK_{ij}^{k} = \left| \dfrac{dx_{j}^{k}}{dx_{i}^{k}} \right|$, mit $i, j \in \{1, 2\}$, $i \neq j$, und $k \in \{A, B\}$ (siehe Tab. 2.1).

3. Um einen komparativen Vorteil zu ermitteln, müssen wir die Opportunitätskosten der Länder für beide Güter miteinander vergleichen. Die Frage lautet: Für welche Werte von α erhalten wir $OK_{12}^{A} \left\{ \begin{matrix} \geq \\ = \\ < \end{matrix} \right\} OK_{12}^{B}$? Verwenden wir die Ergebnisse von Aufgabenteil 2, erhalten wir

$$OK_{12}^{A} \left\{ \begin{matrix} \geq \\ = \\ < \end{matrix} \right\} OK_{12}^{B} \quad \Leftrightarrow \quad 1 \left\{ \begin{matrix} \geq \\ = \\ < \end{matrix} \right\} \frac{9}{\alpha} \quad \Leftrightarrow \quad \alpha \left\{ \begin{matrix} \geq \\ = \\ < \end{matrix} \right\} 9.$$

- Für $\alpha > 9$ besitzt Land B einen komparativen Vorteil bei der Produktion des Guts 1, Land A in der Produktion des Guts 2.
- Für $\alpha < 9$, besitzt Land A einen komparativen Vorteil bei der Produktion des Guts 1, Land B in der Produktion des Guts 2.
- Für $\alpha = 9$, sind die Opportunitätskosten beider Länder identisch. Somit hat keines der Länder einen komparativen Vorteil.

4. Kein Land hat hier einen komparativen Vorteil, die relativen Preise in beiden Ländern sind identisch. Somit existieren keine Handelsgewinne. Ob beide Länder autark bleiben oder Handel betreiben, macht für die Konsummöglichkeiten keinen Unterschied. Bleiben die Länder autark, ist die Produktion des einen Guts in jedem Land so hoch wie die des anderen, also $x_{1}^{A} = x_{2}^{A} = 500$ und $x_{1}^{B} = x_{2}^{B} = 450$.

Tab. 2.2 Aufgabe 2.5. Produktionspläne bei vollständiger Spezialisierung

	Land A	Land B	Summe: $x_i^{AB} = x_i^A + x_i^B$
Gut 1	$x_1^A = 0$	$x_1^B = 1'000$	$x_1^{AB} = 1'000$
Gut 2	$x_2^A = 1'000$	$x_2^B = 0$	$x_2^{AB} = 1'000$

Tab. 2.3 Aufgabe 2.5. Produktionspläne in der Autarkie

	Land A	Land B	Summe: $x_i^{AB} = x_i^A + x_i^B$
Gut 1	$x_1^A = 500$	$x_1^B = 500$	$x_1^{AB} = 1'000$
Gut 2	$x_2^A = 500$	$x_2^B = 450$	$x_2^{AB} = 950$

5. Da $\alpha = 10$ hat Land B einen komparativen Vorteil bei der Produktion von Gut 1. Bei vollständiger Spezialisierung in Richtung der komparativen Vorteile ist also $x_1^A = 0$, $x_2^A = 1'000$, $x_1^B = 1'000$, and $x_2^B = 0$ (Tab. 2.2).

Gehen wir davon aus, dass beide Länder in Autarkie 500 Einheiten von Gut 1 und den Rest der übrigen Ressourcen für die Produktion von Gut 2 verwenden, erhalten wir die Produktionspläne unter Autarkie wie in Tab. 2.3 dargestellt.

Wir sehen, dass bei vollständiger Spezialisierung genauso viel von Gut 1 produziert wird wie unter Autarkie. Die Produktion von Gut 2 ist hingegen nun um 50 Einheiten grösser. Die daraus resultierenden Handelsgewinne können unter den Ländern aufgeteilt werden. Darüber hinaus muss sichergestellt sein, dass die Handelsgewinne innerhalb eines Lands so aufgeteilt werden, dass alle Bewohnerinnen und Bewohner davon profitieren (der methodologische Individualismus impliziert, dass am Ende der Untersuchung der einzelne Mensch stehen muss. Vgl. Abschn. 1.1).

Lösung zu Aufgabe 3

1. Wir gehen davon aus, dass die Bewohnerinnen und Bewohner jedes Landes gleich behandelt werden, so dass Verteilungsprobleme innerhalb eines Landes vernachlässigt werden können. Jedes Land k ($k \in \{A, B, C\}$) wird seine Produktionsmengen so wählen, dass der Konsum maximiert wird. Dazu gehört, dass es die Güter im präferierten Verhältnis zueinander produziert, also unter der Nebenbedingung, dass beide Güter in gleichen Mengen konsumiert werden (also $y_1^k = y_2^k$).

Unter der Annahme, dass in Autarkie alle Güter, die produziert, auch konsumiert werden (d. h. $y_1^k = x_1^k$ und $y_2^k = x_2^k$), können die Präferenzen der Länder wie folgt dargestellt werden: $x_1^k = x_2^k$. Die Produktionsmöglichkeitenkurve (PMK) beschreibt, wieviel maximal von jedem Gut produziert werden kann, gegeben die Produktionsmenge des anderen Guts. Setzt man die Nebenbedingung jeweils in die PMK ein, kann man nach der optimalen Menge auflösen:

$$x_1^A = 1 - x_2^A \;\wedge\; x_1^A = x_2^A \quad \Rightarrow x_1^A = \frac{1}{2}, \; x_2^A = \frac{1}{2}$$

$$x_1^B = 1 - \frac{1}{2} \cdot x_2^B \;\wedge\; x_1^B = x_2^B \quad \Rightarrow x_1^B = \frac{2}{3}, \; x_2^B = \frac{2}{3}$$

$$x_1^C = 1 - \frac{1}{4} \cdot x_2^C \;\wedge\; x_1^C = x_2^C \quad \Rightarrow x_1^C = \frac{4}{5}, \; x_2^C = \frac{4}{5}.$$

Dieses Resultat ist in Abb. 2.2 dargestellt.

2. Die Länder A und C handeln nun miteinander. Die gemeinsame PMK ist in Abb. 2.3 dargestellt. Ausgehend von Punkt $(x_2, x_1) = (0, 2)$ geht die Kurve mit einer Steigung von $-\frac{1}{4}$ (der Steigung der Autarkie-PMK von Land C) bis zu Punkt $(4, 1)$.

An dieser Stelle ändert sich die Steigung der gemeinsamen PMK zu -1 (der Steigung der Autarkie-PMK von Land A). Von dort verläuft die PMK bis zum Punkt $(5, 0)$. Die gemeinsame PMK lautet demnach:

$$x_1^{AC} = \begin{cases} 2 - \frac{1}{4}x_2^{AC} & \text{für} \quad 0 \le x_2^{AC} < 4, \\ 5 - x_2^{AC} & \text{für} \quad 4 \le x_2^{AC} < 5, \\ 0 & \text{sonst,} \end{cases} \qquad (2.1)$$

wobei x_i^{AC} die Menge des Guts i ist, welche durch beide Länder gemeinsam produziert wird.

Die optimalen Produktionsmengen maximieren den möglichen Konsum unter der Bedingung, dass von beiden Gütern gleich viel konsumiert wird (also insgesamt auch gleich viel produziert wird). Hierzu sucht man auf der gemeinsamen PMK (siehe Abb. 2.3) den Punkt, in welchem $x_1^{AC} = x_2^{AC}$ gilt. Hierzu setzen wir $x_1^{AC} = x_2^{AC}$ in die PMK (siehe Gl. (2.1)) ein. Wir erhalten (siehe Punkt P_1 in Abb. 2.3):

Abb. 2.2 Aufgabe 3.1. Die PMK der Länder sowie deren Präferenzen

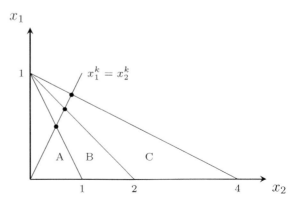

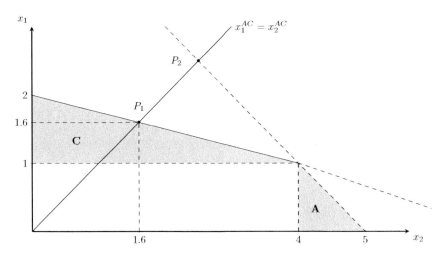

Abb. 2.3 Aufgabe 3.2. Gemeinsame PMK der Länder A und C

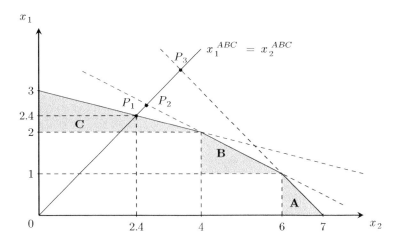

Abb. 2.4 Aufgabe 3.3. Gemeinsame PMK der Länder A, B und C

$$x_1^{AC} = 2 - \frac{1}{4} \cdot x_2^{AC} \wedge x_1^{AC} = x_2^{AC} \Rightarrow x_1^{AC} = 1.6, x_2^{AC} = 1.6.$$

Im Punkt P_1 spezialisiert sich Land A auf die Produktion des Guts 1 während Land C beide Güter produziert:

$$x_1^A = 1, \qquad x_2^A = 0,$$
$$x_1^C = 0.6, \quad x_2^C = 1.6.$$

Jede abschnittsweise definierte Funktion wie z. B. die obige gemeinsame PMK (siehe Gl. (2.1)) besteht aus mehreren Teilfunktionen, welche nur für bestimmte Intervalle des Definitionsbereiches relevant sind. Ein beliebter Fehler bei der Ermittlung der optimalen Produktionsmengen bei Vorliegen einer solchen PMK (also einer abschnittsweise definierten Funktion) liegt darin, dass man die Intervalle der Definitionsmenge nicht berücksichtigt.

Bezogen auf Aufgabenteil 2a) bedeutet dies, dass man zu folgendem (falschen!) Ergebnis gelangt (siehe Punkt P_2 in Abb. 2.3):

$$x_1^{AC} = 5 - x_2^{AC} \wedge x_1^{AC} = x_2^{AC} \Rightarrow x_1^{AC} = 2.5, \ x_2^{AC} = 2.5.\, \text{↯}$$

a) In Autarkie haben Land A und Land C gemeinsam 1.3 Einheiten von jedem Gut hergestellt, bei Handel sind es 1.6 Einheiten. Der Überschuss beträgt somit 0.3 Einheiten von jedem Gut. Verteilt man diesen zu gleichen Teilen auf beide Länder, konsumiert jedes Land 0.15 Einheiten zusätzlich von jedem Gut. Für Land B bleibt alles wie in Teilaufgabe 1.
   - Land A: $y_1^A = y_2^A = \frac{1}{2} + \frac{3}{20} = \frac{13}{20} = 0.65$,
   - Land B: $y_1^B = y_2^B = \frac{2}{3} \approx 0.67$,
   - Land C: $y_1^C = y_2^C = \frac{4}{5} + \frac{3}{20} = \frac{19}{20} = 0.95$.

b) Nun wird der Überschuss nicht aufgeteilt, sondern Land C bekommt den ganzen Überschuss von 0.3 Einheiten der Güter, und Land A konsumiert so viel wie in Autarkie.
   - Land A: $y_1^A = y_2^A = \frac{1}{2} + 0 = 0.5$,
   - Land B: $y_1^A = y_2^A = \frac{2}{3} \approx 0.67$,
   - Land C: $y_1^C = y_2^C = \frac{4}{5} + \frac{3}{10} = \frac{11}{10} = 1.1$.

3. Die gemeinsame PMK lautet nun:

$$x_1^{ABC} = \begin{cases} 3 - \frac{1}{4}x_2^{ABC} & \text{für } 0 \leq x_2^{ABC} < 4, \\ 4 - \frac{1}{2}x_2^{ABC} & \text{für } 4 \leq x_2^{ABC} < 6, \\ 7 - x_2^{ABC} & \text{für } 6 \leq x_2^{ABC} < 7, \\ 0 & \text{sonst,} \end{cases}$$

wobei x_i^{ABC} die Menge des Guts i bezeichnet, welche von allen Ländern (A, B und C) produziert wird. Der optimale Produktionsplan maximiert wieder die Gesamtmenge von beiden Gütern, unter der Bedingung, dass von beiden gleich viel konsumiert wird. Wir erhalten (siehe Punkt P_1 in Abb. 2.4):

$$x_1^{ABC} = 3 - \frac{1}{4} \cdot x_2^{ABC} \wedge x_1^{ABC} = x_2^{ABC} \Rightarrow x_1^{ABC} = 2.4, \ x_2^{ABC} = 2.4.$$

Der Schnittpunkt auf der PMK liegt an der Stelle $x_1^{ABC} = x_2^{ABC} = \frac{72}{30} = 2.4$. Dabei produzieren Land A und B nur Gut 1, Land C produziert 0.4 Einheiten von Gut 1 und 2.4 Einheiten von Gut 2:

$$x_1^A = 1, \quad x_2^A = 0,$$

$$x_1^B = 1, \quad x_2^B = 0,$$

$$x_1^C = 0.4, \quad x_2^C = 2.4.$$

Es sei nochmals darauf hingewiesen, dass eine Nichtberücksichtigung der relevanten Intervalle der Definitionsmenge zu folgenden (falschen!) Ergebnissen führen würde:

- *Punkt P_2 in* Abb. 2.4:

$$x_1^{ABC} = 4 - \frac{1}{2}x_2^{ABC} \wedge x_1^{ABC} = x_2^{ABC} \Rightarrow x_1^{AC} \approx 2.67, x_2^{AC} \approx 2.67.\text{\textsf{z}}$$

- *Punkt P_3 in* Abb. 2.4:

$$x_1^{ABC} = 7 - \frac{1}{2}x_2^{ABC} \wedge x_1^{ABC} = x_2^{ABC} \Rightarrow x_1^{ABC} \approx 3.5, x_2^{ABC} \approx 3.5.\text{\textsf{z}}$$

a) In Autarkie haben alle Länder zusammen $\frac{59}{30} \approx 1.97$ Einheiten von jedem Gut hergestellt (siehe Aufgabenteil 1), bei Spezialisierung sind es nun $\frac{72}{30} = 2.4$ Einheiten. Der Überschuss ist also $\frac{72}{30} - \frac{59}{30} = \frac{13}{30} \approx 0.43$ Einheiten von jedem Gut. Verteilt man diesen Überschuss zu gleichen Teilen auf alle Länder, erhält jedes Land $\frac{13}{90} \approx 0.14$ Einheiten von jedem Gut zusätzlich:
   - Land A: $y_1^A = y_2^A = \frac{1}{2} + \frac{13}{90} = \frac{58}{90} \approx 0.64$,
   - Land B: $y_1^B = y_2^B = \frac{2}{3} + \frac{13}{90} = \frac{73}{90} \approx 0.81$,
   - Land C: $y_1^C = y_2^C = \frac{4}{5} + \frac{13}{90} = \frac{85}{90} \approx 0.94$.

b) Im ersten AC-Abkommen haben A und C gemeinsam $\frac{48}{30} = 1.6$ von jedem Gut produziert, während B nur $\frac{20}{30} \approx 0.67$ Einheiten hergestellt hat. Im Freihandelsabkommen ABC steigt die Gesamtmenge nun auf $\frac{72}{30} = 2.4$ Einheiten für jedes Gut. Die Handelsgewinne, die verteilt werden können, belaufen sich damit nun auf $\frac{72}{30} - (\frac{48}{30} + \frac{20}{30}) = \frac{4}{30} \approx 0.13$ Einheiten. Wenn jedes Land einen gleichen Anteil bekommt, steigt der Konsum somit in jedem Land um $\frac{4}{90} \approx 0.04$:
   - Land A: $y_1^A = y_2^A = \frac{13}{20} + \frac{4}{90} = \frac{125}{180} \approx 0.69$,
   - Land B: $y_1^B = y_2^B = \frac{2}{3} + \frac{4}{90} = \frac{128}{180} \approx 0.71$,
   - Land C: $y_1^C = y_2^C = \frac{19}{20} + \frac{4}{90} = \frac{179}{180} \approx 0.99$.

   Die Steigerung der Gesamtproduktion im Aufgabenteil 3b) gegenüber dem Ergebnis von Aufgabenteil 2a) um $\frac{4}{30} \approx 0.13$ Einheiten ist auf die weiterreichende Spezialisierung von Land C zugunsten von Gut 2 zurückzuführen, sowie auf die Spezialisierung von Land B.

c) Im zweiten AC-Abkommen entspricht die Gesamtproduktion innerhalb des Freihandelsabkommens der Gesamtproduktion des ersten AC-Abkommens.

Tab. 2.4 Ergebnisse der
Aufgabe 3

Aufgabenteil	Land A	Land B	Land C
1	$y_i^A = \frac{1}{2}$	$y_i^B = \frac{2}{3}$	$y_i^C = \frac{4}{5}$
2a)	$y_i^A = \frac{13}{20}$	$y_i^B = \frac{2}{3}$	$y_i^C = \frac{19}{20}$
2b)	$y_i^A = \frac{1}{2}$	$y_i^B = \frac{2}{3}$	$y_i^C = \frac{11}{10}$
3a)	$y_i^A = \frac{58}{90}$	$y_i^B = \frac{73}{90}$	$y_i^C = \frac{85}{90}$
3b)	$y_i^A = \frac{125}{180}$	$y_i^B = \frac{128}{180}$	$y_i^C = \frac{179}{180}$
3c)	$y_i^A = \frac{49}{90}$	$y_i^B = \frac{64}{90}$	$y_i^C = \frac{103}{90}$

Allerdings ändert sich nun der Referenzpunkt im Vergleich zum Aufgabenteil
3b):

- Land A: $y_1^A = y_2^A = \frac{1}{2} + \frac{4}{90} = \frac{49}{90} \approx 0.54$,
- Land B: $y_1^B = y_2^B = \frac{2}{3} + \frac{4}{90} = \frac{64}{90} \approx 0.71$,
- Land C: $y_1^C = y_2^C = \frac{11}{10} + \frac{4}{90} = \frac{103}{90} \approx 1.14$.

4. Tab. 2.4 fasst die bisherigen Ergebnisse der Aufgabe 3 zusammen. Der maximale
Konsum für jedes Land ist hierbei fett gedruckt.

Im ersten ABC-Abkommen (Aufgabenteil 3a)) war der Referenzpunkt für
die Ermittlung und Verteilung der Handelsgewinne der Konsum in der Autarkie. In diesem Fall gewinnen alle Länder durch das Freihandelsabkommen,
wenn wir von simultaner Marktintegration ausgehen, d. h. wenn wir davon
ausgehen, dass es nicht bereits ein AC-Freihandelsabkommen gibt. Mit sequen-
tieller Marktintegration, d. h. wenn wir davon ausgehen, dass es bereits ein
AC-Freihandelsabkommen gibt, ändert sich allerdings die o.g. Einschätzung.

Die Länder A und C verschlechtern sich unter dem ersten ABC-Handels-
abkommen (siehe Aufgabenteil 3a)) im Vergleich zum ersten AC-Handelsab-
kommen (siehe Aufgabenteil 2a)), während Land B sich besser stellt. Unter dem
zweiten ABC-Handelsabkommen (Aufgabenteil 3b)) stellen sich dagegen alle
Länder besser. Allerdings reduziert sich nun der Handelsgewinn in Land B im
Vergleich zum ersten ABC-Handelsabkommen. Sollen sich im Zuge der sequen-
tiellen Marktintegration alle Länder besser stellen, so muss als Referenzpunkt
für die Ermittlung und Verteilung der Handelsgewinne das alte AC-Abkommen
herangezogen werden.

Das Land C verschlechtert sich unter dem ersten und zweiten ABC-
Handelsabkommen (siehe Aufgabenteile 3a) und 3b)) im Vergleich zum zweiten
AC-Handelsabkommen (siehe Aufgabenteil 2b)), während Länder A und B sich
besser stellen. Nur unter dem dritten ABC-Freihandelsabkommen stellen sich
alle Länder besser, allerdings reduzieren sich hierbei die Handelsgewinne für die
Einwohner im Land A und B.

Aus diesen Ergebnissen lässt sich schlussfolgern, dass sowohl i) die Reihenfolge der Marktintegration als auch ii) der gewählte Referenzpunkt entscheidend
für die Beurteilung der Vorteilhaftigkeit von Freihandelsabkommen für die
Handelspartner sind.

Lösung zu Aufgabe 4

1. Die ‚Leidenschaften der Menschen zu zähmen'. Vgl. Abschn. 2.3.
2. Die Mainstream-Ökonomen der vergangenen Jahrzehnte interessierten sich mehr für die Fähigkeit von Märkten, Effizienz sicherzustellen. Vgl. Abschn. 2.3.
3. Gewinnstreben gepaart mit Wettbewerb stellte in der Vorstellungswelt früher Theoretiker eine Vision einer besseren Gesellschaft dar, in der die ‚dunkleren' Seiten des Menschen, d. h. seine destruktiven Leidenschaften, durch das Gewinnstreben kontrolliert oder in den Dienst der Gesellschaft gestellt werden. Nach dieser Vorstellung muss man bei freiem Handel im Fremden keinen Feind, sondern kann in ihm einen Handelspartner sehen. Vgl. Abschn. 2.3.
4. Gemäss Milton Friedman hat die Wettbewerbswirtschaft diese Formen von Diskriminierung reduziert. Vgl. Abschn. 2.3.

2.3 Offene Fragen mit strukturierten Antworten

2.3.1 Aufgaben

Aufgabe 1

Die Produktionsmöglichkeiten zweier Länder (A und B) bzgl. der Güter 1 und 2 seien gegeben durch

$$x_1^A = 20 - x_2^A \qquad \text{und} \qquad x_1^B = (1 + \alpha) \cdot (10 - x_2^B),$$

mit $\alpha \geq 0$ (x beschreibt immer die Produktionsmenge). In jedem Land lebt ein Individuum, dass immer genau 10 Einheiten des ersten Guts konsumieren muss, d. h. $y_1^A = y_1^B = 10$ (y beschreibt immer die Konsummenge). Der Rest des Konsums entfällt auf Gut 2 (y_2^A, bzw. y_2^B).

1. Wie viele Einheiten von Gut 2 konsumiert das Individuum in Land A (y_2^A), und wie viele Einheiten das Individuum in Land B (y_2^B) im Autarkiefall?
   a) $y_2^A = 0$ und $y_2^B = \alpha$.
   b) $y_2^A = 20$ und $y_2^B = \frac{10 \cdot \alpha}{1 + \alpha}$.
   c) $y_2^A = 0$ und $y_2^B = \frac{\alpha}{1 + \alpha}$.
   d) $y_2^A = 10$ und $y_2^B = \frac{10 \cdot \alpha}{1 + \alpha}$.
   e) Keine der obigen Antworten ist richtig.
2. Ab welchem Wert von α hat Land B einen komparativen Vorteil bei der Produktion des zweiten Guts?
   a) $\alpha = 0$.
   b) $\alpha = 1$.
   c) Nie, da hierfür $\alpha < 0$ sein müsste, was aber in der Aufgabenstellung ausgeschlossen wurde.
   d) $\alpha > 1$.
   e) Keine der obigen Antworten ist richtig.

3. Ab welchem Wert von α hat Land B einen absoluten Vorteil in der Produktion des ersten Guts?
   a) $\alpha > 1$.
   b) $\alpha = 0$.
   c) Nie, da hierfür $\alpha < 0$ sein müsste, was aber in der Aufgabenstellung ausgeschlossen wurde.
   d) $\alpha = 1$.
   e) Keine der obigen Antworten ist richtig.

Gehen Sie davon aus, dass Land A und B ein Handelsabkommen geschlossen haben (Handelsgemeinschaft AB) und dass beide Länder ihre Produktionsmengen so bestimmen, dass der Konsum der Individuen in AB unter der Nebenbedingung, $y_1^A = y_1^B = 10$ maximiert wird. Nehmen Sie auch an, dass $\alpha = 1$.

4. Wie lauten die Produktionsmengen der beiden Länder im Handelsabkommen?
   a) $x_1^A = 20$, $x_2^A = 0$, $x_1^B = 0$, $x_2^B = 20$.
   b) $x_1^A = 0$, $x_2^A = 20$, $x_1^B = 20$, $x_2^B = 10$.
   c) $x_1^A = 0$, $x_2^A = 20$, $x_1^B = 20$, $x_2^B = 0$.
   d) $x_1^A = 10$, $x_2^A = 10$, $x_1^B = 20$, $x_2^B = 0$.
   e) Keine der obigen Antworten ist richtig.
5. Der Handelsgewinn der Handelsgemeinschaft AB (im Vergleich zum Autarkiefall) wird in Einheiten des zweiten Guts gemessen. Wie gross ist der Handelsgewinn?
   a) $x_2 = 6$.
   b) $x_2 = 8$.
   c) $x_2 = 5$.
   d) $x_2 = 2$.
   e) Keine der obigen Antworten ist richtig.

Aufgabe 2
Nehmen Sie an, es gebe zwei Güter, 1 und 2, die in zwei Ländern, A und B, produziert werden können. In Land A kann eine Arbeitskraft maximal 50 Einheiten des ersten, maximal 50 Einheiten des zweiten Guts oder jede lineare Kombination aus diesen beiden Mengen pro Jahr herstellen. In Land B kann eine Arbeitskraft maximal $\theta > 0$ Einheiten des ersten, maximal 75 Einheiten des zweiten Guts oder jede lineare Kombination aus diesen beiden Mengen pro Jahr herstellen. Jedes Land verfügt über 200 Arbeitskräfte. Alle Individuen wollen die Güter stets in gleichen Mengen konsumieren.

1. Bestimmen Sie für allgemeine θ die Opportunitätskosten von Gut 1 in Einheiten von Gut 2 in den beiden Ländern.
   a) Die Opportunitätskosten von Gut 1 in Land A sind 2, in Land B sind sie $\frac{75}{\theta}$.
   b) Die Opportunitätskosten von Gut 1 in Land A sind 2, in Land B sind sie $75 \cdot \theta$.
   c) Die Opportunitätskosten von Gut 1 in Land A sind 1, in Land B sind sie $\frac{75}{\theta}$.

d) Die Opportunitätskosten von Gut 1 in Land A sind 1, in Land B sind sie $75 \cdot \theta$.

e) Keine der obigen Antworten ist richtig.

Gehen Sie nun davon aus, dass $\theta = 25$ ist.

2. Bestimmen Sie die Produktionsmöglichkeiten beider Länder sowie die komparativen Vorteile.

a) Die Produktionsmöglichkeitenkurve von Land A ist $x_1^A = 10'000 - x_2^A$, die Produktionsmöglichkeitenkurve von Land B ist $x_1^B = 5'000 - x_2^B$. Land A hat den komparativen Vorteil bei der Produktion von Gut 1, Land B bei der Produktion von Gut 2.

b) Die Produktionsmöglichkeitenkurve von Land A ist $x_1^A = 10'000 - x_2^A$, die Produktionsmöglichkeitenkurve von Land B ist $x_1^B = 5'000 - \frac{1}{3} \cdot x_2^B$. Land A hat den komparativen Vorteil bei der Produktion von Gut 2, Land B bei der Produktion von Gut 1.

c) Die Produktionsmöglichkeitenkurve von Land A ist $x_1^A = 10'000 - x_2^A$, die Produktionsmöglichkeitenkurve von Land B ist $x_1^B = 5'000 - \frac{1}{3} \cdot x_2^B$. Land A hat den komparativen Vorteil bei der Produktion von Gut 1, Land B bei der Produktion von Gut 2.

d) Die Produktionsmöglichkeitenkurve von Land A ist $x_1^A = 10'000 - x_2^A$, die Produktionsmöglichkeitenkurve von Land B ist $x_1^B = 5'000 - x_2^B$. Keines der Länder hat einen komparativen Vorteil.

e) Keine der obigen Antworten ist richtig.

3. Bestimmen Sie die Autarkiekonsumpläne der beiden Länder.

a) Land A konsumiert von beiden Gütern je $10'000$ und und Land B konsumiert von beiden Gütern je $7'500$.

b) Land A konsumiert von beiden Gütern je $7'500$ und und Land B konsumiert von beiden Gütern je $4'750$.

c) Land A konsumiert von beiden Gütern je $2'500$ und und Land B konsumiert von beiden Gütern je $3'750$.

d) Land A konsumiert von beiden Gütern je $5'000$ und und Land B konsumiert von beiden Gütern je $7'500$.

e) Keine der obigen Antworten ist richtig.

4. Bestimmen Sie den konsummaximierenden Produktionsplan der Länder, falls sie Handel betreiben und sich spezialisieren.

a) Sie produzieren insgesamt $7'500$ Einheiten jedes Guts.

b) Sie produzieren insgesamt $8'125$ Einheiten jedes Guts.

c) Sie produzieren insgesamt $12'500$ Einheiten jedes Guts.

d) Sie produzieren insgesamt $11'250$ Einheiten jedes Guts.

e) Keine der obigen Antworten ist richtig.

5. Nehmen sie nun an, dass zum Handel ein Intermediär notwendig ist, der einmalige Kosten in Höhe von K Einheiten eines jeden Guts als Entschädigung für seine Dienstleistung verlangt. Bestimmen Sie für welche Werte von K

Handel lohnenswert ist, falls die Nettohandelsgewinne zwischen den Ländern
zu gleichen Anteilen aufgeteilt werden.

a) Falls $K < 5'000$, ist Handel lohnenswert.

b) Falls $K < 2'500$, ist Handel lohnenswert.

c) Falls $K < 1'250$, ist Handel lohnenswert.

d) Falls $K < 3'750$, ist Handel lohnenswert.

e) Keine der obigen Antworten ist richtig.

Aufgabe 3

Die Produktionsmöglichkeiten dreier Länder (A, B und C) bzgl. der Güter 1 und 2
seien gegeben durch

$$x_1^A = 2 - x_2^A, \qquad x_1^B = 2 - \frac{1}{2} \cdot x_2^B \qquad \text{und} \qquad x_1^C = (1 + \alpha) \cdot (1 - x_2^C),$$

mit $\alpha \geq 0$. In jedem Land lebt ein Individuum, dass immer genau eine Einheit
des ersten Guts konsumieren muss, d. h. $y_1^A = y_1^B = y_1^C = 1$. Der Rest des
Konsums entfällt auf Gut 2 (y_2^A, y_2^B bzw. y_2^C). Nehmen Sie an, es gäbe zwei
mögliche Handelsgemeinschaften: Handelsgemeinschaft AB (bestehend aus A und
B) und Handelsgemeinschaft ABC (bestehend aus A, B und C).

1. Wie viele Einheiten von Gut 2 konsumiert das Individuum in Land A (y_2^A), das
   Individuum in Land B (y_2^B), und das Individuum in Land C (y_2^C) im Autarkiefall?
   a) $y_2^A = 1$, $y_2^B = 2$, $y_2^C = \frac{\alpha}{1+\alpha}$.
   b) $y_2^A = 1$, $y_2^B = 0$, $y_2^C = \alpha$.
   c) $y_2^A = 2$, $y_2^B = 4$, $y_2^C = \frac{\alpha}{1+\alpha}$.
   d) $y_2^A = 1$, $y_2^B = \frac{1}{2}$, $y_2^C = \alpha$.
   e) Keine der obigen Antworten ist richtig.

2. Gehen Sie davon aus, dass Land A und B ein Handelsabkommen geschlossen haben (Handelsgemeinschaft AB) und dass beide Länder ihre Produktionsmengen
   so bestimmen, dass der Konsum der Individuen in AB maximiert wird. Wie viele
   Einheiten von Gut 1 produziert Land A (x_1^A), wie viele Einheiten produziert Land
   B (x_1^B)?
   a) $x_1^A = 2$, $x_1^B = 2$.
   b) $x_1^A = 1$, $x_1^B = \frac{4}{3}$.
   c) $x_1^A = 0$, $x_1^B = 2$.
   d) $x_1^A = 2$, $x_1^B = 0$.
   e) Keine der obigen Antworten ist richtig.

3. Der Handelsgewinn der Handelsgemeinschaft AB (im Vergleich zum Autarkiefall) wird in Einheiten des zweiten Guts gemessen. Dieser Gewinn soll nun zu
   gleichen Teilen auf die beiden Länder verteilt werden. Wie gross sind nun y_2^A
   und y_2^B?

a) $y_2^A = 1.5$, $y_2^B = 2.5$.

b) $y_2^A = 2.5$, $y_2^B = 4.5$.

c) $y_2^A = 1$, $y_2^B = 1$.

d) $y_2^A = 1.5$, $y_2^B = \frac{11}{6}$.

e) Keine der obigen Antworten ist richtig.

4. Gehen Sie davon aus, dass Land A, B und C ein Handelsabkommen geschlossen haben (Handelsgemeinschaft ABC) und dass alle drei Länder ihre Produktionsmengen so bestimmen, dass der Konsum der Individuen in ABC maximiert wird. Der Handelsgewinn der Handelsgemeinschaft ABC (im Vergleich zum Autarkiefall) wird in Einheiten des zweiten Guts gemessen. Wie gross muss α sein, damit der Handelsgewinn der Handelsgemeinschaft ABC dem Handelsgewinn der Handelsgemeinschaft AB aus dem Aufgabenteil 3 entspricht?

   a) $\alpha > 0$.

   b) $\alpha = 0$.

   c) Das ist nie der Fall, da der Handelsgewinn immer steigt, wenn ein zusätzlicher Handelspartner hinzukommt.

   d) Der Wert von α kann nicht bestimmt werden.

   e) Keine der obigen Antworten ist richtig.

Aufgabe 4

Nehmen Sie an, es gebe zwei Güter, 1 und 2, die von zwei Individuen, A und B, produziert werden können. Individuum A kann mit einer Einheit Arbeitszeit maximal 10 Einheiten des ersten, maximal 10 Einheiten des zweiten Guts oder jede lineare Kombination aus diesen beiden Mengen pro Jahr herstellen. Individuum B kann mit einer Einheit Arbeitszeit maximal α Einheiten des ersten, maximal 12 Einheiten des zweiten Guts oder jede lineare Kombination aus diesen beiden Mengen pro Jahr herstellen. Jedes Individuum verfügt über 100 Einheiten Zeit. A und B wollen die Güter 1 und 2 jeweils im Verhältnis 2 : 1 konsumieren.

1. Bestimmen Sie die Opportunitätskosten der beiden Individuen von Gut 1 in Einheiten von Gut 2.

   a) Die Opportunitätskosten von Gut 1 für Individuum A sind 10, für Individuum B sind sie α.

   b) Die Opportunitätskosten von Gut 1 für Individuum A sind 10, für Individuum B sind sie 12.

   c) Die Opportunitätskosten von Gut 1 für Individuum A sind 1, für Individuum B sind sie $\frac{\alpha}{12}$.

   d) Die Opportunitätskosten von Gut 1 für Individuum A sind 1, für Individuum B sind sie $\frac{12}{\alpha}$.

   e) Keine der obigen Antworten ist richtig.

2. Bestimmen Sie den jeweiligen komparativen Vorteil.

   a) Falls $\alpha > 12$, hat Individuum A einen komparativen Vorteil bei der Produktion von Gut 1 und Individuum B bei der Produktion von Gut 2. Falls $\alpha < 12$, hat Individuum A einen komparativen Vorteil bei der Produktion von Gut 2 und

Individuum B bei der Produktion von Gut 1. Falls $\alpha = 12$ hat kein Individuum einen komparativen Vorteil.

b) Falls $\alpha < 12$, hat Individuum A einen komparativen Vorteil bei der Produktion von Gut 1 und Individuum B bei der Produktion von Gut 2. Falls $\alpha > 12$, hat Individuum A einen komparativen Vorteil bei der Produktion von Gut 2 und Individuum B bei der Produktion von Gut 1. Falls $\alpha = 12$, hat kein Individuum einen komparativen Vorteil.

c) Unabhängig von α hat A einen komparativen Vorteil bei der Produktion von Gut 1. Falls zudem $\alpha > 10$, hat Individuum A auch einen komparativen Vorteil bei der Produktion von Gut 2. Individuum B hat bei der Produktion von Gut 2 einen komparativen Vorteil, falls $\alpha < 10$. Falls $\alpha = 10$ hat kein Individuum einen komparativen Vorteil bei der Produktion von Gut 2.

d) Falls $\alpha > 1$, hat Individuum A einen komparativen Vorteil bei der Produktion von Gut 1 und Individuum B bei der Produktion von Gut 2. Falls $\alpha < 1$, hat Individuum A einen komparativen Vorteil bei der Produktion von Gut 2 und Individuum B bei der Produktion von Gut 1. Falls $\alpha = 1$, hat kein Individuum einen komparativen Vorteil.

e) Keine der obigen Antworten ist richtig.

3. Bestimmen Sie die Produktionsmöglichkeitenfunktion beider Individuen.

a) Die Produktionsmöglichkeitenkurve von Individuum A ist $x_1^A = 10 - x_2^A$ und von Individuum B $x_1^B = \alpha - \frac{\alpha}{12} \cdot x_2^B$.

b) Die Produktionsmöglichkeitenkurve von Individuum A ist $x_1^A = 10 - x_2^A$ und von Individuum B $x_1^B = \alpha - \frac{12}{\alpha} \cdot x_2^B$.

c) Die Produktionsmöglichkeitenkurve von Individuum A ist $x_1^A = 1'000 - x_2^A$ und von Individuum B $x_1^B = 100 \cdot \alpha - \frac{12}{\alpha} \cdot x_2^B$.

d) Die Produktionsmöglichkeitenkurve von Individuum A ist $x_1^A = 1'000 - x_2^A$ und von Individuum B $x_1^B = 100 \cdot \alpha - \frac{\alpha}{12} \cdot x_2^B$.

e) Keine der obigen Antworten ist richtig.

Gehen Sie nun davon aus, dass $\alpha = 6$.

4. Bestimmen Sie den Autarkiekonsum der beiden Individuen.

a) In Autarkie konsumiert Individuum A 800 Einheiten von Gut 1 und 400 Einheiten von Gut 2. In Autarkie konsumiert Individuum B 600 Einheiten von Gut 1 und 300 Einheiten von Gut 2.

b) In Autarkie konsumiert Individuum A $666\frac{2}{3}$ Einheiten von Gut 1 und $333\frac{1}{3}$ Einheiten von Gut 2. In Autarkie konsumiert Individuum B 800 Einheiten von Gut 1 und 400 Einheiten von Gut 2.

c) In Autarkie konsumiert Individuum A 800 Einheiten von Gut 1 und 400 Einheiten von Gut 2. In Autarkie konsumiert Individuum B 480 Einheiten von Gut 1 und 240 Einheiten von Gut 2.

d) In Autarkie konsumiert Individuum A $666\frac{2}{3}$ Einheiten von Gut 1 und $333\frac{1}{3}$ Einheiten von Gut 2. In Autarkie konsumiert Individuum B 480 Einheiten von Gut 1 und 240 Einheiten von Gut 2.

e) Keine der obigen Antworten ist richtig.

5. Bestimmen Sie die optimalen Produktionspläne der beiden Individuen, falls sie Handel betreiben und sich spezialisieren können.

   a) Nach Spezialisierung und Handel werden insgesamt 1'280 Einheiten von Gut 1 und 640 von Gut 2 hergestellt.

   b) Nach Spezialisierung und Handel werden insgesamt 1'500 Einheiten von Gut 1 und 750 von Gut 2 hergestellt.

   c) Nach Spezialisierung und Handel werden insgesamt 1'350 Einheiten von Gut 1 und 675 von Gut 2 hergestellt.

   d) Nach Spezialisierung und Handel werden insgesamt 1'400 Einheiten von Gut 1 und 700 von Gut 2 hergestellt.

   e) Keine der obigen Antworten ist richtig.

6. Bestimmen Sie die Handelsgewinne, die durch Spezialisierung insgesamt realisiert werden können.

   a) Durch Spezialisierung werden 200 Einheiten von Gut 1 und 100 Einheiten von Gut 2 im Vergleich zu Autarkie mehr produziert.

   b) Durch Spezialisierung werden $133\frac{1}{3}$ Einheiten von Gut 1 und $66\frac{2}{3}$ Einheiten von Gut 2 im Vergleich zu Autarkie mehr produziert.

   c) Durch Spezialisierung werden $166\frac{2}{3}$ Einheiten von Gut 1 und $83\frac{1}{3}$ Einheiten von Gut 2 im Vergleich zu Autarkie mehr produziert.

   d) Durch Spezialisierung werden 150 Einheiten von Gut 1 und 75 Einheiten von Gut 2 im Vergleich zu Autarkie mehr produziert.

   e) Keine der obigen Antworten ist richtig.

2.3.2 Lösungen

Lösung zu Aufgabe 1

- Frage 1, Antwort *d)* ist korrekt.
- Frage 2, Antwort *c)* ist korrekt.
- Frage 3, Antwort *a)* ist korrekt.
- Frage 4, Antwort *c)* ist korrekt.
- Frage 5, Antwort *c)* ist korrekt.

Lösung zu Aufgabe 2

- Frage 1, Antwort *c)* ist korrekt.
- Frage 2, Antwort *c)* ist korrekt.
- Frage 3, Antwort *e)* ist korrekt. Die korrekte Angabe wäre, dass Land *A* von beiden Gütern je 5'000 und Land *B* von beiden Gütern je 3'750 konsumiert.
- Frage 4, Antwort *d)* ist korrekt.
- Frage 5, Antwort *b)* ist korrekt.

Lösung zu Aufgabe 3

- Frage 1, Antwort *a)* ist korrekt.
- Frage 2, Antwort *d)* ist korrekt.
- Frage 3, Antwort *a)* ist korrekt.
- Frage 4, Antwort *b)* ist korrekt.

Lösung zu Aufgabe 4

- Frage 1, Antwort *d)* ist korrekt.
- Frage 2, Antwort *b)* ist korrekt.
- Frage 3, Antwort *d)* ist korrekt.
- Frage 4, Antwort *d)* ist korrekt.
- Frage 5, Antwort *a)* ist korrekt.
- Frage 6, Antwort *b)* ist korrekt.

Märkte und Institutionen – Einführung

3.1 Selektivfragen

3.1.1 Aussagen

Block 1
1. Einen Markt, auf dem wenige Nachfrager und viele Anbieter vorhanden sind, nennt man beschränktes Monopson.
2. Einen Markt, auf dem ein Nachfrager und ein Anbieter vorhanden sind, nennt man bilaterales Monopol.
3. Bei einem Markt mit vielen Anbietern und vielen Nachfragern handelt es sich stets um ein Polypol.
4. Es gebe wenige Anbieter und einen Nachfrager auf einem Markt. Eine solche Marktform nennt man beschränktes Monopol.

Block 2
1. Im Oligopol gibt es mehr Anbieter als im beschränkten Monopson.
2. Im bilateralen Oligopol ist die Anzahl der Anbieter grösser als im Monopson.
3. Ein Oligopson und ein Oligopol unterscheiden sich lediglich in der Anzahl der Nachfrager.
4. Die Anzahl der Anbieter im bilateralen Oligopol ist stets kleiner als im Oligopson.

Block 3
1. Der Flugverkehrsmarkt ist ein Beispiel für ein Oligopol.
2. Im bilateralen Monopol, beschränkten Monopson und Monopson gibt es nur einen Nachfrager.
3. Im Monopol ist die Anzahl der Marktteilnehmer stets mindestens so gross wie im bilateralen Monopol.

© Der/die Autor(en), exklusiv lizenziert durch Springer-Verlag GmbH, DE, ein Teil von Springer Nature 2021
M. Kolmar, M. Hoffmann, *Arbeitsbuch zu Grundlagen der Mikroökonomik*, https://doi.org/10.1007/978-3-662-63473-8_3

4. Der Automobilmarkt ist ein Beispiel für einen Markt mit monopolistischer Konkurrenz.

Block 4

1. Märkte und Handel wären unmöglich ohne die Institutionen des Privateigentums.
2. Nur dank der Entwicklung einer staatlichen, zentralen Form der Rechtsdurchsetzung konnten sich im Spätmittelalter viele Regionen Europas ökonomisch erfolgreich entwickeln.
3. Eine funktionierende Marktwirtschaft benötigt entweder das Durchsetzen von Eigentumsrechten oder von Vertragsrechten.
4. Arbeitsverträge basieren auf dem Recht zum Selbsteigentum.

Block 5

1. Geld dient als Tauschmedium, als Rechnungseinheit und zur Wertaufbewahrung.
2. Geld erleichtert Tausch, weil es das Problem der doppelten Koinzidenz der Wünsche löst.
3. Geld als abstraktes Tauschmittel funktioniert nur, wenn eine Gesellschaft fähig ist, Geld einen intrinsischen Wert beizumessen.
4. Bitcoin kann als ein weiterer Schritt in der Entwicklung des Geldes weg von Gold- und Silbermünzen zu immer abstrakteren Tauschmitteln verstanden werden.

Block 6

1. Laptops sind ein gutes Beispiel für ein homogenes Gut.
2. Verkäufer und Käufer gelten als Preisnehmer, wenn sie den Preis nicht beeinflussen können. Dies ist bei Märkten mit wenigen Käufern und Verkäufern der Fall.
3. Strategische Interdependenz tritt dann auf, wenn das optimale Verhalten eines Anbieters das optimale Verhalten seiner Konkurrenten beeinflusst und umgekehrt. Dies ist auf oligopolistischen Märkten der Fall.
4. Die Produktionstechnologie, die Wahrnehmung der Käufer und der rechtliche Rahmen beeinflussen die Marktstruktur.

3.1.2 Lösungen

Musterlösung für Block 1

1. **Falsch.** Einen Markt, auf dem wenige Nachfrager und viele Anbieter vorhanden sind, nennt man Oligopson. Vgl. Abschn. 3.2.
2. **Wahr.** Per definitionem. Vgl. Abschn. 3.2.
3. **Wahr.** Per definitionem. Vgl. Abschn. 3.2.
4. **Falsch.** Ein beschränktes Monopol hat einen Anbieter und wenige Nachfrager. Vgl. Abschn. 3.2.

Musterlösung für Block 2

1. **Falsch.** In beiden Marktformen gibt es wenige Anbieter. Vgl. Abschn. 3.2.
2. **Falsch.** Im bilateralen Oligopol gibt es wenige Anbieter, während es im Monopson viele Anbieter gibt. Vgl. Abschn. 3.2.
3. **Falsch.** Ein Oligopson hat viele Anbieter und wenige Nachfrager, während ein Oligopol wenige Anbieter und viele Nachfrager hat. Vgl. Abschn. 3.2.
4. **Wahr.** Ein bilaterales Oligopol hat wenige Anbieter, während das Oligopson viele Anbieter hat. Vgl. Abschn. 3.2.

Musterlösung für Block 3

1. **Wahr.** Im Oligopol gibt es wenige Anbieter und viele Nachfrager. Vgl. Abschn. 3.2.
2. **Wahr.** Per definitionem. Vgl. Abschn. 3.2.
3. **Wahr.** Ein bilaterales Monopol hat lediglich einen Anbieter und einen Nachfrager. Ein Monopol hat ebenfalls nur einen Anbieter, aber viele Nachfrager. Vgl. Abschn. 3.2.
4. **Wahr.** Vgl. die Ausführungen zum Beispiel des Automobilmarkts in Abschn. 3.2.

Musterlösung für Block 4

1. **Wahr.** Eigentumsrechte definieren Besitz und Kontrolle über Objekte und schaffen einen Unterschied zwischen ‚Mein‘ und ‚Dein‘. Ohne eine solche Unterscheidung wären Märkte und Handel unmöglich, da ungeklärt wäre, wer das Recht auf die Kontrolle von Objekten hat. Vgl. Abschn. 3.1.
2. **Falsch.** Die Entwicklung eines dezentralen Handelsrechts half dabei, die Beschränkung einer zentralen Rechtsdurchsetzung zu überwinden und trug damit zum ökonomischen Aufschwung vieler Regionen Europas im Spätmittelalter bei. Vgl. Abschn. 3.1.
3. **Falsch.** Eigentumsrechte als residuale Kontrollrechte legen fest, wer das Recht auf die Kontrolle von Objekten hat, während das Vertragsrecht den Tausch von Rechten regelt. Sowohl das Eigentumsrecht als auch das Vertragsrecht sind institutionelle Voraussetzung für eine Marktwirtschaft. Vgl. Abschn. 3.1.
4. **Wahr.** Selbsteigentum erlaubt es einem seine Zeit und Expertise auf dem Arbeitsmarkt zu verkaufen. Gleichzeitig schränkt es die Vertragsfreiheit ein, indem es Sklaverei und Leibeigentum verbietet. Vgl. Abschn. 3.1.

Musterlösung für Block 5

1. **Wahr.** Traditionellerweise hat Geld diese drei Funktionen. Vgl. Abschn. 3.1.
2. **Wahr.** Anders als in einer Tauschwirtschaft kommt es in einer Ökonomie mit Geld auch zum Tausch, wenn sich Angebot und Nachfrage zweier Individuen nicht genau treffen. Vgl. Abschn. 3.1.
3. **Falsch.** Geld basiert auf einer gesellschaftlichen Konvention, hat aber keinen intrinsischen Wert. Geld besitzt Wert nur insoweit Menschen bereit sind, es als Tauschmedium zu akzeptieren. Vgl. Abschn. 3.1.

4. **Wahr**. Geld basiert auf einer gesellschaftlichen Konvention und hängt damit an abstraktem Denken und Vertrauen. Die historische Entwicklung des Geldes zeigt, dass Menschen immer abstrakter über seine Nutzung und sein ‚Wesen' dachten. Kryptogeld ist also nur der jüngste Schritt in einer Entwicklung hin zu immer abstrakteren Tauschmitteln. Vgl. Abschn. 3.1.

Musterlösung für Block 6

1. **Falsch**. Güter sind homogen, wenn Käufer nicht bereit oder nicht in der Lage sind, zwischen diesen zu unterscheiden. Es hängt also hauptsächlich von der Wahrnehmung der Kunden ab, ob ein Gut homogen ist oder nicht. Im Falle von Laptops lässt sich annehmen, dass zumindest eine bestimmte Kundengruppe in der Lage ist, zwischen verschiedenen Marken und Ausstattungen zu differenzieren. Vgl. Abschn. 3.2.
2. **Falsch**. Dies ist bei Märkten mit vielen Käufern und Verkäufern der Fall, d. h. beim Polypol. Vgl. Abschn. 3.2.
3. **Wahr**. Vgl. Abschn. 3.2.
4. **Wahr**. Vgl. Abschn. 3.2.

3.2   Offene Fragen

3.2.1   Aufgaben

Aufgabe 1

1. Unterscheiden Sie die Angebots- und Nachfrageseite nach der Anzahl der Verkäufer und Käufer und benennen Sie die entsprechenden Marktformen basierend auf folgender Liste (Tab. 3.1).

- beschränktes Monopol
- Monopson
- Monopol
- bilaterales Oligopol
- bilaterales Monopol

- beschränktes Monopson
- Polypol
- Oligopol
- Oligopson

Tab. 3.1 Aufgabe 1.1. Taxonomie unterschiedlicher Marktformen

Käufer / Verkäufer	einer	wenige	viele
einer			
wenige			
viele			

2. Finden Sie nun ein konkretes Beispiel für jede Marktform (Tab. 3.2).

Tab. 3.2 Aufgabe 1.2. Beispiele für Marktformen

Käufer / Verkäufer	einer	wenige	viele
einer			
wenige			
viele			

3.2.2 Lösungen

Lösung zu Aufgabe 1

1. Vgl. Tab. 3.1 in Abschn. 3.2.
2. Sehen Sie Tab. 3.3

Tab. 3.3 Aufgabe 1.2. Beispiele für Marktformen

Käufer / Verkäufer	einer	wenige	viele
einer	Ehe, Markt für atomgetriebene Flugzeugträger	Exklusive Kunstwerke (z. B. ein van Gogh Gemälde)	Öffentliche Güter (regional), Pharmazieprodukte unter Patentschutz
wenige	Rohe Essiggurken in der Schweiz (4 bis 5 Bauern und ein Abnehmer)	Reifen für Formel 1 Rennwagen	Detailhandel in der Schweiz (Coop und Migros), Markt für Verkehrsflugzeuge
viele	Lokaler Arbeitsmarkt mit nur 1 Fabrik (Käufer von Arbeitskraft)	Lokaler Arbeitsmarkt mit 3 Fabriken (Käufer von Arbeitskraft)	Agrarprodukte (wie Weizen), Börse

Angebot und Nachfrage bei Vollständigem Wettbewerb

4

4.1 Selektivfragen

4.1.1 Aussagen

Block 1

1. Ist ein Gut gewöhnlich, so sinkt dessen nachgefragte Menge, wenn das Einkommen steigt.
2. Bei inferioren Gütern führt ein Preisanstieg zu einer niedrigeren Nachfrage.
3. Zwei Güter sind gegenseitige Substitute, wenn die Nachfrage nach einem Gut sinkt, falls der Preis des anderen Guts steigt.
4. Die Nachfrage nach einem Gut steigt im Preis desselben Guts. Es handelt sich somit um ein Giffen-Gut.

Block 2

Gehen Sie von einem perfekt kompetitiven Automarkt aus. Abb. 4.1 zeigt den relevanten Markt für den Autohersteller CarMaker. Nehmen Sie bei den folgenden Fragen die Nachfrage x_2, das Angebot y_2 und das Gleichgewicht im Punkt a als Ausgangspunkt.

1. Ein Konkurrenzunternehmen, das ein Substitut zu den Autos von CarMaker herstellt, senkt den Preis seiner Autos. Das neue Gleichgewicht ist in einem Punkt wie i.
2. Aufgrund einer Prozessinnovation kann CarMaker die Grenzkosten senken. Das neue Gleichgewicht ist in einem Punkt wie h.
3. Der Staat erhöht die Autobahnmaut. Das neue Gleichgewicht ist in einem Punkt wie d.
4. Der Staat beschliesst eine Reduzierung der Mineralölsteuer. Das neue Gleichgewicht ist in einem Punkt wie f.

© Der/die Autor(en), exklusiv lizenziert durch Springer-Verlag GmbH, DE, ein Teil von Springer Nature 2021
M. Kolmar, M. Hoffmann, *Arbeitsbuch zu Grundlagen der Mikroökonomik*,
https://doi.org/10.1007/978-3-662-63473-8_4

Abb. 4.1 Block 2.
Verschiedene
Marktgleichgewichte

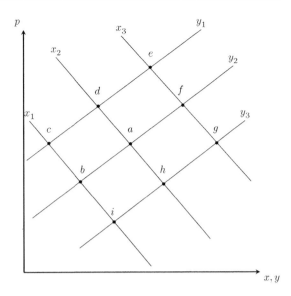

Block 3
Gehen Sie von einem Markt mit vollständigem Wettbewerb für Mais aus. Das Marktangebot steigt im Preis und die Nachfrage sinkt im Preis.

1. Unwetter zerstören einen grossen Teil der Ernte. Der Gleichgewichtspreis steigt *ceteris paribus* daraufhin.
2. Die Löhne aller Erntehelfer sinken. Die Marktangebotskurve verschiebt sich daraufhin *ceteris paribus* nach links.
3. Man entwickelt ein Verfahren zur Herstellung von Benzin aus Mais. Die im Gleichgewicht nachgefragte Menge an Mais sinkt und der Gleichgewichtspreis steigt daraufhin *ceteris paribus*.
4. Die Konsumenten von Mais erhalten eine Einkommenserhöhung. Der Gleichgewichtspreis von Mais steigt daraufhin *ceteris paribus*.

Block 4
Katrins Nachfrage nach Gut 1 lässt sich durch folgende Funktion ausdrücken:

$$x_1(p_1, p_2, b) = \frac{100 \cdot b}{2 \cdot p_1 + p_2},$$

mit b, p_1, $p_2 > 0$. b repräsentiert Katrins Budget, p_1 den Preis des Guts 1 und p_2 den Preis des Guts 2.

1. Gut 1 ist ein Giffen-Gut.
2. Gut 1 ist ein inferiores Gut.
3. Für Katrin ist Gut 1 ein Substitut zu Gut 2.
4. Die Nachfrage nach Gut 1 reagiert elastisch auf Änderungen des Preises p_1.

Block 5

Autonome Fahrzeuge (AF) werden die Mobilitätsökonomie voraussichtlich aufgrund folgender Effekte entscheidend prägen:

1. Sie werden wahrscheinlich einen Wechsel in den Eigentümerstrukturen herbeiführen, da es für Individuen zunehmend attraktiver wird, Nutzungsrechte anstatt ganzer Autos zu erwerben.
2. Es wird mehr Autos geben als heute.
3. Der Versicherungsmarkt für Mobilität wird sich voraussichtlich von einem Business-to-Consumer-Markt (B2C) zu einem Business-to-Business-Markt (B2B) wandeln.
4. Da AF den Auslastungsgrad der Fahrzeuge erhöhen, können Taxi-, Bus- und Lastwagenchauffeure von einem Lohnanstieg ausgehen.

Block 6

1. In der Ökonomik bezieht sich der Begriff ‚Kapital' ausschliesslich auf monetäre Vermögenswerte.
2. Im Gegensatz zu physischem Kapital bezieht sich das Sozialkapital auf Menschen. Es ist der Bestand an Wissen, mit dessen Hilfe man Arbeitszeit produktiv einsetzen kann.
3. Eine Investition in Bildung ist eine Investition in Humankapital.
4. Symbolisches Kapital hängt von den gesellschaftlichen Normen und Werten sowie den sprachlichen Konventionen ab. Es bezieht sich auf die Fähigkeit einer Person, seine Ziele dadurch besser durchzusetzen, dass sie Anerkennung und Status besitzt.

4.1.2 Lösungen

Musterlösung für Block 1

1. **Falsch.** Ist ein Gut gewöhnlich, dann sinkt bei steigendem Preis die Nachfrage. Vgl. Definition 4.1 in Abschn. 4.2.
2. **Falsch.** Bei inferioren Gütern fällt die Nachfrage nach einem Gut, wenn das Einkommen steigt. Vgl. Definition 4.4 in Abschn. 4.2.
3. **Falsch.** Zwei Güter sind gegenseitige Substitute, falls bei einer Preissteigerung des einen Guts die Nachfrage nach dem anderen Gut steigt. Vgl. Definition 4.5 in Abschn. 4.2.
4. **Wahr.** Vgl. Definition 4.2 in Abschn. 4.2.

Musterlösung für Block 2

1. **Falsch.** Sinkt der Preis des Substitutprodukts, so geht die Nachfrage auf dem Markt zurück (vgl. Definition 4.5 in Abschn. 4.2). Das Angebot bleibt unverändert. Das neue Gleichgewicht ist in einem Punkt wie *b*.
2. **Wahr.** Durch die Senkung der Grenzkosten verschiebt sich die Angebotskurve nach rechts (vgl. Abschn. 4.2). Zum gleichen Preis wird nun mehr angeboten.

3. **Falsch.** Bei der Autobahnmaut handelt es sich um ein Komplementärprodukt des Guts. Steigt der Preis des Komplementärprodukts, so geht die Nachfrage nach unserem Produkt zurück (vgl. Definition 4.6 in Abschn. 4.2). Das neue Gleichgewicht befindet sich in einem Punkt wie b.

4. **Wahr.** Beim Mineralöl handelt es sich um ein Komplement zu Carmakers Produkt. Sinkt der Preis des Komplements, so steigt die Nachfrage nach Carmakers Produkt (vgl. Definition 4.6 in Abschn. 4.2).

Musterlösung für Block 3

1. **Wahr.** Die Angebotskurve verschiebt sich nach links, die Nachfragekurve bleibt konstant. Vgl. Abschn. 4.4.

2. **Falsch.** Die Grenzkosten der Produktion sinken, und somit verschiebt sich die Angebotskurve nach rechts. Vgl. Abschn. 4.4.

3. **Falsch.** Die nachgefragte Menge an Mais steigt (Nachfragekurve verschiebt sich nach rechts) und der Gleichgewichtspreis steigt. Vgl. Abschn. 4.4.

4. **Falsch.** Wir haben nicht genug Informationen, um diese Aussage zu treffen, daher ist sie falsch. Hinweis: Ein Gut i heisst inferior, wenn für gegebene Preise und Einkommen die Nachfrage x_i^j fallend im Einkommen b^j ist. Vgl. Abschn. 4.4 und Definition 4.4 in Abschn. 4.2.

Musterlösung für Block 4

1. **Falsch.**

$$\frac{\partial x_1}{\partial p1} = -\frac{200 \cdot b}{(2 \cdot p_1 + p_2)^2} < 0.$$

Vgl. Abschn. 4.2.

1. **Falsch.**

$$\frac{\partial x_1}{\partial b} = -\frac{100}{2 \cdot p_1 + p_2} > 0.$$

Vgl. Abschn. 4.2.

2. **Falsch.**

$$\frac{\partial x_1}{\partial p2} = -\frac{100 \cdot b}{(2 \cdot p_1 + p_2)^2} < 0.$$

Vgl. Abschn. 4.2.

3. **Falsch.**

$$\left|\frac{\partial x_1}{\partial p1} \cdot \frac{p_1}{x_1}\right| = \frac{200 \cdot b}{(2 \cdot p_1 + p_2)^2} \cdot \frac{p_1 \cdot (2 \cdot p_1 + p_2)}{100 \cdot b} = \frac{2 \cdot p_1}{2 \cdot p_1 + p_2} < 1.$$

Vgl. Abschn. 17.

Musterlösung für Block 5

1. **Wahr**. Die Transaktionskosten für ‚Fahrzeug-Sharing' werden wahrscheinlich durch grosse, spezialisierte Sharing-Unternehmen gesenkt werden. Vgl. Abschn. 4.4.

2. **Falsch**. Der Nettoeffekt von AF auf die Autonutzung bleibt unklar. Einerseits werden sich die Transportzeiten wahrscheinlich verkürzen, und zudem kann diese Zeit für andere (produktive) Beschäftigungen statt fürs Fahren verwendet werden. Beide Aspekte machen Autos ‚attraktiver' im Vergleich zu heute. Andererseits kann der Auslastungsgrad der bestehenden Flotte deutlich verbessert werden. Ein Auto kann beispielsweise jemanden mitnehmen und beim Arbeitsort wieder abladen, und danach jemand anderes transportieren. Vgl. Abschn. 4.4.

3. **Wahr**. Die Versicherungsbranche wird sich voraussichtlich von einem Markt mit für Autobesitzer obligatorischen Haftpflichtversicherungen zu einem Markt ändern, in welchem Anbieter von Mobilitätsdienstleistungen gegen technologische statt menschlicher Fehler versichert sind. Vgl. Abschn. 4.4.

4. **Wahr**. Während AF sicherlich einen Effizienzschub für den Strassentransport mit sich bringen, werden sie auch adverse Effekte auf Chauffeure in der Transportbranche mit sich ziehen. Die Komplementarität zwischen Fahrzeugen und menschlichen Fahrern dürfte durch einen Wettbewerb zwischen Mensch und Maschine ersetzt werden. Nach anfänglichen Lohneinbussen wird ein massiver Verlust an Arbeitsplätzen für Taxi-, Bus- und Lastwagenfahrer resultieren. Vgl. Abschn. 4.4.

Musterlösung für Block 6

1. **Falsch**. Kapital ist jede Ressource, die potenziell mobil ist und einen Zins abwirft, wenn sie nicht direkt konsumiert wird. Ökonomen unterscheiden zwischen drei oder vier Formen: Humankapital, Sozialkapital, physisches Kapital und manchmal auch symbolisches Kapital. Vgl. Abschn. 4.2.

2. **Falsch**. Dies ist die Definition von Humankapital. Sozialkapital bezieht sich auf das Netzwerk von Freunden und Bekannten, welche einem dabei helfen können, Ziele zu erreichen. Es ist der Bestand an Verbindungen und Kontakten, die dabei helfen, die eigenen Pläne erfolgreich umzusetzen und gegen die Folgen unerwünschter Ereignisse versichern. Vgl. Abschn. 4.2.

3. **Wahr**. Bildung steigert die Fähigkeiten eines Individuums, welche es ihm oder ihr erlauben, Arbeit produktiv zu nutzen. Vgl. Abschn. 4.2.

4. **Wahr**. Das Konzept ermöglicht ein besseres Verständnis für die Rolle von kulturellen Konventionen und Ideologien in einer Gesellschaft. Vgl. Abschn. 4.2.

4.2   Offene Fragen

4.2.1   Aufgaben

Aufgabe 1
Angenommen, es kommt zu einem militärischen Konflikt in einer Erdöl produzierenden Region, welcher das Erdölangebot zurückgehen lässt.

1. Welchen Einfluss wird dies voraussichtlich auf die Nachfrage nach Autos haben? Verdeutlichen Sie ihr Ergebnis unter Verwendung einer geeigneten Graphik.
2. Welchen Einfluss wird dies voraussichtlich auf die Nachfrage nach alternativen Energien haben?

Aufgabe 2
Abb. 4.2 zeigt den (kompetitiven) Markt für holländischen Käse. Das momentane Gleichgewicht wird durch den Punkt e repräsentiert, y_2 entspricht der aktuellen Angebotsfunktion, x_2 der aktuellen Nachfragefunktion. Welchen Einfluss haben folgende Ereignisse auf das Gleichgewicht?

1. Die Gewerkschaft der Käserei-Angestellten kann im Tarifstreit eine Lohnerhöhung durchsetzen.
2. Käse sei ein normales Gut. Eine Rezession reduziert das verfügbare Einkommen der Konsumenten.
3. Eine wissenschaftliche Studie eines angesehenen und unabhängigen Instituts behauptet, dass Käsekonsum die Intelligenz befördere.
4. Eine rätselhafte Seuche halbiert den Bestand aller Nutztiere in der Käseproduktion.

Abb. 4.2 Aufgabe 2.
Verschiedene
Marktgleichgewichte

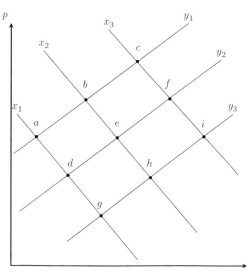

Aufgabe 3

Urs und Heidi essen gerne Glace. Urs würde bei einem Preis von CHF 0 pro Kugel *pro Woche* 10 Kugeln essen. Jedes Mal, wenn der Preis pro Kugel um 1 CHF steigt, wird er 2 Kugeln *pro Woche* weniger nachfragen. Heidi hingegen würde bei einem Preis von CHF 0 pro Kugel *jeden Tag* 2 Kugeln nachfragen. Jedes Mal, wenn der Preis um CHF 1 steigt, wird sie 1 Kugel weniger *pro Tag* kaufen. (Unterstellen Sie, dass die Einzelnachfragen lineare Funktionen sind).

1. Berechnen Sie Urs' und Heidis individuelle *wöchentliche* Nachfragen sowie die Marktnachfrage und tragen Sie alles in eine geeignete Tabelle ein. Bestimmen Sie die individuellen Nachfragefunktionen wie auch die Marktnachfragefunktion.
2. Ist Glace ein gewöhnliches Gut für Urs und Heidi?
3. Das Eiscafé iScream wird bei einem Preis von CHF 0 pro Kugel keine Glace anbieten. Steigt der Preis pro Kugel jedoch um 1 CHF, wird das Angebot jeweils um 15 Kugeln pro Woche steigen. (Unterstellen Sie, dass das Angebot eine lineare Funktion ist).
   a) Berechnen Sie das Angebot des Eiscafés und tragen es in eine geeignete Tabelle ein. Bestimmen Sie die Angebotsfunktion.
   b) Zeichnen Sie die Marktnachfragefunktion sowie die Angebotsfunktion in ein geeignetes Diagramm und bestimmen Sie graphisch und rechnerisch das Marktgleichgewicht.
   c) Wie ändert sich das Gleichgewicht, wenn Urs' Bruder Alexander dazukommt, der immer genauso viel Glace nachfragt wie Urs?

Aufgabe 4

Die Marktnachfrage auf einem kompetitiven Markt sei gegeben durch

$$x(p) = \begin{cases} 400 - 2 \cdot p & \text{für } 200 > p \geq 50, \\ 500 - 4 \cdot p & \text{für } 50 > p. \end{cases}$$

Die Marktangebotsfunktion sei gegeben durch

$$y(p) = \begin{cases} -30 + 2 \cdot p & \text{für } p \geq 20, \\ -10 + p & \text{für } 20 > p \geq 10. \end{cases}$$

$x(p)$ setzt sich zusammen aus zwei individuellen (linearen) Nachfragefunktionen der Individuen A und B ($x^A(p)$ und $x^B(p)$). Die Marktangebotsfunktion setzt sich aus zwei linearen Angebotsfunktionen der Firmen C und D zusammen ($y^C(p)$ und $y^D(p)$).

1. Disaggregieren Sie die Marktnachfrage, d. h. bestimmen Sie die individuellen Nachfragen der Individuen A und B. Zeichnen Sie sowohl die Marktnachfragefunktion als auch beide individuellen Nachfragefunktionen in dasselbe Diagramm.

2. Disaggregieren Sie die Marktangebotsfunktion, d. h. bestimmen Sie die individuellen Angebotsfunktionen der Firmen C und D. Zeichnen Sie sowohl die Marktangebotsfunktion als auch beide individuellen Angebotsfunktionen in dasselbe Diagramm.
3. Bestimmen Sie den Gleichgewichtspreis im Markt (p^*). Welche Menge wird im Gleichgewicht angeboten ($y^* = y(p^*)$)? Illustrieren Sie Ihr Resultat in einem geeigneten Diagramm.
4. Wie gross ist die individuelle Nachfrage von A und B, wie hoch die angebotene Menge von C und D? Illustrieren Sie Ihr Resultat in einem geeigneten Diagramm.
5. Nehmen Sie an, dass eine dritte Firma (E) mit der folgenden Angebotsfunktion auf dem Markt erscheint:

$$y^E(p) = 10 \cdot p.$$

Wie verändern sich durch die neue Firma die Ergebnisse aus Aufgabenteilen 3 und 4?

Aufgabe 5

Stellen Sie sich vor, Sabine habe ein Budget von $b > 0$ pro Monat zur Verfügung, wobei b von Monat zu Monat schwanken kann. Sie gibt das Budget jeden Monat vollständig für die n verschiedenen Güter aus.

1. Wie viele der n Güter können maximal inferior sein?
2. Nehmen Sie an, dass $n = 2$ (Gut 1 und Gut 2) und dass Sabines Nachfrage nach Gut 1 durch

$$x_1(b, p_1, p_2) = \frac{b}{p_1 + a \cdot p_2}$$

gegeben sei. Hierbei repräsentiert p_i den Preis des i-ten Guts und a einen Parameter.
   a) Was muss für a gelten, damit Gut 1 ein Substitut (Komplement) zu Gut 2 ist?
   b) Sei $a > 0$. Ist Gut 1 inferior oder normal? Ist es ein gewöhnliches oder ein Giffen-Gut?

Aufgabe 6

„The most valuable of all capital is that invested in human beings."
– Alfred Marshall, Britischer Ökonom, in seinem Buch Principles of Economics (1890)

Wie das obige Zitat zeigt, wurde die Bedeutung von Humankapital bereits vor mehr als hundert Jahren erkannt. Doch was bedeutet der Begriff des Humankapitals im ökonomischen Sinne? Welche anderen Formen von Kapital kennen Sie?

Aufgabe 7

„International trade is nothing but a form of technology."

Erklären Sie ausgehend von dieser Aussage des Ökonomen Steven Landsburg Schritt für Schritt, wie die Stahlproduktion in den USA als eine Produktionstechnologie für Sojabohnen verstanden werden kann. Zeigen Sie zudem, wie eine Importsteuer der US-Regierung auf chinesischen Stahl auch eine Steuer auf US-Sojabohnen darstellt.

4.2.2 Lösungen

Lösung zu Aufgabe 1

1. Autos und Benzin sind komplementäre Güter. Wenn der Preis für Benzin steigt und Autos gewöhnliche Güter sind, wird die Nachfrage nach Autos sinken. Die Nachfragekurve verschiebt sich nach links (siehe Abb. 4.3).
2. Die Nachfrage nach alternativen Energien wird tendenziell steigen, da der relative Preis zwischen Öl und alternativen Energien durch die Angebotsverknappung steigt. Die Menschen und Firmen werden alternative Energieträger als Substitute für Öl nutzen (falls dies möglich ist).

Lösung zu Aufgabe 2

1. Das neue Gleichgewicht liegt in einem wie Punkt b.
2. Das neue Gleichgewicht liegt in einem wie Punkt d.
3. Das neue Gleichgewicht liegt in einem wie Punkt f.
4. Das neue Gleichgewicht liegt in einem wie Punkt b.

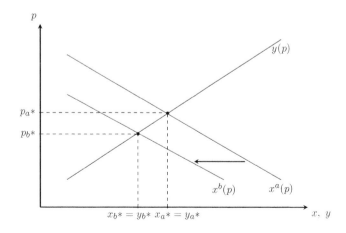

Abb. 4.3 Aufgabe 1.1. Angebot und Nachfrage vor und nach dem Schock

Lösung zu Aufgabe 3

1. Bei $p = 0$ fragt Urs 10 Kugeln pro Woche nach. Seine Nachfrage sinkt um 2 Kugeln bei jeder Erhöhung des Preises um 1 CHF. Urs' Nachfrage entspricht somit

$$x^U(p) = 10 - 2 \cdot p \text{ für } p \leq 5.$$

Heidi fragt bei einem Preis von $p = 0$ genau 2 Eiskugeln pro Tag nach. Dies bedeutet, dass sie 14 Kugeln pro Woche nachfragt. Steigt der Preis um 1 CHF, so sinkt ihre Nachfrage um 7 Kugeln pro Woche. Heidis Nachfrage entspricht somit

$$x^H(p) = 14 - 7 \cdot p \text{ für } p \leq 2.$$

Tab. 4.1 illustriert die individuellen Nachfragen sowie die Marktnachfrage pro Woche in Abhängigkeit von p.

Die Marktnachfragefunktion ist dann

$$x(p) = \begin{cases} 24 - 9 \cdot p & \text{für } p \leq 2, \\ 10 - 2 \cdot p & \text{für } 2 < p \leq 5, \end{cases}$$

mit $x(p) = x^H(p) + x^U(p)$.

2. Ist ein Gut gewöhnlich, dann sinkt bei steigendem Preis die Nachfrage nach diesem Gut (vgl. Definition 4.1 in Abschn. 4.2). Urs' Nachfrage sinkt bei einem Preisanstieg von CHF 1 um 2 Kugeln pro Woche, die von Heidi um 1 Kugel pro Tag. Glace ist also ein gewöhnliches Gut für Urs und Heidi.

3. a) Tab. 4.2 illustriert iScreams Angebot pro Woche in Abhängigkeit von p. Die Angebotsfunktion ist dann

$$y(p) = 15 \cdot p.$$

Tab. 4.1 Aufgabe 3.1. Individuelle Nachfrage und Marktnachfrage pro Woche

Preis	Nachfrage Urs	Nachfrage Heidi	Marktnachfrage
0	10	14	24
0.5	9	10.5	19.5
1	8	7	15
1.5	7	3.5	10.5
2	6	0	6
2.5	5	0	5
3	4	0	4
3.5	3	0	3
4	2	0	2
4.5	1	0	1
5	0	0	0

Tab. 4.2 Aufgabe 3.3a).
Marktangebot pro Woche

Preis	Marktangebot
0	0
0.5	7.5
1	15
1.5	22.5
2	30
2.5	37.5
3	45

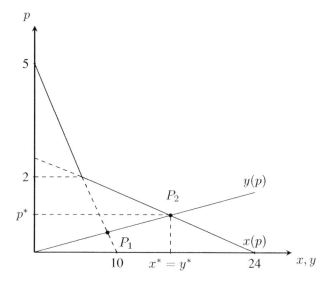

Abb. 4.4 Aufgabe 3.3b). Marktangebot und -nachfrage und Marktgleichgewicht

b) Beim Gleichgewichtspreis p^* gilt $y(p^*) = x(p^*)$. Um den Gleichgewichtspreis zu finden, müssen wir verschiedene Fälle unterscheiden (siehe Abb. 4.4):

- 1. Fall P_1: $2 < p \leq 5$:

$$x(p) = y(p)$$
$$\Leftrightarrow 10 - 2 \cdot p = 15 \cdot p$$
$$\Leftrightarrow p = \frac{10}{17} \approx 0.59. \qquad \lightning$$

- 2. Fall P_2: $p < 2$:

$$x(p) = y(p)$$
$$\Leftrightarrow 24 - 9 \cdot p = 15 \cdot p$$
$$\Leftrightarrow p = 1. \qquad \checkmark$$

Somit ist der gleichgewichtige Marktpreis $p^* = 1$, und die gehandelte Menge entspricht $x^* = y^* = 15$.

c) Tab. 4.3 illustriert die individuellen Nachfragen sowie die Marktnachfrage pro Woche in Abhängigkeit von p. Die Angebotsfunktion bleibt unverändert. Die neue Marktnachfrage ist nun

$$x(p) = \begin{cases} 34 - 11 \cdot p & \text{für} \quad p \leq 2, \\ 20 - 4 \cdot p & \text{für} \quad 2 < p \leq 5, \end{cases}$$

wobei $x(p) \equiv x^H(p) + x^U(p) + x^A(p)$ (siehe Abb. 4.5).

Tab. 4.3 Aufgabe 3.3c). Individuelle Nachfragen und Marktnachfrage

Preis	Nachfr. Urs	Nachfr. Heidi	Nachfr. Alexander	Marktnachfrage
0	10	14	10	34
0.5	9	10.5	9	28.5
1	8	7	8	23
1.5	7	3.5	7	17.5
2	6	0	6	12
2.5	5	0	5	10
3	4	0	4	8
3.5	3	0	3	6
4	2	0	2	4
4.5	1	0	1	2
5	0	0	0	0

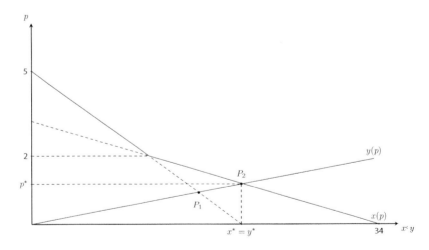

Abb. 4.5 Aufgabe 3.3c). Marktangebot, Marktnachfrage und Marktgleichgewicht

Im Gleichgewicht gilt wiederum $y(p) = x(p)$. Wir unterscheiden folgende Fälle:

- 1. Fall P_1, $2 < p \leq 5$:

$$x(p) = y(p)$$
$$\Leftrightarrow 20 - 4 \cdot p = 15 \cdot p$$
$$\Leftrightarrow p = \frac{20}{19} \approx 1.05. \quad \text{\textup{\textclaw}}$$

- 2. Fall P_2, $p \leq 2$:

$$x(p) = y(p)$$
$$\Leftrightarrow 34 - 11 \cdot p = 15 \cdot p$$
$$\Leftrightarrow p = \frac{17}{13} \approx 1.31. \quad \checkmark$$

Angebots- und Nachfragekurve schneiden sich bei einem Preis unterhalb von 2 ($p^* = \frac{17}{13} \approx 1.31$). Die gleichgewichtige Menge lautet somit $x^* = y^* = \frac{255}{13} \approx 19.62$. Der Preis steigt durch die zusätzliche Nachfrage um CHF $\frac{4}{13} \approx 0.31$, die Menge erhöht sich um $\frac{60}{13} \approx 4.62$ Einheiten.

Lösung zu Aufgabe 4

1. Die Marktnachfrage entspricht der Summe der individuellen Nachfragen, d. h.

$$x(p) = x^A(p) + x^B(p). \tag{4.1}$$

Die Marktnachfragekurve $x(p)$ besitzt einen Knick an der Stelle $p = 50$. Unterhalb (oberhalb) von $p = 50$ verläuft die Marktnachfragefunktion flacher (steiler) als oberhalb (unterhalb) dieses Preises.

Ein Individuum (z. B. A) hat offensichtlich eine vergleichsweise hohe maximale Zahlungsbereitschaft, da es bereit ist, bis CHF 200 zu zahlen, während die maximale Zahlungsbereitschaft von B nur CHF 50 entspricht. Somit ergibt sich die Nachfrage von A als

$$x^A(p) = 400 - 2 \cdot p \text{ für } p \leq 200.$$

Unter Verwendung von Gl. (4.1) ergibt sich dann die Nachfrage von B:

$$x(p) = x^A(p) + x^B(p)$$
$$\Leftrightarrow \quad x^B(p) = 500 - 4 \cdot p - (400 - 2 \cdot p)$$
$$\Leftrightarrow \quad x^B(p) = 100 - 2 \cdot p \text{ für } p \leq 50.$$

Die individuellen Nachfragen sowie die Marktnachfrage sind in Abb. 4.6 illustriert.

2. Die Marktangebotskurve entspricht der Summe der individuellen Angebotsfunktionen, d. h.

$$y(p) = y^C(p) + y^D(p). \tag{4.2}$$

Die Marktangebotskurve $y(p)$ besitzt einen Knick an der Stelle $p = 20$. Unterhalb (oberhalb) von $p = 20$ verläuft die Marktangebotskurve steiler (flacher) als oberhalb (unterhalb) dieses Preises.

Eine Firma (z. B. C) ist offensichtlich nicht willens, das Gut für Preise unterhalb von CHF 20 anzubieten, während Firma D auch bei Preisen zwischen CHF 10 und CHF 20 das Gut anbietet. Somit ergibt sich das Angebot von D als

$$y^D(p) = -10 + p \text{ für } p \geq 10.$$

Unter Verwendung von Gl. (4.2) ergibt sich dann die Angebotsfunktion von C als:

$$\begin{aligned} y(p) =& y^C(p) + y^D(p) \\ \Leftrightarrow \quad y^C(p) =& -30 + 2 \cdot p - (-10 + p) \\ \Leftrightarrow \quad y^C(p) =& -20 + p \text{ für } p \geq 20. \end{aligned}$$

Individuelles sowie Marktangebot sind in Abb. 4.7 illustriert.

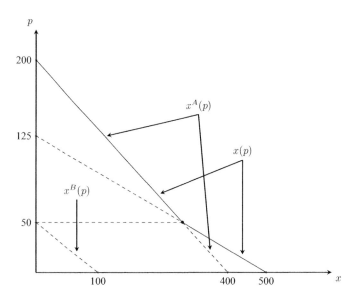

Abb. 4.6 Aufgabe 4.1. Aggregierte Nachfragefunktion

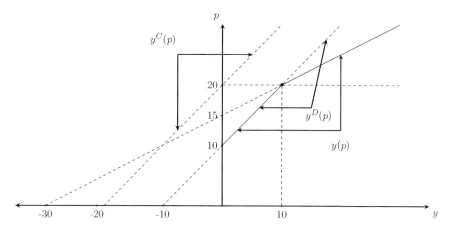

Abb. 4.7 Aufgabe 4.2. Aggregierte Angebotsfunktion

3. Zur Beantwortung dieser Frage bedienen wir uns einer Fallunterscheidung:
   - 1. Fall: $10 \leq p < 20$:

   $$-10 + p = 500 - 4 \cdot p$$
   $$\Leftrightarrow \quad 5 \cdot p = 510$$
   $$\Leftrightarrow \quad p = 102. \quad \lightning$$

   - 2. Fall: $20 \leq p < 50$:

   $$-30 + 2 \cdot p = 500 - 4 \cdot p$$
   $$\Leftrightarrow \quad 6 \cdot p = 530$$
   $$\Leftrightarrow \quad p = 88\frac{1}{3}. \quad \lightning$$

   - 3. Fall: $50 \leq p < 200$:

   $$-30 + 2 \cdot p = 400 - 2 \cdot p$$
   $$\Leftrightarrow \quad 4 \cdot p = 430$$
   $$\Leftrightarrow \quad p = 107.5. \quad \checkmark$$

Der gleichgewichtige Marktpreis ist $p^* = 107.5$, und das gleichgewichtige Angebot entspricht

$$y^* = y(p^*) = -30 + 2 \cdot p^* = 185.$$

Das Resultat ist in Abb. 4.8 dargestellt.

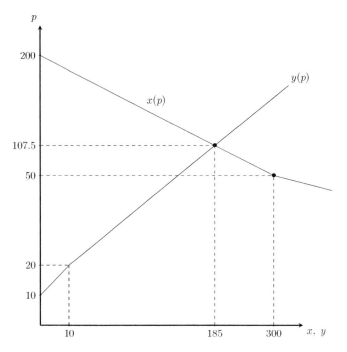

Abb. 4.8 Aufgabe 4.3. Gleichgewicht im Gütermarkt

4. Die individuelle Nachfrage und das individuelle Angebot lauten:
   - $x^A(p^*) = 400 - 2 \cdot p^* = 185$,
   - $x^B(p^*) = 0$,
   - $y^C(p^*) = -20 + p^* = 87.5$,
   - $y^D(p^*) = -10 + p^* = 97.5$.
5. Die neue Marktangebotsfunktion ($\tilde{y}(p)$) lautet:

$$\tilde{y}(p) = y(p) + y^E(p) = \begin{cases} -30 + 12 \cdot p & \text{für } p \geq 20, \\ -10 + 11 \cdot p & \text{für } 20 > p \geq 10, \\ 10 \cdot p & \text{für } 10 > p. \end{cases}$$

Wir unterscheiden folgende Fälle:
   - 1. Fall: $0 \leq p < 10$:

$$10 \cdot p = 500 - 4 \cdot p$$
$$\Leftrightarrow \quad 14 \cdot p = 500$$
$$\Leftrightarrow \quad p = 35\frac{5}{7}. \quad \lightning$$

- 2. Fall: $10 \leq p < 20$:

$$-10 + 11 \cdot p = 500 - 4 \cdot p$$
$$\Leftrightarrow \quad 15 \cdot p = 510$$
$$\Leftrightarrow \quad p = 34. \quad \text{\reflectbox{$\lightning$}}$$

- 3. Fall: $20 \leq p < 50$:

$$-30 + 12 \cdot p = 500 - 4 \cdot p$$
$$\Leftrightarrow \quad 16 \cdot p = 530$$
$$\Leftrightarrow \quad p = 33\frac{1}{8}. \quad \checkmark$$

Der gleichgewichtige Marktpreis lautet $\tilde{p}^* = 33\frac{1}{8}$, und das gleichgewichtige Angebot lautet[1]

$$\tilde{y}^* = \tilde{y}(\tilde{p}^*) = -30 + 12 \cdot \tilde{p}^* = 367.5.$$

Das Resultat ist in Abb. 4.9 dargestellt. Individuelle Nachfrage und Angebot:

- $x^A(\tilde{p}^*) = 400 - 2 \cdot \tilde{p}^* = 333.75$,
- $x^B(\tilde{p}^*) = 100 - 2 \cdot \tilde{p}^* = 33.75$,
- $y^C(\tilde{p}^*) = -20 + \tilde{p}^* = 13\frac{1}{8}$,
- $y^D(\tilde{p}^*) = -10 + \tilde{p}^* = 23\frac{1}{8}$,
- $y^E(\tilde{p}^*) = 10 \cdot \tilde{p}^* = 331.25$.

Lösung zu Aufgabe 5

1. Ein Gut ist inferior, wenn die Nachfrage nach dem Gut bei zunehmendem Einkommen sinkt. Sabine gibt immer ihr gesamtes Budget aus. Wären alle Güter inferior, müssten bei steigendem Einkommen die Ausgaben für jedes Gut sinken. Damit müssten auch die Gesamtausgaben sinken. Das kann aber nicht geschehen, da Sabine immer ihr gesamtes Einkommen ausgibt, und somit die Gesamtausgaben bei steigendem Einkommen auch steigen müssen. Es muss also immer mindestens ein Gut normal sein, bzw. es können maximal $n - 1$ Güter inferior sein.

2. a) Gut 1 ist Substitut zu Gut 2, wenn bei einer Preissenkung von Gut 2 die Nachfrage nach Gut 1 sinkt. Gut 1 ist Komplement zu Gut 2, wenn bei

---

[1] Eigentlich müsste sich noch eine Analyse für das Intervall $50 \leq p < 200$ anschliessen. Allerdings suchen wir den Schnittpunkt einer streng monoton steigenden und stetigen Funktion ($\tilde{y}(p)$) mit einer streng monoton fallenden und stetigen Funktion ($x(p)$). Somit gibt es einen und nur einen Preis p, bei dem Angebot und Nachfrage übereinstimmen, und wir können auf die Analyse des letzten Falls verzichten.

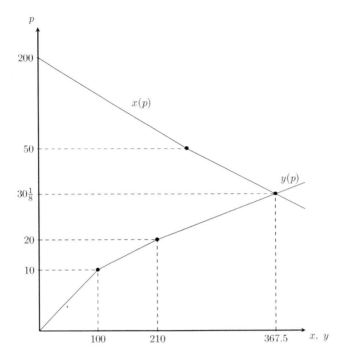

Abb. 4.9 Aufgabe 4.5. Gleichgewicht im Gütermarkt

einer Preissenkung von Gut 2 die Nachfrage nach Gut 1 steigt. Die partielle Ableitung der Nachfrage $x_1(p_1, p_2)$ nach p_2 lautet:

$$\frac{\partial x_1(b, p_1, p_2)}{\partial p_2} = \frac{-a \cdot b}{(p_1 + a \cdot p_2)^2}.$$

Da wir annehmen, dass $b > 0$, sehen wir
- dass die Ableitung für $a < 0$ positiv ist, und Gut 1 ist ein Substitut zu Gut 2,
- dass die Ableitung für $a > 0$ negativ ist, und Gut 1 ist ein Komplement zu Gut 2.

b) Die Ableitung der Nachfragefunktion nach dem Einkommen ist:

$$\frac{\partial x_1(b, p_1, p_2)}{\partial b} = \frac{1}{p_1 + a \cdot p_2}.$$

Da wir annehmen können, dass zumindest ein Preis positiv ist, ist die Ableitung für alle $a > 0$ positiv. Somit steigt die Nachfrage im Einkommen, und das Gut ist normal.

Ein Gut heisst gewöhnlich (Giffen-Gut), wenn für gegebene Preise und Einkommen die Nachfrage im Preis fällt (steigt) (vgl. Definitionen 4.1 und 4.2 in Abschn. 4.2). Die Ableitung der Nachfrage nach p_1 lautet:

$$\frac{\partial x_1(b, p_1, p_2)}{\partial p_1} = -\frac{b}{(p_1 + a \cdot p_2)^2}.$$

Diese Ableitung ist für alle $a > 0$ negativ. Somit sinkt die Nachfrage im eigenen Preis, und es liegt ein gewöhnliches Gut vor.

Lösung zu Aufgabe 6

In der ökonomischen Sprache ist Kapital ein Produktionsfaktor. Humankapital bezieht sich auf die produktiven Fähigkeiten einer Person, also diejenigen Fähigkeiten, die sie produktiver im Umgang mit physischem Kapital machen. Nebst Human- und physischem Kapital zählt die Ökonomik auch Sozialkapital und manchmal auch symbolisches Kapital zu den Produktionsfaktoren. Vgl. Abschn. 4.2.

Lösung zu Aufgabe 7

In einer stark vereinfachten Welt existieren für die USA zwei ‚Produktionstechnologien' für Stahl. Die erste ist die Stahlproduktion in den USA. Die zweite ist der Anbau von Sojabohnen, welche dann mit China gegen Stahl gehandelt werden können. Oder in Anlehnung an Landsburg: In der Analyse kann man China auch als gigantische Produktionsmaschine für die USA sehen, welche Sojabohnen in Stahl umwandelt. Wenn die US-Regierung zum Schutz der US-Stahlproduktion importierten Stahl mit einer Steuer belegt, besteuert sie somit indirekt auch US-Sojabohnen.

Im komplexen Zusammenspiel zahlreicher Märkte in der ‚realen' Welt sind diese Effekte natürlich nicht so offensichtlich. Das Beispiel zeigt jedoch, wie die Bevorzugung eines Sektors/einer Produktionstechnologie einen anderen Sektor/eine andere Produktionstechnologie im selben Land schädigen kann.

4.3   Offene Fragen mit strukturierten Antworten

4.3.1   Aufgaben

Aufgabe 1

Gegeben seien die inverse Nachfragefunktion und die inverse Angebotsfunktion auf dem kompetitiven Markt (Polypol) für Äpfel im Land A:

$$P_A(x) = 200 - \frac{1}{5} \cdot x \quad \text{und} \quad Q_A(y) = \frac{1}{3} \cdot y - \frac{200}{3}.$$

1. Bestimmen Sie den gleichgewichtigen Marktpreis p_A^* im Land A.

   a) $p_A^* = 100$.

   b) $p_A^* = 10$.

   c) $p_A^* = 600$.

   d) $p_A^* = 60$.

   e) Keine der obigen Antwortmöglichkeiten ist richtig.

2. Bestimmen Sie die Konsumentenrente $CS_A(p_A^*)$ und die Produzentenrente $PS_A(p_A^*)$ im Gleichgewicht.

   a) $CS_A(p_A^*) = 20'000$ und $PS_A(p_A^*) = 30'000$.

   b) $CS_A(p_A^*) = 25'000$ und $PS_A(p_A^*) = 35'000$.

   c) $CS_A(p_A^*) = 15'000$ und $PS_A(p_A^*) = 25'000$.

   d) $CS_A(p_A^*) = 25'000$ und $PS_A(p_A^*) = 41'666.\bar{6}$.

   e) Keine der obigen Antwortmöglichkeiten ist richtig.

3. Gegeben seien die Nachfragefunktion und die Angebotsfunktion auf dem kompetitiven Markt für Äpfel im Land B:

$$x_B(p) = 120 - 2 \cdot p \quad \text{und} \quad y_B(p) = -100 + p.$$

Im Zuge wirtschaftlicher Integration zwischen den Ländern A und B entsteht ein aggregierter Markt für Äpfel, in dem alle Produzenten beider Länder ihre Äpfel anbieten und alle Konsumenten beider Länder Äpfel nachfragen. Der Preis für Äpfel wird in beiden Ländern in US-Dollar notiert. Bestimmen Sie den gleichgewichtigen Marktpreis p_{AB}^* und die Konsumentenrente im Gleichgewicht $CS_{AB}(p_{AB}^*)$ im integrierten Apfelmarkt.

   a) $p_{AB}^* \approx 92.38$ und $CS_{AB}(p_{AB}^*) \approx 73'596.8$.

   b) $p_{AB}^* = 92$ und $CS_{AB}(p_{AB}^*) = 73'416$.

   c) $p_{AB}^* = 100$ und $CS_{AB}(p_{AB}^*) = 35'000$.

   d) $p_{AB}^* = 100$ und $CS_{AB}(p_{AB}^*) = 25'000$.

   e) Keine der obigen Antwortmöglichkeiten ist richtig.

Gegeben seien die Nachfragefunktion und die Angebotsfunktion auf dem kompetitiven Markt für Äpfel im Land C:

$$x_C(p) = \begin{cases} 100 - \frac{1}{2} \cdot p & \text{für } 200 \geq p > 40, \\ 140 - 1.5 \cdot p & \text{für } 40 \geq p \geq 0, \end{cases}$$

$$y_C(p) = \begin{cases} -20 + 2 \cdot p & \text{für } p > 20, \\ p & \text{für } 20 \geq p \geq 0. \end{cases}$$

4. Bestimmen Sie den gleichgewichtigen Marktpreis p_C^* im Land C.

   a) $p_C^* = 48$.

   b) $p_C^* = 56$.

   c) $p_C^* = 66.\bar{6}$.

   d) $p_C^* = 45.71$.

   e) Keine der obigen Antwortmöglichkeiten ist richtig.

5. Bestimmen Sie die Konsumentenrente im Gleichgewicht $CS_C(p_C^*)$ im Land C.

  a) $CS_C(p_C^*) = 1'045.33$.

  b) $CS_C(p_C^*) \approx 4'444.45$.

  c) $CS_C(p_C^*) = 5'776$.

  d) $CS_C(p_C^*) \approx 1'700.68$.

  e) Keine der obigen Antwortmöglichkeiten ist richtig.

4.3.2 Lösungen

Lösung zu Aufgabe 1

- Frage 1, Antwort *a)* ist korrekt.
- Frage 2, Antwort *b)* ist korrekt.
- Frage 3, Antwort *d)* ist korrekt.
- Frage 4, Antwort *a)* ist korrekt.
- Frage 5, Antwort *c)* ist korrekt.

Normative Ökonomik 5

5.1 Selektivfragen

5.1.1 Aussagen

Block 1

1. Eine Allokation heisst konsumeffizient, wenn es bei gegebenen Ressourcenmengen nicht mehr möglich ist, durch eine Umverteilung der Ressourcen von einem Gut mehr zu produzieren, ohne von einem anderen Gut weniger zu produzieren.
2. Eine Allokation heisst produktionseffizient, wenn es bei gegebenen Gütermengen nicht mehr möglich ist, ein Individuum besser zu stellen, ohne ein anderes Individuum schlechter zu stellen.
3. Eine Allokation heisst produktionseffizient, wenn es bei gegebenen Ressourcenmengen möglich ist, durch eine Umverteilung der Ressourcen von einem Gut mehr zu produzieren, ohne von einem anderen Gut weniger zu produzieren.
4. Wenn es nicht möglich ist, durch Umverteilung der Gütermengen eine Person besser zu stellen, ohne dabei eine andere Person schlechter zu stellen, dann ist die Allokation konsumeffizient.

Block 2

1. Der erste Hauptsatz der Wohlfahrtsökonomik besagt, dass jedes Gleichgewicht im Polypol die Konsumentenrente maximiert.
2. Ein Gleichgewicht in einem Polypolmarkt ist Pareto-effizient, da es die Summe aus Produzenten- und Konsumentenrente maximiert.
3. Der zweite Hauptsatz der Wohlfahrtsökonomik besagt, dass unter bestimmten Bedingungen jede Pareto-effiziente Allokation über den Marktmechanismus erreicht werden kann.
4. Aus dem ersten Hauptsatz der Wohlfahrtsökonomik lässt sich ableiten, dass einzig das Gleichgewicht in einem Polypol die Summe aus Produzenten- und Konsumentenrente maximiert.

© Der/die Autor(en), exklusiv lizenziert durch Springer-Verlag GmbH, DE, ein Teil von Springer Nature 2021
M. Kolmar, M. Hoffmann, *Arbeitsbuch zu Grundlagen der Mikroökonomik*,
https://doi.org/10.1007/978-3-662-63473-8_5

Block 3
1. Eine Allokation heisst Pareto-effizient, wenn sie entweder produktionseffizient oder konsumeffizient ist.
2. Ist eine Allokation produktionseffizient, so ist sie auch konsumeffizient.
3. Wenn eine Allokation produktionseffizient ist, dann ist sie auch Pareto-effizient.
4. Eine Pareto-effiziente Allokation ist auch stets konsumeffizient.

Block 4
1. Gemäss dem zweiten Hauptsatz der Wohlfahrtsökonomik lässt sich jede Pareto-effiziente Allokation durch eine geeignete Verteilung der Erstausstattungen als Marktgleichgewicht erreichen.
2. Der erste Hauptsatz der Wohlfahrtsökonomik besagt, dass jedes Gleichgewicht bei Vollständiger Konkurrenz eindeutig ist.
3. Ein Marktgleichgewicht bei Vollständiger Konkurrenz maximiert die Produzentenrente.
4. Im Gegensatz zum Marktergebnis im Monopol ist das Marktgleichgewicht bei Vollständiger Konkurrenz konsumeffizient.

Block 5
1. Die Rolle von Institutionen in der Mainstream-Ökonomik besteht darin, Menschen zu helfen, tugendhaft zu werden.
2. Der Konsequentialismus erachtet nur die individuelle Wohlfahrt (gemessen am subjektiven Wohlergehen, Nutzen, bzw. Präferenzen) als normativ relevant für die Beurteilung von Institutionen.
3. Die Ansicht, dass Institutionen so gestaltet sein müssen, dass sie individuelles Verhalten im Sinnes des Gemeinwohls steuern, basiert auf deontologischen Prinzipien.
4. Die Tugendethik sieht die Aufgabe guter Institutionen darin, den Bürgern dabei zu helfen, gute Gewohnheiten und Tugenden zu entwickeln, damit sie tugendhaft werden.

Block 6
1. Der ökonomische Mainstream basiert überwiegend auf welfaristischen Vorstellungen von Gerechtigkeit und ist in diesem Sinne normativ.
2. Effizienz ist eine notwendige und hinreichende Bedingung für eine gerechte Verteilung von Gütern und Ressourcen.
3. Allokation 1: Anna hat CHF 50.- und Ben hat CHF 50.-
   Allokation 2: Anna hat CHF 100.- und Ben hat CHF 40.-
   Gehen Sie davon aus, dass mehr Geld immer zu einem höheren Nutzen führt. Ein Wechsel von Allokation 1 zu Allokation 2 stellt eine Pareto-Verbesserung dar, da insgesamt mehr Geld vorhanden ist und somit auch mehr Nutzen gestiftet wird.
4. Ein Hauptkritikpunkt am Kriterium der Pareto-Effizienz ist die Tatsache, dass diese keine Belange der Verteilungsgerechtigkeit berücksichtigt.

Block 7

1. Ökonominnen untersuchen, inwieweit bestimmte Institutionen einen Beitrag bei der Erreichung bestimmter Ziele leisten können, weil sie Expertinnen für die Bewertung von Institutionen anhand spezieller normativer Kriterien sind.
2. Die Idee des Reflexiven Gleichgewichts von John Rawls beschreibt einen Zustand, in welchem sich durch einen Prozess der Anpassung ein Gleichgewicht zwischen der moralischen Vorstellungen über eine gerechte Gesellschaft und den Beitrag von Institutionen eingestellt hat.
3. Die Ökonomik steht in einer welfaristischen Tradition, welche eine Unterkategorie der Deontologie darstellt. Daher stützen sich Ökonomen hauptsächlich auf deontologische Gerechtigkeitstheorien.
4. Welfarismus anerkennt ausschliesslich die individuelle Wohlfahrt (gemessen am subjektiven Wohlergehen oder Nutzen) als relevant für normative Bewertungen.

5.1.2 Lösungen

Musterlösung für Block 1

1. **Falsch.** Eine Allokation von gegebenen Gütermengen ist konsumeffizient, wenn es nicht möglich ist, durch eine Umverteilung der Güter zwischen den Konsumenten mindestens einen Konsumenten besser zu stellen, ohne einen anderen schlechter zu stellen. Vgl. Definition 5.2 in Abschn. 5.1.
2. **Falsch.** Eine Allokation von gegebenen Ressourcenmengen ist produktionseffizient, wenn es nicht möglich ist, durch eine Umverteilung der Ressourcen zwischen den Produzenten von mindestens einem Gut mehr, ohne von einem anderen Gut weniger zu produzieren. Vgl. Definition 5.1 in Abschn. 5.1.
3. **Falsch.** Eine Allokation heisst produktionseffizient, wenn es bei gegebenen Ressourcenmengen nicht möglich ist, durch eine Umverteilung der Ressourcen von einem Gut mehr zu produzieren, ohne von einem anderen Gut weniger zu produzieren. Vgl. Definition 5.1 in Abschn. 5.1.
4. **Wahr.** Vgl. Definition 5.2 in Abschn. 5.1.

Musterlösung für Block 2

1. **Falsch.** Der erste Hauptsatz der Wohlfahrtsökonomik besagt, dass jedes Gleichgewicht im Polypol Pareto-effizient ist und somit die Summe aus Konsumentenrente und Produzentenrente maximiert. Dies ist nur in einem Sonderfall identisch mit der hier vorliegenden Aussage. Vgl. Resultat 5.1 in Abschn. 5.2.
2. **Wahr.** Die Allokation, die die Summe aus Konsumenten- und Produzentenrente maximiert, entspricht einer Pareto-effizienten Allokation. Das ist im Gleichgewicht im Polypol der Fall. Vgl. Abschn. 5.2.
3. **Wahr.** Jedes Pareto-Optimum kann als Marktgleichgewicht dezentralisiert werden. Vgl. Resultat 5.2 in Abschn. 5.2.
4. **Falsch.** Der erste Hauptsatz der Wohlfahrtsökonomik besagt, dass wenn ein Gleichgewicht bei Vollständiger Konkurrenz vorliegt, diese gleichgewichtige Allokation Pareto-effizient ist. Die Umkehrung des Satzes gilt jedoch nicht. Vgl. Resultat 5.1 in Abschn. 5.2.

Musterlösung für Block 3

1. **Falsch.** Eine Allokation von gegebenen Ressourcen- und Gütermengen ist Pareto-effizient, wenn sie produktions- und konsumeffizient ist. Vgl. Definition 5.3 in Abschn. 5.1.
2. **Falsch.** Eine Allokation heisst Pareto-effizient, wenn sie sowohl produktionseffizient als auch konsumeffizient ist. Aber man kann von Produktionseffizienz nicht automatisch auf Konsumeffizienz schliessen. Vgl. Abschn. 5.1.
3. **Falsch.** Eine Allokation heisst Pareto-effizient, wenn sie sowohl produktionseffizient als auch konsumeffizient ist. Allein von Produktionseffizienz kann nicht auf Paretoeffizienz geschlossen werden. Vgl. Definition 5.3 in Abschn. 5.1.
4. **Wahr.** Vgl. Definition 5.3 in Abschn. 5.1.

Musterlösung für Block 4

1. **Wahr.** Vgl. Abschn. 5.2.
2. **Falsch.** Jedes Gleichgewicht bei Vollständiger Konkurrenz ist Pareto-effizient. Vgl. Abschn. 5.1.
3. **Falsch.** Ein Marktgleichgewicht bei Vollständiger Konkurrenz maximiert die Wohlfahrt. Vgl. Abschn. 5.1.
4. **Falsch.** Das Marktergebnis im Monopol ist ebenfalls konsumeffizient. Vgl. Abschn. 5.2.

Musterlösung für Block 5

1. **Falsch.** Das ist die Rolle von Institutionen in der Tugendethik. Vgl. Abschn. 5.1.
2. **Falsch.** Das ist der Standpunkt des Welfarismus, einer Unterkategorie des Konsequentialismus. Vgl. Abschn. 5.1.
3. **Falsch.** Das ist der Standpunkt des Konsequentialismus. Vgl. Abschn. 5.1.
4. **Wahr.** Vgl. Abschn. 5.1.

Musterlösung für Block 6

1. **Wahr.** Vgl. Abschn. 5.1.
2. **Falsch.** Es ist eine notwendige, aber keine hinreichende Bedingung. Vgl. Abschn. 5.1.
3. **Falsch.** In Allokation 2 wird Ben schlechter gestellt als in Allokation 1. Es kann sich daher beim Wechsel von Allokation 1 zu Allokation 2 nicht um eine Pareto-Verbesserung handeln. Vgl. Abschn. 5.1.
4. **Wahr.** Vgl. Abschn. 5.1.

Musterlösung für Block 7

1. **Falsch.** Ökonominnen sind keine Expertinnen für die Rechtfertigung und Begründung spezieller normativer Kriterien, anhand derer man beurteilen kann, ob Institutionen wünschenswerte Eigenschaften haben oder nicht. Vgl. Abschn. 5.1.
2. **Wahr.** Ein fruchtbarer Diskurs zwischen Philosophen, Ökonomen und den Bürgerinnen und Bürgern könnte zu einem solchen Zustand des Reflexiven Gleichgewichts führen. Vgl. Abschn. 5.1.

3. **Falsch**. Welfarismus ist eine Unterkategorie des Konsequentialismus. Vgl. Abschn. 5.1.
4. **Wahr**. Vgl. Abschn. 5.1.

5.2 Offene Fragen

5.2.1 Aufgaben

Aufgabe 1

Geben Sie bitte eine kurze Antwort auf die folgenden Fragen zum Konzept der Pareto-Effizienz.

1. Was ist aus Sicht der Ökonomik das Minimum-Kriterium für eine gerechte Gesellschaft im welfaristischen Sinne?
2. Was wird von der Pareto-Effizienz gemessen?
3. Wann gilt eine Allokation als ‚verschwenderisch‘ oder Pareto-ineffizient?
4. Warum ist Pareto-Effizienz ein plausibles Kriterium für eine gerechte Gesellschaft?
5. Stellen Sie sich folgende Situation vor: Sie und ein Komilitone reichen beide eine Hausarbeit von gleicher Qualität ein. Im ersten Fall erhalten beide Arbeiten die Note 5.0. Im zweiten Fall gibt der Professor Ihnen für Ihre Arbeit die Note 5.0, Ihrem Komilitonen aber aus Sympathiegründen die Note 5.5. Welcher Fall ist gerecht?

Betrachten Sie nun die folgenden Allokationen. Nehmen Sie an, dass eine höhere Note jedem Studierenden auch immer einen höheren Nutzen bringt und dass der Nutzen der Studierenden nicht von den Noten der anderen Studierenden abhängt.

6. Was versteht man unter einer Pareto-Verbesserung?
7. Welche Szenarien in Tab. 5.1 sind Pareto-effizient? Welche Szenarien stellen eine Pareto-Verbesserung dar?
8. Was ist der Hauptkritikpunkt am Konzept der Pareto-Effizienz?

Aufgabe 2

Bitte beantworten Sie die folgenden Fragen zu den drei Klassen normativer Theorien.

Tab. 5.1 Aufgabe 1. Notenallokation

	Ihre Note	Note eines anderen Studierenden
Szenario 1	5.0	5.0
Szenario 2	5.0	5.5
Szenario 3	6.0	4.5

Tab. 5.2 Aufgabe 2. Übersicht über normative Theorien

	Normative Vorstellungen	Sicht auf Institutionen
Konsequentialismus		
Deontologie		
Tugendethik		

1. Welche drei grossen Klassen normativer Theorien gibt es? Zu welcher Klasse gehört der Welfarismus? Welches ist die normative Prämisse des Welfarismus?
2. Beschreiben Sie die normativen Vorstellungen der drei Klassen normativer Theorien sowie ihre Sichtweise auf Institutionen (siehe Tab. 5.2).
3. Welcher normativen Theorie fühlt sich die Mainstream-Ökonomik zugehörig?
4. Welche Sichtweise hat die Mainstream-Ökonomik auf Institutionen? Wie unterscheidet sich diese Sichtweise von den Ansichten der Tugendethik?

Aufgabe 3

Bitte geben Sie eine kurze Antwort auf die folgenden Fragen zur Produzenten- und Konsumentenrente.

1. Erläutern Sie die Interpretation der Punkte auf der Nachfragekurve in Abb. 5.1 in Abschn. 5.2 (Markt für Kühlschränke).
2. Wie kann die Konsumentenrente interpretiert werden? Was wird durch die Konsumentenrente gemessen?
3. Sei $P(x) = 100 - \frac{1}{2} \cdot x$ die inverse Nachfragefunktion und $p = 50$ der Marktpreis. Berechnen Sie die Konsumentenrente auf diesem Markt.
4. Erläutern Sie die Interpretation der Punkte auf der Angebotskurve in Abb. 5.2 in Abschn. 5.2 (Markt für Kühlschränke)?
5. Wie kann die Produzentenrente interpretiert werden? Was wird durch die Produzentenrente gemessen?
6. Sei $P(x) = 100 - \frac{1}{2} \cdot x$ die inverse Nachfragefunktion, $Q(y) = \frac{1}{2} \cdot y$ die inverse Angebotsfunktion und $p = 50$ der Marktpreis. Berechnen Sie die Produzentenrente auf dem Markt.
7. Was ist der Wohlfahrtsgewinn auf diesem Markt? Was wird durch den Wohlfahrtsgewinn gemessen?
8. Wie verhalten sich die Konzepte der Konsumenten- und Produzentenrente zum Konzept der Pareto-Effizienz?

Aufgabe 4

Bitte beantworten Sie die folgenden Fragen.

1. Was kann, basierend auf dem Ersten Hauptsatz der Wohlfahrtsökonomik, über die Konsumenten- und Produzentenrente ausgesagt werden?
2. Ist der Erste Hauptsatz der Wohlfahrtsökonomik ein Argument für oder gegen die Marktwirtschaft? Warum?

3. Was kann, basierend auf dem Zweiten Hauptsatz der Wohlfahrtsökonomik, über die Verteilung von Wohlfahrt gesagt werden?
4. Wie stellen Märkte sicher, dass Ressourcen auf effiziente Weise eingesetzt werden?
5. Was kann man mit Bezug auf die Hauptsätze der Wohlfahrtsökonomik über (i) Anreizeffekte, (ii) die Umsetzbarkeit einer Umverteilungspolitik und (iii) Dezentralisierung sagen?

Aufgabe 5
Bitte beantworten Sie die folgenden Fragen.

1. Was postuliert die Theorie der offenbarten Präferenzen? Was sind die Implikationen?
2. Was sind die Konsequenzen, wenn man den Ansatz der offenbarten Präferenzen akzeptiert bzw. zurückweist?
3. Nennen Sie Beispiele für Bereiche, in denen Menschen dazu neigen, nicht konsistent im Sinne ihres Eigeninteresses zu handeln.
4. Welche Konsequenzen hat es für die Hauptsätze der Wohlfahrtsökonomik, wenn man den Ansatz der offenbarten Präferenzen für ungültig erklären würde?

5.2.2 Lösungen

Lösung zu Aufgabe 1
Für weitere Ausführungen, vgl. Abschn. 5.1.

1. Das Kriterium der Pareto-Effizienz.
2. Die Pareto-Effizient misst, ob eine Allokation zu Verschwendung führt oder nicht.
3. Eine Allokation führt dann zu Verschwendung, d. h. sie ist ineffizient, wenn es möglich ist, durch eine Umverteilung der Güter und Ressourcen noch mindestens ein Individuum besser zu stellen, ohne dass ein anderes Individuum schlechter gestellt wird.
4. Eine Allokation kann im welfaristischen Sinne nicht gerecht sein, wenn es noch möglich ist, eine Person besser zu stellen, ohne einer anderen Person dadurch zu schaden. Warum würde man nicht jemanden besser stellen wollen, wenn dies möglich ist, ohne anderen einen Schaden zuzufügen?
5. Intuitiv erscheint einem der zweite Fall hochgradig ungerecht. Von einem welfaristischen Gesichtspunkt aber ist Fall 2 eine Pareto-Verbesserung gegenüber Fall 1. Im zweiten Fall ist Ihr Kommilitone besser gestellt, ohne dass Sie dabei schlechter gestellt werden. (Jedenfalls wenn wir annehmen, dass eine höhere Note jedem Studenten auch immer einen höheren Nutzen bringt und dass der Nutzen eines Studenten nicht von den Noten der Kommilitonen abhängt.) Warum würden Sie das also nicht unterstützen wollen? Obwohl die normative Idee der

Effizienz plausibel klingt, kann sie doch im Widerspruch stehen mit unserem intuitiven Verständnis von Gerechtigkeit.

6. Eine Allokation A stellt eine Pareto-Verbesserung zu einer anderen Allokation B dar, wenn in A niemand schlechter gestellt und mindestens eine Person strikt besser gestellt ist als in B.

7. Sowohl Szenario 2 als auch Szenario 3 sind Pareto-effizient, während Szenario 1 Pareto-ineffizient ist. Darüber hinaus ist Szenario 2 eine Pareto-Verbesserung gegenüber Szenario 1. Obwohl Szenario 3, anders als Szenario 1, Pareto-effizient ist, stellt es keine Pareto-Verbesserung zu Szenario 1 dar, weil Ihr Kommilitone in Szenario 3 gegenüber Szenario 1 schlechter gestellt wird. Das heisst also, dass nicht jede Veränderung weg von einer Pareto-ineffizienten hin zu einer Pareto-effizienten Allokation auch eine Pareto-Verbesserung darstellt.

8. Pareto-Effizienz ist ,blind' bezüglich der Verteilung ökonomischer Renten.

Lösung zu Aufgabe 2
Für weitere Ausführungen, vgl. Abschn. 5.1.

1. Die drei Klassen sind Konsequentialismus, Deontologie und Tugendethik. Welfarismus ist eine Unterklasse des Konsequentialismus und basiert auf der Prämisse, dass ausschliesslich die individuelle Wohlfahrt, gemessen durch das (subjektive) Wohlergehen, für die Bewertung von Institutionen relevant ist.

2. • Konsequentialismus:
   – *Normative Vorstellungen:* Allein die Konsequenzen von Handlungen sind normativ relevant.
   – *Sicht auf Institutionen:* Institutionen sind so etwas wie Anreizmechanismen, mit deren Hilfe man individuelles Verhalten so beeinflussen möchte, dass sich die gesellschaftlich bestmöglichen Konsequenzen ergeben.
   • Deontologie:
   – *Normative Vorstellungen:* Die Konsequenzen sind für die normative Bewertung von Handlungen irrelevant. Vielmehr ist der normative Wert in bestimmten Eigenschaften des Verfahrens gegeben, welches zu einer Handlung führt.
   – *Sicht auf Institutionen:* Deontologie umfasst einen bunten Strauss an Ansichten, aber eine deontologische Vorstellung wie diejenige Kants legt ein viel grösseres Gewicht auf individuelle moralische Verantwortung, wohingegen Institutionen eine weniger zentrale normative Rolle beigemessen wird.
   • Tugendethik:
   – *Normative Vorstellungen:* Menschen müssen bestimmte Tugenden kultivieren, die es ihnen erlauben, sich situativ angemessen zu verhalten. Die tugendhafte moralische Person tut das Gebotene ohne Anstrengung, da sie die Tugenden im Laufe ihres Lebens zu ihrer ,zweiten Natur' gemacht hat.

    – *Sicht auf Institutionen:* Institutionen spielen eine wichtige Rolle in der Tugendethik. Gute Institutionen helfen innerhalb dieser Vorstellung den Bürgerinnen und Bürgern dabei, ihre (moralischen) Tugenden zu entwickeln.

3. Die Mainstream-Ökonomik steht in einer welfaristischen Tradition, welche wiederum eine Unterkategorie des Konsequentialismus ist.

4. Für die Mainstream-Ökonomik sind Institutionen Anreizmechanismen, welche dafür sorgen, dass eigennutzorientierte Bürger so erscheinen, als seien sie am Gemeinwohl interessiert. Die Tugendethik aber will, dass Institutionen die Bürgerinnen und Bürger dabei unterstützen, ihre Tugenden zu entwickeln. Dies ist der Unterschied zwischen Machiavelli, der die Aufgabe guter Institutionen nicht darin sieht, den Bürgerinnen und Bürgern dabei zu helfen, gut zu werden, sondern zu handeln, als ob sie gut wären, und Aristoteles, der die Aufgabe guter Institutionen darin sieht, den Bürgerinnen und Bürgern dabei zu helfen, gute Gewohnheiten zu entwickeln.

Lösung zu Aufgabe 3

Für weitere Ausführungen, vgl. Abschn. 5.2.

1. Mit jedem Punkt der Nachfragekurve kann ein spezifisches Individuum in Verbindung gebracht werden. Jeder Punkt misst die maximale Zahlungsbereitschaft eines Individuums für einen Kühlschrank.

2. Die Konsumentenrente ist ein Mass für die Wohlfahrt der Konsumenten. Sie entspricht der aggregierten Differenz zwischen der maximalen Zahlungsbereitschaft und der tatsächlichen Zahlung.

3. Aus der inversen Nachfragefunktion und dem Marktpreis ergibt sich eine nachgefragte Menge von $X(p) = 200 - 2 \cdot p = 100$. Nun gibt es zwei Möglichkeiten, die Konsumentenrente zu berechnen:

   a. Unter Anwendung der Formel $CS(x(p_i)) = \int_{x=0}^{x(p_i)} (P_i(x) - p_i)dx$ berechnen wir:

$$CS(100) = \int_{x=0}^{100} (100 - \frac{1}{2} \cdot x - 50)dx$$

$$= \int_{x=0}^{100} (50 - \frac{1}{2} \cdot x)dx$$

$$= [50 \cdot x - \frac{1}{4} \cdot x^2]_0^{100}$$

$$= 5'000 - \frac{1}{4} \cdot 10'000 = 2'500.$$

   b. Alternativ erkennen wir, dass die inverse Nachfragefunktion linear und die Fläche, welche die Konsumentenrente repräsentiert, daher ein Dreieck ist. Die Fläche dieses Dreiecks ist einfach zu berechnen (eine Visualisierung findet sich in Abb. 5.1 in Abschn. 5.2):

$$CS(100) = \frac{1}{2}(X(0) - p) \cdot x$$

$$= \frac{1}{2}(100 - 50) \cdot 100$$

$$= \frac{1}{2} \cdot 50 \cdot 100 = 2'500.$$

4. Mit jedem Punkt der Angebotskurve kann ein ein bestimmter Anbieter in der Gesellschaft in Verbindung gebracht werden. Die Punkte zeigen den minimalen Preis, den ein Verkäufer erhalten muss, damit er willens ist, einen Kühlschrank zu verkaufen.
5. Die Produzentenrente ist ein Mass für die Wohlfahrt der Anbieter. Sie entspricht der aggregierten Differenz zwischen dem Marktpreis und der minimalen Verkaufsbereitschaft der Anbieter.
6. Wir kennen den Marktpreis $p = 50$ und daher auch die Gleichgewichtsmenge $y = 100$. Es gibt wiederum zwei Möglichkeiten, die Produzentenrente zu berechnen:
   a. Unter Anwendung der Formel $PS(y(p_i)) = \int_{y=0}^{y(p_i)}(p_i - Q_i(y))dy$ berechnen wir:

$$PS(100) = \int_{y=0}^{100}(50 - \frac{1}{2} \cdot y)dy$$

$$= [50 \cdot y - \frac{1}{4} \cdot y^2]_0^{100}$$

$$= 5'000 - \frac{1}{4} \cdot 10'000 = 2'500.$$

   b. Alternativ erkennen wir, dass die Angebotsfunktion linear und die Fläche, welche die Produzentenrente repräsentiert, daher ein Dreieck ist. Die Fläche dieses Dreiecks ist einfach zu berechnen (eine Visualisierung findet sich in Abb. 5.2 in Abschn. 5.2):

$$PS(100) = \frac{1}{2} \cdot y \cdot p$$

$$= \frac{1}{2} \cdot 100 \cdot 50 = 2'500.$$

7. Der Wohlfahrtsgewinn auf diesem Markt entspricht der Summe aus Produzenten- und Konsumentenrente: $CS + PS = 5'000$. Dies entspricht den Handelsgewinnen, die auf diesem Markt realisiert werden können.
8. Die Allokation, die die Summe aus Konsumenten- und Produzentenrente maximiert, entspricht einer Pareto-effizienten Allokation.

Lösung zu Aufgabe 4

Für weitere Ausführungen, vgl. Abschn. 5.2.

1. Jedes Gleichgewicht bei Vollständiger Konkurrenz ist Pareto-effizient. Dann maximiert aber auch jedes Gleichgewicht bei Vollständiger Konkurrenz den Wohlfahrtsgewinn, d. h. die Summe aus Konsumenten- und Produzentenrente.
2. Der Erste Hauptsatz der Wohlfahrtsökonomik weckt Vertrauen in die freie Marktwirtschaft und die Funktion von Wettbewerb. Der Hauptsatz impliziert, dass kompetitive Märkte die Eigenschaft haben, Verschwendung zu reduzieren und effiziente Allokationen herbeizuführen.
3. Wenn eine geeignete Verteilung der Erstausstattungen sowie das korrekte Funktionieren der Märkte sichergestellt wird, kann jede Pareto-effiziente Allokation über einen Marktmechanismus erreicht werden. Wenn es also möglich ist, eine (Um-)Verteilung im Sinne des Zweiten Hauptsatzes der Wohlfahrtsökonomik vorzunehmen, besteht kein Konflikt zischen Effizienz und Verteilungsgerechtigkeit.
4. Anbieter und Konsumenten kaufen und verkaufen zu spezifischen Preisen. Über ihre Bereitschaft zu diesen Preisen zu (ver)kaufen, signalisieren sie ihre Präferenzen, während die Preise auch relative Knappheit abbilden. Es braucht daher keine zentrale Planungsstelle. Es reicht aus, dass alle Marktteilnehmer Kenntnis über ihre eigenen Zahlungsbereitschaft und die für sie relevanten Preise haben.
5. (i) Eine Umverteilung kann ungewollte Anreizeffekte mit sich bringen. Dies zeigt sich bei ‚Steuerbasen', die auf Umverteilung reagieren (z. B. eine Einkommenssteuer). (ii) Damit es möglich ist, eine Umverteilungspolitik im Sinne des zweiten Hauptsatzes umzusetzen, muss die damit beauftragte Stelle über genügend Unabhängigkeit und Zwangsgewalt verfügen. (iii) Es bleibt unklar, warum man Märkte überhaupt benötigt, wenn die Verteilung der Erstausstattung zentralisiert ist.

Lösung zu Aufgabe 5

Für weitere Ausführungen, vgl. Abschn. 5.3.

1. Diese Theorie geht davon aus, dass die wahre, auch normativ zugrunde gelegte Präferenz eines Individuums durch sein Verhalten auf Märkten ersichtlich wird. Diese Position hat weitreichende normative Implikationen, da sie davon ausgeht, dass ein Individuum immer im Sinne seiner wahren Interessen handelt; es macht keine Fehler.
2. Wenn man den Ansatz der offenbarten Präferenzen anerkennt, gibt es keinen Grund, in den Entscheidungsprozess des Individuums einzugreifen. Das heisst aber auch, dass man allfällige Produkte und Preisstrategien, welche die Schwächen eines menschlichen Konsumenten systematisch ausnützen, zulässt. Akzeptiert man den Ansatz nicht, sondern geht davon aus, dass Individuen manchmal Dinge tun, die nicht gut für sie sind, ist das Tor weit geöffnet für paternalistische Eingriffe, die die individuellen Freiheitsrechte aushöhlen.

3. Finanzielle Entscheide (Ersparnisse fürs Alter, Käufe auf Kredit, etc.), Ernährung (Übergewicht), sowie alles, was finanzielles Grundwissen, Weitsichtigkeit und Selbstverpflichtung erfordert.

4. Ist der Ansatz der offenbarten Präferenzen nicht gültig, so sind Konsumenten- und Produzentenrenten kein gutes Mass für Wohlfahrt, und das Verständnis von Pareto-Effizienz kann nicht auf den Hauptsätzen der Wohlfahrtsökonomik begründet werden.

Externalitäten

6

6.1 Selektivfragen

6.1.1 Aussagen

Block 1

Der Gesetzgeber überlegt sich, das Rauchen in Restaurants zu verbieten. Überprüfen Sie die folgenden Argumente auf ihre ökonomische Korrektheit. Gehen Sie davon aus, dass Raucher durch das Rauchen eine negative Interdependenz mit Nichtrauchern haben.

1. Ein generelles Rauchverbot in Restaurants führt zu einem effizienten Ergebnis, da so der potenzielle Externe Effekt des Rauchens beseitigt wird.
2. Verrauchte Luft ist ein Öffentliches Gut, da weder das Konkurrenzprinzip noch das Ausschlussprinzip gilt.

Nehmen Sie nun an, dass Raucher und Nichtraucher in einem Restaurant über das Rauchen verhandeln und einen Transfer für das Rauchen aushandeln können. Die Raucher erhalten ein Recht auf das Rauchen oder die Nichtraucher erhalten ein Recht auf die Unterlassung des Rauchens.

3. Diese Verhandlungen führen unabhängig von der Zuweisung der Rechte zu einer optimalen Menge an gerauchten Zigaretten im Restaurant, wenn sich nur wenige Besucher in ihm aufhalten.
4. Sollten die (wenigen) Besucher im Zuge der Verhandlungen zu dem Schluss gelangen, dass in einem Restaurant keine Zigaretten geraucht werden dürfen, so ist diese Lösung nicht Pareto-effizient.

© Der/die Autor(en), exklusiv lizenziert durch Springer-Verlag GmbH, DE, ein Teil von Springer Nature 2021
M. Kolmar, M. Hoffmann, *Arbeitsbuch zu Grundlagen der Mikroökonomik*,
https://doi.org/10.1007/978-3-662-63473-8_6

Block 2

1. Der Verursacher des Externen Effekts ist identisch mit dem Verursacher der Interdependenz.
2. Interdependenzen sind Externe Effekte, die nicht internalisiert werden.
3. Das Coase-Irrelevanz-Theorem besagt, dass in einer Ökonomie mit vollständig zugewiesenen Eigentumsrechten ein Marktgleichgewicht auch stets effizient ist.
4. Wenn eine Gruppe von Individuen unter Luftverschmutzung leidet, die durch ein ansässiges Chemieunternehmen verursacht wird, so handelt es sich um einen negativen Externen Effekt.

Block 3

1. Bei Umweltverschmutzung tritt ein Externer Effekt auf.
2. Öffentliche Güter und Gemeinschaftsgüter unterscheiden sich im Grade der Ausschlussmöglichkeit vom Konsum.
3. Öffentliche Strassen sind Öffentliche Güter.
4. Da für Kinovorstellungen das Ausschlussprinzip gilt, es aber keine Rivalität im Konsum gibt, handelt es sich dabei, solange das Kino für eine Vorstellung nicht voll ist, um ein Klubgut.

Block 4

1. Bei der nach einem Unfall aus einem Atomreaktor entweichenden Strahlung handelt es sich stets um eine Interdependenz für die betroffene Bevölkerung.
2. Bei den Erkenntnissen aus der Raumfahrt handelt es sich um ein Öffentliches Gut für die Menschheit.
3. Bei der Ressource ‚Thunfisch‘ handelt es sich um ein Privates Gut.
4. Die Reichweite einer ökonomischen Aktivität ist die Anzahl der Individuen, die durch die Aktivität beeinflusst werden.

Block 5

1. Wenn ein Ausschluss vom Konsum möglich ist und das Konkurrenzprinzip beim Konsum nicht gilt (nichtrivalisierender Konsum), liegt ein Klubgut vor.
2. Wenn ein Ausschluss vom Konsum nicht möglich ist und das Konkurrenzprinzip beim Konsum nicht gilt (nichtrivalisierender Konsum), liegt ein Gemeinschaftsgut vor.
3. Radioaktivität hat alle wichtigen Eigenschaften eines Klubguts.
4. Die Oberfläche des Mondes ist beim derzeitigen Stand der Technologie ein Gemeinschaftsgut.

Block 6

1. Das Coase-Irrelevanz-Theorem besagt, dass ein Marktgleichgewicht effizient ist, weil rationale Individuen so lange verhandeln werden, bis sie alle potenziellen Handelsgewinne ausgeschöpft haben.
2. Die Kosten, die bei der Gestaltung eines Vertrages entstehen, sind Transaktionskosten im Sinne von Coase.

3. Umweltexternalitäten lassen sich durch das juristische Instrument des Haftungs-rechts internalisieren.
4. Die Erkenntnisse des Coase-Irrelevanz-Theorems spiegeln sich im Verursacher-prinzip des Haftungsrechts wider.

Block 7

1. Bei Öffentlichen Gütern existiert ein Marktversagen, weil Rivalität im Konsum nicht gilt.
2. Wenn Fischbestände über die exklusiven Fischereizonen hinaus migrieren, ist zu erwarten, dass die Bestände in einem ineffizienten Ausmass ausgebeutet werden.
3. Wenn Eigentumsrechte nicht oder nur unvollständig durchsetzbar sind, entstehen auf Märkten Externe Effekte.
4. Wenn Öffentliche Güter auf Märkten angeboten werden, entstehen keine Exter-nen Effekte.

Block 8

1. Falls die Produktion eines Gutes positive Externalitäten verursacht, wird das Gut aus der Perspektive der Pareto-Effizienz tendenziell in zu geringer Menge hergestellt.
2. Falls ein Gut nichttrivalisierend im Konsum ist, kann es durch den Marktmecha-nismus nicht effizient bereitgestellt werden.
3. Wettbewerbsmärkte können auch dann effizient sein, wenn positive oder negative Interdependenzen existieren.
4. Das Coase-Irrelevanz-Theorem impliziert, dass ineffiziente Märkte auf positive Transaktionskosten oder fehlende Eigentumsrechte zurückzuführen sind.

Block 9

1. Öffentliche Güter sollten stets vom Staat bereitgestellt werden, da der Staat sie zu geringeren Kosten produzieren kann als private Unternehmen.
2. Bei Klubgütern ist der Ausschluss vom Konsum nicht möglich.
3. Öffentliche Wälder sind ein Beispiel für öffentliche Güter.
4. Sauerstoff ist ein Beispiel für ein Gemeinschaftsgut.

Block 10

1. Wenn die Hauptsätze der Wohlfahrtsökonomik für alle Märkte gelten, kann der Staat Pareto-Effizienz allein dadurch sicherstellen, dass er Eigentumsrechte und private Verträge durchsetzt.
2. Unter einem Nachtwächterstaat versteht man, dass der Staat Eigentumsrechte und private Verträge durchsetzt sowie Externe Effekte durch Staatseingriffe korrigiert.
3. Externe Effekte zwischen Generationen lassen sich durch Verträge internalisie-ren.
4. Ein Externer Effekt ist eine nicht internalisierte Interdependenz.

Block 11

1. Gut A hat eine negative Produktionsexternalität und Gut B ist komplemetär zu Gut A. Dann wird im Vergleich zur Pareto-effizienten Allokation zu viel von Gut B produziert.
2. Wenn der Erste Hauptsatz der Wohlfahrtsökonomik gilt, existieren keine Externen Effekte.
3. Unter Marktversagen versteht man eine institutionelle Struktur, bei der im Marktgleichgewicht Externe Effekte auftreten.
4. Die Ressourcen, die für Polizei und Gerichte aufgewendet werden, zählen zum Teil zu den Transaktionskosten einer Marktwirtschaft.

Block 12

1. Unter einem ‚Markt für Zitronen‘ versteht man eine Situation, in der die Anbieter, nicht aber die Nachfrager eines Guts über relevante Informationen zur Produktqualität verfügen, die den Preis des Guts in die Höhe treiben.
2. Wenn die Anbieter, nicht aber die Nachfrager eines Guts über relevante Informationen zur Produktqualität verfügen, kann es dazu kommen, dass nur noch die Produkte mit der höchsten Qualität im Markt angeboten werden.
3. Externalitäten im Strassenverkehr lassen sich durch die Einführung von Strassennutzungsgebühren internalisieren, wenn die Transaktionskosten nicht zu hoch sind.
4. Das Haftungsrecht ist ein effizientes Mittel zur Internalisierung von Externalitäten, die auf das Eingehen zu hoher Risiken zurückgehen, da es die wahrgenommenen Kosten im Risikofall erhöht.

Block 13

1. Es kam zu einem Zusammenbruch der Dorsch- bzw. Kabeljaufischerei, da es sich bei migrierenden Fischen um ein Klubgut handelt.
2. Es gibt Marktversagen bei Bestäubungsdienstleistungen durch Bienen, da es sich um ein Öffentliches Gut (mit begrenzter Reichweite) handelt.
3. Bei Externen Effekten ist es ökonomisch effizient, den Verursacher für die Schäden aufkommen zu lassen.
4. Das Problem Externer Effekte lässt sich nicht in einem Angebots-Nachfrage-Diagramm analysieren, da es darin besteht, dass ein Markt für die Externalität gar nicht entstehen kann.

Block 14

1. Die Reichweite einer ökonomischen Aktivität ist die Anzahl an Märkten, die durch diese Aktivität beeinflusst wird.
2. Bezahlfernsehen (auch *Pay TV* genannt) ist ein Beispiel für ein Klubgut.
3. Ein öffentlich zugänglicher Strand ist ein Beispiel für ein öffentliches Gut.
4. Nichtinternalisierte Interdependenzen sind eine Folge ineffizienter Institutionen.

Block 15

1. Die Reichweite einer ökonomischen Aktivität entspricht den sozialen Kosten, die durch diese Aktivität beeinflusst werden.
2. Ein Feuerwerk ist ein Beispiel für ein (lokales) öffentliches Gut.
3. Der Grad der Reichweite von Gütern sowie deren Ausschlusskosten bestimmen deren Stellung in der Gütertaxonomie.
4. Luft ist ein privates Gut.

Block 16

1. Eine nichtinternalisierte Umweltinterdependenz ist stets ein Beispiel für eine negative Produktionsexternalität.
2. Die Bestäubung von Obstbäumen durch Bienen ist ein Beispiel für eine positive Konsumexternalität.
3. Wenn eine Externalität vorliegt, so liegt auch eine Interdependenz vor. Die Umkehrung des Satzes gilt nicht.
4. Das Konzept der Interdependenz bezieht sich auf den institutionellen Rahmen, in dem Transaktionen stattfinden.

Block 17

1. Prohibitive Ausschlusskosten und maximale Reichweite sind Kennzeichen eines öffentlichen Guts.
2. Konzertsäle sind ein Beispiel für private Güter.
3. Gemeinschaftsgüter haben eine maximale Reichweite, man kann allerdings den Marktmechanismus nicht benutzen, da Dritte von ihrer Nutzung nicht ausgeschlossen werden können.
4. Sauerstoff ist kein Beispiel für ein öffentliches Gut.

Block 18

1. Externalitäten sind Eigenschaften von Gütern oder Dienstleistungen.
2. Unvollständig definierte Eigentumsrechte können zu Externalitäten führen, da Märkte nicht entstehen können.
3. Die Fähigkeit von Märkten, Anreize effizient zu steuern, hängt entscheidend von der Existenz einer Interdependenz zwischen zwei Akteuren ab.
4. Märkte können selbst dann versagen, wenn Eigentumsrechte eindeutig definiert und vollständig zugewiesen sind.

Block 19

1. Anthropogener Klimawandel ist per se eine Externalität.
2. Das Konzept der Pareto-Effizienz ist stärker als das Konzept der Nachhaltigkeit.
3. Inspiriert durch die ‚Deep Ecology‘-Bewegung anerkennt die Mainstream-Ökonomik den intrinsischen Wert von Tieren, Pflanzen und Biosystemen.
4. Aus der Perspektive der ‚Deep Ecology‘ wäre es völlig unsinnig, von der Effizienz eines Fleischmarktes zu sprechen.

Block 20

1. Eine zentrale Frage in der Literatur zu Unternehmensverantwortung (Corporate Social Responsibility, CSR) ist, inwieweit die Zunahme an unternehmerischer Macht durch zum Beispiel Informationsvorteile oder Globalisierungsprozesse eine moralische Verantwortung begründet, die über das Gewinnerzielungsmotiv hinausgeht.
2. Technologischer Fortschritt und eine Zunahme des materiellen Wohlstands können Knappheit für Güter lindern, die nicht aus Statusgründen konsumiert werden, nicht aber für Statusgüter.
3. Das individuelle Einkommen ist eine gute Annäherungsgrösse für die subjektive Lebenszufriedenheit.
4. Das Durchschnittseinkommen eines Landes dient als gute Annäherungsgrösse für die durchschnittliche Lebenszufriedenheit im selben Land.

6.1.2 Lösungen

Musterlösung für Block 1

1. **Falsch.** Ein effizientes Ergebnis lässt sich lediglich durch die Internalisierung der negativen Interdependenz erreichen. Vgl. Abschn. 6.2.
2. **Wahr.** Vgl. einleitende Ausführungen zu Abschn. 6.3.
3. **Wahr.** Die Eigentumsrechte (an der Luft) sind vollständig definiert und bei einer geringen Anzahl Besucher sind die Transaktionskosten nahe null. Gemäss Coase-Irrelevanz-Theorem führen die Verhandlungen deshalb zu einem effizienten Ergebnis. Vgl. Abschn. 6.2.3.
4. **Falsch.** Dieses Verhandlungsergebnis ist dann Ausdruck der Präferenzen aller Restaurantbesucher. Vgl. Abschn. 6.2.3.

Musterlösung für Block 2

1. **Falsch.** Es gibt keinen Verursacher eines Externen Effekts (vgl. Abschn. 6.2).
2. **Falsch.** Externe Effekte sind Interdependenzen, die nicht internalisiert werden. Vgl. Definition 6.1 in Abschn. 6.2.1.
3. **Falsch.** Das Coase-Irrelevanz-Theorem besagt, dass in einer Ökonomie mit vollständig zugewiesenen Eigentumsrechten und ohne Transaktionskosten ein Marktgleichgewicht stets effizient ist. Vgl. Abschn. 6.2.3.
4. **Falsch.** Es handelt sich nur dann um einen negativen Externen Effekt, wenn die Interdependenz nicht internalisiert wird. Vgl. Definition 6.1 in Abschn. 6.2.1.

Musterlösung für Block 3

1. **Falsch.** Externe Effekte sind Interdependenzen, die nicht internalisiert werden. Wenn die Interdependenzen der Umweltverschmutzung vollständig internalisiert werden, treten keine Externen Effekte auf. Vgl. Definition 6.1 in Abschn. 6.2.
2. **Falsch.** Öffentliche Güter und Gemeinschaftsgüter unterscheiden sich in der Rivalität im Konsum. Vgl. Abschn. 6.3.

3. **Falsch.** Insbesondere zu Stosszeiten herrscht vielerorts Rivalität im Konsum (Stau). Entsprechend sind viele Strassen keine öffentlichen Güter, sondern müssen als Gemeinschaftsgüter aufgefasst werden. Vgl. Abschn. 6.2.3.1.

4. **Wahr.** Vgl. Abschn. 6.3.

Musterlösung für Block 4

1. **Wahr.** Es handelt sich um eine Interdependenz, da die Strahlung das Wohlergehen der Bevölkerung beeinflusst. Vgl. Abschn. 6.2.

2. **Wahr.** Weder das Auschlussprinzip noch das Konkurrenzprinzip gilt, also handelt es sich um ein Öffentliches Gut. Vgl. Abschn. 6.3.

3. **Falsch.** Bei der Ressource Thunfisch gilt zwar das Konkurrenzprinzip, aber der Ausschluss vom Konsum ist nicht möglich. Folglich handelt es sich um ein Gemeinschaftsgut. Vgl. Abschn. 6.3.

4. **Wahr.** Vgl. Definition 6.3 in Abschn. 6.3.

Musterlösung für Block 5

1. **Wahr.** Per definitionem. Vgl. Abschn. 6.3.

2. **Falsch.** Wenn ein Ausschluss vom Konsum nicht möglich ist und das Konkurrenzprinzip beim Konsum nicht gilt, liegt ein Öffentliches Gut vor. Vgl. Abschn. 6.3.

3. **Falsch.** Ein Ausschluss vom Konsum ist nicht möglich und das Gut ist nicht-rivalisierend im Konsum. Radioaktivität ist also ein Öffentliches Gut. Vgl. Abschn. 6.3.

4. **Wahr.** Ausschluss ist nicht möglich und das Gut ist rivalisierend im Konsum. Vgl. Abschn. 6.3. Beachte jedoch: Vor 100 Jahren wäre die Mondoberfläche ein öffentliches Gut gewesen, da der damalige Stand der Technik keine Veränderungen der Oberfläche zuliess und entsprechend keine Rivalität im Konsum bestand.

Musterlösung für Block 6

1. **Falsch.** Nur wenn es keine Transaktionskosten gibt. Zwei Voraussetzungen für ein effizientes Gleichgewicht: die Rationalität der handelnden Akteure und die Transaktionskostenfreiheit der Institutionen. Wenn Individuen rational sind und es keine Transaktionskosten gibt, dann sollten sie es immer schaffen, sich auf eine Pareto-effiziente Allokation zu einigen. Vgl. Abschn. 6.2.3.

2. **Wahr.** Transaktionskosten aufgrund der Formulierung von Verträgen: Verträge existieren nicht einfach so, sondern müssen verhandelt werden. Dazu benötigt man aber Zeit und bestimmte Kompetenzen. Vgl. Abschn. 6.2.3.

3. **Falsch.** Das Haftungsrecht führt dazu, dass das Unternehmen für Schäden zahlen muss, wenn sie auftreten. Damit steigen die Kosten für das Unternehmen im Schadensfall, sodass es theoretisch ein vielversprechendes Instrument zur Internalisierung Externer Effekte ist. Allerdings kann dieses juristische Instrument in Konflikt mit anderen juristischen Instrumenten stehen, die wiederum ihrer eigenen Logik folgen. So haben die meisten Länder ein Insolvenzrecht, welches die Risiken von Unternehmen und Privatpersonen begrenzt. Vgl. Abschn. 6.2.3.2.

4. **Falsch.** Das Verursacherprinzip nimmt eine Marktseite in die finanzielle Verantwortung für entstandene Schäden. Das Coase-Irrelevanz-Theorem besagt aber, dass es keinen Verursacher einer Externalität gibt. Vgl. Abschn. 6.2.2.

Musterlösung für Block 7

1. **Falsch.** Öffentliche Güter können konsumiert werden, ohne dafür zu bezahlen, da man nicht vom Konsum ausgeschlossen werden kann. Also führt die Tatsache, dass man nicht vom Konsum ausgeschlossen werden kann, zu Marktversagen. Vgl. Abschn. 6.3.
2. **Wahr.** Es handelt sich bei den Fischbeständen um eine Gemeinschaftsgut. Wiederum kann niemand vom Konsum ausgeschlossen werden, daher wird auch niemand bereit sein, einen positiven Preis dafür zu bezahlen. Es entstehen Externe Effekte in der Form einer Ausbeutung, da Interdependenzen nicht über einen Preis internalisiert werden können. Vgl. Abschn. 6.3.
3. **Falsch.** Nur wenn es Interdependenzen gibt, die aufgrund der fehlenden Eigentumsrechte nicht internalisiert werden können. Vgl. Abschn. 6.2.
4. **Falsch.** Es entstehen Interdependenzen, welche nicht über einen Marktpreis internalisiert werden können. Daher entstehen Externe Effekte. Vgl. Abschn. 6.2.

Musterlösung für Block 8

1. **Wahr.** Eine Allokation von gegebenen Ressourcen- und Gütermengen ist Pareto-effizient, wenn sie produktions- und konsumeffzient ist. Wenn die Produktion eines Gutes postive Externalitäten verursacht, gibt es positive Interdependenzen, welche nicht internalisiert werden. Folglich werden diese vom Anbieter nicht berücksichtigt. Würden die Interdependenzen internalisiert, dann würde mehr vom Gut angeboten. Vgl. Abschn. 6.2.
2. **Falsch.** In diesem Fall handelt es sich um ein Klubgut oder um ein Öffentliches Gut. Das Klubgut kann aber sehr wohl über den Marktmechanismus effizient bereitgestellt werden, z. B. Kino, Musik etc. Vgl. Abschn. 6.3.
3. **Wahr.** Wenn die Interdependenzen internalisiert werden, entstehen keine Externen Effekte, und der Markt ist effizient. Vgl. Abschn. 6.2.
4. **Wahr.** Das Coase-Irrelevanz-Theorem besagt, dass in einer Ökonomie mit vollständig zugewiesenen Eigentumsrechten und ohne Transaktionskosten ein Marktgleichgewicht stets effizient ist. Vgl. Abschn. 6.2.

Musterlösung für Block 9

1. **Falsch.** Bei Öffentlichen Gütern ist Ausschluss vom Konsum nicht möglich. Dadurch entsteht Marktversagen. Der Staat kann diese Güter anbieten, der Grund hierfür ist jedoch nicht dessen effizientere Produktion der Güter. Vgl. Abschn. 6.3.
2. **Falsch.** Bei Klubgütern ist der Ausschluss vom Konsum möglich, und es besteht keine Rivalität im Konsum. Vgl. Abschn. 6.3.
3. **Falsch.** Öffentliche Wälder sind Gemeinschaftsgüter, da Rivalität im Konsum besteht. Vgl. Abschn. 6.3.
4. **Wahr.** Es besteht Rivalität im Konsum, und Ausschluss ist nicht möglich. Vgl. Abschn. 6.3.

Musterlösung für Block 10

1. **Wahr.** Es handelt sich dann um einen Nachtwächterstaat, eine Metapher aus der libertären Politischen Philosophie. Vgl. Abschn. 6.1.
2. **Falsch** Die einzig legitime Aufgabe eines Nachtwächterstaats besteht in der Durchsetzung von Eigentumsrechten und Verträgen. Vgl. Abschn. 6.1.
3. **Falsch** Intergenerative Interdependenzen lassen sich nicht durch Verträge internalisieren, da eine Seite des Marktes zum Zeitpunkt des Vertragsabschlusses noch gar nicht geboren wurde. Vgl. Abschn. 6.2.3.
4. **Wahr.** Per definitionem. Vgl. Definition 6.1 in Abschn. 6.2.

Musterlösung für Block 11

1. **Wahr.** Vgl. Definition 4.6 in Abschn. 4.2 sowie Abschn. 6.2.2.
2. **Wahr.** Vgl. Resultat 5.1 in Abschn. 5.2 (jedes Gleichgewicht bei Vollständiger Konkurrenz ist Pareto-effizient). Wir haben bei Vollständiger Konkurrenz eine vollständige Anzahl von Märkten (d. h. einer für jede Interdependenz). Zur Existenz von Externalitäten benötigen wir aber nicht-internalisierte Interdependenzen. Vgl. Definition 6.1 in Abschn. 6.2.
3. **Wahr.** Eine Situation, in der Externalitäten innerhalb eines Marktsystems existieren, wird manchmal auch als Marktversagen bezeichnet. Das Konzept der Externen Effekte bezieht sich auf den institutionellen Rahmen. Vgl. Abschn. 6.2.1.
4. **Wahr.** Transaktionskosten aufgrund der Durchsetzung von Verträgen: Selbst in einem Nachtwächterstaat muss die Durchsetzung von Verträgen zum Beispiel durch Polizei und Gerichte sichergestellt werden. Vgl. Abschn. 6.2.3.

Musterlösung für Block 12

1. **Falsch.** Die asymmetrischen Informationen auf Seiten der Anbieter führen dazu, dass die Anbieter von qualitativ hochwertigen Fahrzeugen kein Interesse am Verkauf haben, da die Qualität ihrer Fahrzeuge einen höheren Preis rechtfertigt. Daher werden sie auf dem Markt nicht anbieten. Wenn die Käufer diesen Anreiz verstehen, reduzieren sie ihre Qualitätserwartung nach unten, und damit auch den Preis, den sie zu zahlen bereit sind. Vgl. Abschn. 6.2.3.
2. **Falsch.** Vgl. Abschn. 6.2.3. Siehe auch Antwort zu Block 12, Aussage 1 in diesem Abschnitt des Arbeitsbuchs.
3. **Wahr.** Die Erhebung von überfüllungsabhängigen Gebühren (zum Beispiel zu Zeiten des Berufsverkehrs) kann dazu beitragen, das Effizienzproblem zu lösen. Vgl. Abschn. 6.2.3.1.
4. **Falsch.** Vgl. Musterlösung zu Block 6, Aussage 3.

Musterlösung für Block 13

1. **Falsch.** Es handelt sich hierbei um ein Gemeinschaftsgut, da Ausschluss nicht möglich ist und das Gut eine minimale Reichweite besitzt. Beim Klubgut hingegen ist Ausschluss möglich und das Gut ist nichttrivalisierend im Konsum. Vgl. Abschn. 6.3.

2. **Falsch.** Vgl. Abschn. 6.2.2. Die Dienstleistung der Bienen ist kein Öffentliches Gut. Erstens ist die Leistung rivalisierend im Konsum (die Biene kann entweder den einen oder einen anderen Obstbaum bestäuben). Zweitens kann der Anbieter dieser Leistung entweder Obstbauern 1 oder 2 diese anbieten; es ist somit auch ausschliessbar. Es handelt sich somit um ein privates Gut. Vgl. Abschn. 6.2.2.
3. **Falsch.** Vgl. Abschn. 6.2.2 über das Verursacherprinzip und das Prinzip des unumgänglichen Minimums. Siehe auch Coase-Irrelevanz-Theorem in Abschn. 6.2.
4. **Falsch.** Beipiel: Emmissionproblem (bei der Brotproduktion entstehen notwendig Abwässer). In diesem Fall sind die Märkte unvollständig, da ein Markt für Emissionen nicht existiert. Wenn wir daher das Problem mithilfe von Angebot und Nachfrage untersuchen wollen, müssen wir uns einen Markt ansehen, der existiert. In diesem Fall ist das der Markt für Brot. Vgl. Abschn. 6.2.2.

Musterlösung für Block 14
1. **Falsch.** Es geht um Individuen, nicht Märkte. Vgl. Abschn. 6.3.
2. **Wahr.** Vgl. Abschn. 6.3.
3. **Falsch.** Das Gut ist nichtausschliessbar und rivalisierend, also ist es ein Gemeinschaftsgut. Vgl. Abschn. 6.3.
4. **Wahr.** Vgl. Abschn. 6.2.

Musterlösung für Block 15
1. **Falsch.** Die Reichweite einer ökonomischen Aktivität ist die Anzahl der Individuen, die durch die Aktivität beeinflusst werden. Vgl. Abschn. 6.3.
2. **Wahr.** Vgl. Abschn. 6.3.
3. **Wahr.** Vgl. Abschn. 6.3.
4. **Falsch.** Luft ist ein öffentliches Gut. Vgl. Abschn. 6.3.

Musterlösung für Block 16
1. **Falsch.** Eine nichtinternalisierte Umweltinterdependenz ist z. B. auch die Bestäubung von Obstbäumen durch Bienen; und diese ist eben positiv. Vg. Abschn. 6.2.
2. **Falsch.** Sie ist ein Beispiel für eine positive Produktionsexternalität. Vgl. Abschn. 6.2.
3. **Wahr.** Vgl. Abschn. 6.2.
4. **Falsch.** Das Konzept der Externen Effekte bezieht sich auf den institutionellen Rahmen, in dem Transaktionen stattfinden. Vgl. Abschn. 6.2.

Musterlösung für Block 17
1. **Wahr.** Vgl. Abschn. 6.3.
2. **Falsch.** Es handelt sich hierbei um ein ausschlussfähiges und rivalisierendes Gut, also ein Klubgut. Vgl. Abschn. 6.3.
3. **Falsch.** Diese Güter haben eine minimale Reichweite. Vgl. Abschn. 6.3.
4. **Wahr.** Bei Sauerstoff handelt es sich um ein Gemeinschaftsgut. Vgl. Abschn. 6.3.

Musterlösung für Block 18

1. **Falsch**. Das Konzept der Externalitäten bezieht sich auf den institutionellen Rahmen, in welchem Transaktionen stattfinden. Externalitäten sind somit nicht per se Eigenschaften von Gütern oder Dienstleistungen. Vgl. Abschn. 6.2.1.
2. **Wahr**. Vgl. das Beispiel mit der Bäckerei und dem Fischer mit unklarer Existenz und Zuweisung von Eigentumsrechten in Abschn. 6.2.1.
3. **Falsch**. Relevant sind in diesem Zusammenhang die Existenz und die Durchsetzung von Eigentumsrechten und Verträgen. Die Tatsache, dass eine Interdependenz vorliegt, ist belanglos für die Fähigkeit von Märkten, Anreize effizient zu steuern. Beachten Sie, dass Interdependenzen in jedem Markt vorkommen – ansonsten würde der Markt erst gar nicht existieren. Vgl. Abschn. 6.2.1.
4. **Wahr**. Transaktionskosten können die Aushandlung, Überwachung oder Durchsetzung eines Vertrags verhindern, welcher ansonsten die Internalisierung von Interdependenzen garantieren würde. Vgl. Abschn. 6.2.1.

Musterlösung für Block 19

1. **Wahr**. Der anthropogene Klimawandel beeinflusst künftige Generationen. Diese intergenerationellen Interdependenzen können nicht durch Märkte allein internalisiert werden, da eine Seite des Marktes zum Zeitpunkt des Vertragsabschlusses noch gar nicht geboren wurde. Die Interdependenzen könnten jedoch theoretisch mittels einer Kombination aus Märkten und Moral internalisiert werden. Vgl. Abschn. 6.2.3.
2. **Falsch**. Gemäss Brundtland-Bericht der Vereinten Nationen (1987) ist nachhaltige Entwicklung „the development that meets the needs of the present without compromising the ability of future generations to meet their own needs." Dieses Konzept erkennt implizit das Recht zukünftiger Generationen auf ein gutes Leben an. Demgegenüber impliziert das Konzept der Pareto-Effizienz, dass es keine alternative Strategie gibt, welche künftige Generationen besser stellt, ohne Generationen der Gegenwart zu schaden. Nachhaltigkeit ist daher ein stärkeres Konzept als Pareto-Effizienz. Vgl. Abschn. 6.2.3.
3. **Falsch**. Gemäss der ‚Deep Ecology'-Bewegung haben Tiere, Pflanzen und Biosysteme einen intrinsischen Wert, wohingegen sie von der Mainstream-Ökonomik als Mittel für den Menschen verstanden werden. Vgl. Abschn. 6.2.3.
4. **Wahr**. Gemäss ‚Deep Ecology' sind Tiere nicht bloss Mittel, sondern selbst Zweck. Die Bewegung geht von dem Kernprinzip aus, dass das gesamte Biosystem in seiner Komplexität respektiert werden muss, und dass ihm eigene Rechte zukommen, die seinen Fortbestand garantieren, unabhängig vom Nutzwert für die Menschen. Daher wäre es aus der Perspektive der ‚Deep Ecology' völlig unsinnig, von der Effizienz eines Fleischmarktes zu sprechen. Vgl. Abschn. 6.2.3.

Musterlösung für Block 20

1. **Wahr**. Vgl. Abschn. 6.2.3.3.
2. **Wahr**. Statusgüter sind sogenannte Positionsgüter: Es ist die relative Position in der Rangordnung, die über den Status entscheidet, und wenn alle doppelt so hart

arbeiten, um vorwärts zu kommen, bleiben am Ende alle auf derselben Position.
Vgl. Abschn. 6.2.3.4.

3. **Wahr**. Vgl. Abschn. 6.2.3.4.

4. **Falsch**. Die Aussage trifft lediglich auf Länder mit relativ tiefem Durchschnitts-einkommen zu. Sobald das Durchschnittseinkommen ein bestimmtes Minimum überschreitet, kann diese Beziehung nicht mehr beobachtet werden. Je höher das materielle Wohlstandsniveau ist, desto wichtiger werden die Statusmotive beim Konsum. Daher geht in diesen Gesellschaften der positive Zusammenhang zwischen Durchschnittseinkommen und durchschnittlicher Lebenszufriedenheit verloren, da sich die Statuseffekte neutralisieren. Vgl. Abschn. 6.2.3.4.

6.2   Offene Fragen

6.2.1   Aufgaben

Aufgabe 1
Sie sind Beraterin oder Berater einer Stadt, die unter den (lokal wirkenden) Emissionen ansässiger Industrieunternehmen leidet, und sollen ein Programm zur Lösung des Problems entwickeln.

1. Erklären Sie der Bürgermeisterin, in welchem Zusammenhang die Begriffe *Interdependenzen*, *Externe Effekte* und *Internalisierung* stehen.
2. Erörtern Sie, ob die Emissionen ein Effizienzproblem für die Stadt darstellen.
3. Erörtern Sie, inwieweit zu erwarten ist, dass Effizienz durch die Zuweisung von Eigentumsrechten erreichbar ist.
4. Erörtern Sie, ob ein Gesetz, welches die Emissionshöchstmengen der einzelnen Unternehmen festlegt, zu effizienten Emissionsmengen führen wird.
5. Nehmen Sie an, dass die Stadt die Gesamtemissionsmenge für alle Unternehmen festgelegt hat und nun Emissionsrechte in Höhe der optimalen Gesamtemissions-menge anbietet. Somit dürfen die Unternehmen nur jene Mengen an Emissionen ausstossen, für die sie auch Eigentumsrechte erworben haben. Wie unterscheidet sich dieser Marktmechanismus von dem in Aufgabenteil 3 diskutierten?
6. Was ändert sich an Ihrer obigen Argumentation, wenn die Emissionen nicht nur lokal sondern global wirken?

Aufgabe 2
Es gibt zwei benachbarte Ferieninseln, welche sich durch ihr Zielpublikum unterscheiden. Jede dieser zwei Inseln wird durch eine andere Hotelkette gemanagt. Die Insel *Silentium* zieht vorwiegend Gäste an, die Entspannung und Ruhe suchen. Gegenüber befindet sich die Insel *Gaudium*, welche vermehrt Studentinnen und Studenten anzieht, die gerne lange und laute Partys feiern. Aufgrund der geringen Distanz zwischen diesen beiden Inseln muss *Silentium* ihren Gästen Preisminderungen ermöglichen, falls sich diese durch die Lärmemissionen von *Gaudium* gestört

Tab. 6.1 Aufgabe 2. Gäste
und Gewinne auf *Silentium*
und *Gaudium*

Silentium		*Gaudium*	
Gäste	Gewinn	Gäste	Gewinn
0	0	0	0
10	10k	100	50k
20	12k	200	60k
30	13k	300	65k
40	11k	400	66k

fühlen.[1] Vereinfacht wird hier angenommen, dass der Gewinn von *Silentium* pro hundert Gäste auf *Gaudium* um CHF 2'000 sinkt. Tab. 6.1 illustriert die Gewinne der beiden Inseln, welche resultierten, wenn es keinerlei Interdependenzen zwischen den beiden Inseln gäbe.

1. Gibt es eine Externalität? Und falls ja, wer ist der Verursacher dieser?
2. Zeigen Sie in einer geeigneten Tabelle, wie sich der Gewinn von *Silentium* in Abhängigkeit von der Anzahl Besucher auf *Gaudium* entwickelt.
3. Welche Kombination der Anzahl Gäste würde den Gesamtgewinn für beide Inseln maximieren? Stellen Sie für diese Allokation der Gäste auch die Gewinne auf den beiden Inseln dar.
4. Stellen Sie sich vor, die Insel *Silentium* habe die notwendigen Eigentumsrechte, welche es ihr erlaubt, allfällige Gewinnminderungen durch Lärmemissionen von der Insel *Gaudium* zurückzufordern. Wie viele Gäste werden die beiden Inseln empfangen, und wie hoch sind die Gewinne der Inseln? Wie unterscheidet sich dieses Resultat von dem aus Aufgabenteil 3?
5. Wie würde sich die Situation ändern, wenn die Insel *Gaudium* die notwendigen Eigentumsrechte hätte, sodass sie für keinerlei Gewinnreduktionen von *Silentium* belangt werden könnte? Vergleichen Sie ihr Resultate mit den gefundenen Ergebnissen aus den Aufgabenteilen 3 und 4.

Aufgabe 3

Die Firma *Peter's Paper Mill* produziert Papier unter Zuhilfenahme von Flusswasser. Hierdurch entsteht Schmutzwasser in Höhe von x Kubikmetern, welches in einen nahen See geleitet wird. Der Wert von x bei voller Auslastung des Unternehmens beträgt $\bar{X} = 1'000$. Der Gewinn der *Peter's Paper Mill* (bei Vollauslastung) in Abhängigkeit von der in den See geleiteten Abwassermenge beträgt

$$\Pi_P(x) = 2'100 \cdot x - x^2$$

---

[1] Wir benennen die Hotelketten vereinfachend nach dem Namen der Insel, auf der sie sich befinden.

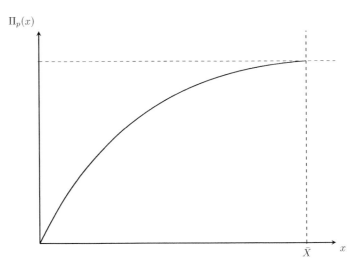

Abb. 6.1 Aufgabe 3. Gewinn von *Peter's Paper Mill* in Abhängigkeit von der in den See geleiteten Abwassermenge x

und ist in Abb. 6.1 dargestellt. Der Grenzgewinn der Abwassereinleitung beträgt dann $\Pi'_P(x) = 2'100 - 2 \cdot x$ (beachten Sie, dass dieser Opportunitätskosten repräsentiert).

1. Die Einleitung in den See schädigt einen anliegenden Fischer. Der Grenzgewinn aus dem unverschmutzten See ist $\Pi'_F(y) = 50 - \frac{1}{20} \cdot y$, wobei $y = \bar{X} - x$. Der Gewinn des Fischers ($\Pi_F(y)$) bei $y = 0$ sei null.
   a) Stellen Sie den Grenzgewinn des Unternehmens durch die Abwassereinleitung ($\Pi'_P(x)$) in einem Diagramm dar. Wie gross ist der Gewinn bei $x = \bar{X}$?
   b) Stellen Sie den Grenzgewinn des Fischers durch die Vermeidung der Abwassereinleitung ($\Pi'_F(y)$) im selben Diagramm dar. Wie gross ist der Gewinn ($\Pi_F(y)$) bei $y = \bar{X}$?
   c) Nehmen Sie an, dass das Unternehmen das Recht zur Abwassereinleitung besitzt, dieses Recht jedoch am Markt anbietet. Welche Mengen Schmutzwasser wird das Unternehmen nach Verhandlungen mit dem Fischer einleiten? Wie gross sind die Kompensationszahlungen des Fischers? Wie gross ist dann der Gesamtgewinn?
   d) Nehmen Sie an, dass der Fischer die Eigentumsrechte am See besitzt. Wie sähe in einem solchen Fall die Marktlösung aus? Wie hoch sind die Kompensationszahlungen des Unternehmers? Wie hoch ist der Gesamtgewinn?
2. Die Eigentumsrechte am See liegen wiederum bei der *Peter's Paper Mill*. Gehen Sie nun aber davon aus, dass es nicht einer, sondern 8 Fischer, mit jeweils identischer Grenzgewinnfunktion $\Pi'_{F_i}(y) = 50 - \frac{1}{20} \cdot y$ (mit $i \in \{1, \ldots, 8\}$) sind. Weiterhin nehmen wir an, dass bei einer Verhandlung fixe Transaktionskosten in Höhe von $c \geq 0$ *pro Fischer* entstehen.

a) Sei $c = 0$. Wie lautet in diesem Fall die Marktlösung? Verdeutlichen Sie den Nettogewinn der beiden (also den Gewinn abzüglich bzw. zuzüglich eventueller Kompensationszahlungen) in einer geeigneten Graphik. Verdeutlichen Sie auch den Gesamtgewinn.

b) Welche Höhe müssen die Transaktionskosten annehmen, sodass das Marktergebnis nicht effizient ist?

c) Seien die Transaktionskosten grösser null aber kleiner als die im Aufgabenteil 2b) berechneten. Widerspricht in diesem Fall das Marktergebnis dem Coase-Irrelevanz-Theorem?

Aufgabe 4

Nach einem Lottogewinn beschliesst Igor, einen eigenen Staat auf einer bisher unbewohnten Insel zu gründen, die er von dem gewonnenen Geld erworben hat. Zum Gründungsfest des Staates möchte er ein Feuerwerk veranstalten. Die inverse Angebotsfunktion für diese Dienstleistung ist gegeben durch $Q(y) = 3$, wobei y die Minutenlänge des Feuerwerks bezeichnet. Igors Nachfragefunktionen für das Feuerwerk (in Minuten) lautet $x^I(p) = 20 - p$.

1. Nehmen Sie an, dass Igor alleine auf der Insel lebt. Wie hoch ist Igors marginale Zahlungsbereitschaft in Abhängigkeit von der Dauer des Feuerwerks? Bestimmen Sie auch die Pareto-effiziente Dauer des Feuerwerks.

2. Igors Grosstante Gertrud erfährt durch Zufall von dem Lottogewinn und dem Erwerb der Insel. Sie beschliesst, ihren Grossneffen zum Gründungsfest zu besuchen. Gertruds Nachfragefunktion für das Feuerwerk beträgt $x^G(p) = 20 - 2 \cdot p$. Bestimmen Sie die Pareto-effiziente Dauer des Feuerwerks und die Konsumentenrente (CS) in diesem Fall. Vergleichen Sie Ihr Ergebnis mit dem aus Aufgabenteil 1. Können Sie aus Ihren Ergebnissen eine Regel für die Pareto-effiziente Bereitstellung von Feuerwerken ableiten?

3. Igor beschliesst, die Kosten der Bereitstellung des Feuerwerks selbst zu übernehmen. Wie hoch ist die Konsumentenrente (CS) in diesem Fall? Erläutern Sie ihr Ergebnis.

4. Igor beschliesst, seine Grosstante an den Kosten des Feuerwerks zu beteiligen. Sie soll einen Anteil des Preises pro Minute zahlen. Nehmen Sie an, dass es folgende *individualisierten* Preise für eine Einheit x gäbe: $p^G = \tau \cdot p$ für Gertrud und $p^I = (1 - \tau) \cdot p$ für Igor, mit $0 \leq \tau \leq 1$.
   a) Nehmen Sie an, dass $\tau = \frac{1}{2}$ ist. Wie hoch sind jetzt die nachgefragten Mengen der beiden? Was fällt Ihnen auf?
   b) Nehmen Sie an, dass $\tau = \frac{1}{3}$ ist. Wie hoch sind jetzt die nachgefragten Mengen der beiden? Was fällt Ihnen auf?

Aufgabe 5

Diskutieren Sie die folgenden beiden Zitate. Wie hängen sie miteinander zusammen? Nehmen Sie sie als Ausgangspunkte, um zu diskutieren, ob der Erste Hauptsatz der Wohlfahrtsökonomik die Funktionsweise von Märkten korrekt beschreibt.

„There is one and only one social responsibility of business – to use its resources and engage in activities designed to increase its profits so long as it stays within the rules of the game, which is to say, engages in open and free competition without deception or fraud."
– Milton Friedman, Ökonom und Träger des Alfred-Nobel-Gedächtnispreises für Wirtschaftswissenschaften 1976

„Markets are lethal, if only because of ignoring externalities, the impacts of their transactions on the environment."
– Noam Chomsky, Linguist und Philosoph

Aufgabe 6
Bitte beantworten Sie die folgenden offenen Fragen.

1. Beschreiben Sie das ‚Williamson Puzzle'. Wie steht dieses in Verbindung zum Ersten Hauptsatz der Wohlfahrtsökonomik?
2. Gemäss Definition 6.1 ist eine Institution ineffizient, wenn die Individuen nicht alle Interdependenzen internalisieren. Was umfasst der Begriff *Institution* in diesem Kontext: Marktinstitutionen, nichtmarktliche Institutionen oder beides? Nennen Sie Beispiele.
3. Das OECD-Verursacherprinzip (*polluter-pays principle*, PPP) ist ein Konzept, nach welchem „the polluter should bear the cost of measures to reduce pollution according to the extent of [...] the damage done to society."[2] Diskutieren Sie das Prinzip aus ökonomischer Perspektive basierend auf Ihrem Wissen über Externalitäten.
4. In der Ökonomik basieren Diskussionen über Externalitäten üblicherweise ausschliesslich auf dem normativen Effizienzkriterium. In welchem Verhältnis zu diesem Ansatz stehen das Verursacherprinzip und Umweltethiken wie ‚Deep Ecology'?
5. Nennen Sie je ein Beispiel für negative und positive Produktions- und Konsumexternalitäten.
6. Erklären Sie, weshalb es im Falle des anthropogenen Klimawandels und der Atomenergie Externalitäten gibt, welche nicht durch Märkte internalisiert werden können.
7. Was für ein Phänomen beschreibt der ‚Markt für Zitronen' (Market for Lemons)? Wie hängt es mit Transaktionskosten und asymmetrischer Information zusammen?
8. Die Grundversicherung ist ein obligatorischer Teil der Krankenversicherung in der Schweiz. Erklären Sie mit Hilfe des ‚Marktes für Zitronen' (vgl. Abschn. 6.2.3), wie ein solcher Versicherungszwang die Markteffizienz erhöht.
9. Im Jahr 2003, kurz vor der Einführung der London Congestion Charge, äusserte das Transport Select Committee (ein überparteilicher Ausschuss des House of Commons im britischen Parlament) Bedenken, dass ein solches Road-Pricing-System die Armen überdurchschnittlich stark benachteilige. Zeigen Sie

---

[2]https://stats.oecd.org/glossary/detail.asp?ID=2074.

anhand dieses Beispiels, wie die Internalisierung von Externalitäten zu einem Spannungsfeld zwischen Effizienzüberlegungen und Verteilungsgerechtigkeit führen kann.

10. Diskutieren Sie in kurzen Zügen die folgenden drei Instrumente in Bezug auf Effektivität und Effizienz in der Internalisierung von Umweltexternalitäten: verbindliche und einheitliche Standards, Steuern und Subventionen, Haftungsrecht.

11. Was beinhaltet das Konzept von Corporate Social Responsibility (CSR)? Inwiefern hat sich dessen Bedeutung im Lichte der Globalisierung verändert? Und wie beurteilen Sie die folgende Aussage?

> „Corporate social responsibility is a hard-edged business decision. Not because it is a nice thing to do or because people are forcing us to do it [...] because it is good for our business."
> – Niall Fitzerald, ehemaliger CEO von Unilever

6.2.2 Lösungen

Lösung zu Aufgabe 1

1. *Interdependenzen* treten immer dort auf, wo Entscheidungsträger durch ihr Handeln die Sphäre anderer Individuen beeinflussen. Wenn alle durch die Handlungen der Individuen verursachten Interdependenzen durch Preise internalisiert werden, ist das Marktergebnis effizient. So verursacht ein Arbeitgeber beim Arbeitnehmer z. B. ein Arbeitsleid, welches durch den Arbeitslohn kompensiert wird. Wenn hingegen nicht alle durch die Handlungen der Individuen verursachten Interdependenzen durch Preise *internalisiert* werden, ist ein Marktgleichgewicht ineffizient. Die nicht internalisierten Interdependenzen bezeichnet man als *Externe Effekte*.

2. Aus den angegebenen Informationen allein kann noch kein Rückschluss auf mögliche Ineffizienzen gezogen werden. Unter Umständen sind bereits alle Interdependenzen internalisiert worden.

3. Werden Eigentumsrechte vollständig zugewiesen und durchgesetzt, haben entweder die Bürgerinnen und Bürger einen Anspruch auf gute Luft oder die Unternehmen einen Anspruch auf Verschmutzung. Dies ist, laut Coase, eine hinreichende Bedingung für eine effiziente Allokation der Rechte über Marktpreise. Die zweite Bedingung lautet, dass die Transaktionskosten gleich null sind. Ist dies ebenfalls gegeben, so ist das Marktergebnis effizient. Nun ist aber die Abwesenheit von Transaktionskosten eine theoretische Abstraktion, so dass man in der Praxis abschätzen muss, wie hoch die institutionenspezifischen Transaktionskosten sind, um diese zu vergleichen und dann diejenige Institution zu wählen, die diese minimiert. Im vorliegenden Fall ist davon auszugehen, dass rein dezentrale Verhandlungen zwischen den Bürgerinnen und Bürgern und den ansässigen Firmen so hohe Einigungskosten nach sich ziehen werden, dass eine solche Lösung nicht funktioniert.

4. Falls die Planer der Stadt vollständige Informationen haben, sie also wissen, wie hoch für jedes der Industrieunternehmen der gesellschaftlich optimale Ausstoss wäre, so könnte auf diese Weise eine effiziente Menge an Emissionen erreicht werden. Für unterschiedliche Kostenstrukturen ist davon auszugehen, dass die Emissionsvermeidungskosten der Firmen unterschiedlich sind, und somit auch die optimale Vermeidung der Emission. Dieses Wissen ist aber im Allgemeinen nicht gegeben. Das bedeutet, dass z. B. einheitliche Emissionsstandards zu Ineffizienzen führen, weil die Emissionsreduktion nicht zu geringstmöglichen Kosten erreicht wird. Ob dies für oder gegen diese Lösung spricht, hängt von den Transaktionskosten der anderen Lösungen ab. Im Vergleich zu den rein dezentralen Verhandlungen aus Aufgabenteil 3 ist eine Verbesserung zu erwarten.

5. Ist die Gesamtmenge an Emissionen optimal festgelegt, also falls sie der effizienten Verschmutzungsmenge entspricht, kann sich bei effizienter Ausgestaltung des Marktes für Emissionszertifikate die effiziente Verteilung der Emissionen einstellen. Für jedes Emissionsziel werden handelbare Emissionsrechte dazu führen, dass dieses zu minimalen Kosten erreicht wird, wenn der Markt gut gestaltet ist. Probleme bestehen bei der Bestimmung eines effizienten Emissionsziels und dem Design des Marktes, insbesondere, wenn nur wenige Unternehmen den Schadstoff emittieren. Jedes Unternehmen wird so lange Verschmutzungszertifikate kaufen, bis die Kosten eines weiteren Zertifikats den Grenzemissionsvermeidungskosten entsprechen. Der Preis für ein Zertifikat wird sich dann so einpendeln, dass die Grenzvermeidungskosten für alle Firmen identisch sind. Somit wäre Effizienz erreicht.

   Im Unterschied zu Aufgabenteil 3 wurde hier explizit den Bürgerinnen und Bürgern ein Recht auf saubere Luft zugesprochen. In Aufgabenteil 3 könnte auch den Firmen ein Verschmutzungsrecht zugesprochen werden. Ausserdem wird hier zur Erreichung der effizienten Allokation der Markt für Verschmutzungsrechte als Institution implementiert.

6. Die Argumentation bleibt dieselbe, allerdings müssen nun alle emittierenden Firmen in den verschiedenen Ländern einbezogen werden. Da die Emissionen grenzübergreifend wirken, muss eine internationale Institution eingerichtet werden, die den Handel kontrolliert und die effizienten Gesamtmengen bestimmt.

Lösung zu Aufgabe 2

1. Zuerst einmal wäre zu klären, ob es sich bei der Lärmbelästigung überhaupt um eine Externalität handelt. Werden die durch die Handlungen der Gäste verursachten Interdependenzen durch geeignete Preise internalisiert, so kommt es gar nicht erst zur Existenz von Externalitäten. Aber selbst wenn es diese Internalisierung nicht gäbe, wäre die Frage nach dem Verursacher derselben müssig. Wären zum Beispiel keine Gäste auf *Silentium*, so gäbe es keine Interdependenz und die Lautstärke auf *Gaudium* störte niemanden. Zu behaupten, dass *Gaudium*, durch die produzierte Lautstärke, der Verursacher der Externalität ist, ist genauso legitim (oder illegitim) wie zu behaupten, dass die Gäste auf *Silentium* durch

Tab. 6.2 Aufgabe 2.2. Gewinne auf *Silentium* in Abhängigkeit von den Gästen auf *Silentium* und *Gaudium*

Gäste *Silentium*	Gäste *Gaudium*				
	0	100	200	300	400
0	0	0	0	0	0
10	10k	8k	6k	4k	2k
20	12k	10k	8k	6k	4k
30	13k	11k	9k	7k	5k
40	11k	9k	7k	5k	3k

Tab. 6.3 Aufgabe 2.3. Ermittlung des Gesamtgewinns im Optimum

Gaudium		*Silentium*		
Gäste	Gewinn	Optimum Gäste	Gewinn	Gesamtgewinn
0	0	30	13k	13k
100	50k	30	11k	61k
200	60k	30	9k	69k
300	65k	30	7k	72k
400	66k	30	5k	71k

das Nicht-tragen eines adäquaten Gehörschutzes die Verursacher der Externalität sind.

2. Der Gewinn von *Silentium* in Abhängigkeit von den Gästen auf *Silentium* und *Gaudium* wird durch Tab. 6.2 dargestellt.

3. Wollen wir den Gesamtgewinn maximieren, so müssen wir alle möglichen Kombinationen der Anzahl Gäste auf den beiden Inseln auf ihre Effizienz hin überprüfen. Von der Tabelle aus Aufgabenteil 2 (Tab. 6.2) lassen sich 5 optimierte Kombinationen erstellen, aus welchen man auswählen kann (Tab. 6.3). Zu berücksichtigen ist hierbei, dass die Insel *Silentium* immer eine Anzahl von 30 Gästen empfängt, um ihren Gewinn zu maximieren.

Es ist einfach zu sehen, dass der Gesamtgewinn bei CHF 72'000 maximal ist. Das bedeutet, dass, um den Gesamtgewinn zu maximieren, man 300 Gäste auf *Gaudium* und 30 Gäste auf *Silentium* platzieren würde. Dies führt zu einem Gewinn in Höhe von CHF 65'000 auf *Gaudium* und CHF 7'000 auf *Silentium*.

4. Wenn die Insel *Silentium* die Rechte besitzt, so dass es von *Gaudium* allfällige Gewinnreduktionen durch Lärmemissionen zurückfordern kann, wird *Silentium* die Anzahl Gäste so wählen, als gäbe es keine Interdependenzen zwischen den Inseln. Entsprechend wird *Silentium* 30 Gäste empfangen und einen Gewinn von CHF 13'000 realisieren. Die Insel *Gaudium* muss unter Berücksichtigung, dass ihr Gewinn pro 100 Gäste um CHF 2'000 durch die Kompensationszahlungen an *Gaudium* gesenkt wird, eine optimale Anzahl Gäste bestimmen. Es ergeben sich die Möglichkeiten wie in Tab. 6.4 dargestellt.

Die Insel *Gaudium* maximiert ihren Gewinn, wenn sie 300 Gäste empfängt. Die Anzahl Gäste auf den Inseln bleibt somit identisch zu der in Aufgabenteil 3. Unterschiedlich ist hingegen die Gewinnverteilung. Wenn die Eigentumsrechte

Tab. 6.4 Aufgabe 2.4.
Optimierung für *Gaudium*

Gäste *Gaudium*	Gewinn–Schadensersatz	Restgewinn
0	0	0
100	$50k - 2k$	$48k$
200	$60k - 4k$	$56k$
300	$65k - 6k$	$59k$
400	$66k - 8k$	$58k$

Tab. 6.5 Aufgabe 2.5. Optimierung für *Silentium*

Gaudium		Silentium			
Gäste	Gewinn	Gäste	Gewinn	Entschädigungszahlung	Restgewinn
0	0	30	$13k$	$66k - 0 = 66k$	$13k - 66k = -53k$
100	$50k$	30	$11k$	$66k - 50k = 16k$	$11k - 16k = -5k$
200	$60k$	30	$9k$	$66k - 60k = 6k$	$9k - 6k = 3k$
300	$65k$	30	$7k$	$66k - 65k = 1k$	$7k - 1k = 6k$
400	$66k$	30	$5k$	$66k - 66k = 0$	$5k - 0 = 5k$

Silentium gehören, macht diese CHF 13'000 Gewinn während *Gaudiums* Gewinn nur noch CHF 59'000 beträgt.

5. Wenn die Insel *Gaudium* die Rechte besitzt, sodass sie für keinerlei Verluste aus Lärmemissionen aufkommen muss, wird sie ihren Gewinn maximieren wollen, indem sie 400 Gäste empfängt (siehe Tab. 6.1). Wir wissen bereits, dass unabhängig von den Gästen auf *Gaudium* der Gewinn von *Silentium* immer bei 30 Gästen maximal ist, sodass *Silentium* nun einen Gewinn von CHF 5'000 macht (siehe Tab. 6.2). Für die Insel *Silentium* ergibt sich aber nun auch die Möglichkeit, mit *Gaudium* zu verhandeln, damit diese weniger Gäste empfängt. Dafür müsste sie *Gaudium* in Höhe des entgangenen Gewinns kompensieren. Für *Silentium* ergeben sich die Möglichkeiten wie in Tab. 6.5 dargestellt.

Die Insel *Silentium* wird die Insel *Gaudium* mit CHF 1'000 entschädigen, damit diese nur noch 300 Gäste auf die Insel lässt. Dies erhöht den Gewinn von *Silentium* um CHF 1'000 auf CHF 6'000 im Vergleich zur Ausgangssituation (mit 400 Gästen auf *Gaudium*). Somit ist auch in diesem Fall die Gästeallokation identisch zu den beiden Fällen in Aufgabenteilen 3 und 4. Verändert hat sich aber erneut die Gewinnverteilung.

In dieser Aufgabe wurde (implizit) angenommen, dass Transaktionskosten null sind und Eigentumsrechte eindeutig definiert und perfekt durchgesetzt werden. Im Aufgabenteil 3 wurde die effiziente Lösung präsentiert, in Aufgabenteilen 4 und 5 eine dezentrale Lösung, wobei jeweils angenommen wurde, dass entweder *Gaudium* oder *Silentium* ein Recht auf Lärm bzw. ein Recht auf Lärmvermeidung besitzt. Wie sich zeigte, sind die allokativen Ergebnisse in allen drei Aufgabenteilen identisch, da jeweils 30 Gäste auf Silentium und 300 Gäste auf Gaudium empfangen werden (siehe Tab. 6.6).

Identisch ist damit auch der Gesamtgewinn über beide Inseln. Somit bestätigt diese Aufgabe das Coase-Irrelevanz-Theorem, welches besagt, dass unter

Tab. 6.6 Aufgabe 2. Gesamtgewinn

Aufgabenteil	Gäste		Gewinn		Gesamtgewinn
	Silentium	*Gaudium*	*Silentium*	*Gaudium*	
3.	30	300	$7k$	$65k$	$72k$
4.	30	300	$13k$	$59k$	$72k$
5.	30	300	$6k$	$66k$	$72k$

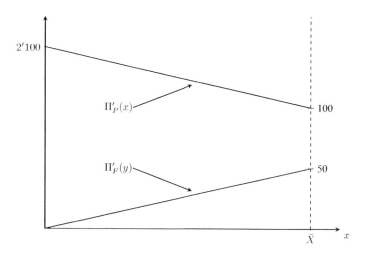

Abb. 6.2 Aufgaben 3.1a) und b). Grenzgewinn von *Peter's Paper Mill* in Abhängigkeit von x und Grenzgewinn des Fischers in Abhängigkeit von y

Annahme von vollständig definierten Eigentumsrechten und ohne Transaktionskosten das Verhandlungsergebnis zwischen den Parteien effizient ist. Die distributiven Ergebnisse sind allerdings nicht identisch, da abhängig davon, welche Partei die Eigentumsrechte besitzt, die Nettogewinne der Inseln (Gewinn plus bzw. minus der Kompensationszahlung) sich unterscheiden (vgl. Tab. 6.6).

Lösung zu Aufgabe 3

1. In diesem Aufgabenteil sind nur die Interessen eines Fischers und des Unternehmers zu berücksichtigen.

   a) Der Gewinn durch die Einleitung des Abwassers entspricht dem Integral über dem Grenzgewinn und war bereits in der Aufgabenstellung gegeben. Bei $x = \bar{X}$ entspricht der Gewinn dann

   $$\Pi_P(\bar{X}) = 2'100 \cdot \bar{X} - \bar{X}^2 = 1.1 \cdot 10^6.$$

   Dieser Betrag wird repräsentiert durch die Fläche unter der Grenzgewinnfunktion des Unternehmens (Π'_P) in Abb. 6.2.

b) Der Gewinn des Fischers aus dem nicht verschmutztem See (wenn also $y = \bar{X}$) entspricht dem Integral über den Grenzgewinn $\Pi'_F(y)$.

$$\Pi_F(\bar{X}) = \int_0^{\bar{X}} \Pi'_F(y)\mathrm{d}\,y = \left[50 \cdot y - \frac{1}{40} \cdot y^2\right]_0^{\bar{X}}$$

$$= 50 \cdot \bar{X} - \frac{1}{40} \cdot \bar{X}^2 = 25'000.$$

Dieser Betrag wird repräsentiert durch die Fläche unterhalb der Grenzgewinn-funktion des Fischers in Abb. 6.2.

c) In diesem Fall liegt die marginale Verkaufsbereitschaft des Unternehmers (Π'_P) immer oberhalb der marginalen Kaufbereitschaft des Fischers (Π'_F, siehe Abb. 6.2). Somit gibt es keine Handelsgewinne, welche ausgeschöpft werden können, und der Unternehmer setzt $x = \bar{X}$ (und somit $y = 0$). Daraus folgt, dass $\Pi_P = \Pi_P(\bar{X}) = 1.1 \cdot 10^6$ und $\Pi_F = \Pi_F(0) = 0$. Der Gesamtgewinn ist dann

$$\Pi = \Pi_P + \Pi_F = 1.1 \cdot 10^6$$

und entspricht der Fläche $A + B + C$ in Abb. 6.3.

d) In diesem Fall liegt die marginale Verkaufsbereitschaft des Fischers (Π'_F) immer unterhalb der marginalen Kaufbereitschaft des Unternehmers (Π'_P, siehe Abb. 6.2). Die Handelsgewinne werden demnach ausgeschöpft, wenn der Fischer alle Rechte an das Unternehmen verkauft. Grundsätzlich kann der Fischer hierfür jeden Preis verlangen, der kleiner als der Gewinn des Unternehmens bei $x = \bar{X}$ ist (also $\Pi_P(\bar{X})$). Wir gehen im Folgenden aber

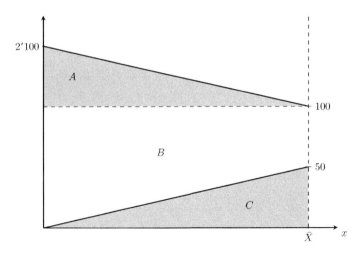

Abb. 6.3 Aufgaben 3.1c) und d). Gesamtgewinn

davon aus, dass beide Marktseiten sich als Preisnehmer (also Mengenanpasser) verhalten, und dass der Preis pro Kubikmeter verschmutzten Wassers der minimalen marginalen Kaufbereitschaft des Unternehmers entspricht. Dann erhalten wir als Preis (p) pro x:

$$p = \Pi'_P(\bar{X}) = 100.$$

Damit beträgt die Kompensationszahlung des Unternehmens an den Fischer

$$K_P = p \cdot \bar{X} = 100'000.$$

Die Gewinneinbusse des Fischers durch den vollständigen Verkauf der Rechte an das Unternehmen entspricht $\Pi_F(\bar{X})$ und wird durch die Fläche C in Abb. 6.3 repräsentiert. Die Fläche $B + C$ hingegen entspricht der Kompensationszahlung durch das Unternehmen, sodass die Fläche B den Nettogewinn des Fischers nach dem Verkauf der Rechte darstellt. Der Gewinn des Unternehmens durch den Erwerb aller Rechte entspricht $\Pi_P(\bar{X})$ und wird durch die Flächen $A + B + C$ repräsentiert. Der Nettogewinn (also der Gewinn durch den Erwerb der Rechte nach Abzug der Kompensationszahlung) hingegen entspricht nur der Fläche A. Die Gewinne der beiden lauten $\Pi_P = \Pi_P(\bar{X}) - K_P = 1.1 \cdot 10^6 - 10^5 = 10^6$ und $\Pi_F = \Pi_F(0) + K_P = 10^5$ und der Gesamtgewinn beträgt

$$\Pi = \Pi_P + \Pi_F = 1.1 \cdot 10^6$$

und ist damit identisch mit dem Gesamtgewinn aus Aufgabenteil 1c).

In diesem Aufgabenteil sollte gezeigt werden, dass eine effiziente Verhandlungslösung eben auch bedeuten kann, dass im Ergebnis alle oder auch keine Rechte verkauft werden können. Während es im Aufgabenteil 1c) keine zu realisierenden Handelsgewinne gab, wurden dieselben im Aufgabenteil 1d) durch die vollständige Veräusserung der Eigentumsrechte ausgeschöpft. Die Tatsache allein, dass es zu keinem Handel zwischen (potenziellen) Vertragsparteien kommt, ist aber kein Indiz für die Effizienz dieses Verhandlungsergebnisses. Das wird im nächsten Aufgabenteil verdeutlicht.

2. Die aggregierte Grenzgewinnfunktion aller Fischer lautet

$$\Pi'_F(y) = \sum_{i=1}^{8} \Pi'_{F_i}(y) = 400 - 0.4 \cdot y.$$

a) In diesem Fall liegt die marginale Kaufbereitschaft der Fischer über der marginalen Verkaufsbereitschaft des Unternehmens sobald $y < y^*$ ist. Wir ermitteln y^* als Schnittpunkt beider Grenzgewinnfunktionen (siehe Abb. 6.4). Hierzu ist es notwendig die Grenzgewinnfunktion des Unternehmens über y

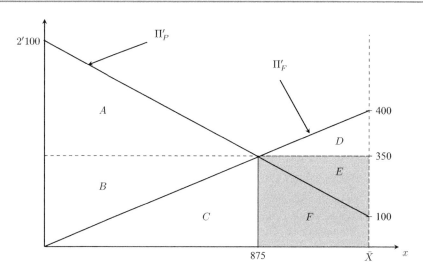

Abb. 6.4 Aufgabe 3.2

anstatt x zu definieren. Da $x = \bar{X} - y$ (siehe Aufgabenstellung), folgt somit, dass

$$\Pi'_P(y) = 2'100 - 2 \cdot (\bar{X} - y) = 100 + 2 \cdot y.$$

Im Schnittpunkt beider Grenzgewinnfunktionen gilt dann:

$$\Pi'_F(y) = \Pi'_P(y)$$
$$\Leftrightarrow \quad 400 - 0.4 \cdot y = 100 + 2 \cdot y$$
$$\Leftrightarrow y^* = 125.$$

Somit kaufen die Fischer dem Unternehmen Rechte zu Abwassereinleitung in Höhe von 125 Kubikmeter ab. Gehen wir nun davon aus, dass der Preis p pro Kubikmeter Abwasser, das nun nicht eingeleitet wird, der marginalen Kaufbereitschaft der Fischer an der Stelle $y = y^*$ entspricht, erhalten wir:

$$p = \Pi'_F(y^*) = 400 - 0.4 \cdot y^* = 400 - 0.4 \cdot 125 = 350.$$

Somit lautet die Kompensationszahlung der Fischer an das Unternehmen:

$$K_F = p \cdot y^* = 43'750.$$

Die Kompensationszahlung wird durch die grau schraffierte Fläche in Abb. 6.4 verdeutlicht (Fläche $E + F$). Das Unternehmen verzichtet durch die Reduktion von x um 125 Einheiten nur auf die Fläche F, stellt sich also durch Handel besser. Der Nettogewinn des Unternehmens setzt sich nach dem Handel zusammen aus der erhaltenen Kompensationszahlung $K_P = 43'750$ (Flächen $E + F$) und dem Gewinn aus der Einleitung von $x = \bar{X} - y^* = 875$ Kubikmeter Schmutzwassers, $\Pi_P(\bar{X} - y^*) = 1'071'875$ (Fläche $A + B + C$):

$$\Pi_p = \Pi_P(\bar{X} - y^*) + K_P = 1'115'625.$$

Der Gewinn der Fischer durch die Reduktion der Schmutzwassereinleitung um 125 Einheiten entspricht der Fläche unter der Grenzgewinnfunktion Π'_F (Fläche $D + E + F$). Hiervon müssen die Kompensationszahlungen abgezogen werden (Fläche $E + F$), sodass die Fläche D den Nettogewinn aller Fischer nach Handel repräsentiert. Dieser lässt sich leicht berechnen:

$$\Pi_F = \Pi_F(y^*) - K_F = (400 - 350) \cdot 125 \cdot \frac{1}{2} = 3'125.$$

Gehen wir davon aus, dass die Kompensationszahlungen an das Unternehmen zu gleichen Teilen von allen Fischern getragen werden ($K_F = 8 \cdot K_{F_i}$), so ergibt sich der individuelle Nettogewinn jedes Fischers (nach Handel) als

$$\Pi_{F_i} = \Pi_{F_i}(y^*) - K_{F_i} = \frac{3'125}{8} = 390\frac{5}{8}.$$

Dieses Marktergebnis ist effizient, da wir angenommen haben, dass die Transaktionskosten null sind. Der Gesamtnettogewinn im Effizienzfall ist somit

$$\Pi = \Pi_P + \Pi_F = 1'115'625 + 3'125 = 1'118'750,$$

welcher der Fläche $A + B + C + D + E + F$ in Abb. 6.4 entspricht.

b) Da die Transaktionskosten als fixe Kosten auftreten, also unabhängig von der verhandelten Menge x (oder y) sind, haben Sie nur dann einen Einfluss auf das Verhandlungsergebnis, wenn diese so hoch sind, dass sie den individuellen Nettogewinn jedes Fischers übersteigen, wenn also

$$c > 390\frac{5}{8}.$$

In einem solchen Falle würden die Fischer es vorziehen, nicht in Verhandlung mit dem Unternehmen zu treten, da die Transaktionskosten die individuellen Handelsgewinne übersteigen. Bezogen auf Abb. 6.4 wären in diesem Fall die Summe der Transaktionskosten grösser als die Fläche D. Dann entspricht der Gesamtgewinn dem Gewinn des Unternehmens bei $x = \bar{X}$, $\Pi(\bar{X}) = 1.1 \cdot 10^6$, also der Fläche $A + B + C + F$ in Abb. 6.4 und ist damit deutlich kleiner als in Aufgabenteil 2a).

c) In diesem Fall sind die Transaktionskosten strikt positiv aber kleiner als der
   Wert, bei dem die Handelsgewinne der Fischer durch die Transaktionskosten
   aufgezehrt werden. Das bedeutet, dass das allokative Ergebnis mit dem
   effizienten Ergebnis aus Aufgabenteil 2a) übereinstimmt, d. h. $x = \bar{X} - y^* =$
   875. Dies widerspricht jedoch nicht dem Coase-Irrelevanz-Theorem. Denn
   dieses besagt nur, dass bei Vorlage eindeutig definierter Eigentumsrechte
   und bei Abwesenheit von Transaktionskosten das Marktergebnis effizient
   sein muss. Die Umkehrung des Satzes gilt jedoch nicht. Ist eine der beiden
   Annahmen also nicht erfüllt, so muss das Marktergebnis nicht zwingend
   ineffizient sein.

Lösung zu Aufgabe 4

1. Die marginale Zahlungsbereitschaft für x wird durch die inverse Nachfragefunktion repräsentiert. Wir erhalten somit:

$$x^I(p) = 20 - p$$

$$\Leftrightarrow \quad P^I(x) = 20 - x.$$

Gemäss Definition 5.3 in Abschn. 5.1 ist eine Allokation von gegebenen
Ressourcen- und Gütermengen Pareto-effizient, wenn sie produktions- und
konsumeffizient ist, wenn sie also die Summe aus Produzentenrente und
Konsumentenrente maximiert. In unserem Fall ist die Produzentenrente
immer null, da die Angebotsfunktion unendlich elastisch ist ($\varepsilon_p^y \to \infty$, vgl.
Abschn. 14.3). Die Konsumentenrente entspricht der Fläche unterhalb der
inversen Nachfragefunktion $P^I(x)$ und oberhalb der Preisgeraden, $p = Q(y) =$
3. Diese Fläche wird an der Stelle $P^I(x) = p$ maximiert, wenn also

$$20 - x = 3$$

$$\Leftrightarrow \quad x^* = 17$$

gilt. Somit wird im Pareto-Optimum ein 17-minütiges Feuerwerk gezeigt
(Abb. 6.5).

2. Bevor wir die Pareto-optimale Menge bestimmen, müssen wir einen Blick
   auf die Eigenschaften des Guts richten. Bei einem Feuerwerk handelt es sich
   um ein lokales öffentliches Gut (siehe Abschn. 6.3). Bei einem öffentlichen
   Gut gibt es keinerlei Rivalität im Konsum und Ausschluss ist unmöglich. Die
   Tatsache, dass es keine Rivalität im Konsum gibt, hat Einfluss auf die Pareto-
   optimale Menge von x. Jede Minute des Feuerwerks kann nämlich sowohl von
   Igor als auch von seiner Grosstante genutzt werden, ohne dass die Existenz
   der jeweils anderen Person das eigene Vergnügen an dem Feuerwerk mindert.
   Dies hat auch Auswirkungen auf die marginale Zahlungsbereitschaft, die wir
   für die Ermittlung des Pareto-Optimums benötigen (siehe Aufgabenteil 1):
   Die Tatsache, dass auch eine andere Person das Feuerwerk sieht, kann keinen
   Einfluss auf die individuelle marginale Zahlungsbereitschaft haben. Die gesamte

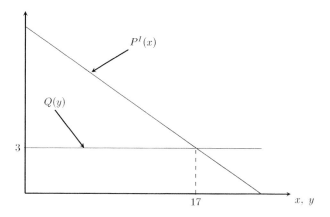

Abb. 6.5 Aufgabe 4.1. Nachfrage- und Angebotsfunktion

marginale Zahlungsbereitschaft für eine beliebige Menge x entspricht dann also auch der aggregierten marginalen Zahlungsbereitschaften von Igor und Gertrud.[3]

Zur Bestimmung dieser Summe müssen wir zuerst Gertruds inverse Nachfragefunktion ermitteln. Die aggregierte marginale Zahlungsbereitschaft ergibt sich dann aus der Summe der inversen Nachfragefunktionen. Für Gertrud erhalten wir als inverse Nachfragefunktion:

$$x^G(p) = 20 - 2 \cdot p$$
$$\Leftrightarrow \quad P^G(x) = 10 - 0.5 \cdot x.$$

Dann gilt für die aggregierte Zahlungsbereitschaft:

$$P(x) = P^I(x) + P^G(x)$$
$$\Leftrightarrow \quad P(x) = 20 - x + 10 - 0.5 \cdot x$$
$$\Leftrightarrow \quad P(x) = 30 - 1.5 \cdot x.$$

Zur Bestimmung des Pareto-Optimums gehen wir analog zu Aufgabenteil 1 vor. Die Konsumentenrente entspricht der Fläche zwischen der inversen Nachfra-

---

[3]Welche Änderungen ergeben sich, wenn sich Igor anstatt für ein Feuerwerk für Champagner, also für ein privates Gut, entscheiden würde? Jedes Glas Champagner, das Igor dann trinkt, kann nicht mehr von Gertrud getrunken werden. Somit entspricht Gertruds Zahlungsbereitschaft für eben *dieses* Glas Champagner null und die aggregierte Zahlungsbereitschaft für eben *dieses* Glas Champagner entspricht Igors Zahlungsbereitschaft. Zur Bestimmung der aggregierten Nachfrage muss deshalb bei einem privaten Gut horizontal (über die Menge) aggregiert werden und nicht wie hier vertikal (über den Preis).

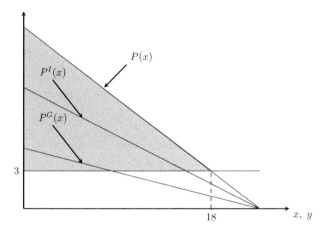

Abb. 6.6 Aufgabe 4.2. Konsumentenrente im Pareto-Optimum

gefunktion und der Preisgeraden. Diese Fläche wird an der Stelle $P(x) = p$ maximiert, wenn also

$$30 - 1.5 \cdot x = 3$$
$$\Leftrightarrow \quad x^* = 18.$$

Dieses Resultat ist in Abb. 6.6 illustriert. Somit wird im Pareto-Optimum ein 18-minütiges Feuerwerk gezeigt. Die Anwesenheit einer weiteren Person (Gertrud) erhöht also die im Pareto-Optimum bereitgestellte Menge von x um eine Minute. Zur Ermittlung der Konsumentenrente bestimmen wir die Fläche zwischen der aggregierten inversen Nachfragefunktion und der Preisgeraden. Wir erhalten dann unter Berücksichtigung der linearen Nachfragefunktion, dass[4]

$$CS(x^*) = (P(0) - p) \cdot x^* \cdot \frac{1}{2} = (30 - 3) \cdot 18 \cdot \frac{1}{2} = 243,$$

welche in Abb. 6.6 durch die grau schraffierte Fläche repräsentiert wird.

Offensichtlich entspricht im Pareto-Optimum die Summe der individuellen marginalen Zahlungsbereitschaften an der Stelle x^* den Kosten der Bereitstellung (welche hier durch den Marktpreis $p = 3$ repräsentiert werden):

---

[4]Bei Verwendung der allgemeinen Formel (vgl. Definition 5.4 in Abschn. 5.2) erhalten wir selbstverständlich dasselbe Ergebnis für die Konsumentenrente:

$$CS(x^*) = \int_{x=0}^{x=x^*} (P(x) - p)d \cdot x = \int_{x=0}^{x=18} (27 - 1.5 \cdot x)d \cdot x = \left[27 \cdot x - 0.75 \cdot x^2 \right]_0^{18} = 243.$$

$$P^I(x^*) + P^G(x^*) = p$$

$$\Leftrightarrow \quad \underbrace{20 - x^*}_{=P^I(x^*)} + \underbrace{10 - 0.5 \cdot x^*}_{=P^G(x^*)} = p$$

$$\Leftrightarrow \quad 20 - 18 + 10 - 9 = 3.$$

Solange also $P(x) > p$ ist, sollte (um ein Pareto-Optimum zu erreichen) die bereitgestellte Menge von x ausgeweitet werden. Die Kosten der letzten marginalen Einheit (also an der Stelle x^*) entspricht dann der Summe der marginalen Zahlungsbereitschaften beider Individuen.

3. Da Igor die Kosten des Feuerwerks selbst übernehmen möchte, wird er sich an seiner Nachfragefunktion orientieren. Somit wird er folgende Menge bereitstellen:

$$x^I(p = 3) = 20 - 3 = 17.$$

Igor berücksichtigt nicht die positive Interdependenz: Für jede Minute Feuerwerk hat Gertrud eine positive Zahlungsbereitschaft (solange $x < 20$), die jedoch nicht in Igors Kalkül einfliesst. Es kommt also zu keiner Internalisierung der Interdependenz und es entsteht eine positive Konsumexternalität (siehe Abschn. 6.2.2). Ausdruck der positiven Konsumexternalität ist die, im Vergleich zum Pareto-Optimum, zu geringe Bereitstellung des öffentlichen Guts, da $x^I < x^*$. Somit sinkt auch die Konsumentenrente im Vergleich zum Pareto-Optimum, denn es geht folgendes Dreieck an Konsumentenrente verloren:

$$\Delta CS = (P(17) - p) \cdot (x^* - x^I) \cdot \frac{1}{2} = (4.5 - 3) \cdot (18 - 17) \cdot \frac{1}{2} = 0.75,$$

und die Konsumentenrente in diesem Fall beträgt

$$CS(x^I) = CS(x^*) - \Delta CS = 243 - 0.75 = 242.25,$$

welche in Abb. 6.7 durch die graue Fläche repräsentiert wird.

4. a) Nun beteiligt Igor seine Grosstante an den Kosten des Feuerwerks, welche die Hälfte der Kosten pro Minute Feuerwerk bezahlen soll. Getruds *individueller* Preis für x entspricht somit $p^G = 0.5 \cdot 3 = 1.5$. Dies ist auch Igors individueller Preis ($p^I = 0.5 \cdot 3 = 1.5$). Es ergeben sich folgende Nachfragemengen:

$$x^I(p^I = 1.5) = 20 - p^I = 20 - 1.5 = 18.5,$$

$$x^G(p^G = 1.5) = 20 - 2p^G = 20 - 2 \cdot 1.5 = 17.$$

In diesem Fall versucht Igor, die Interdependenzen zu internalisieren, indem er Gertrud an den Kosten des Feuerwerks beteiligt. Offensichtlich ist er aber

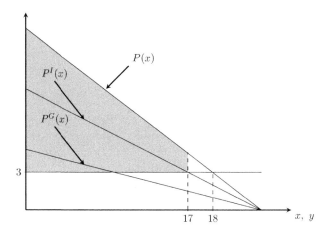

Abb. 6.7 Aufgabe 4.3. Konsumentenrente

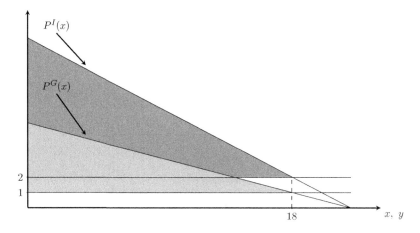

Abb. 6.8 Aufgabe 4.4b). Individuelle Nachfragefunktionen und individuelle Renten

dabei über das Ziel hinausgeschossen, da Gertruds Nachfrage nun kleiner und seine eigene grösser als die Pareto-effiziente Menge ist ($x^G(p^G = 1.5) < x^* < x^I(p^I = 1.5)$).

b) Nun ergeben sich folgende Nachfragemengen (vgl. Abb. 6.8):

$$x^I(p^I = 2) = 20 - p^I = 20 - 2 = 18,$$

$$x^G(p^G = 1) = 20 - 2p^G = 20 - 2 \cdot 1 = 18.$$

Offensichtlich garantiert diese Verteilung der Kosten eine Pareto-effiziente Bereitstellung des öffentlichen Guts, da nun $x^I(p^I = 2) = x^G(p^G = 1) = x^* = 18$. Ein genauerer Blick auf die Preise zeigt, dass in diesem Fall Folgendes gilt:

$$p^I = P^I(x^*)$$

$$\Leftrightarrow \quad 2 = 20 - x^* = 20 - 18$$

$$\text{und}$$

$$p^G = P^G(x^*)$$

$$\Leftrightarrow \quad 1 = 10 - 0.5 \cdot x^* = 10 - 9.$$

Es existiert offensichtlich ein Marktmechanismus, der eine Pareto-effiziente Bereitstellung des öffentlichen Guts garantiert: Die Preise (p^I und p^G) müssen so gesetzt werden, dass die individuelle Nachfrage nach dem öffentliche Gut identisch ist ($x^I(p^I) = x^G(p^G)$). Dann entsprechen die Preise den individuellen marginalen Zahlungsbereitschaften an der Stelle $x^I = x^G$. Die individuellen Konsumentenrenten werden durch die hellgraue (für Gertrud) und dunkelgraue (für Igor) Dreiecke in Abb. 6.8 repräsentiert.

Leider hat dieses Verfahren einen kleinen Schönheitsfehler: Voraussetzung dafür, dass es erfolgreich ist, ist die Kenntnis der Zahlungsbereitschaften aller Individuen. Warum sollte dies nötig sein? Nehmen Sie z. B. Folgendes an: Gertrud behauptet eine Zahlungsbereitschaft von null zu haben. Dann gibt es für die Pareto-effiziente Bereitstellung des öffentlichen Guts nur eine relevante Nachfrage, nämlich die von Igor und dann wäre Igors individualisierter Preis $p^G = 3$. Das Ergebnis kennen wir schon aus Aufgabenteil 3: Das Feuerwerk wird dann 17 Minuten dauern. Das ist aber offensichtlich nicht das Pareto-Optimum, da wir wissen, dass Gertruds wahre Zahlungsbereitschaft $P^G(x) = 10 - 2 \cdot x$ ist. Aber Gertruds falsche Angabe der Zahlungsbereitschaft hat sich für sie gelohnt: Sie kann jetzt ein 17-minütiges Feuerwerk geniessen, ohne einen einzigen Rappen dafür gezahlt zu haben. Sie betätigt sich also als sogenannte Trittbrettfahrerin (das gleiche Argument kann man natürlich auch für Igor entwickeln).

Lösung zu Aufgabe 5

Wenn Unternehmen Profitmaximierung anstreben, so wie von Milton Friedman postuliert, berücksichtigen sie die Auswirkungen ihres Handelns auf andere Akteure nur dann, wenn diese ihren Gewinn beeinflussen. In vielen Fällen führt dies zu nicht internalisierten Interdependenzen. Diese Externalitäten resultieren in ineffizienten Marktgleichgewichten – ein Widerspruch zum Ersten Hauptsatz der Wohlfahrtsökonomik, welcher besagt, dass jedes Gleichgewicht unter vollständigem Wettbewerb effizient ist.

Diese Überlegungen implizieren jedoch keinesfalls, dass Märkte grundsätzlich ‚letal' sind, wie dies Noam Chomsky im zweiten Zitat postuliert. Wenn Eigentumsrechte vollständig und eindeutig zugewiesen sowie die Transaktionskosten hinreichend tief sind, führen Märkte zu Situationen, in welchen alle Interdependenzen gemäss Coase internalisiert sind.

Lösung zu Aufgabe 6

1. Vgl. Abschn. 6.1. Das ‚Williamson Puzzle' wirft die Frage auf, weshalb nicht sämtliche Produktion in einem einzigen riesigen Unternehmen stattfindet. Oder anders ausgedrückt: Weshalb werden manche Transaktionen mithilfe von Märkten durchgeführt? Wenn es eine Menge von Transaktionen gibt, die durch Märkte organisiert werden, könnte man sie ebenso gut unter dem Dach eines Unternehmens organisieren. Wenn die Märkte effizient sind, lässt der Manager des Unternehmens einfach alles beim Alten, so dass die Effizienz des Unternehmens mindestens so hoch ist wie die Effizienz des Marktes.

   Der Erste Hauptsatz der Wohlfahrtsökonomik impliziert jedoch das Gegenteil: Sofern zutreffend, sollten wir eigentlich eine starke Tendenz erwarten, dass sich eine Ökonomie in Richtung Vollständiger Konkurrenz entwickelt, da diese Organisationsweise leistungsfähiger als (oder zumindest genauso leistungsfähig wie) andere Institutionen ist. In einer solchen Ökonomie sollte jede Transaktion auf Märkten stattfinden, und so etwas wie Unternehmen oder andere Organisationen sollten nicht existieren.

   Da weder eine Situation mit zentralisierter Planung (wie im Falle eines einzigen Unternehmens, welches sämtliche wirtschaftliche Aktivitäten unter einem Dach vereint) noch eine ohne jegliche Organisationen beobachtet werden kann, müssen sowohl der Erste Hauptsatz der Wohlfahrtsökonomik als auch das ‚Williamson Puzzle' ganz offensichtlich unvollständig sein.

2. Vgl. Abschn. 2.4 für ausführliche Ausführungen zum ökonomischen Verständnis von Institutionen. In diesem Kontext beinhaltet der Begriff *Institutionen* sowohl marktliche als auch nichtmarktliche Institutionen. In einem Marktkontext stellt ein System von kompetitiven Märkten, in welchen die Internalisierung von Interdependenzen über Preise erfolgt, ein Beispiel einer solchen Institution dar. Transaktionen innerhalb eines Unternehmens unterscheiden sich von Transaktionen auf Märkten. Allerdings können selbst innerhalb eines Unternehmens marktimitierende Mechanismen gefunden werden, welche beispielsweise Interdependenzen mittels interner Transferpreise zwischen einzelnen Abteilungen oder mittels Lohnverträgen für Angestellte internalisieren. Beachten Sie, dass es zwar unzählige Mischformen von marktlichen und nichtmarktlichen Institutionen gibt, jedoch kaum reine nichtmarktliche Institutionen: Institutionen sind zu einem gewissen Masse stets in Märkte eingebunden, selbst wenn sie durch den Staat überhaupt erst erschaffen wurden. Vgl. Abschn. 6.2.1.

3. Das Verursacherprinzip weist den Betroffenen implizit Rechte an einer unverschmutzten Umwelt zu. In diesem Fall wird der Emittent der schädlichen Substanz auch rechtlich als Verursacher der Externalität angesehen, und das PPP widerspiegelt bestens die Idee der Internalisierung einer Externalität. Das Prinzip missachtet jedoch die Tatsache, dass die Externalität durch alle Beteiligten gemeinsam verursacht wird: So verursacht die Vermeidung der Verschmutzung Schaden für den Verschmutzer. Aus ökonomischer Perspektive wäre demnach auch denkbar, dass der Umweltverschmutzer ein Recht auf Verschmutzung hat, und der Verschmutzungsbetroffene für Verschmutzungssen-

kungen bezahlen muss. So ein umgekehrtes Verursacherprinzip oder „pollutee pays principle" mag in Konflikt mit unseren Intuitionen über Fairness stehen, aber aus der Perspektive der Effizienz gibt es keinen Grund, es dem anderen vorzuziehen. Zusammenfassend wird der Verursacher einer Externalität im ökonomischen Sinne nicht durch ein Handeln (z. B. eine physische Emission) oder ein Unterlassen bestimmt, sondern durch den institutionellen Rahmen. Vgl. Abschn. 6.2.

4. Im Gegensatz zum Effizienzansatz folgt Deep Ecology nicht einer anthropozentrischen Ethik. Im Falle von Umweltverschmutzung ist das Ökosystem beispielsweise auch dann geschädigt, wenn es lediglich einen Verschmutzer und keinen Verschmutzungsbetroffenen und somit auch keine Externalität im ökonomischen Sinne gibt. Die einzige Möglichkeit, dies zu verhindern, besteht in einer Reduktion der Emissionen. Wenn wir solche Überlegungen zulassen und nicht nur Menschen zum Zweck erklären, erhält das Verursacherprinzip eine andere Bedeutung, da es das einzige ist, welches die Integrität der ‚Natur' zu wahren in der Lage ist, da diese ja nicht weggehen kann. Vgl. Abschn. 6.2.

5. Vgl. Abschn. 6.2.2 für eine Auflistung von Beispielen.

6. Sowohl der anthropogene Klimawandel als auch Atomenergie verursachen intergenerationelle Interdependenzen, welche nicht durch Märkte internalisiert werden können, da eine Seite des Marktes zum Zeitpunkt des Vertragsabschlusses noch gar nicht geboren wurde. Beachten Sie, dass diese Interdependenzen grundsätzlich jedoch durch Moral internalisiert werden könnten. Vgl. Abschn. 6.2.3.

7. Der ‚Markt für Zitronen' ist ein Beispiel für die Unvollständigkeit von Informationen in einem Markt für Gebrauchtwagen. Das Beispiel kann jedoch auf zahlreiche weitere Kontexte übertragen werden. Aufgrund der Informationsasymmetrien zwischen dem Käufer und dem Verkäufer bezüglich des Autozustands kann der Markt zusammenbrechen. Solche asymmetrischen Informationen verursachen Transaktionskosten aufgrund unvollständiger Verträge. Vgl. Abschn. 6.2.3.

8. Vgl. die Erläuterungen zum ‚Markt für Zitronen' in Abschn. 6.2.3. Nehmen Sie an, die Grundversicherung ist nicht obligatorisch und dass eine Krankenkasse einen einheitlichen Preis für alle Kunden festlegt. Dieser Preis hängt von den Erwartungen der Krankenkasse über das *durchschnittliche* Krankheitsrisiko ab. Dies impliziert, dass eine Versicherung für junge, gesunde, sportliche, nichtrauchende Personen – also jene mit einem tiefen Krankheitsrisiko – unattraktiv ist. Eine Grosszahl dieser Personen wird deshalb vom Versicherungsvertrag zurücktreten. Die Krankenkasse, welche diese Fehlanreize antizipiert, wird im Gegenzug einen höheren Anteil an ‚schlechten Risiken' unter ihren Kunden erwarten und die Prämien anheben. Dieser Prozess könnte sich so oft wiederholen, bis der Markt zusammenbricht, da lediglich kranke oder stark risikobehaftete Personen im Markt verbleiben und die Prämien dadurch unerschwinglich werden. Mit einer obligatorischen Grundversicherung kann dieser potenziell selbstzerstörerische Marktprozess verhindert werden.

9. Früher ignorierten die meisten Autofahrer im Zentrum Londons die Effekte ihres Fahrens auf den Stau – und somit auf die anderen Autofahrer. Eine Stadtmaut, welche exakt den Kosten entspricht, die durch die Nutzung eines spezifischen Strassennetzes zu einer gewissen Zeit anfallen, würde diese Externalität internalisieren. Wenn der Preis einer Fahrt ins Zentrum Londons aufgrund der Maut steigt, wird die Nachfrage nach Strassennutzung zurückgehen und die Effizienz gesteigert. Was dieses Instrument problematisch macht, sind nicht seine Effizienz-, sondern seine Verteilungskonsequenzen, da die Gebühr insbesondere ärmere Verkehrsteilnehmende belastet. Diese werden überdurchschnittlich von einem Besuch der Innenstadt mit dem eigenen Fahrzeug abgehalten. (Beachten Sie, dass im Falle von London die Gebühreneinnahmen hauptsächlich für den Ausbau der Öffentlichen Verkehrsmittel verwendet wurden, um dadurch die negativen Folgen der Internalisierungsbestrebungen zu mildern.) Vgl. Abschn. 6.2.3.1.

10. Vgl. Abschn. 6.2.3.2 für eine Diskussion der drei Instrumente anhand des Beispiels einer Ölkatastrophe.
   • Verbindliche und einheitliche Standards: Effektiv, sofern die Durchsetzung garantiert ist, allerdings höchstwahrscheinlich ineffizient (effizient wären lediglich massgeschneiderte Standards für jeden Akteur – was diametral der Natur eines einheitlichen Standards widerspricht).
   • Steuern und Subventionen: Beeinflussen Anreize über wahrgenommene Preise und tendieren zu Effizienz und Effektivität; die notwendige Administration verursacht jedoch wiederum Transaktionskosten.
   • Haftungsrecht: Beeinflusst Anreize über die Risikokosten und ist somit ein vielversprechendes Instrument in Bezug auf Effizienz und Effektivität; weitere rechtliche Instrumente wie das Insolvenzrecht beschränken jedoch das tatsächliche Risiko eines Unternehmens, wodurch das Haftungsrecht zu einem stumpfen Schwert werden kann.

11. Es existieren verschiedene Definitionen zur CSR. Gemäss Greenbook der Europäischen Union aus dem Jahr 2001 ist CSR ein Konzept „whereby companies integrate social and environmental concerns in their business operations and in their interaction with their stakeholders on a voluntary basis". In einem allgemeineren Sinne, kann es verstanden werden als „the responsibility of enterprises for their impacts on society" (ebenfalls eine Definition der EU). Die Globalisierung hat eindeutig zu einer Machtumverteilung von den traditionellen staatlichen Institutionen zu den Unternehmen geführt, wodurch CSR an Bedeutung gewonnen hat. Viele Unternehmen entscheiden sich heute freiwillig für in einem bestimmten Sinne moralische Geschäftspraktiken. Um diese richtig einzuordnen, muss man allerdings genau hinschauen. Die Existenz solcher Praxen bedeutet nicht, dass diese Unternehmen vom Ziel der Gewinnmaximierung Abstand genommen haben, wie das Zitat zeigt. Eine anscheinend moralische Geschäftspraktik ist demnach oftmals nichts anderes als ‚Gewinnmaximierung mit langem Zeithorizont' oder basiert auf einem sehr umfassenden Verständnis der Faktoren, die den Gewinn beeinflussen. Je nach Definition wird solch rein profit-orientiertes sozialverträgliches Verhalten nicht als CSR gesehen, sondern als *responsible profit maximization*. Vgl. Abschn. 6.2.3.3.

6.3 Offene Fragen mit strukturierten Antworten

6.3.1 Aufgaben

Aufgabe 1

Ein gewinnmaximierendes Unternehmen produziere als Mengenanpasser und habe folgende inverse Angebotsfunktion: $Q(y) = a + b \cdot y$. Diese ist zugleich auch die Marktangebotsfunktion. Die Marktnachfragefunktion ist gegeben durch $x(p) = \frac{c-p}{d}$, wobei $c > a$ und $b, d \geq 0$. Bei der Produktion des Gutes entsteht ein Externer Effekt, sodass die sozialen Grenzkosten um $e > 0$ Einheiten höher als die vom Unternehmen wahrgenommenen Grenzkosten sind, wobei $c > a + e$.

1. Bestimmen Sie Preis und Menge im resultierenden Marktgleichgewicht (ohne Internalisierung).
   a) $y^M = \frac{a-c}{b+d}, p^M = \frac{a \cdot b + c \cdot d}{b+d}$.
   b) $y^M = \frac{c-a}{b+d}, p^M = \frac{a \cdot d + b \cdot c}{b+d}$.
   c) $y^M = \frac{a \cdot b + c \cdot d}{b+d}, p^M = \frac{a-c}{b+d}$.
   d) $y^M = \frac{a+d}{b+c}, p^M = \frac{a \cdot d + b \cdot c}{b+c}$.
   e) Keine der obigen Antworten ist richtig.

2. Bestimmen Sie Preis und Menge im Pareto- Optimum (mit Internalisierung).
   a) $y^{SO} = \frac{c-a-e}{b+d}, p^{SO} = \frac{ad + b \cdot c + d \cdot e}{b+d}$.
   b) $y^{SO} = \frac{c-a}{b+d+e}, p^{SO} = \frac{a \cdot b + c \cdot d + e \cdot b}{b+d}$.
   c) $y^{SO} = 0$ und der Preis ist unbestimmt.
   d) $y^{SO} = \frac{(a-c) \cdot e}{b+d}, p^{SO} = \frac{a \cdot b + c \cdot d + (b+d) \cdot e}{b+d}$.
   e) Keine der obigen Antworten ist richtig.

3. Bestimmen Sie den Wohlfahrtsverlust (DWL), der durch die fehlende Internalisierung verursacht wird.
   a) $DWL = \frac{e^2}{(b+d)}$.
   b) $DWL = \frac{2 \cdot e}{(b+d)}$.
   c) $DWL = \frac{4 \cdot e^2}{2 \cdot (b+d)}$.
   d) $DWL = \frac{e^2}{2 \cdot (b+d)}$.
   e) Keine der obigen Antworten ist richtig.

4. Bestimmen Sie das Pareto-Optimum (mit Internalisierung), falls $c < a + e$.
   a) $y^{SO} = \frac{c-a}{b+d}$ und $p^{SO} = \frac{a \cdot b + c \cdot d + c \cdot e}{b+d}$.
   b) $y^{SO} = \frac{a-c-e}{b+d+e}$ und $p^{SO} = \frac{a \cdot b + c \cdot d + d \cdot e}{b+d+e}$.
   c) $y^{SO} = 0$ und der Preis ist unbestimmt.
   d) $y^{SO} = \frac{(a-c) \cdot e^2}{b+d}$ und $p^{SO} = \frac{a \cdot b + c \cdot d + b \cdot e}{b+d}$.
   e) Keine der obigen Antworten ist richtig.

Aufgabe 2

Bei der Produktion von Papier durch die Firma A entsteht Abwasser x (gemessen in Kubikmetern), welches in einen nahen See geleitet wird. Der Gewinn der Firma in Abhängigkeit von x ist

$$\Pi_A(x) = 1'200 \cdot x - x^2,$$

wobei $x = 500$ der maximalen Menge an Abwasser entspricht, die A in den See einleiten kann. Die Abwassereinleitung schadet einem Fischereiunternehmen B, dessen Gewinn von der Abwesenheit des Abwassers im See y abhängt:

$$\Pi_B(y) = 500 \cdot y - \frac{1}{2} \cdot y^2,$$

wobei $y = 500 - x$.

1. Gibt es eine Externalität? Falls ja, wer ist die Verursacherin derselben?
   a) Ja, es gibt eine Externalität. Ihre Verursacherin ist Firma A.
   b) Ja, es gibt eine Externalität. Ihre Verursacherin ist Firma B.
   c) Das kann mit den bisher gegebenen Informationen nicht bestimmt werden.
   d) Ja, es gibt eine Externalität. Ihre Verursacherin kann nicht bestimmt werden.
   e) Keine der obigen Antworten ist richtig.
2. Bestimmen Sie die Grenzgewinnfunktion der beiden Firmen $\Pi'_A(x)$ und $\Pi'_B(y)$.
   a) $\Pi'_A(x) = 600 - x$ und $\Pi'_B(y) = y$.
   b) $\Pi'_A(x) = 1'200 - 2x$ und $\Pi'_B(y) = 500 - y$.
   c) $\Pi'_A(x) = 600 - x$ und $\Pi'_B(y) = 500 - y$.
   d) $\Pi'_A(x) = 1'200 - x$ und $\Pi'_B(y) = 500 - 2y$
   e) Keine der obigen Antworten ist richtig.

Firma A hat das Recht, Abwasser in den See einzuleiten. Firma B kann nun Firma A dafür bezahlen, weniger Abwasser in den See einzuleiten. Gehen Sie davon aus, dass bei den Verhandlungen keinerlei Transaktionskosten auftreten.

3. Wie viel Abwasser wird Firma A in den See einleiten, wenn sie nicht mit B verhandelt? Wie gross ist dann der Gesamtgewinn beider Firmen?
   a) $x = 400$ und $\Pi_A + \Pi_B = 300'000$.
   b) $x = 250$ und $\Pi_A + \Pi_B = 25'000$.
   c) $x = 500$ und $\Pi_A + \Pi_B = 350'000$.
   d) $x = 0$ und $\Pi_A + \Pi_B = 25'000$.
   e) Keine der obigen Antworten ist richtig.
4. Auf welche Menge x einigen sich beide Firmen im Rahmen der Verhandlung?
   a) $x = 400$.
   b) $x = 500$.
   c) $x = 0$.

d) $x = 300$.

e) Keine der obigen Antworten ist richtig.

5. Wie gross ist der zusätzliche Gesamtgewinn durch die Verhandlungslösung?

   a) Der zusätzliche Gesamtgewinn entspricht 500.

   b) Der zusätzliche Gesamtgewinn entspricht 15'000.

   c) Der zusätzliche Gesamtgewinn entspricht 25'000.

   d) Der zusätzliche Gesamtgewinn entspricht 5'000.

   e) Keine der obigen Antworten ist richtig.

Aufgabe 3

Am beschaulichen *Schwanensee* wird der Bau von bis zu drei Mehrfamilienhäusern durch die Firma *Schönblick* geplant. Die zu erwartenden Mieteinnahmen (und damit auch der Gewinn) sind abhängig von der Anzahl geplanter Linienflüge über dem *Schwanensee*. Die Firma *Fast & Loud* besitzt die exklusiven Rechte für diese Flugroute und plant bis zu drei Flüge täglich anzubieten. Der Gewinn von *Fast & Loud* in Abhängigkeit täglicher Flüge ($\pi_F(x)$) beträgt:

$$\pi_F(0) = 0, \quad \pi_F(1) = 7'750, \quad \pi_F(2) = 8'000, \quad \pi_F(3) = 7'900.$$

Der Gewinn der Firma *Schönblick* in Abhängigkeit von der Anzahl Mehrfamilienhäuser ist in der ersten Zeile der folgenden Tabelle (siehe Tab. 6.7) ersichtlich.

Da sich die potentiellen Bewohnerinnen und Bewohner der Häuser durch den Fluglärm belästigt fühlen werden, muss *Schönblick* die Miete reduzieren, wenn $x > 0$. Die Mindereinnahmen sind umso grösser (und damit der Gewinn umso kleiner), je mehr Flüge von *Fast & Loud* angeboten werden (siehe Zeilen 2–4 in Tab. 6.7). Gehen Sie im Weiteren davon aus, dass die Transaktionskosten null sind.

1. Gibt es eine Externalität? Falls ja, wer ist Verursacher derselben?

   a) Ja. Firma *Fast & Loud* ist die Verursacherin.

   b) Ja. Firma *Schönblick* ist die Verursacherin.

   c) Die Frage kann unter den gegebenen Annahmen nicht beantwortet werden.

   d) Nein.

   e) Keine der obigen Antwortmöglichkeiten ist richtig.

Tab. 6.7 Aufgabe 3. Gewinn der Firma *Schönblick* in Abhängigkeit der Anzahl täglicher Flüge (x) und der Anzahl Mehrfamilienhäuser (y).

Anzahl Flüge	Anzahl Mehrfamilienhäuser		
	1	2	3
0	5'400	7'000	1'200
1	3'000	2'200	−5'400
2	2'100	400	−8'300
3	1'500	−800	−10'200

2. Nehmen Sie an, die Eigentumsrechte bzgl. der Lärmemission sind ungeklärt. Bestimmen Sie die Anzahl der täglichen Flüge (x) und die Anzahl der gebauten Mehrfamilienhäuser (y).

   a) $x = 1, y = 2$.
   b) $x = 2, y = 2$.
   c) $x = 1, y = 1$.
   d) $x = 2, y = 1$.
   e) Keine der obigen Antwortmöglichkeiten ist richtig.

3. Nehmen Sie an, Firma *Schönblick* habe die notwendigen Eigentumsrechte, welche es ihr erlauben, etwaige Gewinnminderungen durch die Lärmemissionen von der Firma *Fast & Loud* zurückzufordern. Bestimmen Sie die Anzahl der täglichen Flüge (x) und die Anzahl der gebauten Mehrfamilienhäuser (y).

   a) $x = 1, y = 2$.
   b) $x = 2, y = 2$.
   c) $x = 1, y = 1$.
   d) $x = 2, y = 1$.
   e) Keine der obigen Antwortmöglichkeiten ist richtig.

4. Wie würde sich die Situation ändern, wenn die Firma *Fast & Loud* die notwendigen Eigentumsrechte besässe, sodass sie für keinerlei Gewinnreduktionen von *Schönblick* belangt werden könnte? Bestimmen Sie wiederum die Anzahl der täglichen Flüge (x) und die Anzahl der gebauten Mehrfamilienhäuser (y).

   a) $x = 2, y = 1$.
   b) $x = 1, y = 1$.
   c) $x = 2, y = 2$.
   d) $x = 1, y = 2$.
   e) Keine der obigen Antwortmöglichkeiten ist richtig.

5. Welchen Wert (V) hat die Schaffung von Eigentumsrechten bzgl. der Lärmemission?

   a) $V = 800$.
   b) $V = 3'750$.
   c) $V = 5'350$.
   d) $V = 650$.
   e) Keine der obigen Antwortmöglichkeiten ist richtig.

Aufgabe 4

Nehmen Sie an, der Markt für Brot sei vollständig kompetitiv und die Marktnachfragefunktion für Brotlaibe sei $x(p) = 1'000 - p$. Die Inverse Marktangebotsfunktion auf diesem Markt entspreche der Grenzkostenfunktion der Unternehmen. Wir nehmen aus Vereinfachungsgründen an, dass es nur ein Unternehmen gibt, so dass individuelles Angebot gleich Marktangebot ist. Die Grenzkostenfunktion dieses (repräsentativen) Unternehmens sei $MC(y) = a \cdot y + b$, mit $a \geq 0, 0 \leq b < 1'000$.

1. Bestimmen Sie den Gleichgewichtspreis (p^*) und die Gleichgewichtsmenge (x^*) in diesem Markt.

   a) $p^* = \frac{1}{2} \cdot (1'000 \cdot a + b), x^* = 1'000 - 500 \cdot a - \frac{b}{a}$.
   b) $p^* = \frac{1}{1+a} \cdot \left(1'000 \cdot a + b\right), x^* = \frac{1}{1+a} \cdot \left(1'000 - b\right)$.

c) $p^* = \frac{1}{2} \cdot (1'000 + b)$, $x^* = \frac{a}{1+a} \cdot (\frac{b}{a} + 1'000)$.

d) $p^* = \frac{1}{1+a} \cdot (1'000 \cdot b)$, $x^* = \frac{b}{1+b} \cdot (1'000 \cdot b)$.

e) Keine der obigen Antwortmöglichkeiten ist richtig.

Nehmen Sie nun an, dass bei der Brotproduktion Abwässer entstehen, die in einen nahe gelegenen See eingeleitet werden. Nehmen Sie weiter an, dass dadurch die Brotproduktion des Unternehmens nicht internalisierte negative Interdependenzen zwischen dem Unternehmen und einem dort ansässigen Fischer erzeugt.

2. Handelt es sich bei dieser Interdependenz um eine Externalität? Wenn ja, um welche Form von Externalität handelt es sich hierbei?

   a) Ohne weitere Informationen lässt sich die Frage nicht eindeutig beantworten.

   b) Es handelt sich um eine negative Konsumexternalität.

   c) Es handelt sich um eine negative Produktionsexternalität.

   d) Es handelt sich um eine Interdependenz, nicht aber um eine Externalität.

   e) Keine der obigen Antwortmöglichkeiten ist richtig.

Sei ohne Internalisierung der Interdependenz $a = 1$ und $b = 0$. Gehen Sie davon aus, dass die Abwassereinleitung eine negative Interdependenz derart darstellt, dass die gesellschaftlichen Grenzkosten der Brotproduktion um CHF 200 oberhalb der obigen unternehmerischen Grenzkosten liegen.

3. Unterstellen Sie Transaktionskosten von null. Bestimmen Sie die Menge (x^{PO}) und den Preis (p^{PO}) im Pareto-Optimum, wenn der Bäcker ein Recht auf die Einleitung des Abwassers in den See erhält.

   a) $x^{PO} = 400$, $p^{PO} = 600$.

   b) $x^{PO} = 500$, $p^{PO} = 500$.

   c) $x^{PO} = 300$, $p^{PO} = 700$.

   d) $x^{PO} = 600$, $p^{PO} = 400$.

   e) Keine der obigen Antwortmöglichkeiten ist richtig.

4. Unterstellen Sie Transaktionskosten von null. Bestimmen Sie die Menge (x^{PO}) und den Preis (p^{PO}) im Pareto-Optimum, wenn der Fischer ein Recht auf die Unterlassung der Einleitung erhält.

   a) $x^{PO} = 600$, $p^{PO} = 400$.

   b) $x^{PO} = 300$, $p^{PO} = 700$.

   c) $x^{PO} = 400$, $p^{PO} = 600$.

   d) $x^{PO} = 500$, $p^{PO} = 500$.

   e) Keine der obigen Antwortmöglichkeiten ist richtig.

5. Bestimmen Sie den Wohlfahrtsverlust (DWL) durch die Nichtinternalisierung der Interdependenz auf Basis Ihres Ergebnisses zu Aufgabenteil 4.

   a) $DWL = 80'000$.

   b) $DWL = 20'000$.

   c) $DWL = 10'000$.

   d) $DWL = 40'000$.

   e) Keine der obigen Antwortmöglichkeiten ist richtig.

6.3.2   Lösungen

Lösung zu Aufgabe 1
- Frage 1, Antwort *b)* ist korrekt.
- Frage 2, Antwort *a)* ist korrekt.
- Frage 3, Antwort *d)* ist korrekt.
- Frage 4, Antwort *c)* ist korrekt.

Lösung zu Aufgabe 2
- Frage 1, Antwort *c)* ist korrekt.
- Frage 2, Antwort *b)* ist korrekt.
- Frage 3, Antwort *c)* ist korrekt.
- Frage 4, Antwort *a)* ist korrekt.
- Frage 5, Antwort *b)* ist korrekt.

Lösung zu Aufgabe 3
- Frage 1, Antwort *c)* ist korrekt.
- Frage 2, Antwort *d)* ist korrekt.
- Frage 3, Antwort *c)* ist korrekt.
- Frage 4, Antwort *b)* ist korrekt.
- Frage 5, Antwort *d)* ist korrekt.

Lösung zu Aufgabe 4
- Frage 1, Antwort *b)* ist korrekt.
- Frage 2, Antwort *c)* ist korrekt.
- Frage 3, Antwort *a)* ist korrekt.
- Frage 4, Antwort *c)* ist korrekt.
- Frage 5, Antwort *c)* ist korrekt.

Entscheidungstheorie und Konsumentenverhalten

7

7.1 Selektivfragen

7.1.1 Aussagen

Block 1

1. Gegeben sei die Nutzenfunktion $u(x_1, x_2) = x_1 + x_2$. Es existiert keine Präferenzordnung, die durch diese Nutzenfunktion abgebildet wird.
2. Sei $x_1 \succ x_2$ und $x_2 \succ x_3$. Dann impliziert die Annahme der Transitivität, dass $x_1 \succ x_3$.
3. Wenn $u(x_1, x_2) = x_1 \cdot (x_2)^5$ eine Nutzendarstellung einer Präferenzordnung ist, dann ist auch $v(x_1, x_2) = \frac{1}{5} \cdot \ln x_1 + \ln x_2$ eine Nutzendarstellung dieser Präferenzordnung.
4. Präferenzen, welche das Monotonieaxiom erfüllen, sind immer auch konvex.

Block 2

Nehmen Sie an, ein Individuum verfüge über ein Einkommen $b > 0$, welches es für zwei Güter (1 und 2) ausgeben kann.

1. Das Individuum habe eine Präferenzordnung, die durch eine Nutzenfunktion $u(x_1, x_2) = x_1 \cdot x_2$ darstellbar ist. Sei x_1 auf der Abszisse und x_2 auf der Ordinate abgetragen. Dann ist der Einkommens-Konsumpfad für alle $p_1 > 0$, $p_2 > 0$ eine Ursprungsgerade mit Steigung $\frac{p_1}{p_2}$.
2. Die zwei Güter seien perfekte Komplemente für das Individuum. Dann ist die Kreuzpreiselastizität der Marshallschen Nachfragefunktion stets gleich 0.
3. Wenn x_1 ein inferiores Gut ist, wird das Individuum seine Nachfrage nach Gut 1 bei einer Preissenkung von Gut 1 senken.
4. Die zwei Güter seien perfekte Substitute für das Individuum. Dann ist die Nachfrage im Optimum nach einem Gut immer genau null.

© Der/die Autor(en), exklusiv lizenziert durch Springer-Verlag GmbH, DE, ein Teil von Springer Nature 2021
M. Kolmar, M. Hoffmann, *Arbeitsbuch zu Grundlagen der Mikroökonomik*,
https://doi.org/10.1007/978-3-662-63473-8_7

Block 3

1. Eine Nutzenfunktion u weist eine eindeutig bestimmte Grenzrate der Substitution an einer Stelle x auf, $MRS_u(x)$. Dann existiert eine Nutzendarstellung v, die durch eine monoton steigende Transformation aus u ableitbar ist, sodass die Grenzrate der Substitution an der Stelle x, $MRS_v(x)$ sich von der ursprünglichen unterscheidet: $MRS_u(x) \neq MRS_v(x)$.
2. Die Nutzenfunktionen zu einer strikt konvexen Präferenzordnung weisen die Eigenschaft des abnehmenden Grenznutzens auf.
3. Wenn die Präferenzordnung eines Individuums strikt konvex ist, dann sind seine Nicht-schlechter-als-x-Mengen ebenfalls konvex.
4. Eine Präferenzordnung eines Individuums heisst Präferenzordnung, wenn sie vollständig und transitiv ist.

Block 4

Gegeben sei eine Präferenzordnung mit Nutzendarstellung $u(x_1, x_2) = \sqrt{x_1} \cdot x_2$.

1. Eine Transformation mit der Funktion $f(u) = u^2$ führt zu einer Nutzendarstellung derselben Präferenzordnung.
2. Eine Transformation mit der Funktion $f(u) = u - 10'000$ führt zu einer Nutzendarstellung derselben Präferenzordnung.
3. Die Funktion $v(x_1, x_2) = 0.5 \cdot \ln x_1 + \ln x_2$ ist eine monoton steigende Transformation der Nutzenfunktion.
4. Die Funktion $v(x_1, x_2) = (x_1)^2 \cdot (x_2)^4$ ist keine monoton steigende Transformation der Nutzenfunktion, da aufgrund des zunehmenden Grenznutzens die Indifferenzkurven nicht mehr konvex verlaufen.

Block 5

Gegeben sei eine Präferenzordnung mit Nutzendarstellung $u(x_1, x_2) = c + d \cdot x_1 \cdot x_2$ mit $c, d > 0$.

1. Die Grenzrate der Substitution zwischen Gut 1 und Gut 2, $MRS(x_1, x_2)$, an einer Stelle x_1, x_2 beträgt $-\frac{x_2}{x_1}$.
2. Die Grenzrate der Substitution zwischen Gut 1 und Gut 2, $MRS(x_1, x_2)$, an der Stelle $x_1 = 1, x_2 = 2$ beträgt $\frac{d}{2}$.
3. Die der Nutzenfunktion zugrundeliegende Präferenzordnung ist monoton.
4. Die Nutzenfunktion $v(x_1, x_2) = \ln x_1 + \ln x_2$ ist eine monoton steigende Transformation der obigen Nutzenfunktion.

Block 6

Gehen Sie davon aus, dass ein Individuum eine monotone, strikt konvexe Präferenzordnung besitzt. Gehen sie von einer Zwei-Güter-Ökonomie aus, in der die Indifferenzkurven die Achsen nicht berühren und keine Knicke haben.

1. Der Preis des Guts 1 wird marginal geändert. Gut 2 muss dann ein Substitut zu Gut 1 sein, wenn Gut 1 ein Giffen-Gut ist.

2. Das Einkommen b wird marginal geändert. Gut 2 kann kein Giffen-Gut sein, wenn Gut 1 normal ist.
3. Der Preis des Guts 2 wird marginal geändert. Wenn Gut 1 ein Komplement zu Gut 2 ist, dann muss Gut 2 ein Substitut zu Gut 1 sein.
4. Ein inferiores Gut kann niemals gewöhnlich sein.

Block 7

1. Ein Konsument habe eine Präferenzordnung, die durch eine Nutzenfunktion $u(x_1, x_2) = x_1 \cdot x_2$ darstellbar ist, und er habe ein monetäres Einkommen b. Dann ist die Kreuzpreiselastizität der Marshallschen Nachfrage stets gleich -1.
2. Ein Konsument habe eine Präferenzordnung, die durch eine Nutzenfunktion $u(x_1, x_2) = x_1 + x_2$ darstellbar ist, und er habe ein monetäres Einkommen b. Dann ist der Einkommens-Konsumpfad linear für $p_1 < p_2$.
3. Ein Konsument habe eine Präferenzordnung, die durch eine Nutzenfunktion $u(x_1, x_2) = \min\{x_1, x_2\}$ darstellbar ist, und er habe ein monetäres Einkommen b. Dann ist der Preis-Konsumpfad für alle $p_1 > 0$, $p_2 > 0$ eine Hyperbel.
4. Ein Konsument habe eine Präferenzordnung, die durch eine Nutzenfunktion $u(x_1, x_2) = \sqrt{x_1} + x_2$ darstellbar ist, und er habe ein monetäres Einkommen b. Dann ist in einer Lösung, in der beide Güter mit strikt positiven Mengen nachgefragt werden, die Nachfrage nach x_2 konstant im Einkommen.

Block 8

1. Gegeben sei eine monotone Präferenzordnung eines Individuums. Die Grenzrate der Substitution ist dann für jedes Güterbündel eindeutig festgelegt und misst das Verhältnis, in dem ein Gut gegen das andere ausgetauscht werden muss, sodass das Individuum indifferent bleibt.
2. Zu jeder Präferenzordnung kann eine Nutzendarstellung gefunden werden.
3. Gegeben sei eine Nutzendarstellung einer Präferenzordnung. Dann ist jede affine Transformation der Form $v = h \cdot u + f$ mit $h > 0$ eine Nutzendarstellung derselben Präferenzordnung.
4. In einer auf dem Konzept einer Präferenzordnung basierten Entscheidungstheorie misst der Grenznutzen den Zugewinn an Nutzen, den ein Individuum verzeichnet, wenn es eine (infinitesimal kleine) zusätzliche Einheit eines Guts erhält.

7.1.2 Musterlösung

Musterlösung für Block 1

1. **Falsch.** Es handelt sich dabei um vollständige Substitute. Vgl. Abb. 7.3 in Abschn. 7.1.2.
2. **Wahr.** Vgl. Definition 7.2. in Abschn. 7.1.1.
3. **Wahr.** Die absoluten Nutzenwerte einer Nutzenfunktion haben keine ökonomische Bedeutung, es handelt sich um ein ordinales Konzept. Daher stellt jede monoton steigende Transformation der Funktion $u(x_1, x_2)$ dieselbe Präferenz-

ordnung dar. Vgl. Abschn. 7.1.3.

$$v(x_1, x_2) = \frac{\ln u(x_1, x_2)}{5}$$

$$= \frac{\ln x_1 + 5 \cdot \ln x_2}{5}$$

$$= \frac{1}{5} \cdot \ln x_1 + \ln x_2.$$

4. **Falsch.** Die Annahme der Monotonie besagt, dass Individuen grössere Mengen kleineren Mengen vorziehen. Die Annahme der Konvexität besagt, dass Individuen gemischte Konsumbündel extremen Konsumbündeln vorziehen. Hier ist ein Gegenbeispiel: Sei $u(x_1, x_2) = (x_1)^2 + (x_2)^2$. Offensichtlich sind diese Präferenzen nicht konvex jedoch monoton. Vgl. Definition 7.4 und Definition 7.5 in Abschn. 7.1.1.

Musterlösung für Block 2

1. **Wahr.** Vgl. Abb. 7.10 in Abschn. 7.2.3. Der Einkommens-Konsumpfad ergibt sich direkt aus der Optimalitätsbedingung:

$$MRS(x_1, x_2) = \frac{p_1}{p_2} \quad \Leftrightarrow \quad \frac{x_2}{x_1} = \frac{p_1}{p_2} \quad \Leftrightarrow \quad x_2 = \frac{p_1}{p_2} \cdot x_1.$$

2. **Falsch.** Sei $u(x_1, x_2) = \min\{\alpha \cdot x_1, \beta \cdot x_2\}$, mit $\alpha, \beta > 0$. Dann entspricht die Marshallsche Nachfragefunktion nach Gut 1

$$x_1(\alpha, \beta, b) = \frac{\beta \cdot b}{\beta \cdot p_1 + \alpha \cdot p_2},$$

vgl. Abschn. 7.2.3.3. Es folgt für die Kreuzpreiselastizität der Nachfrage

$$\epsilon_{p_2}^{x_1} = \frac{dx_1/x_1}{dp_2/p_2} = \frac{\partial x_1}{\partial p_2} \cdot \frac{p_2}{x_1} = -\frac{\alpha \cdot p_2}{\beta \cdot p_1 + \alpha \cdot p_2},$$

vgl. Abschn. 17.4.

3. **Falsch.** Wenn x_1 ein inferiores Gut ist, dann nimmt die Nachfrage nach x_1 ab, wenn das Einkommen steigt. Vgl. Definition 4.4 in Abschn. 4.2.

4. **Falsch.** Dies stimmt nur, wenn $p_1 \neq p_2$.

Musterlösung für Block 3

1. **Falsch.** Die Nutzenfunktion ist ein ordinales Konzept und kann beliebig gewählt werden, solange Alternativen, denen grössere Nutzenwerte zugewiesen werden, Alternativen mit geringeren Nutzenwerten vorgezogen werden. Die Grenzrate der Substitution hängt nicht von dieser zufällig gewählten Nutzendarstellung ab, sondern ist immer gleich, solange die Nutzenfunktion dieselbe Präferenzordnung

darstellt. Dies ist hier der Fall, da eine Nutzenfunktion durch eine monoton steigende Transformation einer anderen Nutzenfunktion abgeleitet wurde. Vgl. Abschn. 7.1.3.

2. **Falsch.** Die Annahme der strikten Konvexität besagt nur, dass Individuen gemischte Alternativen extremen Alternativen vorziehen. Vgl. Definition 7.6 in Abschn. 7.1.1. Hier ein Gegenbeispiel: Sei $u(x_1, x_2) = x_1 + \sqrt{x_2}$. Offensichtlich sind die Präferenzen strikt konvex. Der Grenznutzen $\frac{\partial u}{\partial x_1}$ ist hingegen konstant.

3. **Wahr.** Vgl. Definitionen 7.3 und 7.5 in Abschn. 7.1.1.

4. **Wahr.** Vgl. Abschn. 7.1.1.

Musterlösung für Block 4

Zwei Nutzenfunktionen präsentieren dieselbe Präferenzordnung, wenn jede Nutzenfunktion als monoton steigende Transformation der jeweils anderen Nutzenfunktion dargestellt werden kann. Die Funktion $v(x_1, x_2)$ ist eine streng monoton steigende Transformation von u, wenn für beliebige Konsumbündel $\tilde{x} = (\tilde{x}_1, \tilde{x}_2)$ und $\hat{x} = (\hat{x}_1, \hat{x}_2)$ folgende Beziehung gilt:

$$u(\tilde{x}) > u(\hat{x}) \Leftrightarrow v(\tilde{x}) > v(\hat{x}).$$

Dies ist genau dann der Fall, wenn es eine Funktion f gibt, für welche gilt:

- f ist für Güterbündel des relevanten Definitionsbereichs überall streng monoton steigend, d. h. $f'(X) > 0$ für alle $X > 0$;
- $v(x_1, x_2) = f \circ u(x_1, x_2)$, d. h. $v(x_1, x_2) = f(u(x_1, x_2))$.

Beachte zudem, dass x_1 und x_2 keine negativen Werte annehmen können (vgl. Abschn. 7.2).

1. **Wahr.** Sei $f(X) = X^2$, dann ist f überall streng monoton steigend, da $f'(X) = 2 \cdot X > 0$ für alle $X > 0$. Es gilt: $v(x_1, x_2) = x_1 \cdot (x_2)^2 = (u(x_1, x_2))^2 = f(u(x_1, x_2))$. Also ist v eine streng monoton steigende Transformation von u. v und u bilden somit dieselbe Präferenzordnung ab.

2. **Wahr.** Sei $f(X) = X - 10'000$, dann ist f überall streng monoton steigend, da $f'(X) = 1 > 0$ für alle $X > 0$. Es gilt: $v(x_1, x_2) = \sqrt{x_1} \cdot x_2 - 10'000 = u(x_1, x_2) - 10'000 = f(u(x_1, x_2))$. Also ist v eine streng monoton steigende Transformation von u. v und u bilden somit dieselbe Präferenzordnung ab.

3. **Wahr.** Sei $f(X) = \ln X$, dann ist f überall streng monoton steigend, da $f'(X) = \frac{1}{X} > 0$ für alle $X > 0$. Es gilt: $v(x_1, x_2) = 0.5 \cdot \ln x_1 + \ln x_2 = \ln \sqrt{x_1} + \ln x_2 = \ln(\sqrt{x_1} \cdot x_2) = \ln u(x_1, x_2) = f(u(x_1, x_2))$. Also ist v eine streng monoton steigende Transformation von u. v und u bilden somit dieselbe Präferenzordnung ab.

4. **Falsch.** Sei $f(X) = X^4$, dann ist f überall streng monoton steigend, da $f'(X) = 4 \cdot X^3 > 0$ für alle $X > 0$. Es gilt: $v(x_1, x_2) = (x_1)^2 \cdot (x_2)^4 = (u(x_1, x_2))^4 =$

$f(u(x_1, x_2))$. Also ist v eine streng monoton steigende Transformation von u. v und u bilden somit dieselbe Präferenzordnung ab.

Musterlösung für Block 5

1. **Falsch.** Die Grenzrate der Substitution zwischen Gut 1 und Gut 2, $MRS(x_1, x_2)$, ist an einer Stelle x_1, x_2 gegeben durch:

$$MRS(x_1, x_2) = \left| \frac{dx_2}{dx_1} \right|$$

$$= \frac{\partial u / \partial x_1}{\partial u / \partial x_2} = \frac{d \cdot x_2}{d \cdot x_1} = \frac{x_2}{x_1}.$$

2. **Falsch.** Die Grenzrate der Substitution zwischen Gut 1 und Gut 2, $MRS(x_1, x_2)$, ist an der Stelle $x_1 = 1$, $x_2 = 2$ gegeben durch:

$$\left| \frac{dx_2}{dx_1} \right| = \frac{x_2}{x_1} = 2.$$

3. **Wahr.** Die Annahme der Monotonie besagt, dass Individuen grössere Mengen kleineren Mengen vorziehen. Die Nutzenfunktion weist Alternativen mit einer grösseren Menge an x_i einen höheren Nutzenwert zu, da $\frac{\partial u(x_i, x_j)}{\partial x_i} > 0$, mit $i, j \in \{1, 2\}$ und $i \neq j$. Vgl. Definition 7.4 in Abschn. 7.1.1.

4. **Wahr.**

$$v(x_1, x_2) = \ln(u(x_1, x_2) - c) - \ln d$$

$$= \ln(c + d \cdot x_1 \cdot x_2 - c) - \ln d$$

$$= \ln d + \ln x_1 + \ln x_2 - \ln d$$

$$= \ln x_1 + \ln x_2.$$

Musterlösung für Block 6

1. **Falsch.** Wenn Gut 1 ein Giffen-Gut ist, dann steigt die Nachfrage nach diesem Gut, wenn der Preis des Guts 1 steigt. Ist Gut 2 ein Substitut zu Gut 1, so steigt die Nachfrage nach dem Gut 2 ebenfalls im Preis des Guts 1. Gegeben die Budgetrestriktion ist dieses jedoch nicht möglich. Somit muss Gut 2 ein Komplement zu Gut 1 sein. Vgl. Definitionen 4.2, 4.5 und 4.6 in Abschn. 4.2.

2. **Falsch.** Wenn Gut 1 ein Giffen-Gut ist, dann sinkt die Nachfrage nach diesem Gut, wenn der Preis des Guts 1 sinkt. Dies sagt nichts über die Wirkung einer Einkommensänderung auf die Nachfrage nach Gut 1 aus. Vgl. Abschn. 4.2.

3. **Falsch.** Vgl. Abb. 7.3 a–d sowie die dazugehörigen Ausführungen in Abschn. 7.1.2.

4. **Falsch.** Vgl. Abschn. 7.2.5 und 7.2.6.

Musterlösung für Block 7

1. **Falsch.** Das Maximierungsproblem präsentiert sich wie folgt:

$$\max_{x_1, x_2} u(x_1, x_2) \text{ u.d.B.d. } p_1 \cdot x_1 + p_2 \cdot x_2 = b,$$

mit der Optimalitätsbedingung

$$MRS(x_1, x_2) = \frac{p_1}{p_2} \quad \Leftrightarrow \quad \frac{x_2}{x_1} = \frac{p_1}{p_2} \quad \Leftrightarrow \quad x_2 = \frac{p_1 \cdot x_1}{p_2}.$$

Somit liegt ein System mit zwei Gleichungen (Optimalitätsbedingung und Nebenbedingung) und zwei Unbekannten (x_1, x_2) vor, woraus sich die Marshallschen Nachfragefunktionen ableiten lassen:

$$p_1 \cdot x_1 + p_2 \overbrace{\frac{p_1 \cdot x_1}{p_2}}^{=x_2} = b \quad \Leftrightarrow \quad x_1 = \frac{b}{2 \cdot p_1}.$$

Daraus folgt dann für das Gut 2, dass $x_2 = \frac{b}{2 \cdot p_2}$. Die Kreuzpreiselastizitäten betragen folglich

$$\epsilon_{p_2}^{x_1} = \frac{\partial x_1}{\partial p_2} \cdot \frac{p_2}{x_1} = 0 \cdot \frac{2 \cdot p_1 \cdot p_2}{b} = 0,$$

$$\epsilon_{p_1}^{x_2} = \frac{\partial x_2}{\partial p_1} \cdot \frac{p_1}{x_2} = 0 \cdot \frac{2 \cdot p_1 \cdot p_2}{b} = 0.$$

Vgl. die ausführliche Herleitung der Marshallschen Nachfragefunktionen in Abschn. 7.1.2 sowie Definition 17.2 in Abschn. 17.3.

2. **Wahr.** Vgl. Abb. 7.13 in Abschn. 7.2.3.2.

3. **Falsch.** Der Konsument fragt bei jeder Preis-Einkommens-Kombination lediglich Güterbündel auf der 45° Geraden durch den Ursprung nach. Der Preis-Konsumpfad ist daher eine Gerade. Vgl. Abschn. 7.2.3.3.

4. **Falsch.** Die Marshallsche Nachfragefunktion x_2 kann analog zum Aufgabenteil 1 ermittelt werden:

$$MRS(x_1, x_2) = \frac{p_1}{p_2} \quad \Leftrightarrow \quad \frac{1}{2 \cdot \sqrt{x_1}} = \frac{p_1}{p_2} \quad \Rightarrow \quad x_1 = \left(\frac{p_2}{2 \cdot p_1}\right)^2.$$

Daraus folgt dann für die Nachfrage nach x_2:

$$p_1 \cdot \overbrace{\left(\frac{p_2}{2 \cdot p_1}\right)^2}^{=x_1} + p_2 \cdot x_2 = b \quad \Leftrightarrow \quad x_2 = \frac{b}{p_2} - \frac{p_2}{4 \cdot p_1}.$$

Musterlösung für Block 8
1. **Falsch.** Ein Gegenbeispiel sind Indifferenzkurven mit „Knicken". An den Knickstellen ist die MRS nicht eindeutig bestimmt. Vgl. Abschn. 7.2.3.3.
2. **Falsch.** Lexikografische Präferenzen sind ein Gegenbeispiel. Vgl. Abschn. 7.1.3.
3. **Wahr.** Eine affine Transformation ist ein Spezialfall einer monotonen Transformation.
4. **Falsch.** Eine Präferenzordnung sagt nur etwas darüber aus, ob Alternative $\tilde{x}$ besser oder schlechter als Alternative $\hat{x}$ ist, aber nicht, wieviel besser. Genau dies würde aber der Grenznutzen messen. Daher ist dieser nicht sinnvoll interpretierbar und auch nicht invariant bezüglich der gewählten Nutzendarstellung.

7.2   Offene Fragen

7.2.1   Aufgaben

Aufgabe 1
Die Präferenzordnung eines Konsumenten lasse sich durch die Nutzenfunktion $u(x_1, x_2) = x_1 \cdot x_2$ abbilden. Die Güterpreise seien p_1 und p_2, sein Einkommen $b > 0$.

1. Bestimmen Sie die Marshallschen Nachfragefunktionen für die beiden Güter. Ist der betrachtete Konsument frei von Geldillusion?
2. Welche Mengen der beiden Güter wird der Konsument bei Nutzenmaximierung nachfragen, wenn das Einkommen $b = 900$ und die Preise $p_1 = 25$, $p_2 = 30$ betragen?
3. Der Preis des Guts 1 steigt auf $p_1 = 36$, während p_2 unverändert bleibt. Geben Sie nun die Mengen von x_1 und x_2 bei Nutzenmaximierung an.
4. Nehmen Sie Stellung zu folgender Behauptung: *Ein Konsument habe eine Cobb-Douglas-Nutzenfunktion, d. h.*

$$u(x_1, x_2) = x_1^{\alpha} \cdot x_2^{\beta},$$

mit $\alpha, \beta > 0$. Dann bildet er im Nutzenmaximum feste Teilbudgets seines Einkommens für die einzelnen Güter, die nicht von den Preisen abhängen.

Aufgabe 2
1. Zeigen Sie, dass ein Geschäftsmann, der bei einem Konsumenten intransitive Präferenzen feststellt, durch geschickt gewählte Tauschangebote das gesamte Einkommen des Konsumenten abschöpfen kann.
2. Eine Präferenzordnung $\succsim$ nennt man auch „schwach", da die indifferenten Alternativen enthalten sind. Eine Präferenzordnung, die nur die echt vorgezogenen Alternativen enthält, heisst demgegenüber „strikt", und eine Präferenzordnung, die nur die indifferenten Alternativen enthält, heisst „Indifferenzordnung".

a) Zeigen Sie, wie man mithilfe der schwachen Präferenzordnung die strikte Präferenzordnung und die Indifferenzordnung definieren kann.

b) Gelten die Vollständigkeitsannahme und die Transitivitätsannahme auch für die strikte Präferenzordnung und die Indifferenzordnung?

3. Beweisen Sie für den Fall zweier Güter, dass die Grenzrate der Substitution für monoton steigende Transformationen unabhängig von der gewählten Nutzendarstellung ist.

4. Begründen Sie, warum im Rahmen einer ordinalen Nutzentheorie der Begriff des Grenznutzens nicht sinnvoll interpretiert werden kann.

7.2.2 Lösungen

Lösung zu Aufgabe 1

1. Die Bedingung erster Ordnung lautet allgemein, dass die Grenzrate der Substitution dem Relativpreis entsprechen muss:

$$MRS(x_1, x_2) = \frac{p_1}{p_2} \quad \Leftrightarrow \quad \frac{\partial u/\partial x_1}{\partial u/\partial x_2} = \frac{p_1}{p_2}.$$

Dann gilt bei der gegebenen Nutzenfunktion

$$\frac{x_2}{x_1} = \frac{p_1}{p_2}. \tag{7.1}$$

Die Budgetrestriktion des Individuums lautet

$$p_1 \cdot x_1 + p_2 \cdot x_2 = b.$$

Lösen wir diese nach x_1 auf, erhalten wir

$$x_1 = \frac{b}{p_1} - \frac{p_2}{p_1} \cdot x_2.$$

Letzteren Ausdruck nutzen wir nun in der obigen Bedingung erster Ordnung (siehe Gl. (7.1)). Dies gibt uns die Marshallschen Nachfragefunktionen nach Gut 2:

$$x_2 = \frac{p_1}{p_2} \cdot \left(\frac{b}{p_1} - \frac{p_2}{p_1} \cdot x_2 \right) = \frac{b}{p_2} - x_2 = \frac{b}{2 \cdot p_2}.$$

Setzen wir nun diese Marschallsche Nachfragefunktion in die Bedingung erster Ordnung ein (siehe Gl. (7.1)), so erhalten wir die Marschallsche Nachfrage nach Gut 1:

$$x_1 = \frac{p_2}{p_1} \cdot \frac{b}{2 \cdot p_2} = \frac{b}{2 \cdot p_1}.$$

Freiheit von Geldillusion. Werden alle Preise und das Einkommen um den gleichen Faktor erhöht, dann ändern sich die Marshallschen Nachfragen nicht. Beispiele wären Inflation (mit dementsprechender Einkommensanpassung) oder eine Währungsumstellung (vgl. Exkurs 7.2 in Abschn. 7.2).

Nehmen wir nun an, dass b, p_1 und p_2 sich um den Faktor t verändern:

$$x_1(t \cdot p_1, t \cdot p_2, t \cdot b) = \frac{t \cdot b}{2 \cdot t \cdot p_1} = \frac{b}{2 \cdot p_1} = x_1(p_1, p_2, b)$$

$$x_2(t \cdot p_1, t \cdot p_2, t \cdot b) = \frac{t \cdot b}{2 \cdot t \cdot p_2} = \frac{b}{2 \cdot p_2} = x_2(p_1, p_2, b).$$

Folglich ist der Konsument frei von Geldillusion.

2. Der Konsument fragt folgende Mengen nach:

$$x_1(25, 30, 900) = \frac{900}{2 \cdot 25} = 18,$$

$$x_2(25, 30, 900) = \frac{900}{2 \cdot 30} = 15.$$

3. Der Konsument fragt nach der Preissteigerung von Gut 1 folgende Mengen nach:

$$x_1(36, 30, 900) = \frac{900}{2 \cdot 36} = 12.5,$$

$$x_2(36, 30, 900) = \frac{900}{2 \cdot 30} = 15.$$

Die nachgefragte Menge nach dem Gut 2 ändert sich durch die Preiserhöhung nicht, da die im Optimum konsumierte Menge von Gut 2 unabhängig vom Preis des Guts 1 ist.

4. Richtig. Die Grösse der Teilbudgets hängt nur von den Präferenzen und dem Einkommen ab. Der Anteil des Einkommens, der auf das Gut 1 (2) entfällt, entspricht $\frac{\alpha}{\alpha+\beta}$ $\left(\frac{\beta}{\alpha+\beta}\right)$.

Lösung zu Aufgabe 2

1. Angenommen, der Konsument besitzt die (intransitiven) Präferenzen $x \succ y$, $y \succ z$ und $z \succ x$, mit $x, y, z \in X$, und nur Alternative x ist in seinem Besitz. Der Geschäftsmann besorgt sich nun zu beliebigen Preisen Alternativen y und z. Dann bietet er dem Konsument z für einen kleinen Betrag zum Tausch gegen x an, so dass der Konsument sich besser stellt. Danach bietet der Geschäftsmann ihm y gegen z für einen kleinen Betrag an und auch hier stellt sich der Konsument besser. Nun bietet er ihm x gegen y für einen kleinen Betrag an, und dann erneut z und wieder y, so lange, bis er das gesamte Einkommen des Konsumenten abgeschöpft hat.

2. a) Die Aussage *Die Alternative x wird der Alternative y strikt vorgezogen*, mit $x, y \in X$, ist äquivalent zu der Aussage *Die Alternative x wird der Alternative y schwach vorgezogen und die Alternative y wird der Alternative x nicht schwach vorgezogen.* Formal:

$$x \succ y \quad \Leftrightarrow \quad x \succsim y \quad \wedge \quad \neg(y \succsim x).$$

Die Aussage *Die Alternative x ist indifferent zur Alternative y* ist äquivalent zu der Aussage *Die Alternative x wird der Alternative y schwach vorgezogen und gleichzeitig wird die Alternative y der Alternative x schwach vorgezogen.* Formal:

$$x \sim y \quad \Leftrightarrow \quad x \succsim y \quad \wedge \quad y \succsim x.$$

b) Die strikte Präferenzordnung kann nicht vollständig sein, denn jede Alternative ist indifferent zu sich selbst. Formal:

Eine allgemeine Relation R (zum Beispiel Relation $\succsim$, $\succ$ oder $\sim$) ist vollständig, wenn für alle x, y aus X gilt: $x \, R \, y \vee y \, R \, x$. $x \succ x$ gilt aber nicht. Die Indifferenzordnung ist ebenfalls nicht vollständig. Es gibt ja im Allgemeinen Alternativen, zwischen denen eine strikte Präferenz besteht. Die Transitivität überträgt sich jedoch von der schwachen Präferenz sowohl auf die strikte Präferenz als auch die Indifferenz. Wir zeigen dies hier für die strikte Präferenz und nehmen an, dass drei Alternativen mit $x \succ y \wedge y \succ z$, mit $x, y, z \in X$, gegeben sind. Transitivität würde bedeuten, dass $x \succ z$ gelten muss, dies wäre also zu zeigen. Aus den strikten Präferenzen folgt die entsprechende schwache Präferenz der beiden Güterpaare, $x \succsim y \wedge y \succsim z$, und damit wegen der Transitivität von $\succsim$ die schwache Präferenz $x \succsim z$. Wir müssen nun noch zeigen, dass $z \succsim x$ nicht gelten kann. Dies zeigen wir durch einen Widerspruch. Wäre $z \succsim x$ richtig, würde mit $x \succ y$ aufgrund der Transitivität von $\succsim$ sofort $z \succsim y$ folgen, was im Gegensatz zur obigen Annahme $y \succ z$ steht, bzw. $z \succsim x \wedge x \succ y \Rightarrow z \succsim y$.

3. Der Nutzen des Güterbündels (x_1, x_2) sei $u = u(x_1, x_2)$. Bildung des totalen Differenzials an der Stelle (x_1, x_2) ergibt:

$$du(x_1, x_2) = \frac{\partial u(x_1, x_2)}{\partial x_1} \cdot dx_1 + \frac{\partial u(x_1, x_2)}{\partial x_2} \cdot dx_2 = 0.$$

Wir lösen nach $\frac{dx_2}{dx_1}$ auf, um die Steigung der Indifferenzkurve zu erhalten:

$$\frac{dx_2}{dx_1} = -\frac{\frac{\partial u(x_1, x_2)}{\partial x_1}}{\frac{\partial u(x_1, x_2)}{\partial x_2}} = -MRS(x_1, x_2).$$

Die MRS an der Stelle (x_1, x_2) ist folglich

$$MRS(x_1, x_2) = \frac{\frac{\partial u(x_1, x_2)}{\partial x_1}}{\frac{\partial u(x_1, x_2)}{\partial x_2}}.$$

Monotone Transformation.
Sei $v(x_1, x_2) = f(u(x_1, x_2))$, mit $\frac{\partial f(u)}{\partial u} > 0$, für alle u.
Die Bildung des totalen Differenzials führt zu:

$$dv(x_1, x_2) = \frac{\partial f(u)}{\partial u} \cdot \frac{\partial u(x_1, x_2)}{\partial x_1} \cdot dx_1 + \frac{\partial f(u)}{\partial u} \cdot \frac{\partial u(x_1, x_2)}{\partial x_2} \cdot dx_2 = 0.$$

Wir lösen nach $\frac{dx_2}{dx_1}$ auf, um die Steigung der Indifferenzkurve zu erhalten:

$$\frac{dx_2}{dx_1} = -\frac{\frac{\partial f(u)}{\partial u}}{\frac{\partial f(u)}{\partial u}} \cdot \frac{\frac{\partial u(x_1, x_2)}{\partial x_1}}{\frac{\partial u(x_1, x_2)}{\partial x_2}} = -\frac{\frac{\partial u(x_1, x_2)}{\partial x_1}}{\frac{\partial u(x_1, x_2)}{\partial x_2}} = -MRS(x_1, x_2).$$

Die MRS der monotonen Transformation $v(x_1, x_2) = f(u(x_1, x_2))$ entspricht folglich $\frac{\partial u(x_1, x_2)}{\partial x_1} / \frac{\partial u(x_1, x_2)}{\partial x_2}$ und ist damit identisch zur MRS der Nutzenfunktion $u(x_1, x_2)$.

4. Eine Präferenzordnung sagt nur etwas darüber, ob Alternative X besser oder schlechter als Alternative Y ist, aber nicht, wieviel besser. Dies würde aber der Grenznutzen messen. Daher ist dieser nicht sinnvoll interpretierbar und auch nicht invariant bezüglich der gewählten Nutzendarstellung:

Seien u und v zwei Nutzenfunktionen, wobei $v(x_1, x_2) = f(u(x_1, x_2))$, mit $\frac{\partial f(u)}{\partial u} > 0$, für alle u. Da v eine monotone Transformation von u ist, bilden die beiden Nutzenfunktionen dieselben ordinalen Präferenzen ab. Die respektiven Grenznutzen von Gut 1 sind: $\frac{\partial u(x_1, x_2)}{\partial x_1}$ und $\frac{\partial f(u)}{\partial u} \cdot \frac{\partial u(x_1, x_2)}{\partial x_1}$. Diese sind im Allgemeinen nicht identisch, und somit ist der Grenznutzen in der ordinalen Nutzentheorie nicht sinnvoll interpretierbar.

7.3   Offene Fragen mit strukturierten Antworten

7.3.1   Aufgaben

Aufgabe 1
Gehen Sie vom Fall zweier Güter und eines gegebenen Geldeinkommens $b > 0$ aus. Wie verändern die folgenden Steuer- und Subventionsarten die Budgetgerade eines Individuums? Betrachten Sie hierzu Abb. 7.5 in Abschn. 7.2.

1. Eine Kopfsteuer T, die von jeder Person unabhängig von Einkommen oder Marktverhalten erhoben wird.

a) Die Budgetgrade dreht sich um den Punkt $(0, \frac{b}{p_2})$ nach aussen.

b) Die Budgetgrade dreht sich um den Punkt $(0, \frac{b}{p_2})$ nach innen.

c) Die Budgetgrade verschiebt sich parallel nach innen.

d) Die Budgetgrade verschiebt sich parallel nach aussen.

e) Keine der obigen Antworten ist richtig.

2. Eine (proportionale) Mengensubvention, welche die Anzahl der Konsumeinheiten x_1 zum Subventionsgegenstand hat. Die Subvention entspricht somit $s_1 \cdot x_1$, mit $s_1 > 0$.

a) Die Budgetgrade dreht sich um den Punkt $(0, \frac{b}{p_1})$ nach aussen.

b) Die Budgetgrade dreht sich um den Punkt $(0, \frac{b}{p_2})$ nach aussen.

c) Die Budgetgrade verschiebt sich parallel nach innen.

d) Die Budgetgrade verschiebt sich parallel nach aussen.

e) Keine der obigen Antworten ist richtig.

3. Eine (proportionale) Mengensteuer, welche die Anzahl der Konsumeinheiten x_2 zum Steuergegenstand hat. Die zu zahlende Steuer ist dann $t_2 \cdot x_2$, mit $t_2 > 0$.

a) Die Budgetgrade dreht sich um den Punkt $(0, \frac{b}{p_1})$ nach aussen.

b) Die Budgetgrade dreht sich um den Punkt $(0, \frac{b}{p_1})$ nach innen.

c) Die Budgetgrade verschiebt sich parallel nach aussen.

d) Die Budgetgrade verschiebt sich parallel nach innen.

e) Keine der obigen Antworten ist richtig.

4. Eine (proportionale) Ausgabensteuer, welche die getätigten Ausgaben ($p_1 \cdot x_1 + p_2 \cdot x_2$) eines Konsumenten zum Steuergegenstand hat. Die zu zahlende Steuer ist dann $t_A \cdot (p_1 \cdot x_1 + p_2 \cdot x_2)$, mit $t_A > 0$.

a) Die Budgetgrade dreht sich um den Punkt $(0, \frac{b}{p_1})$ nach aussen.

b) Die Budgetgrade dreht sich um den Punkt $(0, \frac{b}{p_1})$ nach innen.

c) Die Budgetgrade verschiebt sich parallel nach aussen.

d) Die Budgetgrade verschiebt sich parallel nach innen.

e) Keine der obigen Antworten ist richtig.

Ausgabe 2

Bestimmen Sie die Grenzraten der Substitution ($MRS(x_1, x_2)$) an der Stelle $(x_1, x_2) = (5, 1)$ für die folgenden Nutzenfunktionen:

1. $u(x_1, x_2) = \ln x_1 + x_2$.

a) $MRS(5, 1) = 5$.

b) $MRS(5, 1) = 10$.

c) $MRS(5, 1) = \frac{1}{5}$.

d) $MRS(5, 1) = -1$.

e) Keine der obigen Antworten ist richtig.

2. $u(x_1, x_2) = c \cdot x_1 + d \cdot x_2$, mit $c > 0, d > 0$.

a) $MRS(5, 1) = c \cdot d$.

b) $MRS(5, 1) = \frac{c}{d}$.

c) $MRS(5, 1) = \sqrt{c \cdot d}$.

d) $MRS(5, 1) = c + d$.

e) Keine der obigen Antworten ist richtig.

3. $u(x_1, x_2) = \sqrt{x_1} \cdot \sqrt{x_2}$.

  a) $MRS(5, 1) = \frac{5}{4}$.

  b) $MRS(5, 1) = 5$.

  c) $MRS(5, 1) = \frac{1}{5}$.

  d) $MRS(5, 1) = 1$.

  e) Keine der obigen Antworten ist richtig.

4. $u(x_1, x_2) = \min\{x_1, x_2\}$.

  a) $MRS(5, 1) = 1$.

  b) $MRS(5, 1) \to \infty$.

  c) $MRS(5, 1) = 0$.

  d) Nicht bestimmbar.

  e) Keine der obigen Antworten ist richtig.

Aufgabe 3

Die Preise für die Güter 1 und 2 seien durch p_1 und p_2 gegeben, b sei das Budget, und $b \geq p_2$. Bestimmen Sie die Marshallschen Nachfragefunktionen zu den folgenden Nutzenfunktionen:

1. $u(x_1, x_2) = \min\{\alpha \cdot x_1, x_2\}$, mit $\alpha > 0$.

  a) $x_1 = \frac{b}{p_1 + \alpha \cdot p_2}, x_2 = \frac{\alpha \cdot b}{p_1 + \alpha \cdot p_2}$.

  b) $x_1 = x_2 = \frac{b}{\alpha \cdot p_1 + p_2}$.

  c) $x_1 = x_2 = \frac{b}{p_1 + \alpha \cdot p_2}$.

  d) $x_1 = \frac{\alpha}{p_1 + b \cdot p_2}, x_2 = \frac{\alpha \cdot b}{p_1 + b \cdot p_2}$.

  e) Keine der obigen Antworten ist richtig.

2. $u(x_1, x_2) = \ln x_1 + x_2$.

  a) $x_1 = \frac{p_2}{p_1}, x_2 = \frac{b - p_2}{p_2}$.

  b) $x_1 = \frac{b - p_2}{p_2}, x_2 = \frac{p_2}{p_1}$.

  c) $x_1 = \frac{p_2}{p_1}, x_2 = \frac{b - 2 \cdot p_2}{2 \cdot p_2}$.

  d) $x_1 = x_2 = \frac{b}{p_1 + p_2}$.

  e) Keine der obigen Antworten ist richtig.

3. $u(x_1, x_2) = \left(\ln\left(x_1^{56} \cdot x_2^{56}\right)\right)^{\frac{1}{7}}$.

  a) $x_1 = \frac{b}{4 \cdot p_1}, x_2 = \frac{b}{4 \cdot p_2}$

  b) $x_1 = \frac{b}{4 \cdot p_2}, x_2 = \frac{b}{4 \cdot p_1}$

  c) $x_1 = x_2 = \frac{b}{p_1 + p_2}$

  d) $x_1 = \frac{b}{2 \cdot p_1}, x_2 = \frac{b}{2 \cdot p_2}$

  e) Keine der obigen Antworten ist richtig.

7.3.2   Lösungen

Lösung zu Aufgabe 1
- Frage 1, Antwort c) ist korrekt.
- Frage 2, Antwort b) ist korrekt.
- Frage 3, Antwort b) ist korrekt.
- Frage 4, Antwort d) ist korrekt.

Lösung zu Aufgabe 2
- Frage 1, Antwort c) ist korrekt.
- Frage 2, Antwort b) ist korrekt.
- Frage 3, Antwort c) ist korrekt.
- Frage 4, Antwort d) ist korrekt.

Lösung zu Aufgabe 3
- Frage 1, Antwort a) ist korrekt.
- Frage 2, Antwort a) ist korrekt.
- Frage 3, Antwort d) ist korrekt.

Entscheidung unter Risiko und Unsicherheit   8

8.1   Selektivfragen

8.1.1   Aussagen

Block 1

1. Faktoren, die jenseits der Einflussmöglichkeit eines Entscheidungsträgers liegen, aber Auswirkungen auf das Ergebnis einer gewählten Strategie haben, werden Umweltzustände genannt.
2. Umweltzustände können durch das eine Entscheidung treffende Individuen nicht beeinflusst werden.
3. Bei einem Optimismusfaktor von $\alpha = 0$ geht die Hurwicz-Regel in die Maximin-Regel über.
4. Zwei Ergebnisse c_{ne} und c_{me} haben stets dieselbe Eintrittswahrscheinlichkeit, wenn eine solche existiert.

Block 2

1. Gemäss des Dominanzprinzips wird eine Entscheidung, welche auf Grundlage des Geld-Erwartungswerts getroffen wird, von allen anderen Entscheidungsregeln dominiert.
2. Gemäss der Maximin-Regel ist jene Strategie zu wählen, welche die Auszahlung der über alle Umweltzustände minimierten Auszahlungen maximiert.
3. Ist der Optimismus-Parameter der Hurwicz-Regel grösser als $\frac{1}{2}$, so wird mit ihr dieselbe Strategie wie mit der Maximax-Regel gewählt.
4. Ist der Optimismus-Parameter der Hurwicz-Regel gleich $\frac{1}{2}$, so wird mit ihr dieselbe Strategie wie mit der Laplace-Regel gewählt.

© Der/die Autor(en), exklusiv lizenziert durch Springer-Verlag GmbH, DE, ein Teil von Springer Nature 2021
M. Kolmar, M. Hoffmann, *Arbeitsbuch zu Grundlagen der Mikroökonomik*,
https://doi.org/10.1007/978-3-662-63473-8_8

Block 3

Nehmen Sie an, dass zwei Individuen (A, B) ein Anfangsvermögen von je CHF 8 haben und dass deren Nutzenfunktionen über ihr Vermögen (c) wie folgt lauten: $u_A(c) = 8 \cdot \sqrt{c}$ und $u_B(c) = \frac{c^2}{2}$. Beiden Individuen wird eine Lotterie angeboten, sodass sie mit gleicher Wahrscheinlichkeit CHF 1 gewinnen oder CHF 4 verlieren können.

1. Der Erwartungsnutzen von Individuum A ist für diese Lotterie $EU_A(\mathcal{L}) = 20$.
2. Individuum A wird die Lotterie ablehnen.
3. Individuum B wird die Lotterie annehmen.
4. Individuum B ist risikoavers und Individuum A ist risikofreudig.

Block 4

Eine Unternehmerin steht vor drei verschiedenen Investitionsprojekten (Strategien s_1, s_2 oder s_3), deren Wahl zu den folgenden Gewinnen in Abhängigkeit von drei möglichen Umweltzuständen führt (siehe Tab. 8.1):

1. Die Unternehmerin wendet die Maximax-Regel an. Sie entscheidet sich für Strategie s_3.
2. Die Unternehmerin wendet die Hurwicz-Regel mit einem Optimismus-Parameter $\alpha = \frac{1}{3}$ an. Sie entscheidet sich für Strategie s_3.
3. Die Unternehmerin wendet die Regel des minimalen Bedauerns an. Sie entscheidet sich für Strategie s_2.
4. Die Unternehmerin wendet die Laplace-Regel an. Sie entscheidet sich für Strategie s_1.

Block 5

1. Die Bernoulli-Nutzenfunktion laute $u(c) = -e^{\alpha \cdot c^2}$, mit $\alpha, c > 0$. Es liegt konstante absolute Risikoaversion vor.
2. Die Bernoulli-Nutzenfunktion laute $u(c) = \ln c$. Es liegt abnehmende absolute Risikoaversion vor.
3. Die Bernoulli-Nutzenfunktion laute $u(c) = c - \alpha \cdot c$. Es liegt konstante relative Risikoaversion vor.
4. Die Bernoulli-Nutzenfunktion laute $u(c) = -e^{\frac{2}{\sqrt{c}}}$. Es liegt abnehmende relative Risikoaversion vor.

Block 6

1. Ein risikoneutrales Individuum verhält sich, als ob es den Geld-Erwartungswert maximiere.

Tab. 8.1 Block 4

	θ_1	θ_2	θ_3
s_1	7'000	8'000	10'000
s_2	1'000	12'000	5'000
s_3	9'000	−5'000	15'000

2. Ein risikoaverses Individuum fragt bei endogener Deckung einen Versicherungsschutz I nach, der kleiner als der potentielle Schaden D ist, $I < D$. Vor die Wahl gestellt, ob es eine Vollversicherung ($I = D$) oder keine Versicherung ($I = 0$) wählt, wird es sich somit gegen die Vollversicherung entscheiden.

3. Ein risikofreudiges Individuum wird sich bei einer aktuarisch fairen Prämie immer versichern.

4. Die proportionale Prämie q einer Vermögensversicherung mit endogener Deckung sei grösser als die Schadenswahrscheinlichkeit p. Ein risikoaverses Individuum wird wenn möglich eine Deckung I wählen, die grösser als der potentielle Schaden D ist ($I > D$).

Block 7

Eine Sammlerin besitzt ein Gemälde, dessen Wert auf CHF 50'000 geschätzt wird. Die Wahrscheinlichkeit eines Diebstahls beträgt $p = 5\,\%$.

1. Die entsprechende Lotterie lautet $\mathcal{L} = \{(0.05, 0); (0.95, 50'000)\}$.
2. Die aktuarisch faire Prämie beträgt CHF 2'500.
3. Der Geld-Erwartungswert der Lotterie entspricht $EV(\mathcal{L}) = 45'000$.
4. Die risikoaverse Sammlerin erhält ein Versicherungsangebot: Vollständige Deckung ($I = D$) für eine Prämie in Höhe von 2'500. Sie lehnt das Angebot ab.

Block 8

Das Vermögen eines Individuums entspricht $c_2 > 0$, welches im Falle eines Schadens auf $c_1 \geq 0$ sinkt.

1. Diese Situation lässt sich als folgende Lotterie darstellen: $\mathcal{L} = \{(c_1, p); (c_2, 1 - p)\}$, wobei $p \in [0, 1]$ der Wahrscheinlichkeit des Schadenseintritts entspricht.
2. Die maximale Prämie, die ein risikoaverses Individuum für eine Vollversicherung zahlen würde, entspricht der Differenz zwischen dem Geld-Erwartungswert der Lotterie und dem sicheren Vermögen, welches einen Nutzen hat, der dem Erwartungsnutzen der Lotterie entspricht.
3. Ein risikoneutrales Individuum wird das Angebot einer Vollversicherung ablehnen.
4. Sei $u(c) = \sqrt{c}$ die Bernoulli-Nutzenfunktion des Individuums $c_1 = 0$, $c_2 = 16$ und $p = 0.5$. Dann ist die maximale Zahlungsbereitschaft für eine Vollversicherung gleich 12.

Block 9

Ein Individuum habe eine Bernoulli-Nutzenfunktion $u(c) = \ln(c)$ und sei mit einer Lotterie $\mathcal{L} = \{(1, 0.5); (e, 0.5)\}$ konfrontiert (e ist die Eulersche Zahl).

1. Der Erwartungsnutzen EU dieser Lotterie ist 0.5.
2. Der Geld-Erwartungswert EV dieser Lotterie ist approximativ 2.14.
3. Das Sicherheitsäquivalent CE dieser Lotterie ist approximativ 1.65.
4. Die Risikoprämie RP dieser Lotterie ist approximativ 0.21.

8.1.2 Lösungen

Musterlösung für Block 1

1. **Wahr.** Siehe Abschn. 8.1.
2. **Falsch.** Umweltzustände sind als für das eine Entscheidung treffende Individuum als exogen angenommen. Siehe Abschn. 8.2.
3. **Wahr.** Siehe Abschn. 8.2, Definition 8.4.
4. **Wahr.** Siehe Abschn. 8.1.

Musterlösung für Block 2

1. **Falsch.** Nach dem Dominanz-Prinzip sollte niemals eine dominierte Strategie gewählt werden. Siehe Abschn. 8.1, Def. 8.3.
2. **Wahr.** Siehe Def. 1.4.
3. **Falsch.** Hieraus kann nicht gefolgert werden, dass die Strategiewahl der Maximax-Regel entspricht. Ein Beispiel soll dies verdeutlichen. Nehmen Sie an, dass folgende Auszahlungen mit der Strategiewahl s_1 bzw. s_2 verbunden sind (siehe Tab. 8.2). Gem. der Maximax-Regel würde man sich für Strategie s_1 entscheiden. Gem. der Hurzwicz-Regel gilt für Strategie s_1 eine Auszahlung in Höhe von $10 \cdot \alpha + 7 \cdot (1 - \alpha)$ und für die Strategie s_2 eine Auszahlung in Höhe von $9.5 \cdot \alpha + 8 \cdot (1 - \alpha)$, vgl. Abschn. 8., Def. 8.6. Wir finden dann, dass

$$10 \cdot \alpha + 7 \cdot (1 - \alpha) > 9.5 \cdot \alpha + 8 \cdot (1 - \alpha) \Leftrightarrow \alpha > \frac{2}{3}.$$

   Somit stimmen die Strategiewahlen gem. der Maximax-Regel und der Hurwicz-Regel nur für $\alpha > \frac{2}{3}$ überein.
4. **Falsch.** Dies gilt nur wenn die Anzahl der Umweltzustände zwei beträgt. Vgl. Abschn. 8.2, Def. 8.8 (Tab. 8.3).

Musterlösung für Block 3

1. **Wahr.**

$$EU = \frac{1}{2} \cdot 8 \cdot \sqrt{8 + 1} + \frac{1}{2} \cdot 8 \cdot \sqrt{8 - 4} = 20.$$

2. **Wahr.** Individuum A wird die Lotterie ablehnen, da der Nutzen des Anfangsvermögen ($u(8) \approx 22.63$) grösser ist als der Erwartungsnutzen der Lotterie ($EU(\mathcal{L}) = 20$).

Tab. 8.2 Block 2

	θ_1	θ_2
s_1	10	7
s_2	9.5	8

Tab. 8.3 Block 4 | Entscheidungsmatrix

	θ_1	θ_2	θ_3	$\min\limits_{\theta_l \in \Theta} u(\cdot)$	$\max\limits_{\theta_l \in \Theta} u(\cdot)$	$\frac{1}{3} \cdot \max\limits_{\theta_l \in \Theta} u(\cdot)$ $+$ $\frac{2}{3} \cdot \min\limits_{\theta_l \in \Theta} u(\cdot)$	$\frac{u(\cdot,\theta_1)+u(\cdot,\theta_2)+u(\cdot,\theta_3)}{3}$
s_1	7'000	8'000	10'000	7'000	10'000	8'000	8'333
s_2	1'000	12'000	5'000	1'000	12'000	4'666	6'000
s_3	9'000	−5'000	15'000	−5'000	15'000	1'666	6'333

Tab. 8.4 Block 4 | Bedauernsmatrix

	θ_1	θ_2	θ_3
s_1	2'000	4'000	5'000
s_2	8'000	0	10'000
s_3	0	17'000	0

3. **Falsch.** Individuum B hat einen Nutzen von 32 aus dem sicheren Vermögen 8 und einen Erwartungsnutzen von $0.5 \cdot 0.5 \cdot 81 + 0.5 \cdot 0.5 \cdot 16 = 26.25$ aus der Lotterie.

4. **Wahr.** Die Bernoulli-Nutzenfunktion von A hat eine negative und die von B eine positive zweite Ableitung (Tab. 8.4).

Musterlösung für Block 4

1. **Wahr.**
2. **Falsch.** Sie wählt das Projekt 1 (s_1).
3. **Falsch.** Sie wählt das Projekt 1 (s_1).
4. **Wahr.**

Musterlösung für Block 5

1. **Falsch.** Es gilt

$$u'(c) = -e^{-\alpha \cdot c^2} \cdot (2 \cdot \alpha \cdot c), \quad u''(c) = -e^{-\alpha \cdot c^2} \cdot (2 \cdot \alpha \cdot (2 \cdot \alpha \cdot c^2 + 1)).$$

Dann folgt, dass

$$ARA(c) = -\frac{u''(c)}{u'(c)} = \frac{-e^{-\alpha \cdot c^2} \cdot (2 \cdot \alpha \cdot (2 \cdot \alpha \cdot c^2 + 1))}{-e^{-\alpha \cdot c^2} \cdot (2 \cdot \alpha \cdot c)} = -2 \cdot \alpha \cdot c - \frac{1}{c},$$

$$ARA'(c) = \frac{1}{c^2} - 2 \cdot \alpha.$$

2. **Wahr.** Es gilt

$$u'(c) = \frac{1}{c}, \quad u''(c) = -\frac{1}{c^2}.$$

Dann folgt daraus

$$ARA(c) = -\frac{u''(c)}{u'(c)} = -\frac{-\frac{1}{c^2}}{\frac{1}{c}} = \frac{1}{c},$$

$$ARA'(c) = -\frac{1}{c^2}.$$

3. **Wahr.** Es gilt

$$u'(c) = 1 - \alpha, \quad u''(c) = 0.$$

Dann folgt daraus

$$RRA(c) = -\frac{u''(c)}{u'(c)} \cdot c = \frac{0}{1 - \alpha} \cdot c = 0.$$

4. **Wahr.** Es gilt

$$u'(c) = \frac{e^{\frac{2}{\sqrt{c}}}}{c^{\frac{3}{2}}}, \quad u''(c) = -\frac{e^{-\alpha \cdot c^2}}{c^3}(1 + 1.5 \cdot \sqrt{c}).$$

Dann folgt, dass

$$ARA(c) = -\frac{u''(c)}{u'(c)} \cdot c = \frac{-\frac{e^{-\alpha \cdot c^2}}{c^3}(1 + 1.5 \cdot \sqrt{c})}{\frac{e^{\frac{2}{\sqrt{c}}}}{c^{\frac{3}{2}}}} = \frac{1}{\sqrt{c}} + 1.5,$$

$$ARA'(c) = -c^{-\frac{3}{2}}.$$

Musterlösung für Block 6

1. **Wahr.**
2. **Falsch.** Bei endogener Deckung ist die Nachfrage im Optimum kleiner als der potentielle Schaden, wenn die proportionale Prämie der Versicherung (q) grösser als die Eintrittswahrscheinlichkeit des Schadens (p) ist. Somit ist die Versicherungsprämie nicht aktuarisch fair, d. h. $IP = q \cdot D > IP^f = p \cdot D$. Daraus folgt aber nicht unbedingt, dass die Vollversicherung abgelehnt wird. Solange die Prämie der Vollversicherung kleiner als die Summe aus dem Geld-Erwartungswert des Schadens ($p \cdot D$) und der Risikoprämie (RP) ist, wird das risikoaverse Individuum die Vollversicherung einer Nichtversicherung vorziehen.
3. **Wahr.**
4. **Falsch.** Der risikoaverse Versicherungsnehmer wird eine Deckung wählen, die kleiner als der potentielle Schaden ist ($I < D$).

Musterlösung für Block 7

1. **Wahr.**
2. **Wahr.**
3. **Falsch.** Der Geld-Erwartungswert beträgt $EV(\mathcal{L}) = 0.95 \cdot 50'000 = 47'500$.
4. **Falsch.** Die Prämie entspricht dem Geld-Erwartungswert des Schadens: $p \cdot D = 0.05 \cdot 50'000 = 2'500$. Die Prämie ist somit aktuarisch fair, und die risikoaverse Sammlerin wird sich versichern.

Musterlösung für Block 8

1. **Wahr.**
2. **Falsch.** Die maximale Zahlungsbereitschaft entspricht der Differenz zwischen dem sicheren Vermögen, welches einen Nutzen hat, der dem Erwartungsnutzen der Lotterie entspricht, und dem Vermögen ohne Schaden.
3. **Falsch.** Die Antwort auf diese Frage ist von der Höhe der Versicherungsprämie abhängig. Ist die Prämie zum Beispiel kleiner als die aktuarisch faire Prämie, so wird sich auch ein risikoneutrales Individuum versichern.
4. **Wahr.** Y entspricht $\sqrt{16 - Y} = 0.5 \cdot \sqrt{16} + 0.5 \cdot \sqrt{0} \Leftrightarrow \sqrt{16 - Y} = 0.5 \cdot \sqrt{16}$.

Musterlösung für Block 9

1. **Wahr.** Es gilt $EU = 0.5 \cdot \ln(1) + 0.5 \cdot \ln(e) = 0.5$.
2. **Falsch.** Es gilt $EV = 0.5 \cdot 1 + 0.5 \cdot e = 0.5 \cdot (1 + e) \approx 1.86$.
3. **Wahr.** Es gilt $\ln(CE) = 0.5 \Leftrightarrow CE = e^{0.5} \approx 1.65$.
4. **Wahr.** Es gilt $RP = E[c] - CE \approx 0.21$.

8.2 Offene Fragen

8.2.1 Aufgaben

Aufgabe 1

Gegeben seien folgende zwei Lotterien:

$$\mathcal{L}_1 = \{(8'000, 0.5), (4'096, 0.5)\}, \quad \mathcal{L}_2 = \{(2'197, 0.5), (10'648, 0.5)\}.$$

1. Bestimmen Sie den Geld-Erwartungswert der beiden Lotterien.
2. Bestimmen Sie den Erwartungsnutzen der beiden Lotterien unter der Annahme, dass die Bernoulli-Nutzenfunktion $u(x) = x^{\frac{1}{3}}$ sei. Welche Lotterie bevorzugt das Individuum?
3. Vergleichen Sie die Ergebnisse der Aufgabenteile 1 und 2. Was fällt Ihnen auf?

Aufgabe 2

Ein Individuum steht vor folgender Lotterie: $\mathcal{L} = \{(c_1, p); (c_2, 1 - p)\}$, mit $c_2 > c_1 > 0$. Die Bernoulli-Nutzenfunktion des Individuums sei $u(c_j) = \sqrt{c_j}$ mit $j = 1, 2$.

1. Bestimmen Sie das Sicherheitsäquivalent (CE) und den Geld-Erwartungswert $(EV(\mathcal{L}))$.
2. Bestimmen Sie die Risikoprämie (RP).

Nehmen Sie an, dass es sich bei c_2 um das Vermögen eines Individuums handelt, das sich im Falle eines Schadens (welcher mit einer Wahrscheinlichkeit von $p \in [0, 1]$ auftritt) auf c_1 reduziert. Nehmen Sie weiter an, dass ein Versicherungsunternehmen den Schaden (vollständig) versichern möchte.

3. Bestimmen Sie die Höhe der aktuarisch fairen Prämie (IP^f).
4. Bestimmen Sie die Zahlungsbereitschaft des Individuums für die Versicherung. Wie gross ist die Differenz zwischen dieser Zahlungsbereitschaft und der aktuarisch fairen Prämie, wenn $c_1 = 2'500$, $c_2 = 10'000$ und $p = 0.1$? Wie kann man diese Differenz interpretieren?

Aufgabe 3
Das Vermögen eines Individuums sei $c_0 > 0$. Mit einer Wahrscheinlichkeit von $p \in [0, 1)$ entsteht ein Schaden in Höhe von $D \in (0, c_0]$. Die Bernoulli-Nutzenfunktion des Individuums in Abhängigkeit der Vermögensposition (c_1, c_2) sei $u(c_j) = \ln c_j$, mit $j = 1, 2$.

1. Bestimmen Sie die Erwartungsnutzenfunktion EU.

Nehmen Sie nun an, dass es einen Versicherungsanbieter gibt, welcher bereit ist, den Schaden bis zu einer Deckung in Höhe von $I = D$ zu versichern. Die proportionale Versicherungsprämie lautet $q \in [0, 1]$, und die Prämie des Versicherungsanbieters ist $IP = q \cdot I$.

2. Bestimmen Sie die erwartungsnutzenmaximierende Höhe der Versicherungsdeckung (I^*).
3. Unter welchen Bedingungen gilt, dass die Versicherungsdeckung im Optimum geringer als die Schadenshöhe ist $(I^* < D)$?
4. Wie lautet die Mindesthöhe der proportionalen Prämie q, so dass das Individuum keine Versicherung nachfragt $(I^* = 0)$.
5. Wie reagiert die erwartungsnutzenmaximierende Höhe der Versicherungsdeckung (I^*) auf Änderungen von c_0 und D für $p = q$?

8.2.2 Lösungen

Lösung zu Aufgabe 1
1. Der Geld-Erwartungswert der beiden Lotterien ist

$$EV(\mathcal{L}_1) = \frac{1}{2} \cdot 8'000 + \frac{1}{2} \cdot 4'096 = 6'048,$$

$$EV(\mathcal{L}_2) = \frac{1}{2} \cdot 10'648 + \frac{1}{2} \cdot 2'197 = 6'422.5.$$

2. Der Erwartungsnutzen entspricht der Summe der mit ihren Eintrittswahrschein-
lichkeiten gewichteten Bernoulli-Nutzen. Somit gilt für die beiden Lotterien:

$$EU(\mathcal{L}_1) = \frac{1}{2} \cdot u(8'000) + \frac{1}{2} \cdot u(4'096) = \frac{1}{2} \cdot 20 + \frac{1}{2} \cdot 16 = 18,$$

$$EU(\mathcal{L}_2) = \frac{1}{2} \cdot u(10'648) + \frac{1}{2} \cdot u(2'197) = \frac{1}{2} \cdot 22 + \frac{1}{2} \cdot 13 = 17.5.$$

Daraus folgt, dass $\mathcal{L}_1 \succ \mathcal{L}_2$ gilt.

3. Der Geld-Erwartungswert der Lotterie $\mathcal{L}_2$ ist grösser als der Geld-Erwartungswert
der Lotterie $\mathcal{L}_1$. Der Erwartungsnutzen der Lotterie $\mathcal{L}_1$ ist hingegen grösser als
der der Lotterie $\mathcal{L}_2$. Daher ist das wahrgenommene Risiko des risikoaversen
Individuums bei Lotterie $\mathcal{L}_2$ grösser als bei Lotterie $\mathcal{L}_1$.

Lösung zu Aufgabe 2

1. Das Sicherheitsäquivalent (CE) entspricht jener sicheren Auszahlung, welche
einen Nutzen stiftet, der gleich dem Erwartungsnutzen der Lotterie $\mathcal{L}$ ($EU(\mathcal{L})$)
ist. Der Erwartungsnutzen entspricht

$$EU(\mathcal{L}) = p \cdot u(c_1) + (1 - p) \cdot u(c_2) = p \cdot \sqrt{c_1} + (1 - p) \cdot \sqrt{c_2}.$$

Somit ist das Sicherheitsäquivalent implizit definiert durch

$$EU(\mathcal{L}) = u(CE) \quad \Leftrightarrow \quad p \cdot \sqrt{c_1} + (1 - p) \cdot \sqrt{c_2} = \sqrt{CE}$$

$$\Rightarrow \quad CE = \left(p \cdot \sqrt{c_1} + (1 - p) \cdot \sqrt{c_2}\right)^2,$$

wobei das Sicherheitsäquivalent eine streng monoton fallende und streng konvexe Funktion der Wahrscheinlichkeit p ist:

$$\frac{d\,CE}{d\,p} = 2 \cdot \left(\sqrt{c_1} - \sqrt{c_2}\right) \cdot \sqrt{CE},$$

$$\frac{d^2\,CE}{d\,p^2} = 2 \cdot \left(\sqrt{c_1} - \sqrt{c_2}\right)^2.$$

Der Geld-Erwartungswert der Lotterie ist

$$EV(\mathcal{L}) = p \cdot c_1 + (1 - p) \cdot c_2, \tag{8.1}$$

welches eine streng fallende und lineare Funktion der Wahrscheinlichkeit p ist:

$$\frac{d\,EV(\mathcal{L})}{d\,p} = c_1 - c_2, \quad \frac{d^2\,EV(\mathcal{L})}{d\,p^2} = 0.$$

Darüber hinaus sehen wir, dass $CE(p = 0) = EV(p = 0) = c_2$ und $CE(p = 1) = EV(p = 1) = c_1$.

2. Die Risikoprämie (RP) entspricht der Differenz zwischen dem Geld-Erwartungswert der Lotterie $(EV(\mathcal{L}))$ und dem Sicherheitsäquivalent (CE):

$$RP = EV(\mathcal{L}) - CE$$
$$= p \cdot c_1 + (1 - p) \cdot c_2 - \left(p \cdot \sqrt{c_1} + (1 - p) \cdot \sqrt{c_2}\right)^2$$
$$= p \cdot c_1 + (1 - p) \cdot c_2 - \left(p^2 \cdot c_1 + 2 \cdot p \cdot (1 - p) \cdot \sqrt{c_1 \cdot c_2} + (1 - p)^2 \cdot c_2\right)$$
$$= p \cdot (1 - p) \cdot c_1 + p \cdot (1 - p) \cdot c_2 - 2 \cdot p \cdot (1 - p) \cdot \sqrt{c_1 \cdot c_2})$$
$$= p \cdot (1 - p)\left(\sqrt{c_1} - \sqrt{c_2}\right)^2.$$

Für ein risikoaverses Individuum ist die Risikoprämie strikt positiv, da das Individuum bereit ist, demjenigen, der die unsichere Auszahlung (Lotterie) durch eine sichere Auszahlung (Geld-Erwartungswert) ersetzt, eine zusätzliche Prämie in dieser Höhe zu zahlen.

3. Die aktuarisch faire Prämie entspricht dem Geld-Erwartungswert des Schadens. Der Schaden entspricht $D = c_2 - c_1$, und der Geld-Erwartungswert des Schadens ist somit $p \cdot D = p \cdot (c_2 - c_1)$. Das (sichere) Vermögen bei voller Schadensdeckung durch eine aktuarisch faire Prämie entspricht dann dem Geld-Erwartungswert der Lotterie:

$$c_2 - IP^f = c_2 - p \cdot (c_2 - c_1) = p \cdot c_1 + (1 - p) \cdot c_2 = EV(\mathcal{L}).$$

Da das Individuum risikoavers ist, ist der Nutzen des Geld-Erwartungswerts $(u(EV(\mathcal{L})))$ grösser als der Erwartungsnutzen der Lotterie $(EU(\mathcal{L}))$. Somit wird ein risikoaverses Individuum bei einer aktuarisch fairen Prämie die Versicherung der Lotterie vorziehen.

4. Wir wollen nun ermitteln, wie hoch die Zahlungsbereitschaft für die Vollversicherung ist, d. h. wir wollen die maximale Höhe der Prämie ermitteln, welche das Versicherungsunternehmen von diesem risikoaversen Individuum verlangen kann. Wir haben im Aufgabenteil 3 bereits ermittelt, dass die aktuarisch faire Prämie (IP^f) durch das Individuum akzeptiert wird. Wir wissen auch, dass das Sicherheitsäquivalent (CE) einen Nutzen stiftet, der gleich dem Erwartungsnutzen der Lotterie $\mathcal{L}$ ist. Daraus folgt, dass jede Prämie akzeptiert wird, welche dem Individuum ein (sicheres) Vermögen in Höhe des Sicherheitsäquivalents garantiert. Und schliesslich wissen wir, dass die Differenz zwischen dem Sicherheitsäquivalent (CE) und dem Geld-Erwartungswert der Lotterie $(EV(\mathcal{L}))$ der Risikoprämie (RP) entspricht, deren Höhe wir in Aufgabenteil 2 ermittelt haben. Damit entspricht die Zahlungsbereitschaft des Individuums der Summe aus Risikoprämie (RP) und Geld-Erwartungswert des Schadens $(EV(D))$.

$$WP = RP + EV(D) = p \cdot (1 - p) \cdot \left(\sqrt{c_1} - \sqrt{c_2}\right)^2 + p \cdot (c_2 - c_1).$$

Für $c_1 = 2'500$, $c_2 = 10'000$ und $p = 0.1$ entspricht dann der Geld-Erwartungswert des Schadens $EV(D) = 750$, die Risikoprämie $RP = 225$ und die Zahlungsbereitschaft $WP = 750 + 225 = 975$. Das Vermögen des Individuums nach Zahlung der Prämie in Höhe der Zahlungsbereitschaft (WP) entspricht $c_2 - WP = 10'000 - 975 = 9'025$, welches exakt dem Sicherheitsäquivalent entspricht. Das heisst, dass bei Angebot einer Versicherung, welche eine Prämie in Höhe der Zahlungsbereitschaft verlangt, das Individuum indifferent zwischen der Lotterie und dem Abschluss der Versicherung ist. Erstere stiftet einen Erwartungsnutzen in Höhe von $EU(\mathcal{L}) = p \cdot \sqrt{c_1} + (1 - p) \cdot \sqrt{c_2} = 0.1 \cdot 50 + 0.9 \cdot 100 = 95$, letztere stiftet einen Bernoulli-Nutzen in Höhe von $\sqrt{CE} = \sqrt{9025} = 95$.

Da die aktuarisch faire Prämie dem Geld-Erwartungswert des Schadens entspricht, erhalten wir $IP^f = p \cdot (c_2 - c_1) = 750$. Die Differenz zur Zahlungsbereitschaft (WP) ist genau die Risikoprämie $RP = 225$. Dieser Differenzbetrag gibt dem Versicherungsunternehmen die Möglichkeit, auch administrative Kosten, also Kosten, die nur einen mittelbaren Bezug zur Leistungsbereitstellung haben, zu verrechnen.

Lösung zu Aufgabe 3

1. Die Vermögenspositionen in Abhängigkeit des Schadenfalls entsprechen $c_1 = c_0$ und $c_2 = c_0 - D$, und somit ist $\mathcal{L}_1 = \{(c_0, 1 - p); (c_0 - D, p)\}$. Daraus folgt ein Erwartungsnutzen der Lotterie

$$EU(\mathcal{L}_1) = (1 - p) \cdot \ln(c_0) + p \cdot \ln(c_0 - D).$$

2. Unter Berücksichtigung der Versicherung ergeben sich die folgenden Vermögenspositonen:

$$c_1 = c_0 - IP = c_0 - q \cdot I, \qquad c_2 = c_0 - D + I - q \cdot I = c_0 - D + (1 - q) \cdot I.$$

Damit ist $\mathcal{L}_2 = \{(c_0 - q \cdot I, 1 - p); (c_0 - D + (1 - q) \cdot I, p)\}$. Der Erwartungsnutzen in Abhängigkeit der zu bestimmenden Grösse I ist

$$\begin{aligned} EU(\mathcal{L}_2) &= (1 - p) \cdot \ln(c_1) + p \cdot \ln(c_2) \\ &= (1 - p) \cdot \ln(c_0 - q \cdot I) + p \cdot \ln(c_0 - D + (1 - q) \cdot I). \end{aligned}$$

Die erwartungsnutzenmaximierende Höhe der Versicherungsdeckung (I) wird über folgenden Ansatz ermittelt:

$$\max_{I} \quad EU(\mathcal{L}_2). \tag{8.2}$$

Die erste und zweite Ableitung der Erwartungsnutzenfunktion nach I ergibt

$$\frac{\partial EU(\mathcal{L}_2)}{\partial I} = -\frac{(1-p) \cdot q}{c_1} + \frac{p \cdot (1-q)}{c_2}, \tag{8.3}$$

$$\frac{d^2 EU(\mathcal{L}_2)}{d I^2} = -\frac{(1-p) \cdot q^2}{(c_1)^2} - \frac{p \cdot (1-q)^2}{(c_2)^2}.$$

Somit ist das in (8.2) dargestellte Maximierungsproblem wohldefiniert. Aus Gl. (8.3) folgt dann für die Bedingung erster Ordnung:

$$\frac{\partial EU(\mathcal{L}_2)}{\partial I} = 0 \Leftrightarrow \frac{1-q}{q} = \frac{1-p}{p} \cdot \frac{c_0 - D + I \cdot (1-q)}{c_0 - q \cdot I}. \tag{8.4}$$

Diese besagt, dass in einem Optimum mit positiver Versicherungsnachfrage ($I^* > 0$) der Betrag der Steigung der Versicherungslinie (IL) der Grenzrate der Substitution (MRS) entspricht. Auflösen von Gl. (8.4) nach I ergibt

$$\frac{1-p}{p} = \frac{1-q}{q} \cdot \frac{c_0 - q \cdot I}{c_0 - D + I \cdot (1-q)} \Leftrightarrow I^* = c_0 \cdot \frac{p-q}{q \cdot (1-q)} + D \cdot \frac{1-p}{1-q}. \tag{8.5}$$

Aus der Annahme, dass $q = p > 0$ gilt, folgt dann $I^* = D$.
3. Aus $I^* < D$ folgt

$$I^* < D \Leftrightarrow c_0 \cdot (p-q) + D \cdot (1-p) \cdot q < D \cdot q \cdot (1-q)$$

$$\Leftrightarrow c_0 \cdot (p-q) < D \cdot q \cdot (p-q). \tag{8.6}$$

a. Unter der Annahme, dass $p > q$ ist, folgt $c_0 < D \cdot q$. Da gemäss Annahme $D \in (0, c_0]$ und $q \in [0, 1]$ gelten, entsteht ein Widerspruch.
b. Unter der Annahme, dass $q > p$ ist, folgt $c_0 > D \cdot q$. Somit ist die Ungleichung in (8.6) erfüllt, wenn $q > p$ ist, wenn also die proportionale Prämie grösser als die Wahrscheinlichkeit des Schadens p ist.
4. Die Lösung der folgenden Gleichung gibt uns die Höhe von q, bei der die nachgefragte Deckung null ist.

$$I^* = 0 \quad \Leftrightarrow \quad c_0 \cdot \frac{p-q}{q \cdot (1-q)} + D \cdot \frac{1-p}{1-q} = 0 \quad \Leftrightarrow \quad \bar{q} = \frac{c_0 \cdot p}{c_0 - (1-p) \cdot D}.$$

5. Die partiellen Ableitungen von I^* liefern uns

$$\frac{\partial I^*}{\partial c_0} = \frac{p-q}{q \cdot (1-q)}, \qquad \frac{\partial I^*}{\partial c_0}\Big|_{q \to p} = 0,$$

$$\frac{\partial I^*}{\partial D} = \frac{1-p}{1-q}, \qquad \frac{\partial I^*}{\partial D}\Big|_{q \to p} = 1.$$

Wenn eine aktuarisch faire Prämie ($q = p$) vorliegt, resultiert aus einer Erhöhung des Anfangsvermögens (c_0) keine Änderung der optimalen„ Deckung (I^*) und aus einer Erhöhung des Schadens eine Erhöhung der Deckung um denselben Betrag.

8.3 Offene Fragen mit strukturierten Antworten

8.3.1 Aufgaben

Aufgabe 1
Das Vermögen eines Individuums sei $c_0 = 20$. Mit einer Wahrscheinlichkeit von $p \in [0, 1]$ entsteht ein Schaden in Höhe von $D = 10$ (Ergebnis c_1), und mit Wahrscheinlichkeit von $1 - p$ entsteht kein Schaden (Ergebnis c_2). Die Bernoulli-Nutzenfunktion des Individuums sei $u(c_j) = e^{-h \cdot c}$, mit $h \in \mathbb{R}_+$.

1. Bestimmen Sie die Erwartungsnutzenfunktion EU.
   a) $EU = p \cdot e^{-20 \cdot h} + (1 - p) \cdot e^{-20 \cdot h}$.
   b) $EU = (1 - p) \cdot e^{-10 \cdot h} + p \cdot e^{-20 \cdot h}$.
   c) $EU = p \cdot e^{-2 \cdot h} + (1 - p) \cdot e^{-1 \cdot h}$.
   d) $EU = (1 - p) \cdot e^{-20 \cdot h} + p \cdot e^{-10 \cdot h}$.
   e) Keine der obigen Antworten ist richtig.

Nehmen Sie nun an, dass es einen Versicherungsanbieter gibt, welcher bereit wäre, den Schaden bis zu einer Deckung in Höhe von $I = 10$ zu versichern. Die proportionale Versicherungsprämie lautet $q \in [0, 1]$, und die (proportionale) Prämie des Versicherungsanbieters ist $IP = q \cdot I$.

2. Bestimmen Sie die Grenzrate der Substitution (MRS) an der Stelle $p = 0.1$, $h = 0.5$ und $I = 0.5 \cdot D$.
   a) $MRS = -9 \cdot e^{0.25 \cdot D}$.
   b) $MRS = -2 \cdot e^{0.5 \cdot D}$.
   c) $MRS = -\frac{1}{9} \cdot e^{0.25 \cdot D}$.
   d) $MRS = -\frac{1}{2} \cdot e^{0.5 \cdot D}$.
   e) Keine der obigen Antworten ist richtig.
3. Sei $p = 0.1$, $h = 0.5$ und $q = 0.12$. Bestimmen Sie die erwartungsnutzenmaximierende Höhe der Versicherungsdeckung (I^*).
   a) $I^* \approx 9.1$.
   b) $I^* \approx 10.3$.
   c) $I^* \approx 9.6$.
   d) $I^* \approx 7.4$.
   e) Keine der obigen Antworten ist richtig.

Tab. 8.5 Aufgabe 2

	θ_1	θ_2	θ_3
s_1	12	8	13
s_2	9	−8	21
s_3	11	7	10
s_4	10	0	5

4. Sei $p = 0.1$, $h = 0.5$ und $D = 1.386$. Wie lautet die Mindesthöhe der proportionalen Prämie q, so dass das Individuum keine Versicherung nachfragt ($I^* = 0$).

 a) $q \approx \frac{3}{4}$.

 b) $q \approx \frac{1}{3}$.

 c) $q \approx \frac{2}{3}$.

 d) $q \approx \frac{3}{2}$.

 e) Keine der obigen Antworten ist richtig.

Aufgabe 2

Eine Unternehmerin steht vor vier verschiedenen Investitionsprojekten (Strategien s_1, s_2, s_3 und s_4), die folgende Gewinne in Abhängigkeit von drei verschiedenen Umweltzuständen hervorrufen (siehe Tab. 8.5).

1. Die Unternehmerin wendet die Maximin-Regel an. Für welches Projekt entscheidet sie sich?
 a) Projekt 1.
 b) Projekt 2.
 c) Projekt 3.
 d) Projekt 4.
 e) Keine der obigen Antworten ist richtig.
2. Die Unternehmerin wendet die Hurwicz-Regel mit dem Optimismus-Parameter $\alpha = \frac{2}{3}$ an. Für welches Projekt entscheidet sie sich?
 a) Projekt 1.
 b) Projekt 2.
 c) Projekt 3.
 d) Projekt 4.
 e) Keine der obigen Antworten ist richtig.
3. Die Unternehmerin wendet die Regel des minimalen Bedauerns an. Für welches Projekt entscheidet sie sich?
 a) Projekt 1.
 b) Projekt 2.
 c) Projekt 3.
 d) Projekt 4.
 e) Keine der obigen Antworten ist richtig.

4. Die Unternehmerin wendet die Laplace-Regel an. Für welches Projekt entscheidet sie sich?
   a) Projekt 1.
   b) Projekt 2.
   c) Projekt 3.
   d) Projekt 4.
   e) Keine der obigen Antworten ist richtig.

8.3.2 Lösungen

Lösung zu Aufgabe 1
- Frage 1, Antwort *d)* ist korrekt.
- Frage 2, Antwort *a)* ist korrekt.
- Frage 3, Antwort *a)* ist korrekt.
- Frage 4, Antwort *c)* ist korrekt.

Lösung zu Aufgabe 2
- Frage 1, Antwort *b)* ist korrekt.
- Frage 2, Antwort *a)* ist korrekt.
- Frage 3, Antwort *a)* ist korrekt.
- Frage 4, Antwort *b)* ist korrekt.

Grundlagen der Spieltheorie

9

9.1 Selektivfragen

9.1.1 Aussagen

Block 1

Betrachten Sie das folgende Spiel (Abb. 9.1). Spieler 1 hat die Strategien {kein Markteintritt, Markteintritt}, Spieler 2 hat die Strategien {Kampf, kein Kampf}. Die Zugreihenfolge ist sequenziell.

1. (kein Markteintritt, Kampf) ist ein Nash-Gleichgewicht.
2. (kein Markteintritt, kein Kampf) ist ein Nash-Gleichgewicht.
3. (Markteintritt, Kampf) ist ein Nash-Gleichgewicht.
4. (Markteintritt, kein Kampf) ist ein Nash-Gleichgewicht.

Block 2

Betrachten Sie folgendes Spiel in Normalform (Tab. 9.1).

Abb. 9.1 Block 1. Ein Spielbaum

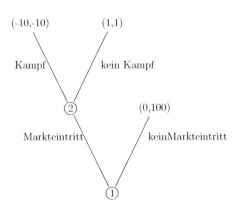

© Der/die Autor(en), exklusiv lizenziert durch Springer-Verlag GmbH, DE, ein Teil von Springer Nature 2021
M. Kolmar, M. Hoffmann, *Arbeitsbuch zu Grundlagen der Mikroökonomik*,
https://doi.org/10.1007/978-3-662-63473-8_9

Tab. 9.1 Block 2. Eine
2×2 Matrix

		Spieler 2	
		L	R
Spieler 1	O	$-1, -1$	$15, 0$
	U	$0, 15$	$-10, -10$

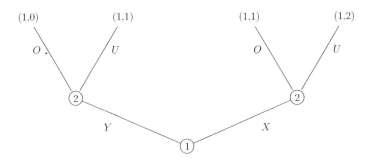

Abb. 9.2 Block 3. Ein Spielbaum

Tab. 9.2 Block 3, Aussage
4. Ein Spiel in Normalform

		Spieler 2			
		OO	OU	UO	UU
Spieler 1	Y	1, 0	1, 0	1, 1	1, 1
	X	1, 1	1, 2	1, 1	1, 2

1. Die Strategie O ist für Spieler 1 dominant.
2. (U, R) ist ein Nash-Gleichgewicht.
3. (O, L) ist ein Nash-Gleichgewicht.
4. (U, R) ist ein Gleichgewicht in dominanten Strategien.

Block 3

Betrachten Sie folgendes Spiel in extensiver Form (Abb. 9.2).

1. Die Strategiemengen der Spieler sind $S_1 = \{Y, X\}$ für Spieler 1 und $S_2 = \{O, U\}$ für Spieler 2.
2. Spieler 2 wird, um seinen Nutzen zu maximieren, niemals O wählen.
3. Es handelt sich um ein simultanes Spiel.
4. Das Spiel in Normalform in Tab. 9.2 hat dieselben Nash-Gleichgewichte wie das obige extensive Spiel.

Block 4

1. Ein Spiel in strategischer Form (vollständige und perfekte Information und simultane Züge) lässt sich vollständig durch eine Menge von Spielern, eine Zuordnung von Strategienmengen zu jedem Spieler und eine Zuordnung von Nutzenbewertungen für alle Spieler zu allen möglichen Strategienkombinationen beschreiben.

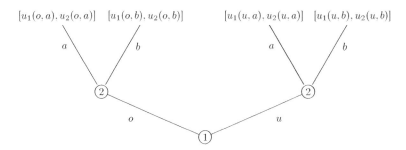

Abb. 9.3 Block 4, Aussage 4. Ein Spielbaum

2. Beim sogenannten „Ultimatumspiel" kann Spieler A Spieler B einen beliebigen Geldbetrag zwischen CHF 0 und CHF 10 anbieten. Spieler B kann *annehmen* oder *ablehnen*. Lehnt er ab, so bekommen beide Spieler 0, nimmt er an, so bekommen die Spieler die von A vorgeschlagene Aufteilung. Nehmen Sie an, dass die Nutzenbewertung der Spieler den Geldbeträgen, die Sie bekommen, entsprechen. Dann ist es ein Nash-Gleichgewicht, wenn Spieler A null anbietet und Spieler B jedes Angebot annimmt.
3. Ein Spiel in Normalform hat stets mindestens ein Nash-Gleichgewicht in reinen Strategien.
4. Das in der Abb. 9.3 dargestellte sequenzielle Spiel hat stets mindestens ein Nash-Gleichgewicht.

Block 5
Betrachten Sie das Gefangenendilemma dargestellt in Tab. 9.7 des Abschn. 9.4.2.

1. Die Pareto-effiziente Strategienkombination kann als Gleichgewicht erreicht werden, wenn die Spieler miteinander kommunizieren können und vorgängig eine kooperative Strategie vereinbaren.
2. In diesem Spiel gibt es genau ein nicht Pareto-effizientes Strategieprofil.

Betrachten Sie das Koordinationsspiel ‚Treffen in New York' dargestellt in Tab. 9.5 in Abschn. 9.4.1.

3. In diesem Spiel kann keine Vorhersage über den Ausgang des Spiels gemacht werden.
4. Das Spiel ‚Treffen in New York' hat kein Gleichgewicht in dominanten Strategien.

Block 6
1. Wenn alle Spieler eine Reaktionsfunktion besitzen, existiert ein Nash-Gleichgewicht in reinen Strategien.

Tab. 9.3 Block 6, Aussagen 3 & 4. Ein Spiel in Normalform

		Fahrer 2	
		L	R
Fahrer 1	L	10, 10	$-10, -10$
	R	$-10, -10$	10,10

Tab. 9.4 Block 7. Ein Spiel in Normalform

		Spieler 2	
		L	R
Spieler 1	O	100, 100	50, 0
	U	100, 100	0, 150

Tab. 9.5 Block 8. Ein Spiel in Normalform

		Spieler 2	
		L	R
Spieler 1	O	a_1, a_2	c_1, c_2
	U	b_1, b_2	d_1, d_2

2. Nehmen Sie an, zwei Spieler 1 und 2 haben jeweils zwei Strategien a und b. Jede Stragiekombination führe zum selben Nutzenniveau. Dann exisitiert kein Nash-Gleichgewicht.

Autofahrer können auf der rechten (R) oder auf der linken (L) Strassenseite fahren. Für zwei Fahrer, 1 und 2, kann man die Situation mit dem folgenden Spiel in Normalform abbilden (Tab. 9.3).

3. Es gibt ein Gleichgewicht in dominanten Strategien.
4. Es gibt zwei Nash-Gleichgewichte.

Block 7
Betrachten Sie folgendes Spiel in Normalform (siehe Tab. 9.4).

1. Die Strategie U ist für Spieler 1 dominant.
2. (U, L) ist ein Nash-Gleichgewicht.
3. (O, L) ist ein Nash-Gleichgewicht.
4. (U, R) ist ein Nash-Gleichgewicht.

Block 8
Betrachten Sie das Spiel in Tab. 9.5.

1. Unabhängig von den Parametern des Spiels $a_1, a_2, \ldots, d_2$ gibt es immer ein Nash-Gleichgewicht in reinen Strategien.
2. Nehmen sie an, dass $a_1 = a_2 = 1$, $b_1 = b_2 = 2$, $c_1 = c_2 = 3$ und $d_1 = d_2 = 4$. (U, R) ist ein Gleichgewicht in dominanten Strategien.
3. Nehmen sie an, dass $a_1 = a_2 = 4$, $b_1 = b_2 = 2$, $c_1 = c_2 = 3$ und $d_1 = d_2 = 4$. Das Spiel hat genau ein Nash-Gleichgewicht in reinen Strategien.

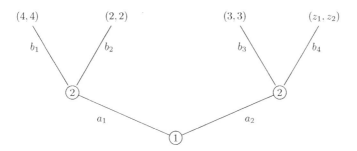

Abb. 9.4 Block 9. Ein Spielbaum

4. Nehmen sie an, dass $a_1 = a_2 = 1$, $b_1 = b_2 = 2$, $c_1 = c_2 = 3$ und $d_1 = d_2 = 1$. Sowohl (U, L) als auch (O, R) sind Nash-Gleichgewichte.

Block 9
Betrachten sie folgenden Spielbaum (Abb. 9.4).

1. Die Strategiemengen sind $S_1 = \{a_1, a_2\}$ für Spieler 1 und $S_2 = \{b_1, b_2, b_3, b_4\}$ für Spieler 2.
2. Unabhängig von den Parametern des Spiels z_1, z_2 gibt es immer ein Nash-Gleichgewicht in reinen Strategien.
3. Nehmen sie an, dass $z_1 = z_2 = 4$. Das Spiel hat vier Nash-Gleichgewichte in reinen Strategien.
4. Nehmen sie an, dass $z_1 = z_2 = 1$. Es gibt genau ein Nash-Gleichgewicht.

Block 10
1. Rückwärtsinduktion ist ein Konzept, mithilfe dessen alle Pareto-dominanten Gleichgewichte in extensiven Spielen gefunden werden können.
2. Wenn in einem Spiel mit zwei Spielern eine Strategie A eine beste Antwort auf eine andere Strategie B ist, und diese andere Strategie B auch eine beste Antwort auf die erste Strategie A ist, dann handelt es sich bei der Strategienkombination (A, B) um ein Nash-Gleichgewicht.
3. Ein Strategieprofil, das alle anderen Strategieprofile Pareto-dominiert, ist stets ein Nash-Gleichgewicht.
4. In Koordinationsspielen können Fokalpunkte dabei helfen, sich auf ein Strategieprofil, das ein Nash-Gleichgewicht ist, zu einigen.

Block 11
1. Ein Nash-Gleichgewicht ist auch stets ein Gleichgewicht in dominanten Strategien.
2. Ein Gleichgewicht in dominanten Strategien ist auch stets ein Nash-Gleichgewicht.
3. Eine dominante Strategie ist immer eine Beste Antwort auf alle möglichen Strategieprofile der anderen Spieler.

4. Nash-Gleichgewichte in extensiven Spielen können auf unglaubwürdigen Drohungen basieren.

Block 12

1. Ein ökonomisches Spiel besteht aus einer Spezifizierung der Spieler, der Strategien sowie einer Abbildung von Strategien in Nutzenbewertungen.
2. Ein ökonomisches Spiel besteht aus einer Spezifizierung der Spieler, der Strategien, einer Abbildung von Strategien in Spielergebnisse sowie einer zweiten Abbildung von Spielergebnissen in Nutzenbewertungen.
3. Eine Reaktionsfunktion gibt die nutzenmaximierenden Strategien eines Spielers für eine Strategienkombination der anderen Spieler an.
4. Wenn für alle Spieler eine Reaktionsfunktion existiert, existiert auch ein Gleichgewicht in dominanten Strategien.

Block 13

1. Das ‚Dilemma‘ der Gefangenen im Gefangenendilemma besteht darin, dass sie aufgrund der multiplen Nash-Gleichgewichte nicht vorhersagen können, welche Strategie der andere Spieler wählen wird.
2. Koordinationsspiele besitzen multiple Nash-Gleichgewichte.
3. Wenn ein Spiel ein Gleichgewicht in dominanten Strategien besitzt, so ist dieses auch Pareto-effizient, weil jeder Spieler die Strategie mit dem höchsten Nutzen wählt.
4. Das Markteintrittsspiel in extensiver Form lässt sich auch als Spiel in Normalform darstellen.

Block 14

Betrachten Sie das Spiel in Tab. 9.6, bei welchem die Strategienmengen für Spieler 1 $\{A, B\}$ und für Spieler 2 $\{C, D\}$ sind.

1. In diesem Spiel gibt es multiple Nash-Gleichgewichte.
2. Das (die) Nash-Gleichgewicht(e) ist (sind) Pareto-effizient.
3. Das Strategieprofil (A, C) dominiert das Strategieprofil (B, D) im Sinne von Pareto.
4. Nicht alle Besten Antworten sind eindeutig.

Block 15

Es gebe zwei Spieler (1 und 2) mit den Strategiemengen $S_1 = \{O, U\}$ und $S_2 = \{L, R\}$.

Tab. 9.6 Block 14. Ein Spiel in Normalform

		Spieler 2	
		C	D
Spieler 1	A	5, 4	3, 3
	B	4, 4	4, 5

Tab. 9.7 Block 15, Aussage 1

| | | Spieler 2 | |
		L	R
Spieler 1	O	10, 10	3, 4
	U	4, 3	5, 5

Tab. 9.8 Block 15, Aussage 2

| | | Spieler 2 | |
		L	R
Spieler 1	O	10, 10	5, 5
	U	4, 4	5, 5

Tab. 9.9 Block 15, Aussage 3

| | | Spieler 2 | |
		L	R
Spieler 1	O	8, 9	9, 8
	U	9, 8	8, 9

Tab. 9.10 Block 15, Aussage 4

| | | Spieler 2 | |
		L	R
Spieler 1	O	10, 10	7, a
	U	a, 7	8, 8

1. Siehe Tab. 9.7: In diesem Spiel gibt es multiple Nash-Gleichgewichte, von denen (O, L) Pareto-dominant ist.
2. Siehe Tab. 9.8: In diesem Spiel gibt es ein Pareto-effizientes Nash-Gleichgewicht.
3. Siehe Tab. 9.9: In diesem Spiel gibt es multiple Nash-Gleichgewichte.
4. Siehe Tab. 9.10: Sei $a > 0$. Dann stellt dieses Spiel ein Gefangenendilemma dar.

Block 16

1. Das Nash-Gleichgewicht im Gefangenendilemma ist Pareto-ineffizient.
2. Das Unsichtbare-Hand-Spiel hat multiple Nash-Gleichgewichte.
3. Das Markteintrittsspiel in Normalform hat ein eindeutiges Nash-Gleichgewicht.
4. Kollektive und individuelle Rationalität stimmen im Gefangenendilemma nicht überein.

Block 17

Es gebe zwei Spieler (1 und 2) mit den Strategiemengen $S_1 = \{O, U\}$ und $S_2 = \{L, R\}$. Das Spiel in Normalform wird in der Tab. 9.11 dargestellt. Wir nehmen an, dass $a \geq 0, b \geq 0, c \geq 0, d \geq 0$.

1. Wenn $a > c$ und $b > d$ hat Spieler 2 eine dominante Strategie.
2. (O, R) kann kein Gleichgewicht in dominanten Strategien sein.

Tab. 9.11 Block 17

		Spieler 2	
		L	R
Spieler 1	O	a, a	b, b
	U	c, c	d, d

Tab. 9.12 Block 1. Markteintrittsspiel

		Spieler 2	
		Kampf	kein Kampf
Spieler 1	Markteintritt	$-10, -10$	$\underline{1}, \underline{1}$
	kein Markteintritt	$\underline{0}, \underline{100}$	$0, \underline{100}$

3. Wenn $d = a$, gibt es multiple Nash-Gleichgewichte.
4. Ein Gefangenendilemma lässt sich für keine der möglichen Werte von a, b, c und d darstellen.

Block 18
1. Eine gemischte Strategie ist eine Wahrscheinlichkeitsverteilung über die reinen Strategien, die einem Spieler zur Verfügung stehen.
2. Gemischte Strategien sind von besonderer Relevanz für Spiele in extensiver Form, da sie garantieren, dass ein Nash-Gleichgewicht existiert.
3. Ein Nash-Gleichgewicht ist Pareto-dominant, wenn es fokal ist.
4. Bei Kooperationsproblemen handelt es sich um Metaphern für Situationen, in denen gegenseitige Externe Effekte bestehen.

9.1.2   Lösungen

Musterlösung für Block 1
Vgl. Abschn. 9.5, in dem ein nahezu identisches Spiel diskutiert wird. Zur Bestimmung sämtlicher Nash-Gleichgewichte in sequenziellen Spielen ist es überdies meist hilfreich, das Spiel in Matrixform darzustellen. Die Auszahlungen für die jeweils besten Antworten der Spieler sind in Tab. 9.12 unterstrichen.

1. **Wahr.**
2. **Falsch.**
3. **Falsch.**
4. **Wahr.**

Musterlösung für Block 2
Siehe Tab. 9.13. Daraus wird ersichtlich, dass keiner der Spieler eine dominante Strategie hat (vgl. Definition 9.2 in Abschn. 9.3) und (O, R) sowie (U, L) die Nash-Gleichgewicht des Spiels sind.

1. **Falsch.**
2. **Falsch.**

Tab. 9.13 Block 2. Eine 2 × 2 Matrix

		Spieler 2	
		L	R
Spieler 1	O	$-1, -1$	$\underline{15}, \underline{0}$
	U	$\underline{0}, \underline{15}$	$-10, -10$

Tab. 9.14 Block 3, Aussage 4. Ein Spiel in Normalform

		Spieler 2			
		OO	OU	UO	UU
Spieler 1	Y	$1, 0$	$1, 0$	$1, \underline{1}$	$1, \underline{1}$
	X	$\underline{1}, 1$	$1, 2$	$\underline{1}, 1$	$\underline{1}, 2$

3. **Falsch.**
4. **Falsch.**

Musterlösung für Block 3

1. **Falsch.** Die Strategiemengen der Spieler sind $S_1 = \{Y, X\}$ für Spieler 1 und $S_2 = \{OO, OU, UO, UU\}$ für Spieler 2.
2. **Wahr.** (i) Spieler 1 spielt Y: Folglich spielt Spieler 2 U, da sein Nutzen dadurch 1 beträgt und grösser als 0 ist. (ii) Spieler 1 spielt X: Folglich spielt Spieler 2 U, da sein Nutzen dadurch 2 beträgt und grösser als 1 ist.
3. **Falsch.** Spieler 1 ist vor Spieler 2 am Zug. Es handelt sich somit offensichtlich nicht um ein simultanes Spiel. Vgl. Abschn. 9.4 und 9.5.
4. **Wahr.** Es handelt sich dabei um dasselbe Spiel, lediglich in Matrixform dargestellt (Tab. 9.14).

Musterlösung für Block 4

1. **Wahr.** Vgl. Abschn. 9.3.
2. **Wahr.** Die Strategie *annehmen* ist die dominante Strategie von Spieler B. Wenn Spieler A einen Betrag $Z > $ CHF 0 anbietet, so ist dieser stets grösser als die Auszahlung bei Ablehnung des Angebots, welche CHF 0 beträgt. Wenn Spieler A CHF 0 anbietet, so ist Spieler B indifferent zwischen Annahme und Ablehnung des Angebots. Sowohl *annehmen* als auch *ablehnen* sind in diesem Fall Beste Antworten von Spieler B. Spieler A antizipiert dies und wählt den Betrag so, dass seine eigene Auszahlung maximiert wird: Er wählt CHF 0.
3. **Falsch.** Nicht jedes Spiel in Normalform hat ein Nash-Gleichgewicht in reinen Strategien, aber jedes Spiel hat mindestens ein Nash-Gleichgewicht. Vgl. Ergebnis 9.1 in Abschn. 9.4.
4. **Wahr.** Vgl. Exkurs 9.6 in Abschn. 9.5.

Musterlösung für Block 5

1. **Falsch.** Es handelt sich dabei nicht um ein Gleichgewicht, da beide Spieler einen Anreiz haben, von der vereinbarten Strategie abzuweichen. Vgl. Abschn. 9.4.2.
2. **Wahr.** Es handelt sich hierbei um das Nash-Gleichgewicht. Vgl. Abschn. 9.4.2.

3. **Wahr.** Da es multiple Nash-Gleichgewichte gibt, kann auf Basis der Idee des Nash-Gleichgewichts allein keine Vorhersage über das Verhalten der Spieler gemacht werden. Zudem gibt es auch kein Pareto-dominantes Gleichgewicht, welches helfen könnte, eine Vorhersage zu machen. Vgl. Abschn. 9.4.1.

4. **Wahr.** Die beste Antwort eines jeden Spielers ist es, stets dieselbe Strategie wie der andere Spieler zu spielen. Vgl. Abschn. 9.4.1 sowie Definition 9.4 in Abschn. 9.4.

Musterlösung für Block 6

1. **Falsch.** Wenn für alle Spieler eine Reaktionsfunktion existiert, existiert zwar stets ein Nash-Gleichgewicht, jedoch nicht zwingend in reinen Strategien. Vgl. Exkurs 9.2 in Abschn. 9.4.

2. **Falsch.** Wenn jede Strategiekombination zum selben Nutzenniveau führt, bildet jede Strategiekombination ein Nash-Gleichgewicht ab. Allerdings lässt sich keine Aussage darüber machen, auf welches Gleichgewicht sich die beiden Spieler einigen werden (Koordinationsproblem). Vgl. Abschn. 9.4.1.

3. **Falsch.** Siehe Tab. 9.15. Es gibt weder für Fahrer 1 noch für Fahrer 2 eine dominante Strategie. Vgl. Definition 9.2 in Abschn. 9.3 sowie Definition 9.4 in Abschn. 9.4.

4. **Wahr.** Siehe Tab. 9.15. (L, L) und (R, R) sind Nash-Gleichgewichte dieses Spiels.

Musterlösung für Block 7

Betrachten Sie die Darstellung des Spiels in Normalform in Tab. 9.16.

1. **Falsch.** Strategie O ist für Spieler 1 dominant. Vgl. Definition 9.2 in Abschn. 9.3.
2. **Falsch.** L ist keine Beste Antwort von Spieler 2 auf U.
3. **Wahr.** (O, L) ist das einzige Nash-Gleichgewicht in reinen Strategien in diesem Spiel.
4. **Falsch.** U ist keine Beste Antwort von Spieler 1 auf R.

Tab. 9.15 Block 6, Aussagen 3 & 4. Ein Spiel in Normalform

		Fahrer 2	
		L	R
Fahrer 1	L	10, 10	$-10, -10$
	R	$-10, -10$	10, 10

Tab. 9.16 Block 7. Ein Spiel in Normalform

		Spieler 2	
		L	R
Spieler 1	O	100, 100	50, 0
	U	100, 100	0, 150

Tab. 9.17 Block 8, Aussage 2. Ein Spiel in Normalform

		Spieler 2	
		L	R
Spieler 1	O	1, 1	3, $\underline{3}$
	U	$\underline{2}$, 2	$\underline{4}$, $\underline{4}$

Tab. 9.18 Block 8, Aussage 3. Ein Spiel in Normalform

		Spieler 2	
		L	R
Spieler 1	O	$\underline{4}$, $\underline{4}$	3, 3
	U	2, 2	$\underline{4}$, $\underline{4}$

Tab. 9.19 Block 8, Aussage 4. Ein Spiel in Normalform

		Spieler 2	
		L	R
Spieler 1	O	1, 1	$\underline{3}$, $\underline{3}$
	U	$\underline{2}$, $\underline{2}$	1, 1

Tab. 9.20 Block 9, Aussage 3. Ein Spiel in Normalform

		Spieler 2			
		$b_1 b_3$	$b_1 b_4$	$b_2 b_3$	$b_2 b_4$
Spieler 1	a_1	$\underline{4}$, $\underline{4}$	$\underline{4}$, $\underline{4}$	2, 2	2, 2
	a_2	3, 3	$\underline{4}$, $\underline{4}$	$\underline{3}$, 3	$\underline{4}$, $\underline{4}$

Musterlösung für Block 8

1. **Falsch.** Nicht jedes Spiel in Normalform hat ein Nash-Gleichgewicht in reinen Strategien. Aber: Jedes Spiel mit einer endlichen Anzahl von Spielern und einer endlichen Anzahl von reinen Strategien besitzt mindestens ein Nash-Gleichgewicht (mitunter in gemischten Strategien). Vgl. Exkurs 9.2 in Abschn. 9.4.
2. **Wahr.** (U, R) ist ein Gleichgewicht in dominanten Strategien (siehe Tab. 9.17).
3. **Falsch.** Das Spiel hat zwei Nash-Gleichgewichte in reinen Strategien (O, L) und (U, R) (siehe Tab. 9.18).
4. **Wahr.** (O, R) und (U, L) sind Nash-Gleichgewichte (siehe Tab. 9.19).

Musterlösung für Block 9

1. **Falsch.** Die Strategiemengen sind $S_1 = \{a_1, a_2\}$ für Spieler 1 und $S_2 = \{b_1 b_3, b_1 b_4, b_2 b_3, b_2 b_4\}$ für Spieler 2.
2. **Wahr.** Jedes Spiel in extensiver Form hat mindestens ein Nash-Gleichgewicht in reinen Strategien. Vgl. Abschn. 9.5, insbesondere Exkurs 9.6 in Abschn. 9.5.
3. **Wahr.** $(a_1, b_1 b_3)$, $(a_1, b_1 b_4)$, $(a_2, b_1 b_4)$ und $(a_2, b_2 b_4)$ sind Nash-Gleichgewichte in reinen Strategien (siehe Tab. 9.20).
4. **Falsch.** Es gibt drei Nash-Gleichgewichte: $(a_1, b_1 b_3)$, $(a_1, b_1 b_4)$ und $(a_2, b_2 b_3)$ (siehe Tab. 9.21).

Tab. 9.21 Block 9, Aussage
4. Ein Spiel in Normalform

		Spieler 2			
		$b_1 b_3$	$b_1 b_4$	$b_2 b_3$	$b_2 b_4$
Spieler 1	a_1	$\underline{4}, \underline{4}$	$\underline{4}, \underline{4}$	$2, 2$	$\underline{2}, 2$
	a_2	$3, \underline{3}$	$1, 1$	$\underline{3}, \underline{3}$	$1, 1$

Musterlösung für Block 10

1. **Falsch.** Rückwärtsinduktion ist ein Konzept, mithilfe dessen unglaubwürdige Drohungen als Teil eines Gleichgewichts identifiziert und ausgeschlossen werden können. Vgl. Abschn. 9.5.
2. **Wahr.** Vgl. Definition 9.3 in Abschn. 9.4.
3. **Wahr.** Wenn ein Strategieprofil alle anderen Strategieprofile Pareto-dominiert, muss ein einseitiges Abweichen davon den Spieler schlechter stellen. Somit muss es sich um ein Nash-Gleichgewicht handeln. Vgl. Abschn. 9.4.
4. **Wahr.** Vgl. Ausführungen zu fokalen Strategien in Abschn. 9.4.1.

Musterlösung für Block 11

1. **Falsch.** Vgl. Definitionen 9.3 und 9.4 in Abschn. 9.4.
2. **Wahr.** Vgl. Definitionen 9.3 und 9.4 in Abschn. 9.4.
3. **Wahr.** Vgl. Definition 9.2 in Abschn. 9.3.
4. **Wahr.** Vgl. Ausführungen zu unglaubwürdigen Drohungen im Markteintrittsspiel in Abschn. 9.5.

Musterlösung für Block 12

1. **Wahr.** Vgl. Abschn. 9.3.
2. **Wahr.** Vgl. Abschn. 9.3.
3. **Falsch.** Nicht „für eine" sondern „für alle möglichen Strategienkombinationen". Vgl. Definition 9.1 in Abschn. 9.3.
4. **Falsch.** Eine besondere Art der Besten Antwort ist die dominante Strategie, die allerdings nicht in jedem Spiel existiert. Es gibt in wenigen Spielen ein Gleichgewicht in dominanten Strategien. Vgl. Definition 9.4 in Abschn. 9.4.

Musterlösung für Block 13

1. **Falsch.** Das ‚Dilemma' der Gefangenen im Gefangenendilemma besteht darin, dass das Strategieprofil im Nash-Gleichgewicht das einzig nicht-Pareto-effiziente Strategieprofil darstellt. Vgl. Abschn. 9.4.2.
2. **Wahr.** Vgl. Abschn. 9.4.3.
3. **Falsch.** Gegenbeispiel: Gefangenendilemma. Vgl. Tab. 9.7 in Abschn. 9.4.2.
4. **Wahr.** Ein Spiel in extensiver Form lässt sich immer auch in Normalform darstellen. Vgl. Abschn. 9.5.

Musterlösung für Block 14

1. **Wahr.** Sowohl (A, C) as auch (B, D) sind Nash-Gleichgewichte. Vgl. Abschn. 9.4.1.
2. **Wahr.** Vgl. Abschn. 9.4.
3. **Falsch.** Vgl. Definition 9.5 in Abschn. 9.4.
4. **Falsch.** $BR_1(C) = A$, $BR_1(D) = B$, $BR_2(A) = C$, $BR_2(B) = D$.

Musterlösung für Block 15

1. **Wahr.** Vgl. Definition 9.5 in Abschn. 9.4.
2. **Wahr.** (O, L) und (U, R) sind Nash-Gleichgewichte, von denen aber nur (O, L) Pareto-effizient ist. Also gibt es ein Pareto-effizientes Nash-Gleichgewicht. Vgl. Abschn. 9.4.
3. **Falsch.** Es gibt nur ein Gleichgewicht (in gemischten Strategien).
4. **Falsch.** Das ist abhängig vom Wert $a > 0$.
   - Wenn $a > 10$, dann gibt es drei Pareto-effiziente Strategieprofile, von denen keines ein Nash-Gleichgewicht ist, aber ein nicht Pareto-effizientes Strategieprofil (U, R), dass ein Nash-Gleichgewicht ist. Das ist kennzeichnend für ein Gefangenendilemma.
   - Wenn $a < 10$, dann gibt es zwei Nash-Gleichgewichte, (O, L) und (U, R).

Musterlösung für Block 16

1. **Wahr.** Vgl. Abschn. 9.4.2.
2. **Falsch.** Das ‚Unsichtbare-Hand-Spiel' hat ein eindeutiges Nash-Gleichgewicht. Vgl. Abschn. 9.4.
3. **Falsch.** Das Markteintrittsspiel in Normalform hat zwei Nash-Gleichgewichte. Vgl. Abschn. 9.5.
4. **Wahr.** Vgl. Abschn. 9.4.2.

Musterlösung für Block 17

1. **Falsch.** Wenn $a > c$ und $b > d$, hat Spieler 1 eine dominante Strategie.
2. **Falsch.** Wenn $b > a > d > c$, haben beide Spieler eine dominante Strategie.
3. **Falsch.** Wenn $b > a > c$, gibt es ein eindeutiges Nash-Gleichgewicht.
4. **Wahr.** Hierzu benötigen wir eine andere Auszahlungsmatrix.

Musterlösung für Block 18

1. **Wahr.** Vgl. Abschn. 9.4.
2. **Falsch.** Das Theorem von Zermelo besagt, dass in jedem Spiel in extensiver Form ein Gleichgewicht in reinen Strategien existiert. Vgl. Abschn. 9.5.
3. **Falsch.** Es kann vorkommen, dass ein Pareto-dominantes Nash-Gleichgewicht auch fokal ist. Das ist aber nicht das Kriterium für ein Pareto-dominantes Nash-Gleichgewicht. Vgl. Abschn. 9.4.
4. **Wahr.** Vgl. Abschn. 9.4.

9.2   Offene Fragen

9.2.1   Aufgaben

Aufgabe 1
Betrachten Sie die folgenden Spiele in Normalform. Bestimmen Sie

- die Besten Antworten der Spieler,
- die Nash-Gleichgewichte in reinen Strategien,
- die Nash-Gleichgewichte in dominanten Strategien,
- die Pareto-effizienten Nash-Gleichgewichte,
- die Pareto-dominanten Nash-Gleichgewichte.

Verdeutlichen Sie die Auszahlungen in einer geeigneten Graphik.

1. *Matching Pennies* (siehe Tab. 9.22)
   Die beiden Spieler 1 und 2 haben je einen Penny, welchen beide verdeckt entweder auf Kopf oder Zahl legen. Danach offenbaren beide gleichzeitig ihre Wahl. Wenn die Münzseiten identisch sind (entweder beide Kopf oder beide Zahl), gewinnt Spieler 1. Wenn die Münzseiten unterschiedlich sind, gewinnt Spieler 2.
2. Das *Chicken Game* (siehe Tab. 9.23)
   Zwei Rowdies fahren auf einer Strasse direkt aufeinander zu. Keiner der beiden möchte ausweichen. Jeder Spieler entscheidet, ob er auf der Strasse bleibt (Strategie *S*) oder nach links abbiegt (Strategie *C*).
3. *Komparativer Vorteil oder das ‚Unsichtbare-Hand Spiel‘* (siehe Tab. 9.24)
   Spieler 1 und 2 können wählen, ob sie lieber Tomaten oder Pflaumen anbauen möchten.

Tab. 9.22 Aufgabe 1.1.
Matching Pennies

		Spieler 2	
		Kopf	Zahl
Spieler 1	Kopf	$1, -1$	$-1, 1$
	Zahl	$-1, 1$	$1, -1$

Tab. 9.23 Aufgabe 1.2. Das
Chicken Game

		Spieler 2	
		S	C
Spieler 1	S	$1, 1$	$8, 2$
	C	$2, 8$	$5, 5$

Tab. 9.24 Aufgabe 1.3.
Komparativer Vorteil

		Spieler 2	
		P	T
Spieler 1	P	$2, 4$	$1, 1$
	T	$5, 5$	$4, 2$

Tab. 9.25 Aufgabe 1.4. Das
Assurance Game

		Spieler 2	
		E	L
Spieler 1	E	4, 4	1, 2
	L	2, 1	3, 3

Tab. 9.26 Aufgabe 1.5.
Spiel um ein öffentliches Gut

		Spieler 2	
		N	B
Spieler 1	N	2, 2	5, 1
	B	1, 5	3, 3

4. Das *Assurance Game* (siehe Tab. 9.25)

> "The process of economic development has for the most part bypassed the two hundred or so families that make up the village of Palanpur. They have remained poor, even by Indian standards. [...] Palanpur farmers sow their winter crops several weeks after the date at which yields would be maximized. The farmers do not doubt that earlier planting would give them larger harvest, but no one [...] is willing to be the first to plant, as the seeds on any alone plot would be quickly eaten by birds."[1]

Nehmen Sie an, dass es nur zwei Farmer gibt. Die Strategien der Spieler sind frühes (E) oder spätes (L) Säen.

5. *Spiel um ein öffentliches Gut* (siehe Tab. 9.26)
Zwei Nachbarn möchten eine Strassenlaterne erwerben (ein lokales öffentliches Gut). Die Laterne wird erworben, sobald sich zumindest einer der beiden Nachbarn bereit erklärt, die Kosten dafür zu übernehmen. Sollten dies beide tun, so teilen sie sich die Kosten. Jeder Spieler entscheidet, ob er zu den Kosten beitragen möchte (B) oder nicht (N).

Aufgabe 2

Am frühen Morgen, nach einem rauschenden WG-Fest, sitzen Felix und Mona in der Küche vor der letzten verbliebenen Flasche Bier. Den Nutzen aus dem Getränk bewerten beide mit $Z = 10$. Da sie sich nicht einigen können, wer diese letzte Flasche Bier trinken darf, schlägt Mona ein Spiel vor: Sie warten, bis der (die) Erste freiwillig verzichtet. Jede Minute Wartezeit bis zum Genuss der Flasche (in Minuten) bewerten beide mit 1. Jede gewartete Minute reduziert den Nettonutzen der beiden um eine Einheit. Somit wäre zum Beispiel Monas Nettonutzen 6, wenn Felix nach 4 min aufgeben würde, während Felix Nettonutzen -4 wäre. Gehen Sie bei der Analyse des Spiels davon aus, dass beide die Zeit, die sie warten wollen (t_M, t_F) verdeckt auf einen Zettel schreiben. Beide decken den Zettel anschliessend gleichzeitig auf. Beide Spieler warten dann die Zeit, die auf dem Zettel des

---

[1] Samuel Bowles (2003). Microeconomics: Behavior, Institutions and Evolution, Princeton: Princeton University Press, p. 23.

verlierenden Spielers notiert wurde, bevor der (die) andere das Bier trinkt. Wenn beide gleich lang warten wollen, wird fair gelost, wer gewinnt.

1. Beschreiben Sie die Auszahlung von Mona in Abhängigkeit der Strategien beider Spieler, $u_M(t_F, t_M)$.
2. Finden Sie Monas Beste Antworten (BR_M) auf
   (a) $t_F = 5$,
   (b) $t_F = 15$,
   (c) $t_F = 10$.
3. Sind die folgenden Strategieprofile Nash-Gleichgewichte?
   (a) $(t_F, t_M) = (5, 6)$,
   (b) $(t_F, t_M) = (15, 0)$,
   (c) $(t_F, t_M) = (10, 100)$.

Aufgabe 3
Betrachten Sie die Spiele in extensiver Form in Abb. 9.5 und 9.6. Bestimmen Sie jeweils

1. die Strategiemengen der Spieler,
2. die Normalformrepräsentation der Spiele,
3. alle Nash-Gleichgewichte,
4. die Anzahl der Teilspiele.
5. Finden Sie alle Nash-Gleichgewichte, welche durch Rückwärtsinduktion eliminiert werden können.

Aufgabe 4
In seinem Roman *Die Geschichte der Drei Reiche* erzählt Luo Guanzhong unter anderem die Geschichte der Generäle Kongming und Cao Cao (ungefähr um 200 AD). General Cao Cao ist auf der Flucht vor General Kongming. Dabei muss er sich zwischen einer einfachen und einer gefährlichen Strasse als Fluchtweg

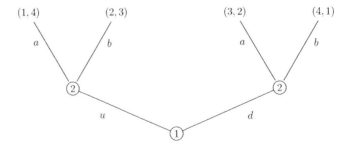

Abb. 9.5 Aufgabe 3. Ein sequenzielles Spiel

Abb. 9.6 Aufgabe 3.
Tausendfüsser-Spiel

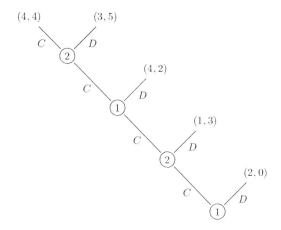

entscheiden. General Kongming hat bereits seine Lager so auf der gefährlichen Strasse aufgeschlagen, dass die Lagerfeuer von Cao Cao gesehen werden können.[2]

1. Welchen Fluchtweg wird Cao Cao wählen, wenn er sich überhaupt nicht strategisch verhält? Wird seine Flucht gelingen?
2. Nehmen Sie nun an, dass Cao Cao weiss, dass Kongming weiss, dass er in der Lage ist, die Lagerfeuer zu sehen. Ändert sich seine Fluchtstrategie?
3. Nehmen Sie nun an, dass Cao Cao weiss, dass Kongming weiss, dass Cao Cao weiss, dass Kongming weiss, dass er in der Lage ist, die Lagerfeuer zu sehen. Ändert sich seine Fluchtstrategie?

In *Die Geschichte der Drei Reiche* entscheidet sich Cao Cao für die Flucht auf der gefährlichen Strassen, weil er annimmt, dass Kongming versucht, ihn auf die einfache Strasse zu locken. Kongming erahnt aber diese Reaktion Cao Caos und wartet auf der gefährlichen Strasse auf ihn, wo er Cao Cao gefangen nimmt.

4. Erklären Sie, wie Common Knowledge in dieser Situation aussehen würde. Wie ginge die Geschichte aus, wenn Common Knowledge herrschen würde?

Aufgabe 5
Bitte bearbeiten Sie die folgenden Aufgaben.

1. Erklären Sie das Konzept der gemischten Strategien.
2. Nun, da Sie mit dem Konzept der gemischten Strategien vertraut sind, überlegen Sie, ob jedes Spiel ein Nash-Gleichgewicht hat.

---

[2] „Gefährlich" und „einfach" sind hier beschreibend zu verstehen und haben keinen Einfluss auf Cao Caos Erfolgswahrscheinlichkeit.

3. Was ist das Nash-Gleichgewicht in gemischten Strategien im Spiel ‚Schere, Stein, Papier' dargestellt in Tab. 9.4 in Abschn. 9.4? Erklären Sie!
4. Finden Sie drei Spiele, die kein Nash-Gleichgewicht in reinen Strategien haben.

Aufgabe 6
1. Beschreiben Sie die Problematik multipler Nash-Gleichgewichte in einem Spiel.
2. Was sind mögliche Lösungsansätze für das Koordinationsproblem in solch einem Spiel?
3. Erklären Sie das Konzept fokaler Strategien, und nennen Sie ein Beispiel für ein fokales Gleichgewicht.
4. Was ist ein ein Pareto-dominantes Nash-Gleichgewicht? Erläutern Sie das Konzept mit einem Spiel Ihrer Wahl.
5. Erklären Sie Social-Media-Plattformen und die QWERTY-Tastatur als Resultat eines Koordinationsproblem. Finden Sie andere alltägliche Gegenstände, die von Koordinationsproblemen geprägt wurden.

9.2.2 Lösungen

Lösung zu Aufgabe 1
Allgemeine Bemerkungen zu Pareto-Effizienz und Pareto-Dominanz: Ein Nash-Gleichgewicht ist

- Pareto-effizient, falls vom entsprechenden Strategieprofil aus keine weiteren Pareto-Verbesserungen möglich sind (vgl. Definition 5.3 in Abschn. 5.1). Dieses Kriterium gilt hinsichtlich sämtlicher Strategieprofile in einem Spiel und nicht bloss gegenüber allfälligen weiteren Nash-Gleichgewichten.
- Pareto-dominant, falls jeder Spieler in ihm einen Nutzen erreicht, der strikt grösser als der Nutzen in allen anderen Nash-Gleichgewichten ist (vgl. Definition 9.5 in Abschn. 9.4.1). Dies impliziert, dass ein Nash-Gleichgewicht lediglich dann Pareto-dominant sein kann, wenn in dem entsprechenden Spiel multiple Nash-Gleichgewichte vorliegen.

1. *Matching Pennies* (siehe Tab. 9.27 und Abb. 9.7) Die Auszahlung, die mit der Besten Antwort verknüpft ist, ist unterstrichen. Zum Beispiel: Wenn Spieler 1 Kopf wählt, so ist die beste Antwort von Spieler 2, Zahl zu spielen. Die dazugehörige Auszahlung ist $\underline{1}$. Abb. 9.7 illustriert die Auszahlungen in Abhängigkeit von allen möglichen Strategieprofilen. Offensichtlich gibt es kein Nash-Gleichgewicht in reinen Strategien (und entsprechend auch keines in dominanten Strategien), da sich immer einer der Spieler durch einseitiges Abweichen besser stellen kann. Somit sind alle Strategieprofile auch Pareto-effizient.
2. Das *Chicken Game* (Tab. 9.28 und Abb. 9.8)
   Hier gibt es zwei Nash-Gleichgewichte in reinen, nicht-dominanten Strategien, (S, C) und (C, S). Die Nash-Gleichgewichte sind beide Pareto-effizient, wie auch das Strategieprofil (C, C) (vgl. Abb. 9.8; die Nash-Gleichgewichte sind schwarz gefärbt). Somit dominiert keines der beiden Nash-Gleichgewichte das andere.

Tab. 9.27 Aufgabe 1.1.
Matching Pennies

		Spieler 2	
		Kopf	Zahl
Spieler 1	Kopf	$\underline{1}, -1$	$-1, \underline{1}$
	Zahl	$-1, \underline{1}$	$\underline{1}, -1$

Abb. 9.7 Aufgabe 1.1.
Auszahlungen im
Matching-Pennies-Spiel

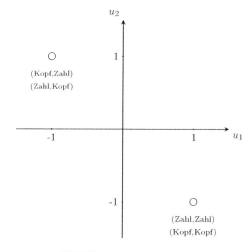

Tab. 9.28 Aufgabe 1.2. Das
Chicken Game

		Spieler 2	
		S	C
Spieler 1	S	1, 1	$\underline{8}, \underline{2}$
	C	$\underline{2}, \underline{8}$	5, 5

Abb. 9.8 Aufgabe 1.2. Das
Chicken Game

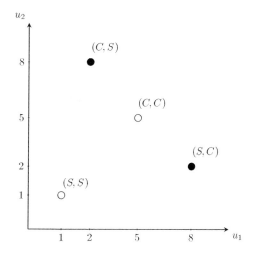

Tab. 9.29 Aufgabe 1.3.
Komparativer Vorteil oder das
Unsichtbare-Hand Spiel

		Spieler 2	
		P	T
Spieler 1	P	2, <u>4</u>	1, 1
	T	<u>5</u>, <u>5</u>	<u>4</u>, 2

Abb. 9.9 Aufgabe 1.3.
Komparativer Vorteil oder das
Unsichtbare-Hand Spiel

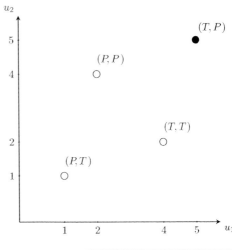

Tab. 9.30 Aufgabe 1.4 Das
Assurance Game

		Spieler 2	
		E	L
Spieler 1	E	<u>4</u>, <u>4</u>	1, 2
	L	2, 1	<u>3</u>, <u>3</u>

3. *Komparativer Vorteil oder das Unsichtbare-Hand Spiel* (Tab. 9.29 und Abb. 9.9)
   Es gibt ein Nash-Gleichgewicht in dominanten Strategien, (T, P), welches zudem
   auch Pareto-effizient ist.
4. Das *Assurance Game* (Tab. 9.30 und Abb. 9.10)
   Es gibt zwei Nash-Gleichgewichte in reinen, nicht-dominanten Strategien, (E, E)
   und (L, L), wobei (E, E) das einzige Pareto-effiziente Strategieprofil ist. Entsprechend ist (E, E) auch ein Pareto-dominantes Nash-Gleichgewicht.
5. *Spiel um ein öffentliches Gut* (Tab. 9.31 und Abb. 9.11)
   Es gibt ein eindeutiges Nash-Gleichgewicht in dominanten Strategien, (N, N),
   welches jedoch nicht Pareto-effizient ist. Es gibt 3 Pareto-effiziente Strategieprofile, aber keines ist ein Nash-Gleichgewicht.

Abb. 9.10 Aufgabe 1.4. Das *Assurance Game*

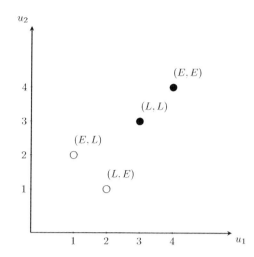

Abb. 9.11 Aufgabe 1.5. Spiel um ein öffentliches Gut

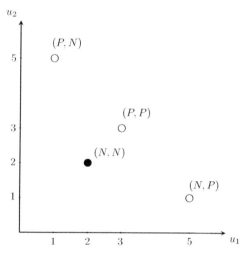

Tab. 9.31 Aufgabe 1.5 Spiel um ein öffentliches Gut

		Spieler 2	
		N	B
Spieler 1	N	2, 2	5, 1
	B	1, 5	3, 3

Lösung zu Aufgabe 2

1. Monas Auszahlungsfunktion lautet

$$u_M(t_M, t_F) = \begin{cases} -t_M & \text{für } t_M < t_F, \\ \frac{1}{2} \cdot 10 - t_M & \text{für } t_M = t_F, \\ 10 - t_F & \text{für } t_M = t_F. \end{cases}$$

2. Wenn Mona glaubt, dass $t_F = 5$, dann sollte sie länger warten, da $t_F < 10$. Wenn Mona glaubt, dass $t_F = 15$ ist, sollte sie sofort aufgeben, da $t_F > 10$. Schliesslich, wenn $t_F = 10$, kann Mona entweder sofort aufgeben oder länger warten als Felix. In jedem Fall hätte sie eine Auszahlung von null. Allgemein gilt Folgendes:

$$BR_M(t_F) = \begin{cases} 0 & \text{für } t_F > 10, \\ > t_F & \text{für } t_F < 10, \\ 0 \text{ und jede Zeit } t_M > t_F & \text{für } t_F = 10. \end{cases} \qquad (9.1)$$

3. Im Nash-Gleichgewicht müssen die Strategien wechselseitig Beste Antworten sein.

   a) Wir wissen bereits, dass eine der Besten Antworten auf $t_F = 5$ die Zeit $t_M = 6$ ist (vgl. Gl. 9.1). Was ist aber die Beste Antwort von Felix auf $t_M = 6$? Vergegenwärtigen wir uns nochmals die Aufgabenstellung. Offensichtlich haben beide Spieler identische Strategiemengen und ziehen identischen Nutzen aus Zeit und Bierkonsum. Somit liegt ein *symmetrisches* Spiel vor, und wir können die Reaktionsfunktion von Felix aufschreiben, indem wir bei Monas Reaktionsfunktion t_M und t_F vertauschen. Wir erhalten

$$BR_F(t_M) = \begin{cases} 0 & \text{für } t_M > 10, \\ > t_M & \text{für } t_M < 10, \\ 0 \text{ und jede Zeit } t_F > t_M & \text{für } t_M = 10. \end{cases} \qquad (9.2)$$

   Somit gilt, dass $BR_F(t_M = 6) > 6$. Das heisst, dass $(t_F, t_M) = (5, 6)$ kein Nash-Gleichgewicht sein kann.

   b) Wir wissen bereits, dass $t_M = 0$ die Beste Antwort von Mona auf $t_F = 15$ ist. Was ist nun aber die Beste Antwort von Felix auf $t_M = 0$? Ein Blick auf Gl. (9.2) liefert uns die Antwort: $BR_F(t_M = 0) > 0$. Somit ist $(t_F, t_M) = (15, 0)$ ein Nash-Gleichgewicht.

   c) Wir wissen bereits, dass $t_M = 100$ eine der Besten Antworten von Mona auf $t_F = 10$ ist. Was ist nun aber die Beste Antwort von Felix auf $t_M = 100$? Ein Blick auf Gl. (9.2) liefert uns die Antwort: $BR_F(t_M = 100) = 0$. Somit ist $(t_F, t_M) = (10, 100)$ kein Nash-Gleichgewicht.

Lösung zu Aufgabe 3

Zum Spiel in Abb. 9.5 stellen wir Folgendes fest:

1. Spieler 1 hat die Strategien $S_1 = \{u, d\}$, Spieler 2 $S_2 = \{aa, ab, ba, bb\}$.
2. Die Normalformdarstellung ist in Tab. 9.32 wiedergegeben.
3. Das Spiel hat zwei Nash-Gleichgewichte in reinen Strategien, (d,aa) und (d,ba) (siehe Tab. 9.32).
4. Das Spiel hat drei Teilspiele.
5. (d, ba) wird durch Rückwärtsinduktion eliminiert, da es auf einem nicht glaubwürdigen Versprechen basiert: Spieler 2 verspricht b zu wählen, wenn 1 u spielt.

Tab. 9.32 Aufgabe 3.2. Ein sequenzielles Spiel

		Spieler 2			
		aa	ab	ba	bb
Spieler 1	u	1, $\underline{4}$	1, $\underline{4}$	2, 3	2, 3
	d	$\underline{3}$, 2	$\underline{4}$, 1	$\underline{3}$, 2	$\underline{4}$, 1

Tab. 9.33 Aufgabe 3.2. Tausendfüsser-Spiel

		Spieler 2			
		CC	CD	DD	DC
Spieler 1	CC	$\underline{4}$, 4	3, $\underline{5}$	1, 3	1, 3
	CD	$\underline{4}$, 2	$\underline{4}$, 2	1, $\underline{3}$	1, $\underline{3}$
	DD	$\underline{2}$, $\underline{0}$	$\underline{2}$, $\underline{0}$	$\underline{2}$, $\underline{0}$	$\underline{2}$, $\underline{0}$
	DC	$\underline{2}$, $\underline{0}$	$\underline{2}$, $\underline{0}$	$\underline{2}$, $\underline{0}$	$\underline{2}$, $\underline{0}$

Zum Spiel in Abb. 9.6 stellen wir Folgendes fest:

1. Die Strategiemenge von Spieler 1 lautet $S_1 = \{CC, CD, DD, DC\}$, die von Spieler 2 lautet $S_2 = \{CC, CD, DD, DC\}$.
2. Die Normalformdarstellung ist in Tab. 9.33 wiedergegeben.
3. Dieses Spiel hat vier Nash-Gleichgewichte in reinen Strategien: (DD, DD), (DD, DC), (DC, DD), (DC, DC) (Tab. 9.33).
4. Dieses Spiel hat vier Teilspiele.
5. (DD, DC), (DC, DD) und (DC, DC) werden durch Rückwärtsinduktion eliminiert. Alle drei beinhalten ein nicht glaubhaftes Versprechen: Dass man mindestens einmal C anstatt D spielt.

Lösung zu Aufgabe 4
Für weitere Ausführungen vgl. Abschn. 9.4.

1. Cao Cao sieht die Lagerfeuer und nimmt an, dass Kongming auf der gefährlichen Strasse auf ihn wartet. Daher entscheidet er sich für die Flucht auf der einfachen Strasse. Ob seine Flucht gelingt, hängt nun davon ab, ob Kongming strategisch gedacht hat. Falls Kongming die Lagerfeuer mit der Absicht aufgebaut hat, Cao Cao auf die einfache Strasse zu locken, wartet er unter Umständen dort auf Cao Cao und nimmt ihn gefangen.
2. Wenn Cao Cao weiss, dass Kongming weiss, dass er in der Lage ist, die Lagerfeuer zu sehen, kommt Cao Cao unter Umständen zum Schluss, dass die Lagerfeuer auf der gefährlichen Strasse eine List sind, um ihn auf die einfache Strasse zu locken. In diesem Fall wählt er wohl die schwierige Strasse als Fluchtweg in der Erwartung, dass Kongming auf der einfachen Strasse auf ihn wartet.
3. Mit einer weiteren Stufe an Wissen (d. h. Cao Cao weiss, dass Kongming weiss, dass Cao Cao weiss, dass Kongming weiss, dass Cao Cao die Lagerfeuer sehen kann) kommt Cao Cao zum Schluss, dass Kongming seine Flucht auf der schwierigen Strasse erwarten wird. Daher wählt Cao Cao die Flucht auf der einfachen Strasse.

4. Es besteht Common Knowledge über die Tatsache, dass Cao Cao die Lagerfeuer
   sieht, wenn Cao Cao weiss, dass Kongming weiss, dass Cao Cao weiss, und
   so weiter, ad infinitum, dass Cao Cao die Lagerfeuer sehen kann. Ist dies der
   Fall, dann gleicht dieses Spiel jenem der Matching Pennies (vgl. Abschn. 9.2.1 in
   diesem Arbeitsbuch). Es gibt dann kein Nash-Gleichgewicht in reinen Strategien,
   wohl aber in gemischten Strategien: Sowohl Cao Cao als auch Kongming wählen
   die einfache sowie die gefährliche Strasse mit einer Wahrscheinlichkeit von $\frac{1}{2}$.

Lösung zu Aufgabe 5

1. Die gemischte Strategie bezeichnet eine Wahrscheinlichkeitsverteilung über die
   reinen Strategien, die einem Spieler zur Verfügung stehen.
2. Vgl. Abschn. 9.4.
3. Wenn Spieler 1 jede seiner reinen Strategien mit gleicher Wahrscheinlichkeit
   wählt, dann ist der andere Spieler indifferent zwischen allen seinen reinen
   Strategien. Dies heisst aber, dass auch er bereit ist, zwischen seinen reinen
   Strategien zufällig auszuwählen. Dasselbe gilt für Spieler 1, und es ist ein Nash-
   Gleichgewicht (in gemischten Strategien), wenn beide Spieler randomisieren und
   jede reine Strategie mit Wahrscheinlichkeit $\frac{1}{3}$ wählen.
4. • Schere, Stein, Papier.
   • Elfmeterschiessen im Fussball.
   • Matching Pennies.
   • Cao Caos Flucht vor Kongming.
   • ...

Lösung zu Aufgabe 6

Für weitere Ausführungen vgl. Abschn. 9.4.1.

1. Multiple Nash-Gleichgewichte reduzieren den Vorhersagegehalt der Theorie,
   und es ist unklar, welche Handlungsempfehlungen für die einzelnen Spieler
   abgeleitet werden können.
2. Mögliche Lösungsansätze sind:
   • Koordination auf ein Gleichgewicht in dominanten Strategien, wenn ein
     solches existiert,
   • Koordination auf ein fokales Gleichgewicht, wenn ein solches existiert,
   • Koordination auf ein Pareto-dominantes Nash-Gleichgewicht, wenn ein sol-
     ches existiert.
3. Eine Strategie ist fokal, wenn sie aus einem Grund mehr auffällt, den Spielern
   also stärker ‚ins Auge springt'. Was ein Gleichgewicht oder eine Strategie fokal
   macht, ist jedoch nicht eindeutig definiert und liegt am jeweiligen Spiel und
   Kontext.
   Stellen Sie sich zwei Fussgänger vor, die sich auf dem Bürgersteig entge-
   genlaufen. Sie haben nun die Möglichkeit, sich auf der linken oder auf der
   rechten Seite zu kreuzen. Spontan tendieren die meisten Leute in Ländern mit
   Rechtsverkehr dazu, sich rechts zu halten, sich also so zu kreuzen, wie sie es
   auf der Strasse mit dem PKW tun würden, obwohl man sich ebenso gut auf

der anderen Seite kreuzen könnten. Es scheint, dass sich rechts zu kreuzen den Menschen natürlicher erscheint, und daher fokal ist.

4. Vgl. Definition 9.5 in Abschn. 9.4. Ein Beispiel ist das *Assurance Game* in Abschn. 9.2. in diesem Arbeitsbuch (siehe Tab. 9.31 und Abb. 9.10). Sowohl (E, E) als auch (L, L) sind Nash-Gleichgewichte des Spiels, aber das Gleichgewicht (E, E) ist Pareto-dominant. Ein weiteres Beispiel findet sich im Spiel ‚Treffen in New York' (vgl. Tab. 9.5 in Abschn. 9.4), welches drei Nash-Gleichgewichte hat: (GCT, GCT), (ESB, ESB), und (WS, WS). (GCT, GCT) Pareto-dominiert die anderen Nash-Gleichgewichte.

5. Die QWERTY-Tastaturbelegung wurde für die mechanische Schreibmaschine entwickelt. Für die heutige Technologie ist sie ineffizient, aber es ist ein Gleichgewicht. Die Geschichte hat die Erwartungen so beeinflusst, dass es schwierig ist, sich auf das neue, effizientere Gleichgewicht zu koordinieren. Ähnliches spielt sich bei Social Media-Plattformen ab. Dort setzt sich meistens jene Plattform durch, welche am schnellsten zu wachsen vermag. Hat sich eine Plattform erstmal durchgesetzt, ist es für Konkurrenten schwierig, diese wieder zu verdrängen, selbst wenn sie ein besseres Produkt anbieten. Das Gleiche gilt für andere Produktstandards (Steckdosen, USB-Anschlüsse) oder für (Programmier-) Sprachen – je mehr Nutzer, desto grösser die Wahrscheinlichkeit, dass sich eine Sprache durchsetzt.

9.3   Offene Fragen mit strukturierten Antworten

9.3.1   Aufgaben

Aufgabe 1
Betrachten Sie das Spiel in extensiver Form in Abb. 9.12.

1. Wie viele reine Strategien haben die Spieler?
   a) Spieler 1 hat 2 reine Strategien, Spieler 2 hat 8 reine Strategien.
   b) Spieler 1 hat 4 reine Strategien, Spieler 2 hat 2 reine Strategien.
   c) Spieler 1 hat 2 reine Strategien, Spieler 2 hat 4 reine Strategien.
   d) Spieler 1 hat 4 reine Strategien, Spieler 2 hat 4 reine Strategien.
   e) Keine der obigen Antworten ist richtig.
2. Bestimmen Sie alle Nash-Gleichgewichte (in reinen Strategien) in diesem Spiel.
   a) Die Menge der Nash-Gleichgewichte ist $\{(a_1, b_1b_4)\}$.
   b) Die Menge der Nash-Gleichgewichte ist $\{(a_2, b_2b_3), (a_1, b_1b_3)\}$.
   c) Die Menge der Nash-Gleichgewichte ist $\{(a_1, b_1b_3), (a_2, b_2b_3), (a_1, b_2b_4)\}$.
   d) Die Menge der Nash-Gleichgewichte ist $\{(a_2, b_2b_4)\}$.
   e) Keine der obigen Antworten ist richtig.
3. Bestimmen Sie alle dominanten Strategien in diesem Spiel.
   a) Keiner der Spieler hat eine dominante Strategie.
   b) Spieler 1 hat die dominante Strategie a_1, Spieler 2 hat keine dominante Strategie.

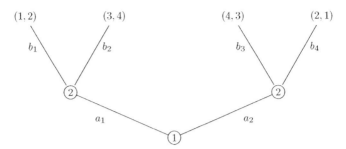

Abb. 9.12 Aufgabe 1. Ein sequenzielles Spiel

Tab. 9.34 Aufgaben 2.1 &
2.2. Spiel in Normalform

		Spieler 2		
		L	Z	R
Spieler 1	O	2, 2	2, 2	1, 1
	M	2, 2	2, 2	1, 1
	U	1, 1	1, 1	1, 1

   c) Spieler 1 hat die dominante Strategie a_1, Spieler 2 hat die dominante Strategie $b_2 b_4$.

   d) Spieler 1 hat keine dominante Strategie, Spieler 2 hat die dominante Strategie $b_2 b_3$.

   e) Keine der obigen Antworten ist richtig.

4. Bestimmen Sie durch Rückwärtsinduktion alle Gleichgewichte, die keine unglaubwürdige Drohung enthalten.

   a) Die Menge der Gleichgewichte ist $\{(a_1, b_1 b_4), (a_1, b_2 b_4)\}$.

   b) Die Menge der Gleichgewichte ist $\{(a_2, b_2 b_3)\}$.

   c) Die Menge der Gleichgewichte ist $\{(a_1, b_2 b_4)\}$.

   d) Die Menge der Gleichgewichte ist $\{(a_2, b_1 b_3)\}$.

   e) Keine der obigen Antworten ist richtig.

Aufgabe 2

Betrachten Sie das Spiel in Normalform in Tab. 9.34.

1. Bestimmen Sie die Nash-Gleichgewichte dieses Spiels.

   a) Die Strategienpaare (O, L), (O, Z), (M, L) und (M, Z) sind Nash-Gleichgewichte des Spiels.

   b) Die Strategienpaare (O, L), (O, Z), (M, L), (M, Z) und (U, R) sind Nash-Gleichgewichte des Spiels.

   c) Das Spiel besitzt keine Nash-Gleichgewichte.

   d) Das Auszahlungspaar $(2, 2)$ ist das Nash-Gleichgewicht des Spiels.

   e) Keine der obigen Antworten ist richtig.

Abb. 9.13 Aufgaben 2.3 &
2.4. Ein Spielbaum

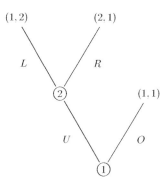

2. Bestimmen Sie die Gleichgewichte in dominanten Strategien dieses Spiels.
   a) Die Strategienpaare (O, L), (O, Z), (M, L) und (M, Z) sind Gleichgewichte in
      dominanten Strategien des Spiels.
   b) Das Spiel besitzt kein Gleichgewicht in dominanten Strategien.
   c) Die Strategienpaare (O, L), (O, Z), (M, L), (M, Z) und (U, R) sind Gleichge-
      wichte in dominanten Strategien des Spiels.
   d) Das Gleichgewichtskonzept kann für dieses Spiel nicht angewendet werden.
   e) Keine der obigen Antworten ist richtig.
   Betrachten Sie das Spiel in extensiver Form in Abb. 9.13.
3. Bestimmen Sie die Strategien der Spieler.
   a) Spieler 1 hat die Strategien {U, O}. Spieler 2 hat die Strategien {L, R}.
   b) Spieler 1 hat die Strategien {U, O, L}, {O, U, R}, {U, O, R}, {O, U, L}.
      Spieler 2 hat die Strategien {U, O}.
   c) Spieler 1 hat die Strategien {U, O}. Spieler 2 hat die Strategien {LL, LR, RL,
      RR}.
   d) Spieler 1 hat die Strategien {U, O}. Spieler 2 hat die gleichen Strategien.
   e) Keine der obigen Antworten ist richtig.
4. Bestimmen Sie alle Auszahlungen dieses Spiels durch Rückwärtsinduktion.
   a) Die Nash-Gleichgewichte führen zu Auszahlungen $(1, 1)$, $(2, 1)$ und $(1, 2)$.
   b) Die Nash-Gleichgewichte führen zur Auszahlung $(1, 1)$.
   c) Die Nash-Gleichgewichte führen zu Auszahlungen $(2, 1)$ und $(1, 2)$.
   d) Die Nash-Gleichgewichte führen zu Auszahlungen $(1, 2)$ und $(1, 1)$.
   e) Keine der obigen Antworten ist richtig.

Aufgabe 3

Betrachten Sie den Spielbaum in Abb. 9.14.

1. Wie viele Teilspiele hat dieses Spiel?
   a) Es gibt ein Teilspiel.
   b) Es gibt zwei Teilspiele.
   c) Es gibt drei Teilspiele.

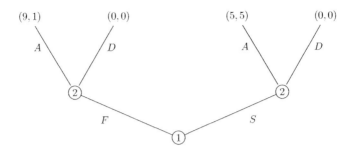

Abb. 9.14 Aufgaben 3.1–3.4. Ein Spielbaum

 d) Es gibt sechs Teilspiele.
 e) Keine der obigen Antworten ist richtig.
2. Bestimmen Sie die Strategien der Spieler 1 und 2.
 a) Die Strategienmenge für Spieler 1 lautet $\{F, S\}$ und für Spieler 2 $\{A, D\}$.
 b) Die Strategienmenge für Spieler 1 lautet $\{A, D\}$ und für Spieler 2 $\{AA, DD, AD, DA\}$.
 c) Die Strategienmenge für Spieler 1 lautet $\{F, S\}$ und für Spieler 2 $\{AD, DA, DD, AA\}$.
 d) Die Strategienmenge für Spieler 1 lautet $\{F, S\}$ und für Spieler 2 $\{AD, AD\}$.
 e) Keine der obigen Antworten ist richtig.
3. Bestimmen Sie alle Auszahlungen, die für das (die) Nash-Gleichgewicht(e) dieses Spiels resultieren.
 a) Die Nash-Gleichgewichte führen zu Auszahlungen $(9, 1)$ und $(0, 0)$.
 b) Das Nash-Gleichgewicht führt zur Auszahlung $(5, 5)$.
 c) Die Nash-Gleichgewichte führen zu Auszahlungen $(5, 5)$, $(5, 5)$ und $(9, 1)$.
 d) Die Nash-Gleichgewichte führen zu Auszahlungen $(9, 1)$, $(9, 1)$ und $(5, 5)$.
 e) Keine der obigen Antworten ist richtig.
4. Bestimmen Sie alle Auszahlungen dieses Spiels durch Rückwärtsinduktion.
 a) Die Nash-Gleichgewichte führen zu Auszahlungen $(9, 1)$ und $(0, 0)$.
 b) Das Nash-Gleichgewicht führt zur Auszahlung $(9, 1)$.
 c) Die Nash-Gleichgewichte führen zu Auszahlungen $(5, 5)$ und $(9, 1)$.
 d) Das Nash-Gleichgewicht führt zur Auszahlung $(5, 5)$.
 e) Keine der obigen Antworten ist richtig.
 Betrachten Sie die Erweiterung des obigen Spiels in Abb. 9.15.
5. Für welche Werte von $X \geq 0$ und $Y \geq 0$ existieren in diesem Spiel vier auszahlungsgleiche Nash-Gleichgewichte?
 a) $X > 9$ und $Y \geq 0$.
 b) $9 > X > 5$ und $Y > 5$.
 c) $X > 5$ und $Y \geq 0$.
 d) $X > 5$ und $9 > Y > 5$.
 e) Keine der obigen Antworten ist richtig.

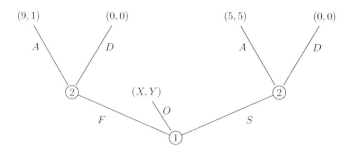

Abb. 9.15 Aufgaben 3.5 & 3.6. Ein zweiter Spielbaum

6. Für welche Werte von $X \geq 0$ und $Y \geq 0$ existieren in diesem Spiel vier Nash-Gleichgewichte, von denen jeweils zwei auszahlungsgleich sind?
   a) $X > 9$ und $Y > 5$.
   b) $9 > X > 5$ und $Y \geq 0$.
   c) $X > 5$ und $Y > 9$.
   d) $X > 5$ und $9 > Y > 5$.
   e) Keine der obigen Antworten ist richtig.

9.3.2 Lösungen

Lösung zu Aufgabe 1
- Frage 1, Antwort c) ist korrekt.
- Frage 2, Antwort e) ist korrekt. Die korrekte Angabe wäre: Die Menge der Nash-Gleichgewichte ist $\{(a_2, b_1b_3), (a_1, b_2b_4), (a_2, b_2b_3)\}$.
- Frage 3, Antwort d) ist korrekt.
- Frage 4, Antwort b) ist korrekt.

Lösung zu Aufgabe 2
- Frage 1, Antwort b) ist korrekt.
- Frage 2, Antwort a) ist korrekt.
- Frage 3, Antwort a) ist korrekt.
- Frage 4, Antwort d) ist korrekt.

Lösung zu Aufgabe 3
- Frage 1, Antwort c) ist korrekt.
- Frage 2, Antwort c) ist korrekt.
- Frage 3, Antwort d) ist korrekt.
- Frage 4, Antwort b) ist korrekt.
- Frage 5, Antwort a) ist korrekt.
- Frage 6, Antwort b) ist korrekt.

Verhaltensökonomik

10

10.1 Selektivfragen

10.1.1 Aussagen

Block 1

1. Libertärer Paternalismus ist eine Position, die staatliche Einschränkungen individuellen Verhaltens für gerechtfertigt hält, wenn die Bürgerinnen und Bürger ihnen freiwillig zustimmen.
2. Ein *Nudge* ist eine politische Massnahme, die menschliches Verhalten auf eine bestimmte Art verändert, ohne dass der Staat dabei Zwang ausübt.
3. Hilfsannahmen sollte man vermeiden, da sie nicht empirisch testbar sind.
4. Beschränkte Rationalität bezeichnet Verhaltensweisen, die gegen die Annahme der Transitivität als zentraler Rationalitätsannahme verstossen.

Block 2

1. Ein Bias ist eine Art von Verhalten, das gegen ein Referenzverhalten verstösst.
2. Kooperatives Verhalten kann eigennützig sein.
3. Kooperatives Verhalten kann niemals egoistisch ein.
4. Die evolutionären Kosten einer Handlung für Individuum i seien gleich $C = 100$. Diese Handlung hat einen evolutionären Nutzen für Individuum j, der gleich $B = 300$ ist. Nach Hamiltons Regel sollte man erwarten, dass i die Handlung vollzieht, wenn i und j Geschwister sind.

Block 3

1. Positive und negative Reziprozität sind unvereinbar mit egoistischem Verhalten.
2. Die Ablehnung strikt positiver Angebote im Ultimatumspiel ist vereinbar mit Altruismus.

© Der/die Autor(en), exklusiv lizenziert durch Springer-Verlag GmbH, DE, ein Teil von Springer Nature 2021
M. Kolmar, M. Hoffmann, *Arbeitsbuch zu Grundlagen der Mikroökonomik*,
https://doi.org/10.1007/978-3-662-63473-8_10

3. Die Annahme strikt positiver Angebote im Ultimatumspiel kann unvereinbar mit Missgunst sein.
4. Kooperation im Gefangenendilemma kann vereinbar mit Missgunst sein.

Block 4

1. Ungleichheitsaversion kann kooperatives Verhalten im Gefangenendilemma erklären.
2. Ungleichheitsaversion kann positive Angebote, nicht aber die Ablehnung positiver Angebote im Ultimatumspiel erklären.
3. Missgunst kann vereinbar mit positiven Angeboten im Diktatorspiel sein.
4. Mit Hilfe von Experimenten mit den drei Spielen Diktatorspiel, Ultimatumspiel und Gefangenendilemma lässt sich eindeutig testen, ob eine Person altruistische oder ungleichheitsaverse Präferenzen hat.

Block 5

1. Ein Experiment besitzt externe Validität, wenn seinen Ergebnissen Relevanz für reale Entscheidungssituationen zugeschrieben wird.
2. Eine Präferenzordnung heisst invariant, wenn sie unabhängig von der konkreten Formulierung desselben Auswahlproblems ist.
3. Nach der Prospect-Theorie bewerten Menschen Ergebnisse immer durch Vergleich mit einem Referenzpunkt.
4. Nach der Prospect-Theorie bilden Menschen in einer Entscheidungssituation ein mentales Modell, welches von der wirklichen Entscheidungssituation abweichen kann.

Block 6

1. Entscheidungsgewichtung ist der Prozess der Zuschreibung von Wahrscheinlichkeiten zu möglichen Ergebnissen.
2. Entscheidungsgewichte sind grösser als Wahrscheinlichkeiten, wenn Wahrscheinlichkeiten klein sind.
3. Die Funktion $\pi(p) = \frac{\sqrt{p}}{\sqrt{p}+\sqrt{1-p}}$ ist subadditiv.
4. Die Funktion $f(x) = x^2$ ist nicht subproportional.

Block 7

1. *Anchoring* ist ein Spezialfall von *Framing*-Effekten.
2. Der *Confirmation* Bias beschreibt die Tendenz, Informationen zu bevorzugen, die eigene Meinungen und Werte bestätigen.   .
3. Maximierungsverhalten ist ein Spezialfall einer Heuristik.
4. Eine optimale Entscheidungsregel ist unverzerrt, wenn $v_{TP} + v_{FP} = v_{TN} + v_{FN}$ gilt.

10.1.2 Lösungen

Musterlösung für Block 1
1. **Falsch.** Vgl. Abschn. 10.1.
2. **Wahr.** Vgl. Abschn. 10.1.
3. **Falsch.** Vgl. Abschn. 10.2.
4. **Falsch.** Vgl. Abschn. 10.2.

Musterlösung für Block 2
1. **Wahr.** Vgl. Abschn. 10.2.
2. **Wahr.** Vgl. Abschn. 10.3.
3. **Wahr.** Vgl. Abschn. 10.3.
4. **Wahr.** Vgl. Abschn. 10.3.1.

Musterlösung für Block 3
1. **Falsch.** Vgl. Abschn. 10.3.2.
2. **Falsch.** Vgl. Abschn. 10.3.3.
3. **Wahr.** Vgl. Abschn. 10.3.3.
4. **Wahr.** Vgl. Abschn. 10.3.3.

Musterlösung für Block 4
1. **Wahr.** Vgl. Abschn. 10.3.4.
2. **Falsch.** Vgl. Abschn. 10.3.4.
3. **Falsch.** Vgl. Abschn. 10.3.3.
4. **Wahr.** Vgl. Abschn. 10.3.3 und Abschn. 10.3.4.

Musterlösung für Block 5
1. **Wahr.** Vgl. Abschn. 10.3.6.
2. **Wahr.** Vgl. Abschn. 10.4.
3. **Wahr.** Vgl. Abschn. 10.4.1
4. **Wahr.** Vgl. Abschn. 10.4.1.

Musterlösung für Block 6
1. **Falsch.** Vgl. Abschn. 10.4.1.
2. **Falsch.** Vgl. Abschn. 10.4.1.
3. **Falsch.** Vgl. Abschn. 10.4.1.
4. **Wahr.** Vgl. Abschn. 10.4.1.

Musterlösung für Block 7
1. **Wahr.** Vgl. Abschn. 10.4.2.
2. **Wahr.** Vgl. Abschn. 10.4.2.
3. **Wahr.** Vgl. Abschn. 10.5.
4. **Falsch.** Vgl. Abschn. 10.5.

10.2   Offene Fragen

10.2.1 Aufgaben

Aufgabe 1
Betrachten Sie das folgende Gefangenendilemma (Tab. 10.1), bei dem die Zahlen
in den Matrixfeldern Geldauszahlungen und nicht Nutzenwerte darstellen. K und
NK beziehen sich auf die beiden Strategien *Kooperation* und *Nicht-Kooperation*.
Die beiden Individuen haben Ungleichheitsaversion, die durch Nutzenfunktionen

$$u_i(x_i, x_j) = x_i - a \cdot \left(\frac{x_i}{x_i + x_j} - \frac{1}{2} \right)^2, \quad i = 1, 2, j = 1, 2, i \neq j, a \geq 0$$

dargestellt werden kann.

1. Bestimmen Sie die Nutzenwerte zu den jeweiligen Strategien.
2. Für welche Werte von a ist Kooperation ein Nash-Gleichgewicht? Ist es eindeutig?

Aufgabe 2
Betrachten Sie ein Ultimatumspiel, in dem Individuum 1 100 Geldeinheiten zwischen sich und Individuum 2 aufteilen kann. Bestimmen Sie das teilspielperfekte
Nash-Gleichgewicht, wenn Individuum 1 altruistische und Individuum 2 missgüns-
tige Präferenzen der folgenden Form hat:

$$u_1(x_1, x_2) = x_1 + a \cdot \ln x_2, \quad u_2(x_1, x_2) = x_2 - b \cdot x_1, \quad 0 \leq a \leq 100, 0 \leq b \geq 0.$$

Aufgabe 3
Ein Individuum bewertet Risiko gemäss der Prospect-Theorie und hat eine subjektive Wertfunktion

$$v(x, r) = \begin{cases} \sqrt{x - r} & \text{für } x \geq r, \\ -\lambda \cdot \sqrt{r - x} & \text{für } x < r. \end{cases}$$

Es verfügt über ein Vermögen in Höhe von $m = 10$, welches zugleich sein
Referenzpunkt r ist. Mit Wahrscheinlichkeit $p = 0.2$ tritt ein Vermögensverlust
in Höhe von $d = 6$ auf, gegen den es sich zu einer Prämie von $p = 1$ vollständig
versichern kann. Die Prämienzahlung ist im Schadens- wie im Nichtschadensfall

Tab. 10.1 Aufgabe 1.
Gefangenendilemma 1

	K	NK
K	10,10	0,11
NK	11,0	1,1

fällig. Wie stark müssen die Entscheidungsgewichte $\pi(p)$ die Wahrscheinlichkeiten verzerren, damit das Individuum diese Versicherung kauft?

10.2.2 Lösungen

Lösung zu Aufgabe 1

1. Zur Bestimmung der jeweiligen Nutzenwerte setzen wir die Auszahlungen in die Nutzenfunktionen ein. Dann erhalten wir:

$$u_i(10, 10) = 10 - a \cdot \left(\frac{10}{10 + 10} - \frac{1}{2} \right)^2 = 10,$$

$$u_i(11, 0) = 11 - a \cdot \left(\frac{11}{11 + 0} - \frac{1}{2} \right)^2 = 11 - 0.25 \cdot a,$$

$$u_i(0, 11) = 0 - a \cdot \left(\frac{0}{0 + 11} - \frac{1}{2} \right)^2 = -0.25 \cdot a,$$

$$u_i(1, 1) = 1 - a \cdot \left(\frac{1}{1 + 1} - \frac{1}{2} \right)^2 = 1.$$

Diese Werte können als Spiel in Matrixform zusammengefasst werden (siehe Tab. 10.2).

2. Kooperation ist ein Gleichgewicht, wenn $11 - 0.25 \cdot a \geq 10$ gilt. Dies ist der Fall, wenn $a \geq 4$ ist. Damit in diesem Fall das Gleichgewicht eindeutig ist, muss weiterhin $-0.25 \cdot a > 1$ gelten. Dies steht aber im Widerspruch zu $a \geq 4$. Daher haben wir bei dieser Form der Ungleichheitsaversion entweder ein nichtkooperatives Gleichgewicht für $a < 4$ oder ein kooperatives und ein nichtkooperatives Gleichgewicht für $a \geq 4$.

Lösung zu Aufgabe 2

Wir lösen das Spiel durch Rückwärtsinduktion.

Stufe 2: Individuum 2 wird ein Angebot (x_1, x_2) annehmen, wenn $u_2(x_1, 100 - x_1) \geq u_2(0, 0)$ ist. Setzen wir in die Nutzenfunktion ein, so erhalten wir $100 - x_1 - b \cdot x_1 \geq 0$, was sich zu $x_1 \leq 100/(1 + b)$ vereinfachen lässt. Wenn das Angebot schlechter als dieser Wert ist, wird es abgelehnt. Ist es besser, wird es angenommen.

Stufe 1: Individuum 1 kennt diese Regel und wird sein Angebot dementsprechend anpassen. Man kann zwei Fälle unterscheiden:

Tab. 10.2 Aufgabe 1. Gefangenendilemma 2

	K	NK
K	10,10	$-0.25 \cdot a, 11 - 0.25 \cdot a$
NK	$11 - 0.25 \cdot a, -0.25 \cdot a$	1,1

- Das freiwillige Angebot von 1 erfüllt $x_1 \leq 100/(1 + b)$ und wird angenommen. Dieses Angebot bestimmt sich durch die Maximierung der Nutzenfunktion

$$\frac{\partial u_1}{\partial x_1} = 1 - \frac{a}{100 - x_1} = 0,$$

was zu einem Angebot von $(100 - a, a)$ führt. Damit dieses Angebot angenommen wird, muss gelten, dass $100 - a \leq 100/(1 + b)$ erfüllt ist. Löst man nach a auf, so erhält man

$$a \geq \frac{b}{1 + b} \cdot 100.$$

- Das freiwillige Angebot von 1 erfüllt $x_1 \leq 100/(1 + b)$ nicht und würde abgelehnt. Dann kann Indivuum 1 sein Angebot soweit erhöhen, dass es angenommen wird. Das impliziert ein Angebot von

$$\left(\frac{1}{1 + b} \cdot 100, \frac{b}{1 + b} \cdot 100 \right),$$

was zu einem Nutzen strikt grösser null führt. Oder es akzeptiert die Ablehnung, dann ist der Nutzen null. Daher wird es in diesem Fall das Mindestangebot machen, welches Akzeptanz garantiert.

Daher ist das teilspielperfekte Nash-Gleichgewicht das folgende Paar von Strategien:

$$x_1^* = \begin{cases} (100 - a, a), & a \geq \frac{b}{1+b} \cdot 100 \\ \left(\frac{1}{1+b} \cdot 100, \frac{b}{1+b} \cdot 100 \right), & a < \frac{b}{1+b} \cdot 100 \end{cases},$$

$$x_2^* = \begin{cases} \text{Annahme,} & x_1 \leq \frac{1}{1+b} \cdot 100 \\ \text{Ablehnung,} & x_1 > \frac{1}{1+b} \cdot 100 \end{cases}.$$

Lösung zu Aufgabe 3

Wir bestimmen zunächst die beiden Lotterien, zwischen denen das Individuum sich entscheiden kann. Im Fall ohne Versicherung ist sie $\mathcal{L}_r = \{(10, 0.8); (5, 0.2)\}$ und im Fall mit Versicherung ist sie $\mathcal{L}_v = \{(9, 1); (9, 1)\} = \{(9, 1)\}$.

Wir können nun die Wertfunktionen für die beiden Lotterien bestimmen. Ohne Versicherung gilt

$$V_r = w(0.8) \cdot \sqrt{10 - 10} + w(0.2) \cdot \left(-\lambda \cdot \sqrt{10 - 6} \right) = -w(0.2) \cdot 2 \cdot \lambda.$$

Mit Versicherung gilt

$$V_v = -w(1) \cdot \lambda \cdot \sqrt{10 - 9} = -\lambda,$$

da $w(1) = 1$ gilt. Daher wird das Individuum bereit sein, die Versicherung abzuschliessen, wenn

$$V_v \geq V_r \Leftrightarrow -\lambda \geq -w(0.2) \cdot \lambda \cdot 2$$

oder $0.5 \leq w(0.2)$ gilt. Daher muss das Entscheidungsgewicht, welches das Individuum dem Schadensfall beimisst, mindestens 0.5 sein und damit mindestens 0.3 grösser sein als die Wahrscheinlichkeit des Schadensfalls.

Grundlagen des Verhaltens und der Wahrnehmung

11

11.1 Selektivfragen

11.1.1 Aussagen

Block 1

1. Das Mehrebenenmodell der Anpassung unterscheidet zwischen der genetischen, der epigenetischen, der effektiven, der kognitiven und der metakognitiven Ebene der Anpassung.
2. Operande Konditionierung ist ein assoziativer Lernmechanismus.
3. Die Bildung von Gewohnheiten (Habits) führt stets zu einer besseren Anpassung an die Umwelt.
4. Die Positive Psychologie unterscheidet vier Faktoren, die für ein gutes Leben wichtig sind.

Block 2

1. In der Epigenetik wird untersucht, wie Umwelteinflüsse bestimmte Abschnitte der DNA aktivieren und deaktivieren und welchen Einfluss dies auf Wohlergehen und Verhalten hat.
2. Man unterteilt Emotionen in Gefühle und Affekte.
3. Die *Reward-Prediction-Error*-Hypothese besagt, dass das Dopaminsystem auf positive Überraschungen reagiert.
4. Dopamin bildet eine wichtige Rolle bei der Bildung von neuen Gewohnheiten, nicht aber bei der langfristigen Beeinflussung von Verhalten.

Block 3

1. Dopamin kann als Proxi für Nutzen im Sinne der ökonomischen Theorie verwendet werden, weil sich seine Ausschüttung auf der Bewusstseinsebene gut anfühlt.

© Der/die Autor(en), exklusiv lizenziert durch Springer-Verlag GmbH, DE, ein Teil von Springer Nature 2021
M. Kolmar, M. Hoffmann, *Arbeitsbuch zu Grundlagen der Mikroökonomik*,
https://doi.org/10.1007/978-3-662-63473-8_11

2. Das *High-Road-Low-Road*-Modell impliziert, dass visuelle Gefahrenreize notwendig zuerst zu unbewussten Reaktionen führen.

3. Nach dem *High-Road-Low-Road*-Modell reagiert man auf eine potenzielle Gefahr, weil man Angst oder Furcht verspürt.

4. Die durch die Amygdala ausgelösten Reaktionen auf potenzielle Bedrohungen können zu risikofreudigem Verhalten im Sinne der ökonomischen Theorie führen.

Block 4

1. Man unterscheidet zwischen moralischem und psychischem Ekel.

2. Die Insula spielt eine wichtige Rolle bei der emotionalen Bewertung menschlichen Verhaltens, auch wenn dies nicht unmittelbar mit Gesundheitsrisiken verbunden ist.

3. Die Sensitivität für das Gefühl des Ekels ist positiv mit einer strikteren Vorstellung von Moral korreliert.

4. In Studien wurde nachgewiesen, dass Menschen durch physische Reinigungsriten auf eigene moralische Verfehlungen reagieren.

Block 5

1. Die *Social-Identity*-Theorie besagt, dass man gruppenkooperatives Verhalten durch beliebige Marker von Gruppenidentität auslösen kann.

2. Die Forschung zu Oxytocin deutet darauf hin, dass dieses Hormon bzw. Neuropeptin in Zusammenhang mit altruistischem Verhalten steht.

3. Studien weisen darauf hin, dass parochial-altruistisches Verhalten umso ausgeprägter ist, je stärker kognitiv belastet eine Person ist.

4. Die *Challenge*-Hypothese besagt, dass Testosteron in Zusammenhang mit aggressivem Verhalten steht.

Block 6

1. Nach Bruner hat jede bewusste Wahrnehmung der Wirklichkeit notwendig eine narrative Form.

2. Konfabulation bezeichnet die Tendenz, Informationen interessengeleitet wahrzunehmen.

3. In westlichen Gesellschaften haben Selbst-Erzählungen häufig entweder eine Erlösungs- oder eine Verdammnisstruktur.

4. Studien zeigen, dass Selbstnarrative zu dysfunktionalem Verhalten führen können.

Block 7

1. Tugendethiken weisen die folgenden zwei Gemeinsamkeiten auf: Sie legen fest, welche sozialen und Umweltbedingungen einem guten Leben zu- und abträglich sind, und sie legen fest, welche Tugenden ein Mensch kultivieren muss, damit er ein gutes Leben führen kann.

2. Autonomie ist die Fähigkeit, seinen Willen durchzusetzen.

3. Nach Annas ist ein Grundproblem des westlichen Verständnisses eines guten Lebens darin zu sehen, dass man die Ursachen guten Lebens zu sehr in dessen äusseren Umständen sucht.
4. Tugendethiken basieren auf der Annahme, dass Menschen durch gezieltes Training ihre Verhaltens- und Wahrnehmungsweisen verändern können.

11.1.2 Lösungen

Musterlösung für Block 1
1. **Falsch.** Vgl. Abschn. 11.2.
2. **Wahr.** Vgl. Abschn. 11.2.
3. **Falsch.** Vgl. Abschn. 11.2.
4. **Falsch.** Vgl. Abschn. 11.2.

Musterlösung für Block 2
1. **Wahr.** Vgl. Abschn. 11.2.2.
2. **Falsch.** Vgl. Abschn. 11.2.3.
3. **Wahr.** Vgl. Abschn. 11.2.3.
4. **Wahr.** Vgl. Abschn. 11.2.3.

Musterlösung für Block 3
1. **Falsch.** Vgl. Abschn. 11.2.3.
2. **Wahr.** Vgl. Abschn. 11.2.3.
3. **Falsch.** Vgl. Abschn. 11.2.3.
4. **Wahr.** Vgl. Abschn. 11.2.3.

Musterlösung für Block 4
1. **Falsch.** Vgl. Abschn. 11.2.3.
2. **Wahr.** Vgl. Abschn. 11.2.3.
3. **Wahr.** Vgl. Abschn. 11.2.3.
4. **Wahr.** Vgl. Abschn. 11.2.3.

Musterlösung für Block 5
1. **Falsch.** Vgl. Abschn. 11.2.3.
2. **Falsch.** Vgl. Abschn. 11.2.3.
3. **Wahr.** Vgl. Abschn. 11.2.3.
4. **Falsch.** Vgl. Abschn. 11.2.3.

Musterlösung für Block 6
1. **Wahr.** Vgl. Abschn. 11.2.4.
2. **Falsch.** Vgl. Abschn. 11.2.4.
3. **Falsch.** Vgl. Abschn. 11.2.4.
4. **Wahr.** Vgl. Abschn. 11.2.4.

Musterlösung für Block 7
1. **Wahr.** Vgl. Abschn. 11.3.1.
2. **Falsch.** Vgl. Abschn. 11.3.2.
3. **Wahr.** Vgl. Abschn. 11.3.2.
4. **Wahr.** Vgl. Abschn. 11.3.2.

11.2   Offene Fragen

11.2.1 Aufgaben

Aufgabe 1
Was bedeuten die Ergebnisse zur Funktionsweise zentraler affektiver Mechanismen für die von Neumann-Morgenstern-Theorie des Risikoverhaltens?

Aufgabe 2
Welche Rolle spielt das Hormon bzw. Neuropeptin Oxytocin für kooperatives Verhalten?

Aufgabe 3
Gehen Sie davon aus, dass die psychologischen und neurowissenschaftlichen Theorien einer tugendethischen Vorstellung des guten Lebens Unterstützung geben. Was folgte daraus für die klassischen ökonomische Präferenztheorie, und welche Folgerungen können Sie dann für eine normative Ökonomik ableiten?

11.2.2 Lösungen

Lösung zu Aufgabe 1
Die von Neumann-Morgenstern-Theorie des Risikoverhaltens unterscheidet zwischen risikofreudigem, risikoneutralem und risikoaversem Verhalten. Diese Verhaltensweisen sind zwar lokal definiert, aber Ausdruck einer stabilen Präferenzordnung. Wir vergleichen diese Hypothese mit den Implikationen unterschiedlicher affektiver Mechanismen.

- Die Ergebnisse zur Funktionsweise des Dopaminsystems weisen auf risikofreudiges Verhalten hin.
- Die Ergebnisse zur Funktionsweise der Amygdala weisen auf risikoaverses oder risikofreudiges Verhalten hin, je nachdem, ob man in einer Gefahrensituation der Gefahr ausweicht oder eine Konfrontation zulässt.
- Die Ergebnisse zur Funktionsweise der Insula weisen auf risikoaverses Verhalten hin.
- Die Ergebnisse zur Funktionsweise von Testosteron zeigen, dass risikofreudiges Verhalten immer dann zu erwarten ist, wenn eine Person einer Statusbedrohung ausgesetzt ist und durch risikofreudiges Verhalten dieser Status gesichert werden kann.

Nimmt man diese Ergebnisse zusammen, so erkennt man, dass der situative Kontext für das Verhalten von zentraler Wichtigkeit ist. Das risikofreudige Verhalten des Dopaminsystems (als *Approach*-Mechanismus) basiert darauf, dass eine Person die Situation als prinzipiell sicher wahrnimmt. Ansonsten werden die *Avoid*-Systeme dominant. Diese erzeugen tendenziell ein risikoaverses Verhalten, ausser wenn die Situation nichts anderes als eine Konfrontation zulässt. Die Studien zur Rolle von Testosteron deuten darauf hin, dass soziale Normen hinsichtlich der Erlangung von Gruppenstatus von entscheidender Bedeutung für Risikoverhalten sind. Daher ist zu erwarten, dass Risikoverhalten deutlich weniger stabil ist, als dies in der von Neumann-Morgenstern-Theorie vorausgesetzt wird, und dass es wesentlich von Kontextfaktoren abhängt, die in der ökonomischen Theorie vernachlässigt werden.

Lösung zu Aufgabe 2
Oxytocin spielt eine wichtige Rolle beim *Bonding* von Paaren sowie Eltern und Kindern, und daher erklärt es das dortige kooperative Verhalten. Seine Rolle geht aber über diese engen Kontexte hinaus. Auch zur Erklärung von gruppenkooperativem Verhalten scheint es eine wichtige Rolle zu spielen. Dabei bezeichnet gruppenkooperatives Verhalten das auch Parochialer Altruismus genannte Phänomen, dass Menschen intuitiv zwischen Ingroup und Outgroup unterscheiden, und dass die Existenz einer Outgroup Kooperation mit Mitgliedern der Ingroup stärkt. Gegenüber Mitgliedern der Outgroup hingegen wird entweder neutrales oder sogar schädigendes Verhalten beobachtet. In Experimenten, in denen einer Gruppe künstlich Oxytocin verabreicht wurde, konnte beobachtet werden, dass ein erhöhtes Oxytocinniveau gruppenkooperatives Verhalten in diesem Sinne verstärkt.

Lösung zu Aufgabe 3
Tugendethiken sind Entwicklungsethiken, die zentralen Wert auf Lern- und Entwicklungsprozesse legen. Diese sollten auf eine bestimmte Art erfolgen, damit sie einem guten Leben zuträglich sind.

Daraus folgt zum einen, dass die Vorstellung exogener Präferenzen nicht gerechtfertigt werden kann. Diese sind höchstens kurzfristige Ausschnitte aus einem Prozess der Präferenzentwicklung. Dies hat für eine positive Theorie der Vorhersage von Verhalten möglicherweise keine Implikationen. Es stellt jedoch die normative Vorstellung, Präferenzen zur Bewertung ökonomischer Zustände heranzuziehen, in Frage. Zum einen sind diese möglicherweise unfertig. Und zum anderen können sie Ausdruck einer Fehlanpassung sein.

Was vielmehr ins Zentrum der Aufmerksamkeit einer normativen Ökonomik rückt, sind die ökonomischen und gesellschaftlichen Voraussetzungen für die Entwicklung von Tugenden oder Präferenzen.

Kosten

12

12.1 Selektivfragen

12.1.1 Aussagen

Block 1

Ein Unternehmen habe die Kostenfunktion $C(y) = y^3 + 50$.

1. Die Grenzkosten sind $MC(y) = 2 \cdot y^2$.
2. Die Durchschnittskosten sind $AC(y) = y^2 + \frac{50}{y}$.
3. Die Durchschnittskosten sind monoton steigend in y.
4. Die Durchschnittskosten und die durchschnittlichen variablen Kosten sind für $y \to \infty$ identisch.

Block 2

1. Eine Kostenfunktion $C(y_i)$ ordnet jedem Output y_i eines Guts i die minimalen Kosten zu, die zu seiner Produktion aufgewendet werden müssen.
2. Eine Produktionsfunktion ordnet jedem Output die produktionseffiziente Kombination von Inputs zu.
3. Das Grenzprodukt einer Produktionsfunktion $y = Y(l)$ misst die Veränderung der Outputmenge y bei einer Veränderung der Inputmenge l um eine Einheit.
4. Die Inverse der Produktionsfunktion definiert, wie viel Input man für einen bestimmten Output benötigt, wenn man produktionseffizient produziert.

Block 3

Sie sind Eigentümerin oder Eigentümer eines Unternehmens, welches zur Produktion von Äpfeln nur Arbeit benötigt. Die Apfelbäume sind gegeben und die Bäume sowie die Fläche können nicht anders genutzt werden.

© Der/die Autor(en), exklusiv lizenziert durch Springer-Verlag GmbH, DE, ein Teil von Springer Nature 2021
M. Kolmar, M. Hoffmann, *Arbeitsbuch zu Grundlagen der Mikroökonomik*, https://doi.org/10.1007/978-3-662-63473-8_12

1. Sie beschäftigen Apfelpflücker zu einem Monatslohn mit einer Kündigungsfrist von einem Monat. Für den Zeitraum eines Monats sind alle Kosten fixe Kosten.
2. Sie beschäftigen Apfelpflücker und bezahlen sie nur nach der geernteten Menge. Alle Kosten sind variable Kosten.
3. Sie beschäftigen Apfelpflücker auf Tagesbasis zu einem Tageslohn. Alle Kosten sind variable Kosten.
4. Sie ernten selbst. Die Kosten sind null.

Block 4
Gegeben sei folgende Produktionsfunktion in Abhängigkeit von Arbeit (l): $Y(l) = \sqrt{l} - 144$. Der Lohnsatz sei $w = 7$.

1. Die Produktionsfunktion weisst ein abnehmendes Grenzprodukt auf.
2. Die korrespondierende Kostenfunktion für $y > 0$ lautet $C(y) = 1'008 + 7 \cdot \sqrt{y}$.
3. Das Minimum der Durchschnittskostenfunktion liegt bei einer Produktionsmenge von $y = 12$.
4. Die Produktionsfunktion ist nicht vereinbar mit einem vollständigen Wettbewerbsmarkt.

Block 5
1. Die Funktion der Durchschnittskosten schneidet die Kostenfunktion in ihrem Minimum.
2. Für $FC > 0$ und $y > 0$ ist die Funktion der durchschnittlichen fixen Kosten eine strikt fallende Funktion der Outputmenge y.
3. Die Grenzkosten bei einer Outputmenge von $y^* > 0$ entsprechen dem Integral über die variablen Kosten von 0 bis y^*.
4. Die Funktion der durchschnittlichen variablen Kosten verläuft strikt unterhalb der Funktion der durchschnittlichen Gesamtkosten.

Block 6
1. Im Allgemeinen widerspiegelt der monetäre Preis, den man für ein bestimmtes Gut bezahlt, genau die Gesamtkosten des Guts.
2. Im Endeffekt sind alle Kosten Opportunitätskosten.
3. Das Controlling eines Unternehmens sollte auch nicht-monetäre Kosten berücksichtigen.
4. Der Annahme, dass sich ein Punkt auf der Produktionsfunktion überhaupt erreichen lässt, unterliegt die Vorstellung, dass ein Unternehmen in der Lage ist, seine ökonomischen Aktivitäten auf produktionseffiziente Art zu organisieren.

12.1.2 Lösungen

Musterlösung für Block 1
1. **Falsch.**

$$MC(y) = C'(y) = 3 \cdot y^2.$$

Vgl. Definition 12.11 in Abschn. 12.2.

2. **Wahr.**

$$AC(y) = \frac{C(y)}{y} = y^2 + \frac{50}{y}.$$

Vgl. Definition 12.5 in Abschn. 12.2.

3. **Falsch.** Die Durchschnittskosten wären monoton steigend, wenn die erste Ableitung von $AC(y)$ nach y für alle Werte von y (schwach) positiv wäre. Dies trifft auf die vorliegende Funktion nicht zu:

$$2 \cdot y - \frac{50}{y^2} < 0 \Leftrightarrow 2 \cdot y < \frac{50}{y^2} \Leftrightarrow y < 25^{\frac{1}{3}}.$$

Die Funktion ist monoton fallend in y für $y < 25^{\frac{1}{3}}$.

4. **Wahr.**

$$\lim_{y \to \infty} AC(y) = \lim_{y \to \infty} (y^2 + \frac{50}{y}) \to \infty,$$

$$\lim_{y \to \infty} AVC(y) = \lim_{y \to \infty} y^2 \to \infty.$$

Musterlösung für Block 2

1. **Wahr.** Vgl. Definition 12.1 in Abschn. 12.2.
2. **Falsch.** Das ist die Inverse der Produktionsfunktion. Vgl. Definition 12.2 in Abschn. 12.2.
3. **Wahr.** Vgl. Definition 12.3 in Abschn. 12.2.
4. **Wahr.** Vgl. Abschn. 12.2.

Musterlösung für Block 3

1. **Wahr.** Vgl. Definitionen 12.6 in Abschn. 12.2.
2. **Wahr.** Vgl. Definition 12.8 in Abschn. 12.2.
3. **Falsch.** Es handelt sich dabei um Fixkosten. Vgl. Definition 12.6 in Abschn. 12.2.
4. **Falsch.** Die Opportunitätskosten des Erntens sind nicht berücksichtigt worden (diese können im Ausnahmefall null sein, dies ist jedoch nicht zwingend der Fall). Vgl. Abschn. 12.1.

Musterlösung für Block 4

1. **Wahr.**

$$Y'(l) = \frac{1}{2} \cdot (l - 144)^{-\frac{1}{2}} \text{ und } Y''(l) = -\frac{1}{4} \cdot (l - 144)^{-\frac{3}{2}} < 0.$$

2. **Falsch.**

$$L(y) = 144 + y^2 \text{ und } C(y) = w \cdot L(y) = 1'008 + 7 \cdot y^2$$

3. **Wahr.** $AC(y) = \frac{1'008}{y} + 7 \cdot y$ und

$$AC'(\hat{y}) = 0 \quad \Leftrightarrow \quad -\frac{1'008}{\hat{y}^2} + 7 = 0 \quad \Leftrightarrow \quad \hat{y} = 12.$$

4. **Falsch.** Nicht monoton fallende Durchschnittskosten sind vereinbar mit einem Polypol.

Musterlösung für Block 5

1. **Falsch.** Die Funktion der Grenzkosten schneidet die Funktion der Durchschnittskosten in deren Minimum. Vgl. Abschn. 13.3.
2. **Wahr.** Vgl. Abschn. 12.2.
3. **Falsch.** Die variablen Kosten bei einer Outputmenge von $y^* > 0$ entsprechen dem Integral über die Grenzkosten von 0 bis y^*. Vgl. Abschn. 13.3.
4. **Falsch.** Dies gilt nur, wenn $FC > 0$.

Musterlösung für Block 6

1. **Falsch.** Der monetäre Preis widerspiegelt nicht die Opportunitätskosten, welche mit dem Kauf des Guts einhergehen. Zum Beispiel könnte die Zeit für einen Friseurtermin für etwas anderes verwendet werden. Demzufolge ist der monetäre Preis grundsätzlich tiefer als die Gesamtkosten. Natürlich kann es aber auch andersrum sein, z. B. wenn Sie einen Friseurtermin geniessen. In diesem Falle wären die Opportunitätskosten negativ. So oder so kann gesagt werden, dass der monetäre Preis die Gesamtkosten grundsätzlich nicht präzise widerspiegelt.
2. **Wahr.** Vgl. Abschn. 12.1.
3. **Wahr.** Einer der wesentlichen Gründe für die Existenz eines Controllings besteht darin, dass es unternehmerische Entscheidungen unterstützt. Diese Entscheidungen im Hinblick auf ein unternehmerisches Ziel können nur dann akkurat getroffen werden, wenn das Controlling alle Opportunitätskosten berücksichtigt. Das unternehmensinterne Controlling muss dabei von der Finanzbuchhaltung abgegrenzt werden, deren primäre Aufgabe das Informieren der Aussenwelt über die finanzielle Situation des Unternehmens ist. Vgl. Abschn. 12.1.
4. **Wahr.** Vgl. Exkurs 12.2 in Abschn. 12.2.

12.2   Offene Fragen

12.2.1 Aufgaben

Aufgabe 1

1. Gegeben sei folgende Produktionsfunktion in Abhängigkeit von Arbeit (l):

$$Y(l) = l^\alpha, \tag{12.1}$$

mit $\alpha > 0$.

a) Für welche Werte von α weist die Produktionsfunktion ein abnehmendes, konstantes oder zunehmendes Grenzprodukt auf? Skizzieren Sie den Verlauf der Grenzproduktfunktion für $\alpha = \frac{1}{2}$, $\alpha = 1$ und $\alpha = \frac{3}{2}$.

b) Der Lohnsatz sei $w > 0$. Bestimmen Sie die Kostenfunktion $C(y)$, Grenzkostenfunktion $MC(y)$ und Durchschnittskostenfunktion $AC(y)$ der obigen Produktionsfunktion.

c) Prüfen Sie, für welche Werte von α die Durchschnittskostenfunktion, bzw. die Grenzkostenfunktion in y steigt, fällt, oder konstant verläuft. Skizzieren Sie unter der Annahme, dass $w = 1$, den Verlauf beider Funktionen für $\alpha = \frac{1}{2}$, $\alpha = 1$ und $\alpha = \frac{3}{2}$.

2. Gegeben sei folgende Produktionsfunktion:

$$Y(l) = (l - \gamma)^{\beta}, \tag{12.2}$$

mit $\beta \in \left\{ \frac{1}{2}, 1 \right\}$ und $\gamma > 0$.

a) Der Lohnsatz sei $w > 0$. Bestimmen Sie die Kostenfunktion $C(y)$, Grenzkostenfunktion $MC(y)$ und Durchschnittskostenfunktion $AC(y)$ der obigen Produktionsfunktion.

b) Prüfen Sie, in Abhängigkeit von β, ob die Durchschnittskostenfunktion, bzw. die Grenzkostenfunktion in y steigt, fällt oder konstant verläuft. Skizzieren Sie unter der Annahme, dass $w = \gamma = 1$, den Verlauf beider Funktionen für $\beta = 1$, bzw. $\beta = \frac{1}{2}$.

3. Welche der oben genannten Produktionsfunktionen sind, abhängig von den Werten der Parameter α bzw. β, nicht vereinbar mit einem vollständigen Wettbewerbsmarkt?

Aufgabe 2

Ein Maximierer (oder Optimierer) und ein Satisficer planen unabhängig voneinander ihre Ferien und müssen nun entscheiden, wohin sie verreisen wollen. Erklären Sie, weshalb es sehr gut möglich ist, dass der Satisficer seine Ferien mehr geniessen kann als der Maximierer.

Aufgabe 3

"Intelligent people make decisions based on opportunity costs."
– Charles Munger, Amerikanischer Investor, Geschäftsmann und Philanthrop

"Learning to choose is hard. Learning to choose well is harder. And learning to choose well in a world of unlimited possibilities is harder still, perhaps too hard."
– Barry Schwartz, Amerikanischer Psychologe

Diskutieren Sie die beiden obigen Zitate. Sollten Ihrer Meinung nach alle Entscheidungen basierend auf Opportunitätskosten getroffen werden?

12.2.2 Lösungen

Lösung zu Aufgabe 1

1. a) Gemäss Definition 12.3 in Abschn. 12.2 misst das Grenzprodukt einer Produktionsfunktion die Veränderung der Outputmenge y bei einer Veränderung der Inputmenge l. Gegeben die Produktionsfunktion $Y(l) = l^\alpha$ entspricht das Grenzprodukt

$$Y'(l) = \alpha \cdot l^{\alpha - 1}.$$

Die erste Ableitung der Grenzproduktfunktion ($= 2$. Ableitung der Produktionsfunktion) sagt uns, ob diese in l steigt, fällt oder konstant verläuft:

$$Y''(l) = \alpha \cdot (\alpha - 1) \cdot l^{\alpha - 2}.$$

Da $\alpha > 0$ erhalten wir somit, dass das Grenzprodukt der Arbeit in l

$$\left\{ \begin{array}{c} \text{steigt} \\ \text{konstant verläuft} \\ \text{fällt} \end{array} \right\} \text{ wenn } \alpha \left\{ \begin{array}{c} > \\ = \\ < \end{array} \right\} 1.$$

Um die Grenzproduktfunktion zu skizzieren, benötigen wir auch Informationen über das Krümmungsverhalten der Funktion, also deren 2. Ableitung ($= 3$. Ableitung der Produktionsfunktion).

$$Y'''(l) = \alpha \cdot (\alpha - 1) \cdot (\alpha - 2) \cdot l^{\alpha - 3}.$$

Somit gilt, dass
- $Y'''(l; \alpha = 0.5) > 0$ (konvexe Funktion, siehe Abb. 12.1),
- $Y'''(l; \alpha = 1) = 0$ (lineare Funktion, siehe Abb. 12.2),
- $Y'''(l; \alpha = 1.5) < 0$ (konkave Funktion, siehe Abb. 12.3).

b) Gemäss Definition 12.4 in Abschn. 12.2 ist die zu einer Produktionsfunktion $y = Y(l)$ gehörende Kostenfunktion $C(y)$ gegeben durch $C(y) = L(y) \cdot w = Y^{-1}(y) \cdot w$. Wir benötigen also die Inverse der Produktionsfunktion:

$$L(y) = Y^{-1}(y) = y^{\frac{1}{\alpha}}.$$

Die Kostenfunktion ist somit

$$C(y) = w \cdot L(y) = w \cdot y^{\frac{1}{\alpha}}.$$

Die Funktion der Grenzkosten $MC(y)$ ist dann

$$MC(y) = C'(y) = \frac{w}{\alpha} \cdot y^{\frac{1 - \alpha}{\alpha}}, \tag{12.3}$$

Abb. 12.1 Aufgabe 1.1a). $Y'(l; \alpha = 0.5)$

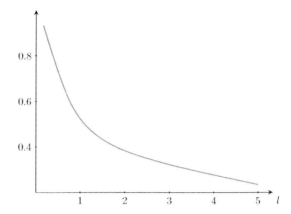

Abb. 12.2 Aufgabe 1.1a). $Y'(l; \alpha = 1)$

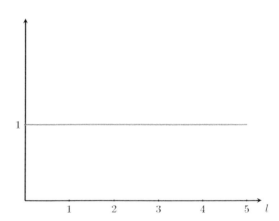

Abb. 12.3 Aufgabe 1.1a). $Y'(l; \alpha = 1.5)$

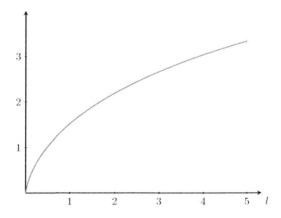

und die Funktion der Durchschnittskosten $AC(y)$ ist

$$AC(y) = \frac{C(y)}{y} = w \cdot y^{\frac{1-\alpha}{\alpha}}. \qquad (12.4)$$

c) Die Steigung der Grenzkostenfunktion lautet

$$MC'(y) = \frac{1-\alpha}{\alpha} \cdot \frac{w}{\alpha} \cdot y^{\frac{1-2\alpha}{\alpha}}.$$

Die Steigung der Durchschnittskostenfunktion lautet

$$AC'(y) = \frac{1-\alpha}{\alpha} \cdot w \cdot y^{\frac{1-2\alpha}{\alpha}}.$$

Da $\alpha > 0$, erhalten wir somit, dass sowohl die Grenzkosten als auch die Durchschnittskosten in y

$$\left\{ \begin{array}{c} \text{steigen} \\ \text{konstant verlaufen} \\ \text{fallen} \end{array} \right\} \text{ wenn } \alpha \left\{ \begin{array}{c} < \\ = \\ > \end{array} \right\} 1.$$

Um beide Funktionen zu skizzieren, benötigen wir Informationen über (i) die relative Lage der Funktionen und (ii) deren Krümmungsverhalten.

Ad (i) Ein Blick auf Gl. (12.3) und (12.4) zeigt uns, dass $AC(y) = \alpha \cdot MC(y)$, und somit, dass

$$MC(y) \left\{ \begin{array}{c} > \\ = \\ < \end{array} \right\} AC(y) \Leftrightarrow \alpha \left\{ \begin{array}{c} < \\ = \\ > \end{array} \right\} 1.$$

Ad (ii) Die zweiten Ableitungen der Funktionen lauten

$$MC''(y) = \frac{1-2\alpha}{\alpha} \cdot \frac{1-\alpha}{\alpha} \cdot \frac{w}{\alpha} \cdot y^{\frac{1-3\alpha}{\alpha}}.$$

und

$$AC''(y) = \frac{1-2\alpha}{\alpha} \cdot \frac{1-\alpha}{\alpha} \cdot w \cdot y^{\frac{1-3\alpha}{\alpha}}.$$

Für die angegebenen Parameterwerte erhalten wir dann, dass

- $AC''(y; \alpha = 0.5) = 0.5 \cdot MC''(y; \alpha = 0.5) = 0$ (lineare Funktionen) (Abb. 12.4),

Abb. 12.4 Aufgabe 1.1c).
$MC(y; \alpha = 0.5)$ und
$AC(y; \alpha = 0.5)$

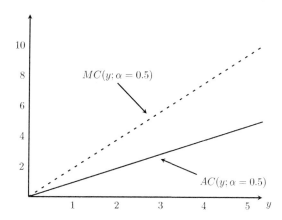

Abb. 12.5 Aufgabe 1.1c).
$MC(y; \alpha = 1)$ und
$AC(y; \alpha = 1)$

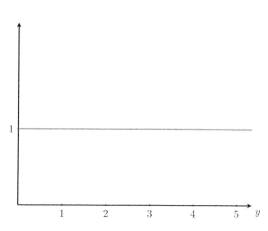

- $AC''(y; \alpha = 1) = MC''(y; \alpha = 1) = 0$ (lineare Funktionen) (Abb. 12.5),
- $AC''(y; \alpha = 1.5) = 1.5 \cdot MC''(y; \alpha = 1.5) > 0$ (konvexe Funktionen) (Abb. 12.6).

2. a) Wiederum benötigen wir die Inverse der Produktionsfunktion:

$$L(y) = Y^{-1}(y) = \gamma + y^{\frac{1}{\beta}}.$$

Dann gilt für die Kostenfunktion:

$$C(y) = w \cdot L(y) = \underbrace{w \cdot \gamma}_{=FC} + \underbrace{w \cdot y^{\frac{1}{\beta}}}_{=VC(y)} \quad \text{für} \quad y > 0.$$

Abb. 12.6 Aufgabe 1.1c). $MC(y;\alpha = 1.5)$ und $AC(y;\alpha = 1.5)$

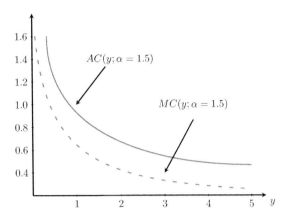

Die Funktion der Grenzkosten $MC(y)$ ist dann

$$MC(y) = C'(y) = \frac{w}{\beta} \cdot y^{\frac{1-\beta}{\beta}}, \qquad (12.5)$$

und die Funktion der Durchschnittskosten $AC(y)$ ist

$$AC(y) = \frac{C(y)}{y} = \underbrace{\frac{w \cdot \gamma}{y}}_{=AFC(y)} + \underbrace{w \cdot y^{\frac{1-\beta}{\beta}}}_{=AVC(y)}. \qquad (12.6)$$

b) Die Steigung der Grenzkostenfunktion lautet

$$MC'(y) = \frac{1-\beta}{\beta} \cdot \frac{w}{\beta} \cdot y^{\frac{1-2\cdot\beta}{\beta}}.$$

Die Steigung der Durchschnittskostenfunktion lautet

$$AC'(y) = -\frac{w \cdot \gamma}{y^2} + \frac{1-\beta}{\beta} \cdot w \cdot y^{\frac{1-2\cdot\beta}{\beta}}.$$

Daraus folgt, dass
- $MC'(y; \beta = 0.5) = 2 \cdot w \cdot y^0 = 2 \cdot w > 0$,
- $AC'(y; \beta = 0.5) = -\frac{w\cdot\gamma}{y^2} + w \cdot y^0 = -\frac{w\cdot\gamma}{y^2} + w$,
- $MC'(y; \beta = 1) = 0$,
- $AC'(y; \beta = 1) = -\frac{w\cdot\gamma}{y^2} < 0$.

Somit handelt es sich bei $MC(y; \beta = 0.5)$ um eine monoton steigende, bei $AC(y; \beta = 1)$ um eine monoton fallende und bei $MC(y; \beta = 1)$ um eine konstante Funktion. Der Verlauf von $AC(y; \beta = 0.5)$ ist hingegen nicht-monoton. Um die Funktionen zu skizzieren, benötigen wir wieder Informationen (i) über deren Krümmungsverhalten und (ii) über die relative Lage der Funktionen.

Ad (i) Die zweiten Ableitungen der Funktionen lauten

- $MC''(y; \beta = 0.5) = 0$ (lineare Funktion),
- $AC''(y; \beta = 0.5) = \frac{2 \cdot w \cdot \gamma}{y^3} > 0$ (konvexe Funktion),
- $MC''(y; \beta = 1) = 0$ (lineare Funktion),
- $AC''(y; \beta = 1) = \frac{2 \cdot w \cdot \gamma}{y^3} > 0$ (konvexe Funktion).

Ad (ii) Ein Blick auf Gl. (12.5) und (12.6) zeigt uns, dass

$$MC(y; \beta = 0.5) \begin{Bmatrix} < \\ = \\ > \end{Bmatrix} AC(y; \beta = 0.5)$$

$$\Leftrightarrow 2 \cdot w \cdot y \begin{Bmatrix} < \\ = \\ > \end{Bmatrix} w \cdot y + \frac{w \cdot \gamma}{y}$$

$$\Leftrightarrow y \begin{Bmatrix} < \\ = \\ > \end{Bmatrix} \sqrt{\gamma}.$$

Da $AVC(y; \beta = 1) = MC(y; \beta = 1) = w$ und $AFC(y; \beta = 1) = \frac{w \cdot \gamma}{y} > 0$, gilt $AC(y; \beta = 1) > MC(y; \beta = 1)$. Diese Funktionen sind in Abb. 12.7 und 12.8 illustriert.

3. Nicht vereinbar mit einem vollkommenen Wettbewerbsmarkt sind monoton fallende Durchschnittskosten (siehe Abschn. 13.2). Somit sind die Produktionsfunktion Gl. (12.1) bei $\alpha > 1$ und die Produktionsfunktion Gl. (12.2) bei $\beta = 1$ nicht vereinbar mit einem vollkommenen Wettbewerbsmarkt. Im ersten Fall resultieren die sinkenden Durchschnittskosten aus der steigenden Produktivität

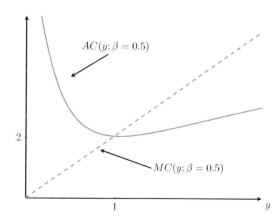

Abb. 12.7 Aufgabe 1.2b). $MC(y; \beta = 0.5)$, $AC(y; \beta = 0.5)$ für $w = \gamma = 1$

Abb. 12.8 Aufgabe 1.2b).
$MC(y; \beta = 1)$
$AC(y; \beta = 1)$ für $w = \gamma = 1$

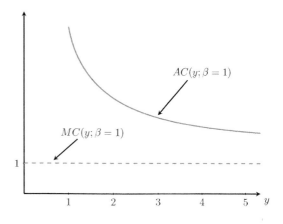

des Faktors Arbeit: Je mehr Arbeit eingesetzt wird, umso grösser ist die Grenz-
produktivität des Faktors Arbeit, d. h. umso grösser ist der zusätzliche Output, der
dadurch entsteht. Im zweiten Fall resultieren die sinkenden Durchschnittskosten
aus der Kombination von konstanten Grenzkosten und positiven Fixkosten:
Die Grenzkosten entsprechen immer den durchschnittlichen variablen Kosten,
welche wiederum den durchschnittlichen Lohnkosten (w) entsprechen. Dies
gilt unabhängig von der Outputmenge. Je grösser der Output umso geringer
die durchschnittlichen Fixkosten $AFC(y)$, da die Fixkosten auf immer mehr
Einheiten des Outputguts verteilt werden. Somit sinken die gesamten Durchschnittskosten $AC(y)$ monoton für $y > 0$.

Lösung zu Aufgabe 2

Ein Individuum ist ein Maximierer (auch Optimierer genannt), wenn es konsistent
die beste (nach seinem eigenen subjektiven Standard) unter den verfügbaren
Alternativen wählt. Im Gegensatz dazu entscheidet sich ein Satisficer für die
erste Alternative, die einem bestimmten Anspruchsniveau genügt. Optimierer treffen im Durchschnitt tatsächlich die besseren Entscheidungen (bspw. finden sie
schönere Feriendestinationen, günstigere Flüge und Hotels mit einem besseren
Preis-Leistungs-Verhältnis), sind aber weniger zufrieden mit ihnen. Eine Erklärung
für dieses anscheinende Paradox besteht darin, dass auch Optimierer in komplexen
Situationen nicht in der Lage sind, die beste Alternative zu bestimmen, sie sich
dessen aber stärker bewusst sind, so dass sie mit dem Wissen leben müssen, ihr Ziel
gegebenenfalls nicht erreicht zu haben. Daher bereuen sie oft ihre Entscheidungen.
Vgl. Exkurs 12.1 in Abschn. 12.1.

Lösung zu Aufgabe 3

Die Wirtschaftstheorie und im Speziellen das Konzept der Opportunitätskosten
suggerieren, dass jede Entscheidung basierend auf Überlegungen zu Opportunitätskosten getroffen werden sollte. Demnach wird der Nutzen durch die Option mit den
niedrigsten Opportunitätskosten maximiert.

Im Alltag sehen wir uns jedoch oft mit einer Vielzahl an Optionen konfrontiert, selbst für verhältnismässig irrelevante Entscheidungen. Die beste unter all diesen Optionen zu finden, erfordert die Identifikation, Bewertung und Gegenüberstellung von Opportunitätskosten. Diese Kosten der Informationsbeschaffung und -verarbeitung sind wiederum selbst Opportunitätskosten. Tatsächlich ist es so, dass Informationen, auf denen wir unsere Entscheidungen basieren können, oft unvollständig sind und kognitive Beschränkungen die Lösung komplexer Entscheidungsprobleme verhindern. Die beste Option zu finden, kann entsprechend viel teurer zu stehen kommen, als sich für eine „zufriedenstellende" Alternative zu entscheiden.

Man kann in Bezug auf die Zitate deshalb Folgendes festhalten: Intelligente Leute treffen *wichtige* Entscheidungen basierend auf Opportunitätskosten, verschwenden jedoch nicht unnötig viel Zeit und Energie für jede einzelne, kleine Entscheidung. Vgl. Exkurs 12.1 in Abschn. 12.1.

12.3 Offene Fragen mit strukturierten Antworten

12.3.1 Aufgaben

Aufgabe 1

Ein Unternehmen habe fixe Kapitalkosten in Höhe von CHF 16. Es produziert y Einheiten eines Guts mithilfe von Kapital und Arbeit und kann bei dem bestehenden Kapitalbestand mithilfe von l Einheiten Arbeit $y = l^a$ Einheiten des Guts produzieren, mit $a > 0$. Der Lohnsatz je Einheit Arbeit sei $w = 2$.

1. Berechnen Sie die Kostenfunktion der Unternehmung für $y > 0$.
   a) $C(y) = 2 \cdot y^a + 16$.
   b) $C(y) = 2 \cdot y^a$
   c) $C(y) = 16$.
   d) $C(y) = 2 \cdot y^{\frac{1}{a}} + 16$.
   e) Keine der obigen Antworten ist richtig.
2. Berechnen Sie die variablen Kosten sowie die Fix-, Durchschnitts- und Grenzkosten des Unternehmens für $y > 0$.
   a) $VC(y) = 2 \cdot y^a$ und $FC = 16$ und $AC(y) = 2 \cdot y^{a-1} + \frac{16}{y}$ und $MC(y) = 2 \cdot a \cdot y^{a-1}$.
   b) $VC(y) = 2 \cdot y^{\frac{1}{a}}$ und $FC = 16$ und $AC(y) = 2 \cdot y^{\frac{1-a}{a}} + \frac{16}{y}$ und $MC(y) = \frac{2}{a} \cdot y^{\frac{1-a}{a}}$.
   c) $VC(y) = 2 \cdot y^a$ und $FC = 0$ und $AC(y) = 2 \cdot y^{a-1}$ und $MC(y) = 2 \cdot a \cdot y^{a-1}$.
   d) $VC(y) = 2y$ und $FC = 16$ und $AC(y) = 2y + \frac{16}{y}$ und $MC(y) = 2$.
   e) Keine der obigen Antworten ist richtig.

Aufgabe 2

Die Produktionsfunktion eines Unternehmens sei $Y(l) = 10 \cdot \sqrt{l}$, wobei y die produzierte Menge des Guts ist und l die dafür eingesetzte Arbeit. Das Unternehmen habe zudem Fixkosten in Höhe von $FC = 50$. Der Marktpreis für das Gut sei $p = 5$.

1. Wie viel Arbeit l muss das Unternehmen einsetzen, um 20 Einheiten des Guts zu produzieren?
    a) $L(20) = 4$.
    b) $L(20) = 12$.
    c) $L(20) = 5.5$.
    d) $L(20) = 8$.
    e) Keine der obigen Antworten ist richtig.
2. Der Lohn sei $w = 2$. Bestimmen Sie die Kostenfunktion des Unternehmens für $y > 0$.
    a) $C(y) = 50 + 3 \cdot y$.
    b) $C(y) = 50$.
    c) $C(y) = \frac{y^2}{50} + 50$.
    d) $C(y) = 4 \cdot y^2 + 50$.
    e) Keine der obigen Antworten ist richtig.

Aufgabe 3

Alle Unternehmen in einer Industrie produzieren ein homogenes Gut. Mit l Einheiten Arbeit produzieren sie jeweils $Y(l) = 100 \cdot \sqrt{l}$ Einheiten des Guts. Der Lohn ist $w = 100$. Die Unternehmen haben Fixkosten in Höhe von 100.

1. Bestimmen Sie die Kostenfunktion der Unternehmen für $y > 0$.
    a) $C(y) = \frac{y^2}{100} + 100$.
    b) $C(y) = 100 \cdot y^2 + 100$.
    c) $C(y) = \frac{\sqrt{y}}{100} + 100$.
    d) $C(y) = 50 \cdot y + 100$.
    e) Keine der obigen Antworten ist richtig.
2. Bestimmen Sie die Durchschnitts- und Grenzkosten für $y > 0$.
    a) $AC(y) = 100 \cdot y + \frac{100}{y}$, $MC(y) = \frac{2 \cdot y}{100} + \frac{100}{y}$.
    b) $AC(y) = \frac{y}{100} + \frac{100}{y}$, $MC(y) = \frac{2 \cdot y}{100} + \frac{100}{y}$.
    c) $AC(y) = 50 + \frac{100}{y}$, $MC(y) = 50$.
    d) $AC(y) = \frac{y}{100} + \frac{100}{y}$, $MC(y) = \frac{2 \cdot y}{100}$.
    e) Keine der obigen Antworten ist richtig.

Aufgabe 4

Nehmen Sie an, dass eine Firma unter Verwendung von Kapital (K) und Arbeit (l) die Menge y eines Guts produziert. Die Produktionsfunktion des Unternehmens lautet $y = F(k, l)$, mit $F(k, l) = A \cdot k^\alpha \cdot l^{1-\alpha}$, wobei $A > 0$ und $0 < \alpha < 1$.

1. Bestimmen Sie die Grenzrate der technischen Substitution ($MRTS$).

   a) $\dfrac{\frac{\partial F(k,l)}{\partial l}}{\frac{\partial F(k,l)}{\partial k}} = \dfrac{1-\alpha}{\alpha} \cdot \dfrac{k}{l}$

   b) $\dfrac{\frac{\partial F(k,l)}{\partial l}}{\frac{\partial F(k,l)}{\partial k}} = \dfrac{\alpha}{1-\alpha} \cdot \dfrac{k}{l}$

   c) $\dfrac{\frac{\partial F(k,l)}{\partial l}}{\frac{\partial F(k,l)}{\partial k}} = \dfrac{1-\alpha}{\alpha} \cdot \dfrac{l}{k}$

   d) $\dfrac{\frac{\partial F(k,l)}{\partial l}}{\frac{\partial F(k,l)}{\partial k}} = \dfrac{\alpha}{1-\alpha} \cdot \dfrac{l}{k}$

   e) Keine der obigen Antworten ist richtig.

2. Sei der Preis für Kapital r und der Preis für Arbeit w. Bestimmen Sie die bedingte Faktornachfrage nach Kapital.

   a) $K(w,r,y) = \left(\dfrac{w}{r} \cdot \dfrac{\alpha}{1-\alpha}\right)^{1-\alpha} \cdot y/A$.

   b) $K(w,r,y) = \left(\dfrac{r}{w} \cdot \dfrac{\alpha}{1-\alpha}\right)^{1-\alpha} \cdot y/A$.

   c) $K(w,r,y) = \left(\dfrac{w}{r} \cdot \dfrac{1-\alpha}{\alpha}\right)^{\alpha} \cdot y/A$.

   d) $K(w,r,y) = \left(\dfrac{r}{w} \cdot \dfrac{\alpha}{1-\alpha}\right)^{\alpha} \cdot y/A$.

   e) Keine der obigen Antworten ist richtig.

3. Bestimmen Sie die Kostenfunktion der Firma.

   a) $C(w,r,y) = w^{1-\alpha} \cdot r^{\alpha} \cdot (1-\alpha)^{\alpha-1} \cdot \alpha^{-\alpha} \cdot \dfrac{y}{A}$.

   b) $C(w,r,y) = r^{1-\alpha} \cdot w^{\alpha} \cdot (1-\alpha)^{\alpha-1} \cdot \alpha^{-\alpha} \cdot \dfrac{A}{y}$.

   c) $C(w,r,y) = w^{1-\alpha} \cdot r^{\alpha} \cdot (1-\alpha)^{\alpha} \cdot \alpha^{1-\alpha} \cdot y$.

   d) $C(w,r,y) = r^{1-\alpha} \cdot w^{\alpha} \cdot \alpha^{\alpha-1} \cdot \alpha^{\alpha-1} \cdot \dfrac{y}{A}$.

   e) Keine der obigen Antworten ist richtig.

4. Sei $\alpha = \frac{1}{3}$, $w = 6$, $r = 3$ und $A = 10$. Bestimmen Sie die Funktion der Grenzkosten.

   a) $MC(6,3,y) = 1.8 \cdot y$.

   b) $MC(6,3,y) = 2.86$.

   c) $MC(6,3,y) = 2.2 \cdot \sqrt{y}$.

   d) $MC(6,3,y) = \frac{3}{20}$.

   e) Keine der obigen Antworten ist richtig.

12.3.2 Lösungen

Lösung of Aufgabe 1
- Frage 1, Antwort d) ist korrekt.
- Frage 2, Antwort b) ist korrekt.

Lösung of Aufgabe 2
- Frage 1, Antwort a) ist korrekt.
- Frage 2, Antwort c) ist korrekt.

Lösung of Aufgabe 3
- Frage 1, Antwort a) ist korrekt.
- Frage 2, Antwort d) ist korrekt.

Lösung of Aufgabe 4
- Frage 1, Antwort a) ist korrekt.
- Frage 2, Antwort a) ist korrekt.
- Frage 3, Antwort a) ist korrekt.
- Frage 4, Antwort b) ist korrekt.

Unternehmen auf Märkten mit Vollständiger Konkurrenz

13.1 Selektivfragen

13.1.1 Aussagen

Block 1

1. Gehen Sie davon aus, dass ein gewinnmaximierendes Unternehmen eine strikt positive und endliche Menge anbietet. Dann bestimmt das Unternehmen seine Produktionsmenge nach der ‚Preis-gleich-Grenzkosten'-Regel.
2. Ein Unternehmen bei Vollständiger Konkurrenz bietet stets nach der ‚Preis-gleich-Grenzkosten'-Regel an, wenn mit dem damit erzielten Erlös mindestens die durchschnittlichen variablen Kosten gedeckt werden.
3. Ein gewinnmaximierendes Unternehmen wird im Optimum niemals Verluste machen, da es diese durch Schliessung des Betriebs vermeiden kann.
4. Im langfristigen Marktgleichgewicht mit freiem Marktzutritt und -austritt ist die Produzentenrente eines Unternehmens immer null.

Block 2

Gehen Sie von einem gewinnmaximierenden Unternehmen mit der Kostenfunktion $C(y) = y^2 + 49$ für $y \geq 0$ aus, welches auf einem Markt mit Vollständiger Konkurrenz agiert.

1. Die minimalen Durchschnittskosten des Unternehmens entsprechen den Grenzkosten an dieser Stelle.
2. Die durchschnittlichen variablen Kosten sind $AVC(y) = 2 \cdot y + \frac{49}{y}$.
3. Nehmen Sie an, das Unternehmen produziere mit nur dem Produktionsfaktor Arbeit (l). Der Lohn pro Stunde sei $w = 4$. Dann lautet die Produktionsfunktion des Unternehmens $Y(l) = 4 \cdot \sqrt{l}$.

© Der/die Autor(en), exklusiv lizenziert durch Springer-Verlag GmbH, DE, ein Teil von Springer Nature 2021
M. Kolmar, M. Hoffmann, *Arbeitsbuch zu Grundlagen der Mikroökonomik*,
https://doi.org/10.1007/978-3-662-63473-8_13

4. Sei der kurzfristige Marktpreis $p = 10$. Daraus folgt daraus, dass das gewinn-maximierende Angebot des Unternehmens $y = 0$ ist.

Block 3
Ein Unternehmen habe eine Kostenfunktion $C(y) = y^a$, mit $a > 0$.

1. Die Angebotsfunktion des Unternehmens bei Vollständiger Konkurrenz ist bei einem Marktpreis von p gleich $y(p) = \left(\frac{p}{a}\right)^{\left(\frac{1}{a-1}\right)}$.
2. Sei $a > 1$. Dann ist die Produktionstechnologie mit einem kompetitiven Markt nicht vereinbar, wenn alle Unternehmen auf dem Markt eine identische Produktionstechnologie haben.
3. Sei $a = 1$. Dann ist die individuelle, gewinnmaximierende Angebotsmenge im langfristigen Marktgleichgewicht mit freiem Marktzutritt und -austritt, jede (schwach) positive Menge, wenn alle Unternehmen auf dem Markt die identische Produktionstechnologie haben.
4. Falls $a < 1$ ist, produziert das Unternehmen mit sinkenden Durchschnittskosten.

Block 4
1. Der Gewinn entspricht der Produzentenrente, wenn die Fixkosten null sind.
2. Bei freiem Marktzutritt und -austritt kann ein Markt mit Vollständiger Konkurrenz nicht funktionieren, wenn die Durchschnittskosten monoton in der produzierten Menge fallen.
3. Das Minimum der Grenzkosten entspricht stets den Durchschnittskosten an dieser Stelle.
4. Falls in einer Industrie mit konstanten Grenzkosten produziert wird, ist die Anzahl der Unternehmen, die im langfristigen Marktgleichgewicht bei Vollständiger Konkurrenz und freiem Marktzutritt und -austritt eine positive Menge anbieten, eindeutig bestimmbar.

Block 5
1. Wenn ein Unternehmen auf einem Markt mit Vollständiger Konkurrenz eine positive Menge anbietet, dann muss der Preis grösser oder gleich den Durchschnittskosten sein.
2. Die Durchschnittskosten eines Unternehmens, welches konstante Grenzkosten und positive Fixkosten hat, sind stets höher als die Grenzkosten, wenn $y > 0$.
3. Auf einem Markt mit Vollständiger Konkurrenz entspricht der Preis im Gleichgewicht dem Grenzerlös eines Unternehmens.
4. Die Kostenfunktion eines Unternehmens auf einem Markt mit Vollständiger Konkurrenz sei $C(y) = 0.5 \cdot y^2$. Dann lautet seine Angebotsfunktion $y(p) = 2 \cdot p$.

Block 6
Ein Unternehmen auf einem Markt mit Vollständiger Konkurrenz habe eine Kostenfunktion $C(y) = 1 + 5 \cdot y - y^2 + y^3$ für $y > 0$.

1. Bei einem Marktpreis von $p < 4$ ist das gewinnmaximierende Angebot des Unternehmens null.
2. Das Minimum der Durchschnittskosten liegt an einer Stelle $y < 0.5$.
3. Die Angebotsfunktion fällt monoton im Marktpreis p.
4. Der Gewinn des Unternehmens bei einem Marktpreis von $p = 6$ ist im Gewinnmaximum null.

Block 7

Angenommen, in einem Markt gebe es 10'000 Lizenzen für Taxis, die alle ausgeschöpft sind. Der Betrieb eines jeden Taxis erzeuge eine für jedes Taxi identische, u-förmige Durchschnittskostenkurve in der Anzahl der Fahrten (=Output). Die Marktnachfrage nach Taxifahrten habe einen fallenden Verlauf, und der Taximarkt befinde sich für die 10'000 Lizenzen in einem langfristigen Gleichgewicht bei Vollständiger Konkurrenz mit freiem Marktzutritt und -austritt.

1. Durch Zuwanderung nimmt die Nachfrage nach Taxifahrten zu. Dadurch steigt *ceteris paribus* kurz- und langfristig der Gleichgewichtspreis.
2. *Uber* tritt in den Markt ein, sodass auch Privatpersonen Taxidienstleistungen erbringen können. Dies hat *ceteris paribus* langfristig keinen Einfluss auf den Gleichgewichtspreis, wenn die privaten *Uber*-Chauffeure dieselbe Durchschnittskostenkurve wie die Taxibetreiber haben.
3. *Uber* tritt in den Markt ein, so dass auch Privatpersonen Taxidienstleistungen erbringen können. Dies wird *ceteris paribus* langfristig alle Taxis aus dem Markt verdrängen, wenn die privaten *Uber*-Chauffeure bei jeder Fahrt niedrigere Durchschnittskosten als die Taxibetreiber haben. (Gehen Sie davon aus, dass das Angebot an *Uber*-Chauffeuren hinreichend gross ist.)
4. Die Stadt führt eine innerstädtische Maut für private PKWs ein. Dies wird *ceteris paribus* den Gleichgewichtspreis für Taxifahrten in der kurzen Frist erhöhen.

Block 8

1. Bereits Milton Friedman sprach sich für die Berücksichtigung sozialer und ökologischer Belange in der Geschäftstätigkeit eines Unternehmens aus.
2. Eine Firma, welche eine Strategie des Corporate Social Responsibility (CSR) verfolgt, hat sich von der Maxime der Gewinnmaximierung abgewendet.
3. Die Friedman-Doktrin postuliert, dass die einzige soziale Verantwortung eines Unternehmens die Gewinnmaximierung im Rahmen der vorgegebenen Spielregeln ist. Diese Ansicht deckt sich mit der konsequentialistischen Tradition des ökonomischen Mainstreams, welcher Institutionen als Anreizmechanismen versteht.
4. Auch wenn man die Gültigkeit der Friedman-Doktrin akzeptiert, bleibt doch die Herausforderung bestehen, die Spielregeln (Institutionen) angemessen zu gestalten. Im Rahmen der Globalisierung stellt sich nun das Problem, dass es keinen konsistenten globalen regulatorischen Rahmen gibt.

13.1.2 Lösungen

Musterlösung für Block 1

1. **Wahr.** Das Unternehmen agiert als Preisnehmer und maximiert seinen Gewinn über die Menge y:

$$\max_{y} \pi(y) = \max_{y} p \cdot y - C(y).$$

Die Bedingung erster Ordnung führt dann zu

$$\pi'(y) = 0 \quad \Leftrightarrow \quad \underbrace{p}_{=MR(y)} - \underbrace{C'(y)}_{=MC(y)} = 0.$$

Vgl. die detaillierten Ausführungen in Abschn. 13.1.

2. **Falsch.** Wenn nicht-vermeidbare Fixkosten vorliegen ($C(0) > 0$) impliziert dies, dass der Preis (und nicht der Erlös) mindestens die durchschnittlichen variablen Kosten decken muss:

$$p \cdot y - VC(y) \geq 0 \quad \Leftrightarrow \quad p \geq \frac{VC(y)}{y}.$$

Für den Fall vermeidbarer Fixkosten ($C(0) = 0$) wird ein Unternehmen nach der ‚Preis-gleich-Grenzkosten'-Regel anbieten, wenn der Preis zumindest die Durchschnittskosten deckt:

$$p \cdot y - C(y) \geq 0 \quad \Leftrightarrow \quad p \geq \frac{C(y)}{y}.$$

Vgl. Abschn. 13.3.

3. **Falsch.** In der kurzen Frist können Verluste für ein Unternehmen besser sein als eine Schliessung des Betriebs. Konkret ist dies der Fall, wenn $C(0) > 0$, wenn also das Unternehmen bereits eine vertragliche Verpflichtung eingegangen ist, welche aus fixen Kosten versunkene Kosten macht, also mit anderen Worten zu ‚Kosten', die durch ein Verlassen oder Nichtbetreten des Marktes nicht vermieden werden können. Somit kann das Unternehmen unter Umständen noch eine positive Produzentenrente erwirtschaften und somit einen Teil dieser Fixkosten decken. Dies ist insbesondere dann der Fall, wenn der Marktpreis grösser als das Minimum der durchschnittlichen variablen Kosten ist. Vgl. Abschn. 13.3.

4. **Wahr.** Da in der langen Frist alle Kosten variabel sind, entspricht der Gewinn der Produzentenrente. In einem Markt mit Vollständiger Konkurrenz entsprechen

somit der Gewinn und die Produzentenrente im langfristigen Marktgleichgewicht mit freien Martkzutritt und -austritt null.

Musterlösung für Block 2

1. **Wahr.** Im Minimum der Durchschnittskosten gilt unter Berücksichtigung der Quotientenregel für $y > 0$:

$$AC'(y) = 0 \quad \Leftrightarrow \quad \frac{C'(y) \cdot y - C(y)}{y^2} = 0 \quad \Leftrightarrow \quad \frac{C'(y)}{y} = \frac{AC(y)}{y}.$$

Somit gilt, dass $MC(y) = AC(y)$, vgl. Abschn. 13.3.

2. **Falsch.** Die durchschnittlichen variablen Kosten sind $AVC(y) = \frac{VC(y)}{y} = \frac{y^2}{y} = y$. Vgl. Definition 12.10 in Abschn. 12.2.

3. **Falsch.** Wäre die Produktionsfunktion des Unternehmens $Y(l) = 4 \cdot \sqrt{l}$, dann wäre $L(y) = \frac{y^2}{16}$ und $C(y) = w \cdot L(y) = w \cdot \frac{y^2}{16}$. Für $w = 4$ ergäbe sich dann folgende Kostenfunktion: $C(y) = \frac{y^2}{4}$.

Die korrekte Produktionsfunktion ergibt sich aus folgender Überlegung:

$$w \cdot L(y) = 49 + y^2 \quad \Leftrightarrow \quad 4 \cdot l - 49 = y^2 \quad \Rightarrow \quad Y(l) = \sqrt{4 \cdot l - 49}.$$

Somit entsprechen die Kosten an der Stelle $l = 12.25$ dem Wert $4 \cdot 12.25 = 49$ (den Fixkosten), und der Output beträgt null. Bedenken Sie, dass gem. Aufgabenstellung nicht vermeidbare Fixkosten vorliegen.

4. **Falsch.** Bei einem Marktpreis von $p = 10$ ist das gewinnmaximierende Angebot des Unternehmens $y^* = 5$. Zwar ist an der Stelle $y^* = 5$ der Gewinn negativ ($\pi(y^*) = p \cdot y^* - C(y^*) = 10 \cdot 5 - (49 + 5^2) = -24$), jedoch immer noch grösser als an der Stelle $y = 0$ ($\pi(0) = -FC = -49$). Dies liegt an den in der kurzen Frist nicht vermeidbaren Fixkosten ($C(0) = 49$).

Musterlösung für Block 3

1. **Wahr.** Es gilt ‚Grenzerlös = Grenzkosten', wobei der Grenzerlös im Falle Vollständiger Konkurrenz p entspricht. Daraus folgt im Gleichgewicht

$$p = MC(y) \Leftrightarrow p = a \cdot y^{a-1} \Leftrightarrow y^{a-1} = \frac{p}{a} \Leftrightarrow y(p) = \left(\frac{p}{a}\right)^{\frac{1}{a-1}}.$$

2. **Falsch.** Falls $a > 1$, produziert das Unternehmen mit monoton steigenden Grenzkosten:

$$MC(y) = a \cdot y^{a-1} \quad \text{und} \quad MC'(y) = \underbrace{(a-1) \cdot a}_{>0} \cdot y^{a-2} > 0.$$

Steigende Grenzkosten sind kein Ausschlusskriterium für vollkommene Konkurrenz.

3. **Wahr.** Falls $a = 1$, betragen die Durchschnittskosten und Grenzkosten aller Unternehmen $AC(y) = MC(y) = 1$. Somit entspricht der gleichgewichtige Marktpreis $p^* = 1$, und aus jeder (schwach) positiven Menge y resultiert ein Gewinn von null. Vgl. die Ausführungen zu konstanten Grenzkosten in Abschn. 13.2.
4. **Wahr.**

$$AC(y) = y^{a-1} \quad \text{und} \quad AC'(y) = \underbrace{(a - 1)}_{<0} \cdot y^{a-2} < 0.$$

Die Durchschnittskosten sinken somit monoton mit zunehmender Produktionsmenge (y).

Musterlösung für Block 4

1. **Wahr.** Die Produzentenrente ist die aggregierte Differenz zwischen dem Marktpreis und der minimalen Verkaufsbereitschaft der Anbieter. Dies entspricht dem Erlös minus variablen Kosten, was wiederum genau dem Gewinn entspricht, wenn die Fixkosten null sind. Vgl. Definition 5.5 in Abschn. 5.2 und Abschn. 13.3.
2. **Wahr.** Die Annahme Vollständigen Wettbewerbs und die Annahme abnehmender Durchschnittskosten sind logisch inkompatibel. Bei sinkenden Durchschnittskosten haben Unternehmen mit einem hohen Marktanteil einen Vorteil, weil sie günstiger produzieren und damit zu günstigeren Preisen anbieten können als kleinere Anbieter. Daher bietet Grösse einen gewissen Schutz gegen Markteintritte. Vgl. Abschn. 13.2.
3. **Falsch.** Die Grenzkosten schneiden die Durchschnittskosten in deren Minimum, d. h. das Minimum der Durchschnittskosten entspricht stets den Grenzkosten an dieser Stelle und nicht umgekehrt. Vgl. Abschn. 13.3.
4. **Falsch.** Siehe Lösung zu Block 3, Aussage 3 in diesem Kapitel des Arbeitsbuchs. Da die Angebotsmenge eines Unternehmens nicht eindeutig bestimmbar ist, kann auch die Anzahl der Unternehmen im Marktgleichgewicht nicht eindeutig bestimmt werden. Vgl. Abschn. 13.2.

Musterlösung für Block 5

1. **Falsch.** Die Aussage trifft in der kurzen Frist nicht zu, wenn wir von nicht vermeidbaren Fixkosten ($C(0) > 0$) ausgehen. In einem solchen Fall wird ein Unternehmen eine positive Menge anbieten, wenn der Preis gleich oder grösser als das Minimum der durchschnittlichen variablen Kosten ist. Vgl. Abschn. 13.3.
2. **Wahr.** Sei $C(y) = a \cdot y + FC$, wobei $a > 0$ und $FC > 0$. Dann sind die Grenzkosten $MC(y) = a$ und die Durchschnittskosten $AC(y) = a + \frac{FC}{y}$ für $y > 0$. Da $FC > 0$, ist $AC(y) > MC(y)$.
3. **Wahr.** Auf einem Markt mit Vollständiger Konkurrenz agieren alle Unternehmen als Preisnehmer. Der Erlös eines solchen Unternehmens ist dann gegeben durch $R(y) = p \cdot y$. Der Grenzerlös beträgt folglich $R'(y) = p$. Vgl. Definition 13.1 in Abschn. 13.1.

4. **Falsch.** Bei Vollständiger Konkurrenz und Fixkosten von null entspricht die individuelle Angebotsfunktion der Inversen der Grenzkostenfunktion, wenn der Preis grösser als die Durchschnittskosten ist (und null sonst). In dem angegebenen Beispiel ist $MC(y) = y$ und $AC(y) = 0.5 \cdot y$. Damit ist die Angebotsfunktion $y(p) = p$ für $p \geq 0$. Vgl. Abschn. 13.2.

Musterlösung für Block 6

1. **Wahr.** Da $AVC(y) = 5 - y + y^2$ ist, liegt das Minimum der durchschnittlichen variablen Kosten an der Stelle $\tilde{y} = \frac{1}{2}$, wobei $AVC'(\tilde{y}) = 2 \cdot \tilde{y} - 1 = 0$. Der Wert der variablen Durchschnittskostenfunktion an der Stelle $\tilde{y}$ beträgt hierbei $AVC(\tilde{y}) = 4.75$. Bei nicht vermeidbaren Fixkosten (d. h., bei $C(0) = 5$) ist somit das Angebot des Unternehmens null, da für $p < 4.75$ der Erlös nicht mal die variablen Kosten decken kann. Bei vermeidbaren Fixkosten (d. h., bei $C(0) = 0$) ist das gewinnmaximierende Angebot des Unternehmens ebenfalls null, da bei jedem Preis $p < 4,75$ weder Fixkosten noch variable Kosten durch den Erlös gedeckt werden können. Vgl. Abschn. 13.3.

2. **Falsch.** Wir wissen, dass die Grenzkostenfunktion sowohl die Funktion der durchschnittlichen variablen Kosten als auch die Durchschnittskostenfunktion in deren Minimum schneidet. Das Minimum der durchschnittlichen variablen Kosten liegt an der Stelle $\tilde{y} = 0.5$ (vgl. Lösung zu Block 6, Aussage 1). Da für strikt positive Fixkosten die Funktion der Durchschnittskosten oberhalb der Funktion der durchschnittlichen variablen Kosten verläuft, und die Grenzkostenfunktion für $y > \frac{1}{3}$ monoton in y steigt, muss das Minimum der Durchschnittskostenfunktion an einer Stelle $y > 0.5$ liegen. Vgl. Abschn. 13.3.

3. **Falsch.** Die Angebotsfunktion entspricht der Inversen der Grenzkostenfunktion. Bei vermeidbaren Fixkosten ($C(0) = 0$) ist nur jener Teil oberhalb der Durchschnittskostenfunktion relevant. Bei nicht vermeidbaren Fixkosten ($C(0) = 5$) ist nur jener Teil oberhalb der Funktion der durchschnittlichen variablen Kosten relevant. In beiden Fällen steigt die Grenzkostenfunktion monoton in der Produktionsmenge. Somit steigt die Inverse monoton im Marktpreis p. Vgl. Abschn. 13.4.

4. **Wahr.** Das Minimum der Durchschnittskosten liegt an der Stelle $\hat{y} = 1$, wobei $AC'(\hat{y}) = 0$. Der Wert der Durchschnittskostenfunktion ist hierbei $AC(\hat{y}) = 6$. Somit entspricht der Marktpreis $p = 6$ genau dem Minimum der Durchschnittskosten. Unabhängig von der Art der Fixkosten (vermeidbar oder nicht vermeidbar) wird das Unternehmen im Gewinnmaximum eine Menge $y = 1$ anbieten und einen Gewinn in Höhe von null erwirtschaften.

Musterlösung für Block 7

1. **Wahr.** Da rechts vom Minimum der Durchschnittskosten die Grenzkosten steigen und die Anzahl an Taxis sich nicht erhöht, steigt auch der Preis und die Menge im neuen Gleichgewicht. Vgl. Abschn. 13.3.

2. **Wahr.** Durch die *Uber*-Chauffeure ändert sich nichts am Gleichgewichtspreis, da dieser immer im Minimum der Durchschnittskostenkurve liegt. Vgl. Abschn. 13.3.

3. **Wahr.** Die *Uber*-Chauffeure können dank ihrer Kostenstruktur zu tieferen Preisen anbieten und werden so die ganze Nachfrage bedienen. Vgl. Abschn. 13.3.
4. **Wahr.** Durch die Maut erhöhen sich die Fixkosten der Taxibetreiber, was das Minimum der Durchschnittskosten und damit auch den Marktpreis erhöht. Vgl. Abschn. 13.3.

Musterlösung für Block 8

1. **Falsch.** Im Gegenteil. Vgl. Abschn. 13.4.
2. **Falsch.** Ein Unternehmen kann auch eine Strategie der CSR verfolgen, weil es glaubt, dass dies der beste Weg sei, um langfristig Gewinne zu maximieren. Vgl. Abschn. 13.4.
3. **Wahr.** Vgl. Abschn. 13.4 und Abschn. 5.1.
4. **Wahr.** Vgl. Abschn. 13.4.

13.2   Offene Fragen

13.2.1 Aufgaben

Aufgabe 1

Abb. 13.1 stellt die Funktionen der Grenzkosten $MC(y)$, der Durchschnittskosten $AC(y)$ und der durchschnittlichen variablen Kosten $AVC(y)$ eines Unternehmens im Polypol dar.

1. Der Marktpreis sei $\bar{p} = 10$. Verdeutlichen Sie in der Graphik die Produzentenrente im Optimum auf zwei unterschiedliche Weisen.
2. Skizzieren Sie die Funktion der durchschnittlichen Fixkosten $AFC(y)$.
3. Bestimmen Sie die Kostenfunktion $C(y)$. Gehen Sie hierbei davon aus, dass alle in Abb. 13.1 verwendeten Funktionen für $y > 0$ stetig sind.
4. Bestimmen Sie die Angebotsfunktion des Unternehmens.

Abb. 13.1 Aufgabe 1

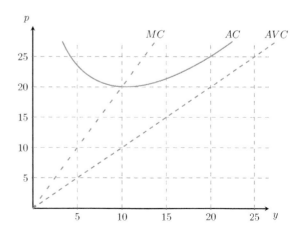

5. Arbeit (l) sei der einzige Produktionsfaktor, sein Preis sei $w = 2$. Wie lautet die Produktionsfunktion des Unternehmens, $Y(l)$? Skizzieren Sie den Verlauf der Produktionsfunktion.

Aufgabe 2

1. Was versteht man unter Corporate Social Responsibility (CSR)?
2. Vergleichen Sie CSR mit der Friedman-Doktrin. Was sind die unterschiedlichen Ansichten dieser beiden Ansätze? Wie sieht die jeweilige Umsetzung aus?
3. Was folgt aus dem Modell des Unternehmensverhaltens bei Vollständiger Konkurrenz für die Friedman-Doktrin?
4. Erläutern Sie, warum man CSR auch als verantwortliche Gewinnmaximierung verstehen kann. Nennen Sie Beispiele, die dieser Überlegung entsprechen.
5. Welche Faktoren erschweren die Gestaltung der idealen Spielregeln bzw. Institutionen?

Aufgabe 3

1. Warum weichen Unternehmen mitunter von der Annahme der Gewinnmaximierung ab, d. h., warum lässt sich gewinnmaximierendes Verhalten nicht immer realisieren? Was sind mögliche Lösungen?
2. Argumentieren Sie basierend auf Ihren Ausführungen zur vorangehenden Aufgabe, ob die Annahme der Gewinnmaximierung aufgegeben werden sollte.

Aufgabe 4

1. Was besagt das Sunk-Cost-Prinzip? Verhalten sich Menschen generell nach diesem Prinzip?
2. Finden Sie ein alltägliches Beispiel für das Phänomen des Mental Accounting und erklären Sie, wie sich ein rationaler Entscheidungsträger verhalten würde.
3. Welche Konsequenzen hat das Sunk-Cost-Prinzip für das Verhalten der Spieler beim Ultimatum-Spiel?
4. Belegt die empirische Evidenz, dass sich die Spieler beim Ultimatum-Spiel gemäss dem Sunk-Cost-Prinzip verhalten? Kommentieren Sie!
5. Wie kann das Verhalten von Spieler 2 aus einer evolutionären Perspektive erklärt werden?
6. Ist es nun funktional oder dysfunktional, Versunkene Kosten in Betracht zu ziehen?

13.2.2 Lösungen

Lösung zu Aufgabe 1

1. Da die Funktion der durchschnittlichen variablen Kosten $AVC(y)$ und die Funktion der Durchschnittskosten $AC(y)$ nicht identisch sind, liegen hier fixe Kosten in Höhe von $FC > 0$ für $y > 0$ vor.[1]

---

[1] Aus der Grafik ist nicht ersichtlich, ob es sich hierbei um vermeidbare Fixkosten ($C(0) = 0$) oder nicht vermeidbare Fixkosten ($C(0) > 0$) handelt.

Wenn vermeidbare Fixkosten vorliegen, dann entspricht das gewinnmaximierende Angebot des Unternehmens null, da der Preis $\bar{p}$ kleiner als das Minimum der Durchschnittskosten ist, wobei $AC_{min} = 20$ (siehe Abb. 13.1). In diesem Fall entspricht der Gewinn als auch die Produzentenrente null. Bei nicht vermeidbaren Fixkosten hingegen entspricht das gewinnmaximierende Angebot $\bar{y} = 5$, da der Preis $\bar{p}$ grösser als das Minimum der durchschnittlichen variablen Kosten ist, da $AVC_{min} = 0$ (siehe Abb. 13.1).

Um die Produzentenrente an der Stelle $\bar{y}$ grafisch zu zeigen, muss man die Differenz zwischen dem Erlös (also $\bar{p} \cdot \bar{y}$) und den variablen Kosten (also $VC(\bar{y})$) verdeutlichen. Zur Ermittlung der variablen Kosten gibt es zwei Varianten:

a) Die variablen Kosten an der Stelle $\bar{y}$ entsprechen den durchschnittlichen variablen Kosten an der Stelle $\bar{y}$ multipliziert mit der Menge ($\bar{y}$):

$$VC(\bar{y}) = AVC(\bar{y}) \cdot \bar{y}.$$

b) Die variablen Kosten an der Stelle $\bar{y}$ entsprechen der Fläche unter der Grenzkostenkurve bis zu der Ausbringungsmenge $\bar{y}$:

$$VC(\bar{y}) = \int_{y=0}^{y=\bar{y}} MC(y)\,dy.$$

Somit gibt es auch zwei Varianten, die Differenz zwischen Erlös und variablen Kosten (also die Produzentenrente) in Abb. 13.1 zu verdeutlichen (siehe Abb. 13.2 und 13.3).

2. Die Funktion der durchschnittlichen Fixkosten ist definiert als

$$AFC(y) = \frac{FC}{y}.$$

Abb. 13.2 Aufgabe 1.1

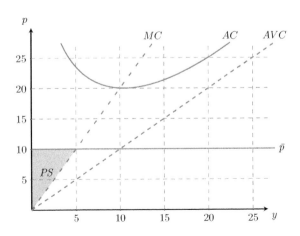

Abb. 13.3 Aufgabe 1.1

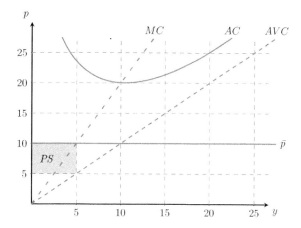

Folgendes wissen wir über diese Funktion:

$$\lim_{y \to 0} AFC(y) \to \infty, \tag{13.1}$$

$$\lim_{y \to \infty} AFC(y) = 0, \tag{13.2}$$

$$AFC'(y) = -\frac{FC}{y^2}, \tag{13.3}$$

$$AFC''(y) = 2 \cdot \frac{FC}{y^3}. \tag{13.4}$$

Wir wissen also, dass $AFC(y)$ für kleine y gegen unendlich (vgl. Gl. 13.1) und für grosse y gegen null konvergiert (vgl. Gl. 13.2). Weiterhin wissen wir, dass es sich um eine streng monoton fallende (vgl. Gl. 13.3) und streng konvexe (vgl. Gl. 13.4) Funktion handelt.

Darüber hinaus kennen wir folgenden (allgemeinen) Zusammenhang:

$$AC(y) = AFC(y) + AVC(y) \quad \Leftrightarrow \quad AFC(y) = AC(y) - AVC(y). \tag{13.5}$$

Wir sehen in Abb. 13.1, dass die Differenz zwischen AVC und AC an der Stelle $y = 10$ genau 10 beträgt, dass also

$$AC(10) - AVC(10) = 10.$$

Somit gilt gem. Gl. 13.5, dass $AFC(10) = 10$ und wir erhalten die in Abb. 13.4 dargestellte Situation.

3. Die Kostenfunktion $C(y)$ setzt sich aus den variablen und fixen Kosten zusammen. Um die variablen Kosten zu ermitteln gibt es zwei Varianten (siehe auch

Abb. 13.4 Aufgabe 1.2

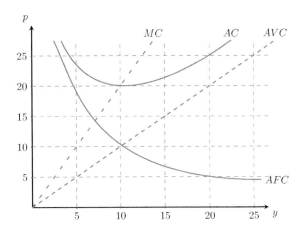

Aufgabenteil 1). Aus Abb. 13.1 lässt sich erkennen, dass $AVC(y) = y$ und $MC(y) = 2 \cdot y$ und somit ist $VC(y) = y^2$. Wir wissen auch, dass $AFC(y) = \frac{FC}{y}$ und speziell $AFC(10) = 10$ (siehe Aufgabenteil 2). Daraus folgt, dass

$$AFC(10) = 10 \quad \Leftrightarrow \quad \frac{FC}{10} = 10 \quad \Leftrightarrow \quad FC = 100.$$

Wir erhalten somit folgende Kostenfunktion:

$$C(y) = FC + VC(y) = 100 + y^2, \text{ für } y > 0. \tag{13.6}$$

4. Die Angebotsfunktion eines Unternehmens gibt uns in Abhängigkeit vom Marktpreis p jene Menge y, welche den Gewinn des Unternehmens maximiert. Da Fixkosten in Höhe von $FC = 100$ für $y > 0$ anfallen, müssen wir, bevor wir zur Bestimmung der Angebotsfunktion kommen, zwischen folgenden Fällen unterscheiden:

(a) Im Falle vermeidbarer Fixkosten gilt, dass $C(0) = 0$, und somit

$$\Pi(y) = \begin{cases} p \cdot y - FC - VC(y) & \text{für } y > 0, \\ 0 & \text{für } y = 0. \end{cases} \tag{13.7}$$

Somit wird das Unternehmen nur dann gemäss der ‚Preis-gleich-Grenzkosten'-Regel produzieren, wenn

$$\Pi(y^*) \geq 0 \Leftrightarrow p \cdot y^* - C(y^*) \geq 0 \Leftrightarrow p \geq \frac{C(y^*)}{y^*} \Leftrightarrow p \geq AC(y^*).$$

Diese Bedingung ist nur dann erfüllt, wenn $p \geq AC_{min} = 20$, da die monoton steigende Grenzkostenfunktion die Durchschnittskostenfunktion in deren Minimum schneidet. Die Angebotskurve des Unternehmens ist also nur dann mit der Inversen der Grenzkostenfunktion identisch, wenn der Preis mindestens dem Minimum der Durchschnittskosten (AC_{min}) entspricht. Für Preise unterhalb AC_{min} würde ein Angebot gemäss der ‚Preis-gleich-Grenzkosten'-Regel einen negativen Gewinn erzielen. Dieses kann das gewinnmaximierende Unternehmen vermeiden, indem es schliesst. Verwenden wir die in Gl. (13.6) ermittelte Kostenfunktion, so lautet die Inverse der Grenzkostenfunktion:

$$MC^{-1}(p) = \frac{p}{2}.$$

Wir erhalten als langfristige Angebotsfunktion:

$$y(p) = \begin{cases} 0, & \text{für } p < 20, \\ \frac{p}{2}, & \text{sonst.} \end{cases}$$

(b) Im Falle nicht vermeidbarer Fixkosten gilt nun, dass $C(0) = FC$ und damit für $y \geq 0$

$$\Pi(y) = p \cdot y - FC - VC(y).$$

Das heisst, ein Unternehmen produziert gemäss der ‚Preis-gleich-Grenzkosten'-Regel, sobald der Preis gross genug ist, sodass die Produzentenrente im Optimum ($PS(y^*)$) schwach positiv ist:

$$PS(y^*) \geq 0 \Leftrightarrow p \cdot y^* - VC(y^*) \geq 0 \Leftrightarrow p \geq \frac{VC(y^*)}{y^*} \Leftrightarrow p \geq AVC(y^*).$$

Diese Bedingung ist nur dann erfüllt, wenn $p \geq AVC_{min} = 0$. Somit repräsentiert die Inverse der Grenzkostenfunktion für $p \geq 0$ die Angebotskurve des Unternehmens:

$$y(p) = \frac{p}{2} \text{ für } p \geq 0.$$

5. Da Arbeit der einzige Produktionsfaktor ist, setzen sich die Kosten der Produktion wie folgt zusammen:

$$C(y) = w \cdot L(y) = 2 \cdot L(y). \tag{13.8}$$

Somit erhalten wir nach Gleichsetzung von (13.8) mit der in Gl. (13.6) ermittelten Kostenfunktion, dass

$$100 + y^2 = 2 \cdot L(y) \quad \Rightarrow \quad L^{-1}(l) = \sqrt{2 \cdot l - 100}.$$

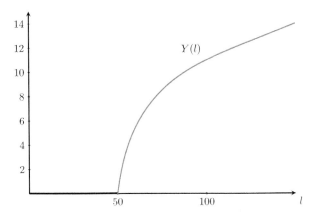

Abb. 13.5 Aufgabe 1.5. Produktionsfunktion

Dann lautet die Produktionsfunktion

$$Y(l) = \begin{cases} 0 & \text{für } l \leq 50, \\ \sqrt{2 \cdot l - 100} & \text{sonst.} \end{cases}$$

Für $l > 50$ erhalten wir dann eine streng monoton steigende und streng konkave Funktion, da

- $Y'(l) = (2 \cdot l - 100)^{-\frac{1}{2}}$,
- $Y''(l) = -(2 \cdot l - 100)^{-\frac{3}{2}}$.

Diese Funktion ist in Abb. 13.5 illustriert.

Lösung zu Aufgabe 2

1. Corporate Social Responsibility (CSR) wird als eine Alternative zur Gewinnmaximierung gesehen, die es Unternehmen erlaubt, ihr Verhalten besser in den Dienst der Allgemeinheit zu stellen.
2. • CRS: Firmen sind dazu angehalten, neben ökonomischen Belangen auch ökologische und soziale Anliegen in ihrer Geschäftstätigkeit zu berücksichtigen. Das Umsetzen einer CRS Strategie ist freiwillig und hängt daher von der Bereitschaft eines Unternehmens ab, solche Anliegen zu berücksichtigen.
   • Friedman-Doktrin: Die einzige soziale Verantwortung eines Unternehmens ist die Gewinnmaximierung im Rahmen der vorgegebenen Spielregeln. Alle normativen Ziele müssen dann über die Gestaltung der Spielregeln, d. h. über Institutionen, adressiert werden.
3. Erstens führt freier Marktzutritt und -austritt dazu, dass Wettbewerb die Tendenz hat, Gewinne auf null zu drücken. Wenn aber die maximalen Gewinne bei null sind, bleibt Unternehmen gar nichts anderes übrig, als diese zu maximieren. Zweitens kann eine vollständige Anzahl von Märkten mit Vollständiger Konkurrenz als idealer institutioneller Rahmen verstanden werden, d. h. als Friedmans

„perfekte Spielregeln". Das Modell führt also zu einer eher zustimmenden Sichtweise auf die Doktrin.

4. Eine augenscheinlich moralische Geschäftspraktik kann durchaus im Kern vom Prinzip der Gewinnmaximierung motiviert sein: Bessere Löhne können Mitarbeitende dazu motivieren, härter zu arbeiten und sich loyaler zu verhalten, was die Gewinne erhöht. Die Einhaltung von Nachhaltigkeitsstandards kann zu höheren Preisen führen, wenn die Kunden eine Zahlungsbereitschaft für nachhaltig produzierte Produkte haben, usw. Dann handelt aber ein Unternehmen, welches eine CSR-Strategie verfolgt, im Sinne des „aufgeklärten Eigeninteresses" und damit auch im Sinne der Gewinnmaximierung.

5. Unter Umständen sind die technologischen Voraussetzungen nicht gegeben, oder es existieren Externalitäten. Ein Beispiel ist das Fehlen eines konsistenten globalen regulatorischen Rahmens, der verhindern würde, dass der „Wettbewerb der Nationen" die Steuern und Dienstleistungen der Sozialsysteme auf ein ineffizient niedriges Niveau drückt.

Lösung zu Aufgabe 3

1. • Unvollständige Informationen: Einem Unternehmen fehlen die Informationen, um das Ziel der Gewinnmaximierung zu verwirklichen.
   – Lösung: Verbesserung der bereitgestellten Informationen durch eine Verbesserung der Marktforschung und/oder des Controlling.
   • Konfligierende Interessen: Individuen innerhalb eines Unternehmens verfolgen eigene Ziele, die nicht dem der Gewinnmaximierung entsprechen müssen.
   – Lösung: Durch die Gestaltung der Anreizsysteme und Unternehmenskultur die Interessen der Mitarbeitenden mit denen der Eigentümer zur Deckung bringen.

2. Die Argumente in Exkurs 13.1 zeigen lediglich die Grenzen der Machbarkeit der Gewinnmaximierung auf, nicht aber die grundlegende Motivation für gewinnmaximierendes Verhalten. Aber selbst wenn ein Unternehmer andere Ziele als Gewinnmaximierung verfolgt, kann die Annahme der Gewinnmaximierung immer noch ein guter Startpunkt für eine Analyse sein und als Referenzrahmen dienen. Wie in Abschn. 1 bereits diskutiert, können Annahmen eines Modells nicht in dem Sinn realistisch sein, dass sie der Wirklichkeit entsprechen. Vielmehr betreibt die wissenschaftliche Theoriebildung immer Komplexitätsreduktion. Gemäss der extremen Position des Instrumentalismus sollte man ein Modell auf Grundlage der Gültigkeit und Nützlichkeit seiner Hypothesen beurteilen.

Lösung zu Aufgabe 4

1. Das Sunk-Cost-Prinzip besagt, dass eine rationale Entscheiderin Versunkene Kosten, d. h. Kosten, die von ihr nicht beeinflusst werden können, ignorieren sollte. Es gibt aber empirische Evidenz, dass Menschen Versunkene Kosten in ihre Entscheidungen einbeziehen, auch wenn sie dies nach dem Sunk-Cost-Prinzip nicht tun sollten. Vgl. Abschn. 13.3.

2. Nehmen Sie an, Sie wollen den neusten Hollywoodfilm im Kino sehen. In einem ersten Szenario haben Sie die Eintrittskarte zu einem Preis von CHF 15 bereits gekauft, aber auf dem Weg zum Kino leider verloren. In einem zweiten Szenario planen Sie, die Eintrittskarte an der Kinokasse zu kaufen, aber auf dem Weg dahin haben Sie CHF 15 in Bargeld verloren. Wie reagieren Sie?

   Im ersten Szenario ist es denkbar, dass Sie sich entscheiden, den Film nicht anzuschauen. Schliesslich haben Sie ja die Eintrittskarte verloren und müssten jetzt eine neue kaufen. Die Gesamtkosten von CHF 30 für eine Kinovorstellung erscheinen Ihnen aber zu hoch. Im zweiten Szenario sehen Sie wahrscheinlich keinen Zusammenhang zwischen dem verlorenen Geld und dem Kinoeintritt. Daher kaufen Sie sich wie geplant ein Ticket und sehen sich den Film an.

   Ein rationaler Akteur würde nun aber nicht zwischen der verlorenen Eintrittskarte und den verlorenen CHF 15 unterscheiden, da beide denselben Wert haben. In Ihrer Vorstellung aber ist das verlorene Ticket assoziiert mit dem Eintrittsgeld, während dies für das verlorene Geld nicht zutrifft. Dies ist ein Beispiel für Mental Accounting.

3. Das Sunk-Cost-Prinzip besagt, dass Spieler 2 jedes strikt positive Angebot von Spieler 1 annehmen sollte, da die Höhe des Betrags, der von Spieler 1 angeboten wird, von Spieler 2 nicht beeinflusst werden kann. Gemäss dieser Logik kann Spieler 1 also einen beliebig kleinen Betrag anbieten.

4. Empirische Tests haben gezeigt, dass die Person in der Rolle des zweiten Spielers „zu kleine" Gebote ablehnt, weil sie z. B. als unfair empfunden werden. Dies kann sich aber als gewinnbringend für Spieler 2 erweisen, wenn Spieler 1 diese Reaktion erwartet und daher Spieler 2 ein höheres Angebot macht.

5. Aus einer evolutionären Perspektive können scheinbar dysfunktionale Gefühle wie Verärgerung, Frustration oder Zorn, die dazu führen, dass man das Sunk-Cost-Prinzip verletzt, eine funktionale Rolle spielen. So können solche Gefühle als glaubwürdige Selbstbindungsmechanismen dienen, die es einem erlauben, sich zu einer ansonsten unglaubwürdigen Strategie zu verpflichten. Weil ein niedriges Angebot Spieler 2 verärgert, stellt er sich mit einer Ablehnung des Angebots zwar materiell schlechter, aber emotional besser. Dies erlaubt ihm, glaubhaft zu machen, dass er ein niedriges Angebot ablehnen wird, und Spieler 1 wird ihm deshalb unter Umständen ein besseres Angebot unterbreiten.

6. Das hängt vom Kontext ab. Was in einer Umgebung dysfunktional ist, kann in einer anderen Umgebung funktional sein und umgekehrt.

13.3 Offene Fragen mit strukturierten Antworten

13.3.1 Aufgaben

Aufgabe 1

Gehen Sie davon aus, dass in einem Markt mit Vollständiger Konkurrenz Unternehmen mit identischen Kostenfunktionen $C(y) = y - y^2 + y^3$ produzieren. Die Marktnachfragefunktion sei $x(p) = 1'075 - 100 \cdot p$.

1. Bestimmen Sie das Angebot eines gewinnmaximierenden Unternehmens (y_i^*) im langfristigen Gleichgewicht mit freiem Marktzutritt und -austritt.
   a) Unbestimmt.
   b) $y_i^* = \frac{1}{6}$.
   c) $y_i^* = 0.5$.
   d) $y_i^* = 1$.
   e) Keine der Antworten ist richtig.

2. Bestimmen Sie den Preis im langfristigen Marktgleichgewicht mit freiem Marktzutritt und -austritt (p^*).
   a) Unbestimmt.
   b) $p^* = 2$.
   c) $p^* = 1.5$.
   d) $p^* = 0.75$.
   e) Keine der Antworten ist richtig.

3. Bestimmen Sie die Anzahl der Unternehmen, die im langfristigen Gleichgewicht mit freiem Marktzutritt und -austritt eine positive Menge anbieten (n^*).
   a) Unbestimmt.
   b) $n^* = 100$.
   c) $n^* = 2'000$.
   d) $n^* = 5'000$.
   e) Keine der Antworten ist richtig.

Aufgabe 2

Gehen Sie davon aus, dass in einem Markt mit Vollständiger Konkurrenz Lizenzen für 100 Unternehmen existieren. Die Unternehmen haben identische Kostenfunktionen $C(y) = y^2$. Die Marktnachfragefunktion sei $x(p) = 1'000 - p$.

1. Bestimmen Sie die Angebotsfunktion ($y_i(p)$) eines gewinnmaximierenden Unternehmens.
   a) Unbestimmt.
   b) $y_i(p) = 2 \cdot p$.
   c) $y_i(p) = p$.
   d) $y_i(p) = 0.5 \cdot p$.
   e) Keine der obigen Antworten ist richtig.

2. Bestimmen Sie die Marktangebotsfunktion ($y(p)$) der gewinnmaximierenden Unternehmen.
   a) Unbestimmt.
   b) $y(p) = 200 \cdot p$.
   c) $y(p) = 100 \cdot p$.
   d) $y(p) = 50 \cdot p$.
   e) Keine der obigen Antworten ist richtig.

3. Bestimmen Sie den gleichgewichtigen Preis (p^*) auf diesem Markt.
   a) Unbestimmt.
   b) $p^* = \frac{1'000}{51}$.

c) $p^* = \frac{1'000}{101}$.

d) $p^* = \frac{1'000}{201}$.

e) Keine der obigen Antworten ist richtig.

4. Bestimmen Sie die gleichgewichtige Menge (y^*) auf diesem Markt.

a) Unbestimmt.

b) $y^* = \frac{200'000}{201}$.

c) $y^* = \frac{100'000}{101}$.

d) $y^* = \frac{50'000}{51}$.

e) Keine der obigen Antworten ist richtig.

Aufgabe 3

Gehen Sie davon aus, dass in einem Markt mit Vollständiger Konkurrenz Lizenzen für 10 Unternehmen vergeben wurden. Alle Unternehmen haben die identische Kostenfunktion $C(y) = 0.5 \cdot y^2 + 32$ für $y > 0$ und $C(0) = 0$. Die Marktnachfragefunktion ist $x(p) = 88 - p$.

1. Bestimmen Sie die Angebotsfunktion ($y_i(p)$) eines gewinnmaximierenden Unternehmens.

a) $y_i(p) = p$ für $p \geq 8$ und $y(p) = 0$ für $p < 8$.

b) $y_i(p) = p$.

c) $y_i(p) = p$ für $p \geq y^2 + 1$ und $y(p) = 0$ für $p < y^2 + 1$.

d) $y_i(p) = 0.5p$ für $p \geq y + \frac{1}{y}$ und $y(p) = 0$ für $p < y + \frac{1}{y}$.

e) Keine der obigen Antworten ist richtig.

2. Bestimmen Sie den gleichgewichtigen Preis (p^*) und die Gesamtmenge (y^*) auf diesem Markt.

a) $p^* = 10$ und $y^* = 78$.

b) $p^* = 44$ und $y^* = 44$.

c) $p^* = 8$ und $y^* = 80$.

d) Es fehlen notwendige Informationen, sodass die Frage nicht beantwortet werden kann.

e) Keine der obigen Antworten ist richtig.

Aufgabe 4

Zwei profitmaximierende Unternehmen, die sich als Preisnehmer verhalten, haben jeweils die folgende inverse Angebotsfunktion: $Q(y_i) = 200 + y_i$. y_i bezeichnet die von Unternehmen i angebotene Menge und p bezeichnet den Marktpreis. Die Fixkosten sind null, die Nachfragefunktion ist $x(p) = 387.5 - \frac{p}{4}$.

1. Bestimmen Sie die inverse Marktangebotsfunktion ($Q(y)$).

a) $Q(y) = 400 + 2 \cdot y$.

b) $Q(y) = 200 + 2 \cdot y$.

c) $Q(y) = 200 + 0.5 \cdot y$.

d) $Q(y) = 400 + y$.

e) Keine der obigen Antworten ist richtig.

2. Bestimmen Sie den gleichgewichtigen Preis (p^*) sowie die gleichgewichtige Menge (y^*) in der kurzen Frist.
   a) $p^* = 300$, $y^* = 400$.
   b) $p^* = 350$, $y^* = 300$.
   c) $p^* = 400$, $y^* = 200$.
   d) $p^* = 450$, $y^* = 100$.
   e) Keine der obigen Antworten ist richtig.

3. Bestimmen Sie Produzentenrente ($PS(y^*)$) sowie die Konsumentenrente ($CS(y^*)$) im kurzfristigen Gleichgewicht.
   a) $CS(y^*) = 25'000$, $PS(y^*) = 25'000$.
   b) $CS(y^*) = 180'000$, $PS(y^*) = 22'500$.
   c) $CS(y^*) = 200'000$, $PS(y^*) = 24'000$.
   d) $CS(y^*) = 92'500$, $PS(y^*) = 28'000$.
   e) Keine der obigen Antworten ist richtig.

Nun tritt ein weiteres Unternehmen mit identischer Kostenfunktion in den Markt ein. Alle anderen Annahmen bleiben wie zuvor.

4. Wie verändern sich die gleichgewichtige Menge, der Gleichgewichtspreis sowie die Gesamtwohlfahrt?
   a) Der Preis steigt, die Menge steigt, die Wohlfahrt sinkt.
   b) Der Preis sinkt, die Menge steigt, die Wohlfahrt steigt.
   c) Der Preis sinkt, die Menge sinkt, die Wohlfahrt sinkt.
   d) Der Preis sinkt, die Menge steigt, die Wohlfahrt sinkt.
   e) Keine der obigen Antworten ist richtig.

Aufgabe 5

Ein Unternehmen produziere Rohkaffe für den internationalen Markt. Um eine Einheit Rohkaffe (y) zu produzieren, benötigt es Arbeit (l). Zusätzlich existieren fixe Kapitalkosten, welche nur bei Produktion ($y > 0$) anfallen. Die Produktionsfunktion ist gegeben durch $Y(l) = a \cdot \sqrt{l}$, mit $a > 0$. Der Lohnsatz pro Stunde Arbeit beträgt $w > 0$.

1. Wie lautet die Kostenfunktion $C(y)$ des Unternehmens?
   a) Unbestimmt.
   b) $C(y) = FC + w \cdot a \cdot \sqrt{y}$.
   c) $C(y) = FC + \frac{w \cdot a}{2 \cdot \sqrt{y}}$.
   d) $C(y) = FC + \frac{w}{a^2} \cdot y^2$.
   e) Keine der obigen Antworten ist richtig.

Sei $a = w = 2$ und $FC = 72$.

2. Welche gewinnmaximierende Menge y^* bietet das Unternehmen auf dem Markt an, wenn der Gleichgewichtspreis $p^* = 40$ lautet? Wie hoch ist dann die Produzentenrente $PS(y^*)$?
   a) Unbestimmt.
   b) $y^* = 40$, $PS(y^*) = 800$.
   c) $y^* = 20$, $PS(y^*) = 600$.
   d) $y^* = \sqrt{40}$, $PS(y^*) = 250$.
   e) Keine der obigen Antworten ist richtig.

3. Der Weltmarktpreis für Rohkaffee sinkt aufgrund eines Nachfragerückgangs auf $p^* = 12$. Welche gewinnmaximierende Menge y^* bietet das Unternehmen nun an? Wie gross ist der Gewinn $\pi(y^*)$?
   a) Unbestimmt.
   b) $y^* = 12$, $\pi(y^*) = 0$.
   c) $y^* = 6$, $\pi(y^*) = -18$.
   d) $y^* = \sqrt{12}$, $\pi(y^*) = 36$.
   e) Keine der obigen Antworten ist richtig.

4. Alle Anbieter im Rohkaffeemarkt produzieren mit derselben Produktionstechnologie (siehe oben). Die Nachfrage habe einen normalen (fallenden) Verlauf, die maximale Zahlungsbereitschaft pro Einheit Kaffee sei 100. Wie gross wird der Gleichgewichtspreis p^* bei freiem Marktzutritt und -austritt sein? Welche Menge y^* bietet ein Unternehmen im Gleichgewicht an?
   a) Unbestimmt.
   b) $p^* = 40$, $y^* = 40$.
   c) $p^* = \sqrt{12}$, $y^* = 24$.
   d) $p^* = 12$, $y^* = 12$.
   e) Keine der obigen Antworten ist richtig.

13.3.2 Lösungen

Lösung zu Aufgabe 1
- Frage 1, Antwort c) ist korrekt.
- Frage 2, Antwort d) ist korrekt.
- Frage 3, Antwort c) ist korrekt.

Lösung zu Aufgabe 2
- Frage 1, Antwort d) ist korrekt.
- Frage 2, Antwort d) ist korrekt.
- Frage 3, Antwort b) ist korrekt.
- Frage 4, Antwort d) ist korrekt.

Lösung zu Aufgabe 3
- Frage 1, Antwort a) ist korrekt.
- Frage 2, Antwort c) ist korrekt.

Lösung zu Aufgabe 4

- Frage 1, Antwort c) ist korrekt.
- Frage 2, Antwort b) ist korrekt.
- Frage 3, Antwort b) ist korrekt.
- Frage 4, Antwort b) ist korrekt.

Lösung zu Aufgabe 5

- Frage 1, Antwort d) ist korrekt.
- Frage 2, Antwort b) ist korrekt.
- Frage 3, Antwort b) ist korrekt.
- Frage 4, Antwort d) ist korrekt.

Unternehmensverhalten auf Monopolmärkten

14

14.1 Selektivfragen

14.1.1 Aussagen

Block 1

1. Die Optimalitätsbedingung „Grenzkosten = Grenzerlös" gilt nur für den Monopolisten und nicht für ein Unternehmen in einem Markt mit vollständiger Konkurrenz.
2. Gehen Sie von einem nicht preisdiskriminierenden Monopolisten aus, der sich einer im Preis sinkenden Nachfragefunktion gegenübersieht. Der Grenzerlös besteht dann aus einem Preis- und einem Mengeneffekt, wobei der Preiseffekt immer kleiner als der Mengeneffekt ist.
3. Gehen Sie von einem nicht preisdiskriminierenden Monopolisten aus. Der Grenzerlös besteht aus einem Preis- und einem Mengeneffekt. Der Preiseffekt ist immer grösser als der Preiseffekt bei vollständiger Konkurrenz.
4. Wenn ein Unternehmen ein Patent auf ein Produkt besitzt, so kann es Preise oberhalb der Grenzkosten durchsetzen, da das Patent zu einem Monopol führt.

Block 2

Gehen Sie von einem gewinnmaximierenden Monopolisten aus, welcher in zwei Märkten ein identisches Produkt anbietet und prinzipiell über die Möglichkeit verfügt, Preisdiskriminierung dritten Grads zu betreiben. Er hat konstante Grenzkosten, die nicht gleich null sind.

1. Im Gewinnmaximum wird das Unternehmen auf dem Markt einen tieferen Preis setzen, auf dem im Optimum die Preiselastizität der Marktnachfrage dem Betrag nach grösser ist.

© Der/die Autor(en), exklusiv lizenziert durch Springer-Verlag GmbH, DE, ein Teil von Springer Nature 2021
M. Kolmar, M. Hoffmann, *Arbeitsbuch zu Grundlagen der Mikroökonomik*,
https://doi.org/10.1007/978-3-662-63473-8_14

2. Da bei einer linearen Marktnachfragefunktion die Preiselastizität der Nachfrage (dem Betrag nach) alle Werte von null bis Unendlich annehmen kann, ist die optimale Preispolitik des Monopolisten nicht bestimmbar.
3. Wenn dem Monopolisten die Preisdiskriminierung zwischen den Märkten untersagt wird, kann es sein, dass er einen der beiden Märkte nicht mehr beliefert.
4. Wenn dem Monopolisten die Preisdiskriminierung zwischen den Märkten untersagt wird, wird der Preis in dem Markt mit der niedrigeren Preiselastizität der Nachfrage stets kleiner sein als zuvor, wenn er auch ohne Preisdiskriminierung auf beiden Märkten eine positive Menge verkauft.

Block 3

1. Gehen Sie von einem nicht preisdiskriminierenden Monopolisten aus. Sein Grenzerlös ist positiv, solange der dazugehörige Preis grösser als null ist.
2. Gehen Sie von einem nicht preisdiskriminierenden Monopolisten aus. Ein gewinnmaximierender Monopolist bietet stets im elastischen Teil der Marktnachfragefunktion an.
3. Gehen Sie von einem nicht preisdiskriminierenden Monopolisten aus. Anders als im Fall der vollständigen Konkurrenz wird ein gewinnmaximierender Monopolist auch bei konstantem Grenzprodukt stets strikt positive Gewinne machen.
4. Ein gewinnmaximierender Monopolist, der perfekte Preisdiskriminierung betreibt, erzeugt keinen Wohlfahrtsverlust.

Block 4

Ein gewinnmaximierender Monopolist sieht sich der inversen Nachfragefunktion $P(y) = 50 - \frac{y}{2}$ gegenüber. Seine Kostenfunktion sei

$$
C(y) = \begin{cases} FC + 2 \cdot y^2, & \text{für } y > 0, \\ 0, & \text{sonst.} \end{cases} \tag{14.1}
$$

1. Bei Fixkosten in Höhe von 200 wird der Monopolist eine Menge von 10 Einheiten des Guts anbieten.
2. Bei Fixkosten in Höhe von 400 wird der Monopolist eine Menge von 10 Einheiten des Guts anbieten.
3. Bei Fixkosten in Höhe von 200 wird der Monopolist nichts anbieten.
4. Bei Fixkosten in Höhe von 400 wird der Monopolist nichts anbieten.

Block 5

Eine Firma mit einer Kostenfunktion $C(y) = 2 \cdot y^2$ sieht sich folgender inversen Nachfragefunktion gegenüber: $P(y) = 160 - 6 \cdot y$. Die Marktangebotsfunktion in einem Polypol sei identisch mit der Grenzkostenfunktion des Monopolisten.

1. Die Produzentenrente bei vollkommenem Wettbewerb beträgt 768.
2. Die Produzentenrente im Monopolfall ohne Preisdiskriminierung beträgt 800.

3. Der Wohlfahrtsverlust im Monopol ohne Preisdiskriminierung beträgt 80.
4. Die Konsumentenrente im Monopolfall ohne Preisdiskriminierung beträgt 50.

Block 6

Ein Monopolist mit Grenzkosten $MC(y) = d \cdot y$ ist mit einer inversen Marktnachfragefunktion $P(y) = 100 - y$ konfrontiert. Es sei $d > 0$, und der Monopolist habe Fixkosten von null.

1. Der nicht preisdiskriminierende Monopolist wird die effiziente Menge genau dann anbieten, wenn $d = 0$ ist.
2. Sei $d = 2$. Dann ist der gleichgewichtige Preis eines nicht preisdiskriminierenden Monopolisten $p^* = 51$.
3. Sei $d = 0$. Bei perfekter Preisdiskriminierung ist der optimale Gewinn des Monopolisten gleich 50.
4. Die Konsumentenrente bei vollständiger Preisdiskriminierung ist stets strikt grösser als die Konsumentenrente ohne Preisdiskriminierung.

Block 7

1. Gehen Sie von einem nicht preisdiskriminierenden Monopolisten aus. Sein optimales Güterangebot liegt stets im unelastischen Teil der Nachfragefunktion.
2. Gehen Sie von einem preisdiskriminierenden Monopolisten aus, der zu Grenzkosten von null produziert und der Preise zwischen zwei Märkten, nicht aber auf einem Markt diskriminieren kann. Die inversen Nachfragefunktionen auf beiden Märkten seien $P(y_A) = a - y_A$ und $P(y_B) = b - y_B$. Der gewinnmaximierende Preis auf Markt A ist immer gleich dem gewinnmaximierenden Preis auf Markt B.
3. Gehen Sie von einem nicht preisdiskriminierenden Monopolisten aus, der zu Grenzkosten von null produziert. Die inverse Nachfragefunktion sei $P(y) = \frac{1}{y}$. Dann sind alle strikt positiven Produktionsmengen gewinnmaximal.
4. Gehen Sie von einem preisdiskriminierenden Monopolisten aus, der zu Grenzkosten und Fixkosten von null produziert und Preise zwischen zwei Märkten, nicht aber auf einem Markt diskriminieren kann. Die inversen Marktnachfragefunktionen auf beiden Märkten seien $P(y_A) = a - y_A$ und $P(y_B) = b - y_B$. Wäre $a = b > 0$, so hätte ein Verbot der Preisdiskriminierung zwischen beiden Märkten keinen Einfluss auf das Verhalten des gewinnmaximierenden Monopolisten.

Block 8

1. Ein Monopolist, der vollständige Preisdiskriminierung betreiben kann, produziert zu Grenzkosten von null. Er sieht sich einer inversen Nachfragefunktion $P(y) = 100 - y$ gegenüber. Dann beträgt die Produzentenrente im Gewinnmaximum $PS(y^*) = 5'000$.
2. Ein Monopolist, der keine Preisdiskriminierung betreiben kann, produziert zu Grenzkosten von null. Er sieht sich folgender inversen Nachfragefunktion gegenüber: $P(y) = 100 - y$. Die gewinnmaximierende Menge ist $y^* = 25$.

3. Damit ein Monopolist bereit sein wird, auf einem Markt eine positive Menge anzubieten, muss die Produzentenrente mindestens die Fixkosten decken.

4. Ein Monopolist, der Preisdiskriminierung dritten Grads betreiben kann, wird im Gewinnmaximum auf dem Markt einen höheren Preis setzen, auf dem im Optimum die Preiselastizität der Nachfrage dem Betrag nach grösser ist.

Block 9

1. Wenn einem Monopolisten Preisdiskriminierung dritten Grads verboten wird, so steigt die Konsumentenrente.

2. Wenn einem Monopolisten Preisdiskriminierung dritten Grads erlaubt wird, so steigt die Summe der Konsumentenrenten.

3. Franchisen in der Krankenversicherung sind ein Beispiel von Preisdiskriminierung.

4. Wenn ein gewinnmaximierender Monopolist, der vollständige Preisdiskriminierung betreiben kann, sich entscheidet nicht anzubieten, dann ist dies Pareto-effizient.

Block 10

1. Für einen Monopolisten unterscheidet sich der Grenzerlös von dem eines Unternehmens bei vollständiger Konkurrenz dadurch, dass es zusätzlich zum Mengeneffekt nun auch einen Preiseffekt gibt, der ungleich null ist.

2. Falls der Mengeneffekt den Preiseffekt dominiert, ist der Erlös eines Monopolisten stets negativ.

3. Der Grenzerlös eines Monopolisten, der sich einer fallenden Nachfrage gegenüber sieht, ist stets niedriger als der Preis.

4. Monopolisten und Unternehmen, die unter Bedingungen vollständiger Konkurrenz anbieten, wählen ihre produzierten Mengen nach der Bedingung „Grenzerlös = Grenzkosten".

Block 11

1. Wenn *ComfyFoot*-Schuhe in der Schweiz zu einem anderen Preis angeboten werden als in Deutschland, so handelt es sich um Preisdiskriminierung dritten Grads.

2. Der Übergang von einer Situation ohne zu einer Situation mit perfekter Preisdiskriminierung verändert eine nicht Pareto-effiziente Allokation zu einer Pareto-effizienten Allokation. Dies muss aber keine Pareto-Verbesserung darstellen.

3. Unternehmen haben auch deshalb Interesse an Kundendaten, weil sie damit effektiver Preisdifferenzierung betreiben können.

4. Ein gewinnmaximierender Monopolist wird, wenn er eine positive Menge anbietet, bei der Preisdifferenzierung ersten Grads nach der Regel „Grenzerlös = Grenzkosten" vorgehen.

Block 12

1. Um Preisdifferenzierung ersten Grads anzuwenden, benötigt der Monopolist die Kenntnis über die Zahlungsbereitschaft jedes einzelnen potenziellen Käufers.
2. Bei Preisdifferenzierung ersten Grads entspricht die Produzentenrente des Monopolisten der Gesamtwohlfahrt im Markt.
3. Ein Monopolist sieht sich zwei Kundengruppen gegenüber, die sich bezüglich ihrer Zahlungsbereitschaft für das vom Monopolisten angebotene Gut unterscheiden. Kann er die Angehörigen einer Konsumentengruppe nicht identifizieren, so bietet der Monopolist im Gewinnmaximum Verträge an, sodass die Konsumentenrente der Angehörigen einer Gruppe genau null ist.
4. Nehmen Sie Preisdiskriminierung dritten Grads und gewinnmaximierendes Verhalten des Monopolisten an. Im Optimum des Monopolisten reagiert der eine Markt elastischer als der andere. Dann ist der Preis im elastischer reagierenden Markt höher.

Block 13

1. Die zwei Faktoren, welche grundsätzlich die Preiselastizität der Nachfrage beeinflussen, sind: Die Kaufkraft der Kunden und die Bereitschaft, das Gut durch ein anderes zu substituieren.
2. *Cost-Plus*-Pricing besagt, dass der Preis in einem Markt umso höher sein kann, je elastischer die Marktnachfrage auf Preisänderungen reagiert.
3. Firmenstrategien wie z. B. *Yield Management* versuchen, Kunden in nach ihren Zahlungsbereitschaften abgrenzbare Gruppen zu segmentieren, und dann unterschiedlich zu bepreisen.
4. Mit *Anchoring* kann man das Phänomen beschreiben, dass sich die individuelle Einschätzung der Qualität eines Guts eng an einer zufällig vorgegebenen Zahl orientiert, selbst wenn die Zahl gar nichts mit dem Produkt zu tun hat.

Block 14

Ein preisdiskriminierender Monopolist sieht sich zwei Typen von Konsumenten gegenüber: einem Individuum mit hoher (H-Typ) und einem Individuum mit niedriger (N-Typ) Zahlungsbereitschaft. Der Monopolist kennt die Zahlungsbereitschaften der beiden Typen, kann jedoch die beiden Individuen nicht identifizieren.

1. Im optimalen Vertrag wird dem H-Typ immer seine Pareto-effiziente Menge angeboten, aber nicht dem N-Typ.
2. Im optimalen Vertrag ist die Konsumentenrente des H-Typs unter Umständen null.
3. Im optimalen Vertrag ist die Konsumentenrente des N-Typs unter Umständen strikt grösser als null.
4. *No Distortion at the Top* bedeutet, dass dem N-Typ stets seine Pareto-effiziente Menge angeboten wird.

14.1.2 Lösungen

Musterlösung für Block 1

1. **Falsch.** Auch für ein Unternehmen in einem Markt mit vollständiger Konkurrenz gilt die Optimalitätsbedingung „Grenzkosten = Grenzerlös". Vgl. Abschn. 13.1.
2. **Wahr.** Aus der Gewinnfunktion des Monopolisten $\pi(y) = P(y) \cdot y - C(y)$ ergibt sich im Gewinnmaximum

$$\underbrace{\underbrace{P'(y) \cdot y}_{=\text{Preiseffekt}} + \underbrace{P(y)}_{=\text{Mengeneffekt}}}_{=\text{Grenzerlös}} - \underbrace{C'(y)}_{=\text{Grenzkosten}} = 0.$$

Der Grenzerlös des Monopolisten setzt sich somit aus einem Preis- und einem Mengeneffekt zusammen. Da der Grenzerlös definitionsgemäss eine Ausweitung der Menge impliziert, ist unter der Annahme einer sinkenden Nachfragefunktion der Mengeneffekt stets positiv und der Preiseffekt stets negativ für $y > 0$. Entsprechend ist der Preiseffekt stets kleiner als der Mengeneffekt. Vgl. Abschn. 14.4.

3. **Falsch.** Solange der Monopolist die angebotene Menge ausweitet, ist der Preiseffekt negativ für $y > 0$. Demgegenüber gibt es bei vollständiger Konkurrenz keinen Preiseffekt, denn sämtliche Unternehmen agieren als Preisnehmer. Vgl. Abschn. 13 und Abschn. 14.4.
4. **Falsch.** Wenn es keine Nachfrage für das Gut gibt, dann kann auch mit einem Patent kein (hoher) Preis für das Gut durchgesetzt werden.

Musterlösung für Block 2

1. **Wahr.** Der Monopolist wird die Menge in jedem Markt so wählen, dass der Grenzerlös den Grenzkosten entspricht. Aufgrund der gemeinsamen Fertigung sind die Grenzkosten für beide Märkte gleich. Folgt man den Ausführungen zur ‚Daumenregel' in Abschn. 14.5, so sieht man, dass das Produkt auf dem Markt mit der im Optimum unelastischeren Marktnachfrage zu einem höheren Preis verkauft wird.
2. **Falsch.** Vgl. Herleitung der optimalen Preispolitik eines Monopolisten bei linearer Marktnachfragefunktion in Abschn. 14.4.
3. **Wahr.** Sei Markt 2 derjenige mit der niedrigeren Preiselastizität der Nachfrage. Wenn Markt 1 relativ gross ist oder ein vergleichsweise hohes Preisniveau besitzt, so kann es passieren, dass es für den Monopolisten optimal ist, den kleinen Markt 1 vollständig aufzugeben. Vgl. Abschn. 14.5.3.
4. **Wahr.** Der Monopolist wird in diesem Fall auf beiden Märkten zu einem Preis anbieten, welcher zwischen den Preisen bei Preisdiskriminierung liegt. Vgl. Abschn. 14.5.3.

Musterlösung für Block 3

1. **Falsch.** Der Grenzerlös wird negativ, wenn der absolute Wert des Preiseffekts grösser als der Mengeneffekt ist. Vgl. Abschn. 14.4.
2. **Wahr.** Der Umstand, dass die optimale Menge des Monopolisten im elastischen Bereich der Nachfragefunktion liegt, ist kein Zufall: Wäre die Nachfrage unelastisch, so könnte der Monopolist seine Erlöse mit einer Senkung des Outputs vergrössern, da eine einprozentige Reduktion des Outputs den Preis um mehr als ein Prozent steigert. Aber dann kann diese Menge nicht gewinnmaximal sein, da eine Reduktion des Outputs auch die Kosten senkt. Vgl. Abschn. 14.4.
3. **Wahr.** Vgl. Abschn. 14.4.
4. **Wahr.** Bei perfekter Preisdiskriminierung ist das Marktergebnis Pareto-effizient. Im Gegensatz zur vollständigen Konkurrenz wird jedoch die gesamte Wohlfahrt vom Monopolisten in Form von Produzentenrente abgeschöpft. Vgl. Abschn. 14.5.1.

Musterlösung für Block 4

Der Erlös des Monopolisten beträgt $R(y) = P(y) \cdot y = (50 - 0.5 \cdot y) \cdot y = 50 \cdot y - 0.5 \cdot y^2$. Für den Grenzerlös ergibt sich somit $MR(y) = R'(y) = 50 - y$. Die Grenzkosten betragen $MC(y) = C'(y) = 4 \cdot y$. Im Optimum gilt „Grenzerlös = Grenzkosten", d. h.

$$50 - y = 4 \cdot y \quad \Leftrightarrow \quad y^* = 10.$$

Einsetzen in die inverse Nachfragefunktion liefert den Preis im Optimum:

$$p^* = P(y^*) = 50 - 0.5 \cdot y^* = 45.$$

Der Monopolist bietet das Gut jedoch nur an, wenn er dadurch keinen Verlust erleidet, d. h., nur wenn

$$\pi(y^*) \geq 0 \Leftrightarrow y^* \cdot p^* - C(y^*) = 10 \cdot 45 - (2 \cdot 10^2 + FC) \geq 0 \Leftrightarrow 250 \geq FC.$$

Somit gilt für das optimale Angebot des Monopolisten, dass

$$y^* = \begin{cases} 10, & \text{für } FC \leq 250, \\ 0, & \text{sonst.} \end{cases}$$

Es folgt daraus:

1. **Wahr.**
2. **Falsch.**
3. **Falsch.**
4. **Wahr.**

Musterlösung für Block 5

- Bei vollständiger Konkurrenz gilt im Gleichgewicht $x = y$ sowie

$$P(x) = MC(y) \Leftrightarrow 160 - 6 \cdot x = 4 \cdot y \Leftrightarrow y^* = 16.$$

Hieraus folgt

$$p^* = 64, \text{ und damit ist } PS(y^*) = 0.5 \cdot y^* \cdot p^* = 512$$

und

$$CS(y^*) = 0.5 \cdot (P(0) - p^*) \cdot y^* = 0.5 \cdot (160 - 64) \cdot 16 = 768.$$

- Im Monopol gilt im Optimum $MR(y) = MC(y)$:

$$160 - 12 \cdot y = 4 \cdot y \quad \Leftrightarrow \quad y^* = 10.$$

Daraus folgt $p^* = 100$ und (da keine Fixkosten vorliegen)

$$PS(y^*) = \pi(y^*) = p^* \cdot y^* - C(y^*) = 10 \cdot 100 - 2 \cdot 10^2 = 800$$

sowie

$$CS(y^*) = 0.5 \cdot (P(0) - p^*) \cdot y^* = 0.5 \cdot (160 - 100) \cdot 10 = 300.$$

Der Wohlfahrtsverlust entspricht dann

$$DWL = 512 + 768 - (300 + 800) = 180.$$

Daraus folgt:

1. **Falsch.**
2. **Wahr.**
3. **Falsch.**
4. **Falsch.**

Musterlösung für Block 6

1. **Falsch.** Im Optimum wählt der Monopolist seine Menge nach der Regel „Gren-zerlös = Grenzkosten", d. h.

$$100 - 2 \cdot y = 0 \quad \Leftrightarrow \quad y^* = 50.$$

Bei Grenzkosten von 0 liegt die effiziente Menge jedoch bei 100.

2. **Falsch.** Die Aussage wäre wahr für $MC(y) = d = 2$, es gilt aber $MC(y) = d \cdot y = 2 \cdot y$. Im Optimum gilt wiederum $MR(y) = MC(y)$:

$$100 - 2 \cdot y = 2 \cdot y \quad \Leftrightarrow \quad y^* = 25.$$

Daraus folgt $p^* = P(y^*) = 100 - y^* = 75$.

3. **Falsch.** Bei Fixkosten von null entspricht die Produzentenrente auch dem Gewinn. Die Produzentenrente entspricht bei perfekter Preisdiskriminierung und Grenzkosten von 0 der gesamten Fläche unterhalb der Nachfragekurve, d. h. $PS(y^*) = \pi(y^*) = \frac{1}{2} \cdot 100 \cdot 100 = 5'000$.

4. **Falsch.** Bei perfekter Preisdiskriminierung beträgt die Konsumentenrente null, wohingegen sie ohne Preisdiskriminierung strikt positiv ist. Vgl. Abschn. 14.5.

Musterlösung für Block 7

1. **Falsch.** Siehe Abschn. 14.4.

2. **Falsch.** Die Optimalitätsbedingungen unter Preisdiskriminierung dritten Grads sind

$$\frac{\partial P_A(y_A)}{\partial y_A} \cdot y_A + P_A(y_A) = \frac{\partial C(y_A + y_B)}{\partial y_A}$$

und

$$\frac{\partial P_B(y_B)}{\partial y_B} \cdot y_B + P_B(y_B) = \frac{\partial C(y_A + y_B)}{\partial y_B}.$$

Da wir Grenzkosten von null haben, folgt

$$\frac{\partial C(y_A + y_B)}{\partial y_A} = 0 = -1 \cdot y_A + a - y_A.$$

und

$$\frac{\partial C(y_A + y_B)}{\partial y_B} = 0 = -1 \cdot y_B + b - y_B.$$

Es folgt $y_A^* = \frac{a}{2}$, $p_A^* = a - \frac{a}{2} = \frac{a}{2}$, $y_B^* = \frac{b}{2}$, $p_B^* = b - \frac{b}{2} = \frac{b}{2}$. Damit hängt der Preis aber jeweils von a oder b ab und wäre nur identisch, wenn $a = b$ wäre. Vgl. Abschn. 14.5.3.

3. **Wahr.** Die Optimalitätsbedingung ohne Preisdiskriminierung ist

$$P'(y) \cdot y + P(y) = C'(y).$$

Da wir Grenzkosten von null haben, folgt

$$-y^{-2} \cdot y + y^{-1} = 0$$

$$\Leftrightarrow \quad -y^{-1} + y^{-1} = 0,$$

was für jeden Wert von $y > 0$ erfüllt ist. Vgl. Abschn. 14.4.

4. **Wahr.** Dann wären die gewinnmaximierenden Preise im Falle der Preisdiskriminierung ($p_A^{PD} = \frac{a}{2} = p_B^{PD} = \frac{b}{2}$) identisch mit dem gewinnmaximierenden Preis im Falle des Verbots der Preisdiskriminierung ($p^* = \frac{a}{2} = \frac{b}{2}$).

Musterlösung für Block 8

1. **Wahr.** Die Produzentenrente entspricht dem Erlös minus der variablen Kosten. In diesem Fall sind die variablen Kosten null und der Erlös ist $PS = 100 \cdot 100 \cdot \frac{1}{2} = 5'000$. Vgl. Abschn. 14.5.1.

2. **Falsch.** Die Optimalitätsbedingung lautet „Grenzerlös = Grenzkosten":

$$P'(y) \cdot y + P(y) = C'(y) \quad \Leftrightarrow \quad -y + (100 - y) = 0 \quad \Leftrightarrow \quad y^* = 50.$$

Vgl. Abschn. 14.4.

3. **Wahr.** Daraus folgt, dass der Gewinn strikt positiv ist. Vgl. Abschn. 14.4.

4. **Falsch.** Ein Monopolist, der Preisdiskriminierung dritten Grads betreiben kann, wird den Markt mit der (im Betrag) kleineren Nachfrageelastizität zu einem höheren Preis beliefern. Vgl. Abschn. 14.5.3.

Musterlösung für Block 9

1. **Falsch.** Wenn es für den Monopolisten gewinnmaximierend ist, den Markt mit der höheren Nachfrageelastizität nicht mehr zu bedienen, sinkt die Konsumentenrente. Vgl. Abschn. 14.5.3.

2. **Falsch.** Diese Aussage trifft nur dann zu, wenn der Monopolist bei einem Verbot der Preisdiskriminierung einen der Märkte nicht beliefern würde. Vgl. Abschn. 14.5.3.

3. **Wahr.** Bei der Franchise handelt es sich um den Grundbetrag, den man im Krankheitsfall vollumfänglich selber zu entrichten hat (im Gegensatz zum Selbstbehalt, welcher erst ab dem Franchisenbetrag anteilmässig entrichtet werden muss). Es werden also unterschiedliche Einheiten des Guts Krankenversicherung zu unterschiedlichen Preisen verkauft. Aber: Die Höhe der Selbstbeteiligung hängt nicht bloss von der Zahlungsbereitschaft ab, sondern ist weitgehend gesetzlich geregelt.

4. **Wahr.** Der Monopolist, der perfekte Preisdifferenzierung betreibt, bietet so lange eine positive Menge an, wie der Preis gleich oder grösser den Grenzkosten ist. Bietet er nicht an, so liegt die Zahlungsbereitschaft des Käufers mit der höchsten marginalen Zahlungsbereitschaft unter den Grenzkosten des Guts, und es ist Pareto-effizient, nicht anzubieten. Vgl. Abschn. 14.5.1.

Musterlösung für Block 10

1. **Wahr.** Aus der Gewinnfunktion des Monopolisten $\pi(y) = P(y) \cdot y - C(y)$ ergibt sich im Gewinnmaximum

$$\underbrace{\overbrace{P'(y) \cdot y}^{} + \overbrace{P(y)}^{}}_{} - \overbrace{C'(y)}^{\text{Grenzkosten}} = 0.$$

$$\underbrace{P'(y) \cdot y}_{=\text{Preiseffekt}} + \underbrace{P(y)}_{=\text{Mengeneffekt}}$$

Der Grenzerlös des Monopolisten setzt sich somit aus einem Preis- und einem Mengeneffekt zusammen. Vgl. Abschn. 14.4.

2. **Falsch.** Der Erlös ist positiv, jedoch der Grenzerlös negativ ist.
3. **Falsch.** Gegenbeispiel: Der Grenzerlös des Monopolisten entspricht

$$MR(y) = P'(y) \cdot y + P(y).$$

Somit gilt $MR(0) = P(0)$.

4. **Wahr.** Die Bedingung „Grenzerlös = Grenzkosten" der letzten Angebotenen Einheit ist unabhängig von der Marktform optimal. Vgl. Abschn. 14.4 sowie Abschn. 13.3.

Musterlösung für Block 11

1. **Wahr.** Wenn ein identisches Produkt in zwei verschiedenen Ländern zu unterschiedlichen Preisen angeboten wird, dann ist dies ein typischer Fall von Preisdifferenzierung dritten Grads. Vgl. Abschn. 14.5.3.
2. **Wahr.** In einer Situation ohne perfekte Preisdiskriminierung liegt stets ein Wohlfahrtsverlust vor (vgl. z. B. Abb. 14.1 in Abschn. 14.4), wohingegen in einer Situation mit perfekter Preisdiskriminierung kein Wohlfahrtsverlust resultiert (vgl. Abb. 14.3 in Abschn. 14.5.1).
3. **Wahr.** Anhand von Kundendaten können Unternehmen die Zahlungsbereitschaften der einzelnen Kunden abschätzen, was vielfach eine effektivere Preisdifferenzierung ermöglicht.
4. **Wahr.** Der Monopolist macht einen positiven Gewinn mit der letzten verkauften Einheit, solange der Preis grösser als die Grenzkosten dieser Einheit ist, sodass er bis zum Punkt „Grenzerlös = Grenzkosten" sein Angebot ausdehnen wird. Vgl. Abschn. 14.5.1.

Musterlösung für Block 12

1. **Wahr.** Es ist notwendig aber nicht hinreichend (falls z. B. eine Regulierung vorliegt, kann der Monopolist keine Preisdifferenzierung ersten Grads anwenden). Vgl. Abschn. 14.5.1.
2. **Wahr.** Bei Preisdifferenzierung ersten Grads entsteht kein Wohlfahrtsverlust, da der Monopolist die ganze Konsumentenrente abschöpft. Damit entspricht die Produzentenrente der Gesamtwohlfahrt im Markt. Vgl. Abschn. 14.5.1.

3. **Wahr.** Die Konsumentenrente des N-Typs ist null, die des H-Typs positiv (es sei denn, der N-Typ wird gar nicht beliefert). Vgl. Abschn. 14.5.2.
4. **Falsch.** Das Produkt wird auf dem Markt mit der im Optimum unelastischeren Marktnachfrage zu einem höheren Preis verkauft. Vgl. Abschn. 14.5.2.

Musterlösung für Block 13
1. **Wahr**. Vgl. Abschn. 14.4.
2. **Falsch**. Vgl. Abschn. 14.4.
3. **Wahr**. Vgl. Abschn. 14.5.
4. **Wahr**. Vgl. Abschn. 14.5.

Musterlösung für Block 14
1. **Wahr**. Vgl. Abschn. 14.5.2.
2. **Wahr**. Die Konsumentenrente des H-Typs ist null, wenn der N-Typ nicht beliefert wird. Vgl. Abschn. 14.5.2.
3. **Falsch**. Die Konsumentenrente des N-Typs ist immer null, unabhängig davon, ob er beliefert wird oder nicht. Vgl. Abschn. 14.5.2.
4. **Falsch**. Der H-Typ erhält immer die Pareto-effiziente Menge, aber nicht der N-Typ. Diese Eigenschaft hat den Namen *No Distortion at the Top*. Vgl. Abschn. 14.5.2.

14.2   Offene Fragen

14.2.1 Aufgaben

Aufgabe 1
Die inverse Nachfragefunktion auf einem Markt sei gegeben durch $P(y) = 300 - \frac{1}{2} \cdot y$.

1. Nehmen Sie an, dass sich ein Monopolist, der keine Preisdiskriminierung anwenden darf, auf der Anbieterseite befindet.
   a) Wie hoch ist der Erlös des Monopolisten bei einer Outputmenge von $y = 200$, wie hoch bei $y = 400$?
   b) Wie gross ist in beiden Fällen der Grenzerlös einer Erhöhung der Outputmenge um $\Delta \cdot y = 50$? Wie gross ist der Mengeneffekt, wie gross ist der Preiseffekt?
   c) Skizzieren Sie die Erlösfunktion des Monopolisten, und bestimmen Sie den Erlös im Erlösmaximum.
   d) Wie gross ist die Preiselastizität der Nachfrage im Erlösmaximum?
   e) Unterstellen Sie, dass die Fixkosten und Grenzkosten des Unternehmens null sind. Wie gross ist die angebotene Menge des Monopolisten im Gewinnmaximum, wie gross ist die Preiselastizität der Nachfrage? Wie ändern sich Ihre Ergebnisse, wenn Sie konstante Grenzkosten in Höhe von $0 < c < 300$ unterstellen?

2. Nehmen Sie nun an, dass der nicht preisdiskriminierende Monopolist folgende Kostenfunktion habe:

$$C(y) = \begin{cases} 0, & \text{für } y = 0, \\ FC + 100 \cdot y, & \text{für } y > 0, \end{cases}$$

mit $FC > 0$.

a) Bestimmen Sie die gewinnmaximierende Menge (y^*) in Abhängigkeit von FC. Wie hoch darf FC maximal sein, damit $y^* > 0$?
   Nehmen Sie an, dass $FC = 10'000$.
b) Bestimmen Sie die Monopolmenge (y^*) sowie den Monopolpreis (p^*).
c) Bestimmen Sie die Summe aus Konsumentenrente (CS) und Produzentenrente (PS) sowie den Wohlfahrtsverlust (DWL).

Aufgabe 2

Ein Monopolist sieht sich zwei unterschiedlichen Typen von Konsumenten gegenüber: Der H-Typ hat eine hohe Zahlungsbereitschaft für das Gut, der L-Typ eine niedrige. Die marginale Zahlungsbereitschaft von beiden Typen lautet

$$P_L(x) = 5 - x \text{ und } P_H(x) = 8 - x.$$

Die Zahl der Konsumenten mit hoher und niedriger Zahlungsbereitschaft ist jeweils auf eins normiert. Die Kosten der Produktion sind null, d. h. $MC = FC = 0$.

1. Bestimmen Sie die Zahlungsbereitschaft $W_j(x)$ für jeden Typ, mit $j \in \{L, H\}$.
2. Der Monopolist besitzt Kenntnis über die Zahlungsbereitschaften und kann jedes Individuum identifizieren. Darüber hinaus ist ihm Preisdiskriminierung erlaubt. Bestimmen Sie die Mengen x_L^* und x_H^*, die den Gewinn des Monopolisten maximieren. Wie hoch ist der Gewinn des Monopolisten und wie hoch ist die Konsumentenrente? Ist das Monopolergebnis Pareto-effizient?
3. Der Monopolist besitzt Kenntnis über die Zahlungsbereitschaften, kann jedoch die Individuen nicht identifizieren. Ihm ist Preisdiskriminierung erlaubt.
   a) Nehmen Sie an, dass der Monopolist nur einen Vertrag anbietet, der vom H-Typen angenommen wird. Wie hoch ist die angebotene Menge x, wie hoch ist der Preis p beim Vertrag $\{x, p\}$ im Gewinnmaximum? Wie hoch ist der Gewinn des Monopolisten, wie hoch ist die Konsumentenrente?
   b) Nehmen Sie an, dass der Monopolist nur einen Vertrag anbietet, der vom L-Typen angenommen wird. Wie hoch ist die angebotene Menge x, wie hoch ist der Preis p im Vertrag $\{x, p\}$ im Gewinnmaximum? Wie hoch ist der Gewinn des Monopolisten, wie hoch ist die Konsumentenrente?
   c) Nehmen Sie an, dass der Monopolist zwei Verträge anbietet: Einen für den H-Typ, einen für den L-Typ. Nehmen Sie ferner an, dass der Monopolist die Pareto-effiziente Menge anbietet. Wie hoch ist der Preis für beide Typen im

jeweiligen Vertrag, $\{x_L^*, p_L\}$ und $\{x_H^*, p_H\}$, im Gewinnmaximum? Wie hoch ist der Gewinn und wie hoch die Konsumentenrente?

d) Nehmen Sie an, dass der Monopolist weiterhin die Pareto-effiziente Menge x_H^* für den H-Typen anbietet, jedoch eine niedrigere Menge für den L-Typen: $\tilde{x}_L = 2$. Wie verändern sich im Vergleich zu Aufgabenteil 3c) die Preise in beiden Verträgen, wie der Gewinn und die Konsumentenrente? Hat sich aus Sicht des Monopolisten die Mengenänderung gelohnt?

e) Bestimmen Sie die gewinnmaximierenden Preise p_L und p_H, sowie die gewinnmaximierende Menge x_L. Wie hoch ist der Gewinn, wie hoch die Konsumentenrente im Gewinnmaximum?

Aufgabe 3
Die Nachfragen für ein homogenes Gut auf zwei unterschiedlichen Märkten seien gegeben durch

$$x_1(p_1) = 300 - 2 \cdot p_1 \text{ und } x_2(p_2) = 200 - 2 \cdot p_2.$$

Die Grenzkosten eines preisdiskriminierenden Monopolisten (Preisdiskriminierung 3. Grads) seien $c \geq 0$.

1. Bestimmen Sie Preis und Menge im Optimum des Monopolisten.
2. Unter welchen Bedingungen bietet der Monopolist auf beiden Märkten das Gut an?
3. Bestimmen Sie Preise und Mengen auf beiden Märkten für $c = 50$. Wie hoch ist die Preiselastizität der Nachfrage im Optimum? Vergleichen Sie die Ergebnisse. Welchen Zusammenhang sehen Sie zwischen der Preiselastizität der Nachfrage und dem Preis im Optimum?
4. Wie lautet die Gewinnfunktion des Unternehmens im Falle eines Preisdiskriminierungsverbotes? Verdeutlichen Sie die (aggregierte) Nachfragefunktion und den Grenzerlös in einer geeigneten Graphik.
5. Bestimmen Sie den Monopolpreis und die Monopolmenge im Optimum. Unter welchen Bedingungen beliefert der Monopolist nur den ersten Markt?

Aufgabe 4
Argumentieren Sie, ob folgende Unternehmen ein Monopol auf die angegebenen Produkte haben. Unter Umständen ist zur Beantwortung der Frage etwas zusätzliche Online-Recherche über die Produkte notwendig.

1. Shell: Diesel.
2. Schweizerische Post: Briefversand <50g.
3. Airbus: Airbus-Zivilflugzeuge.
4. Red Bull: Red Bull Energy-Drink.

Aufgabe 5

Gehen Sie davon aus, dass Sie verantwortlich sind für die Preisgestaltung einer Bierbrauerei mit einer gewissen Monopolmacht.

1. In einem ersten Schritt müssen Sie sich für eine passende Preisgestaltungsstrategie entscheiden. Als mögliche Methoden haben Sie *Intuitives Pricing*, *offenbarte Präferenzen* und *bekundete Präferenzen* identifiziert. Beschreiben Sie diese drei Methoden. Welche würden Sie bevorzugen?
2. Gehen Sie nun davon aus, dass Ihre Vorgesetzte Ihnen mitteilt, dass die Kaufkraft Ihrer Kunden im vergangenen Jahr gestiegen ist und Sie deshalb die Preise anheben sollten. Sind Sie mit dieser Strategie einverstanden?

Aufgabe 6

Welche der folgenden Punkte stellen Gründe für einen Monopolisten dar, keine perfekte Preisdifferenzierung zu betreiben?

1. Preisdifferenzierung ist verboten.
2. Preise nicht zu differenzieren führt zu einer höheren Produzentenrente als perfekte Preisdifferenzierung.
3. Der Monopolist würde weniger verkaufen.
4. Der Monopolist agiert auf dem Markt als Preisnehmer.
5. Der Monopolist kann den Weiterverkauf seines Guts nicht verhindern.
6. Der Monopolist verfügt nicht über die notwendigen Informationen, um Preisdifferenzierung betreiben zu können.

Aufgabe 7

Beantworten Sie die folgenden Fragen.

1. Wenn ein Unternehmen mehr als ein Gut produziert und – zumindest teilweise – über einen Preissetzungsspielraum verfügt, kann die Bündelung dieser Produkte gewinnmaximierend sein. Zeigen Sie dies anhand von Online-Zeitungsartikeln auf.
2. Das Preisniveau in der Schweiz ist allgemein höher als im Ausland. Was können Sie basierend auf dieser Beobachtung über die Preiselastizität der Nachfrage in der Schweiz aussagen? Wie kann ein Monopolist, welcher auch einen weiteren Markt bedient, davon profitieren?
3. Parallelimporte sind für die Schweiz als "Hochpreisinsel" von hoher Relevanz. So büsste beispielsweise die eidgenössische Wettbewerbskommission (WEKO) im Dezember 2011 Nikon mit CHF 12.5 Millionen wegen der Behinderung von Parallelimporten in die Schweiz. Weshalb ist eine solche Behinderung von Parallelimporten verboten? Und weshalb hat sich Nikon nicht daran gehalten? Argumentieren Sie aus ökonomischer Perspektive.
4. Zeigen Sie auf, wie ein Monopolist mittels Lobbying seine Gewinne erhöhen kann. Führt Lobbying zu mehr Effizienz?

14.2.2 Lösungen

Lösung zu Aufgabe 1

1. Wir unterstellen einen nicht preisdiskriminierenden Monopolisten.
   a) Der Erlös eines Unternehmens entspricht dem Produkt aus Preis und Menge. Im Monopolfall ist nun der Preis eine Funktion der Menge, da der Monopolist als einzige nicht-technologische Restriktion die Nachfragefunktion berücksichtigen muss. D. h., je grösser die Menge, die er zu verkaufen beabsichtigt, um so kleiner der Preis, den er dafür verlangen kann. Allgemein gilt also für den Erlös des Monopolisten:

$$R(y) = P(y) \cdot y.$$

Wir erhalten für die beiden vorgegebenen Werte:

$$R(200) = \underbrace{\left(300 - \frac{1}{2} \cdot 200\right)}_{=P(y)} \cdot \underbrace{200}_{=y} = 200 \cdot 200 = 40'000,$$

$$R(400) = \underbrace{\left(300 - \frac{1}{2} \cdot 400\right)}_{=P(y)} \cdot \underbrace{400}_{=y} = 100 \cdot 400 = 40'000.$$

Offensichtlich ist der Erlös des Monopolisten in beiden Fällen identisch.
   b) Eine Mengenänderung um $\Delta y = 50$ verändert auch den Erlös:

$$R(250) = \left(300 - \frac{1}{2} \cdot 250\right) \cdot 250 = 175 \cdot 250 = 43'750,$$

$$R(450) = \left(300 - \frac{1}{2} \cdot 450\right) \cdot 450 = 75 \cdot 450 = 33'750.$$

Die Änderung des Erlöses ΔR (also der Grenzerlös für eine diskrete Mengenänderung) ist dann

$$\Delta R = R(250) - R(200) = 3'750, \tag{14.2}$$

$$\Delta R = R(450) - R(400) = -6'250. \tag{14.3}$$

Offensichtlich steigt von $y = 200$ ausgehend der Erlös des Monopolisten bei einer Erhöhung der Outputmenge um $\Delta y = 50$, während er beim Ausgangspunkt $y = 400$ fällt.

Preiseffekt und Mengeneffekt lassen sich am besten anhand einer Grafik verdeutlichen. In Abb. 14.1 erkennen wir die Preis-Mengen-Kombination vor und nach Mengenänderung im ersten Fall ($y = 200$).

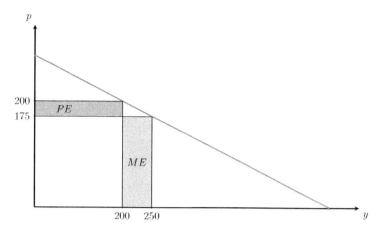

Abb. 14.1 Aufgabe 1.1b). Preis- und Mengeneffekt

- Der Preiseffekt entspricht der Erlösänderung durch den reduzierten Preis. Vor der Mengenänderung verkaufte der Monopolist $y = 200$ Einheiten zu einem Preis von $P(200) = 200$, nach der Mengenänderung entspricht sein Preis $P(250) = 175$. D. h., dass er nun jene 200 Mengeneinheiten, die er zuvor zu einem Preis von 200 verkauft hat, nun zu einem Preis von 175 anbietet. Der (negative) Preiseffekt entspricht somit

$$PE = y \cdot (P(y + \Delta y) - P(y)) = 200 \cdot (175 - 200) = -5'000.$$

- Der Mengeneffekt entspricht der Erlösänderung durch die erhöhte Menge. Vor der Mengenänderung verkaufte der Monopolist $y = 200$ Einheiten, nach der Mengenänderung ist $y = 250$. D. h., dass er nun zu einem Preis von $P(250) = 175$ zusätzliche 50 Mengeneinheiten verkaufen kann. Der (positive) Mengeneffekt entspricht somit

$$ME = P(y + \Delta y) \cdot \Delta y = 175 \cdot 50 = 8'750.$$

Wir sehen, dass beim Ausgangspunkt $y = 200$ der (positive) Mengeneffekt den (negativen) Preiseffekt einer Mengenänderung um $\Delta y = 50$ überkompensiert, und der Grenzerlös somit positiv ist (siehe auch Gl. (14.2)):

$$\Delta R = PE + ME = -5'000 + 8'750 = 3'750.$$

Beim Ausgangspunkt $y = 400$ ändert sich dieses Ergebnis. Während der Betrag des (negativen) Preiseffekts im Vergleich zum Ausgangspunkt $y = 200$ zunimmt,

$$PE = y \cdot (P(y + \Delta y) - P(y)) = 400 \cdot (75 - 100) = -10'000,$$

nimmt der (positive) Mengeneffekt ab:

$$ME = P(y + \Delta y) \cdot \Delta y = 75 \cdot 50 = 3'750.$$

Dies führt sogar dazu, dass der Gesamteffekt, also der Grenzerlös, negativ wird (siehe auch Gl. (14.3)):

$$\Delta R = PE + ME = -10'000 + 3'750 = -6'250.$$

c) Um die Erlösfunktion zu skizzieren, benötigen wir die ersten beiden Ableitungen von $R(y) = 300 \cdot y - \frac{1}{2} \cdot y^2$:

$$R'(y) = 300 - y,$$
$$R''(y) = -1.$$

Es handelt sich also um eine streng konkave Funktion, deren Maximum an der Stelle

$$R'(\hat{y}) = 0 \quad \Leftrightarrow \quad \hat{y} = 300$$

liegt. Der Preis im Erlösmaximum ist dann $\hat{p} = P(\hat{y}) = 150$. Der Erlös im Erlösmaximum liegt dann bei

$$R(\hat{y}) = \hat{p} \cdot \hat{y} = 150 \cdot 300 = 45'000.$$

Abb. 14.2 verdeutlicht das Ergebnis. Für $y < \hat{y}$ ist der Grenzerlös (die Änderung des Erlöses, also die Steigung der Erlösfunktion) positiv: Hier überkompensiert der positve Mengeneffekt den negativen Preiseffekt.

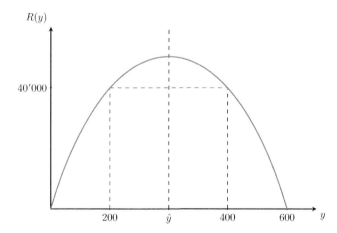

Abb. 14.2 Aufgabe 1.1c). Die Erlösfunktion

Für $y > \hat{y}$ ist der Grenzerlös negativ: Hier überkompensiert der negative Preiseffekt den positiven Mengeneffekt.

d) Die Preiselastizität der Nachfrage ist

$$\epsilon_p^x = \frac{dx(p)}{dp} \frac{p}{x(p)}.$$

Die Nachfragefunktion $x(p)$ ergibt sich aus der inversen Nachfragefunktion (beachte, dass im Erlösmaximum $x = y$ gilt):

$$P(y) = 300 - \frac{1}{2} \cdot y \quad \Leftrightarrow \quad x(p) = 600 - 2 \cdot p.$$

Dann erhalten wir

$$\epsilon_{\hat{p}}^x = -2 \cdot \frac{\hat{p}}{600 - 2 \cdot \hat{p}} = -2 \cdot \frac{150}{600 - 2 \cdot 150} = -1.$$

Die Nachfrage ist im Erlösmaximum somit isoelastisch.

e) Wenn Grenz- und Fixkosten gleich null sind, ist das Problem der Gewinnmaximierung identisch mit dem Problem der Erlösmaximierung, da in diesem Fall $\pi(y) = R(y)$ gilt. Somit erhalten wir, dass $y^* = \hat{y} = 300$, $p^* = \hat{p} = 150$ und $\pi^* = \pi(y^*) = R(\hat{y}) = 45'000$. Die Preiselastizität der Nachfrage an der Stelle p^* ist dann $\epsilon_{p^*}^x = \epsilon_{\hat{p}}^x = -1$.

Wir wollen nun das Gewinnmaximum für Fixkosten von null und Grenzkosten in Höhe von $0 < c < 300$ ermitteln. In diesem Fall ist die Gewinnfunktion des Unternehmens

$$\pi(y) = \left(300 - \frac{1}{2} \cdot y\right) \cdot y - c \cdot y.$$

Im Gewinnmaximum gilt dann

$$\pi'(y) = 0 \quad \Leftrightarrow \quad \underbrace{300 - y}_{=\text{Grenzerlös}} - \underbrace{c}_{=\text{Grenzkosten}} = 0 \quad \Leftrightarrow \quad y = 300 - c.$$

$$(14.4)$$

Somit lautet die gewinnmaximierende Menge $y^* = 300 - c > 0$ und der Monopolpreis $p^* = P(y^*) = 300 - \frac{1}{2} \cdot (300 - c) = 150 + \frac{c}{2}$. D. h., je grösser die Grenzkosten, umso geringer die Monopolmenge im Optimum, und umso grösser der Preis.

Wie lautet nun die Preiselastizität der Nachfrage im Optimum? Wir wissen, dass

$$\epsilon_{p^*}^y = -2 \cdot \frac{p^*}{y(p^*)} = -2 \cdot \frac{150 + \frac{c}{2}}{300 - c} = -\frac{300 + c}{300 - c} < -1,$$

wobei die letzte Ungleichung gilt, da für $c > 0$ der Zähler immer grösser ist als der Nenner. Somit bietet der Monopolist für $c > 0$ immer im elastischen Bereich der Nachfrage an.

2. Auf der Anbieterseite liegen Fixkosten in Höhe von $FC > 0$ vor.

a) Aufgrund der Fixkosten müssen wir prüfen, ob es sich für den Monopolisten lohnt, das Gut auf dem Markt anzubieten. *Lohnt* bedeutet in diesem Zusammenhang, dass der Erlös zumindest die Gesamtkosten (also variable Kosten plus Fixkosten) decken muss. Ist dies nicht der Fall, so würde der Monopolist Verluste machen, welche er immer durch Marktaustritt verhindern könnte.

Wir ermitteln also zuerst die optimale Menge des Monopolisten unter der Annahme, dass FC hinreichend klein ist, um dann anschliessend die kritische Obergrenze von FC zu bestimmen. Nehmen wir also an, dass FC hinreichend klein ist, so entspricht die Monopolmenge (unter Verwendung von Gl. (14.4)) genau $y^* = 300 - c = 300 - 100 = 200$, und der Monopolpreis $p^* = 150 + \frac{c}{2} = 200$. Der Monopolgewinn ist dann

$$\pi^* = \pi(y^*) = \underbrace{p^* \cdot y^*}_{=\text{Erlös}} - \underbrace{(FC + c \cdot y^*)}_{=\text{Kosten}}$$
$$= 40'000 - (FC + 20'000)$$
$$= 20'000 - FC.$$

Nun lässt sich der kritische Wert von FC leicht ermitteln. Unter der Bedingung, dass $\pi(y^*) \geq 0$, erhalten wir

$$\pi^* \geq 0 \quad \Leftrightarrow \quad 20'000 - FC \geq 0 \quad \Leftrightarrow \quad 20'000 \geq FC.$$

Somit ergibt sich die gewinnmaximierende Menge des Monopolisten in Abhängigkeit von FC als

$$y^*(FC) = \begin{cases} 0, & \text{für } FC > 20'000, \\ 200, & \text{für } FC \leq 20'000. \end{cases}$$

Dieses Resultat ist in Abb. 14.3 dargestellt.

b) Unter der Annahme, dass $FC = 10'000$, folgt $y^* = 200$, $p^* = 200$ und $\pi^* = 10'000$.

c) Die Konsumentenrente ist dann

$$CS(y^*) = (300 - 200) \cdot 200 \cdot \frac{1}{2} = 10'000,$$

während die Produzentenrente

$$PS(y^*) = \pi^* + FC = 20'000$$

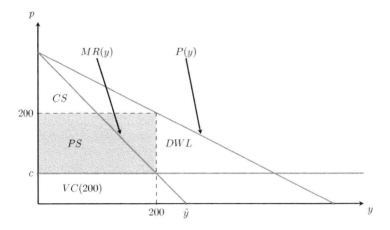

Abb. 14.3 Aufgabe 1.2a). $0 < c < 300$

ist. Die Summe aus Konsumenten- und Produzentenrente ist dann

$$CS(y^*) + PS(y^*) = 30'000.$$

Die Pareto-effiziente Menge $\bar{y}$ liegt im Schnittpunkt der Grenzkostenkurve mit der Inversen der Nachfragekurve, d. h.

$$MC(y) = P(y)$$

$$\Leftrightarrow 100 = 300 - \frac{1}{2} \cdot y$$

$$\Leftrightarrow \bar{y} = 400.$$

Der Wohlfahrtsverlust beträgt somit

$$DWL(y^*) = \frac{1}{2} \cdot (p^* - MC(y^*)) \cdot (\bar{y} - y^*)$$

$$= \frac{1}{2} \cdot (200 - 100) \cdot (400 - 200) = 10'000.$$

Lösung zu Aufgabe 2

1. Die Zahlungsbereitschaft $W_j(x)$ ergibt sich aus dem Integral über die marginale Zahlungsbereitschaft desselben Typs für alle möglichen Werte von x:

$$W_j(x) = \int_0^x P_j(z)\,dz \text{ mit } j \in \{L, H\}.$$

Somit gilt

$$W_L(x) = \begin{cases} 5 \cdot x - \frac{1}{2} \cdot x^2 & \text{für } 0 \leq x \leq 5, \\ 12.5 & \text{sonst.} \end{cases}$$

$$W_H(x) = \begin{cases} 8 \cdot x - \frac{1}{2} \cdot x^2 & \text{für } 0 \leq x \leq 8, \\ 32 & \text{sonst.} \end{cases} \tag{14.5}$$

2. Der Monopolist kennt nicht nur die Zahlungsbereitschaft eines jeden Individuums, sondern kann darüber hinaus auch noch jedes Individuum einem Typ (H
oder L) zuordnen. Die gewinnmaximierende Strategie des Monopolisten ist es
nun, jene Menge x_j dem j-Typ anzubieten, welche dessen Zahlungsbereitschaft
$W_j(x_j)$ maximiert, um dann im Anschluss den Preis p_j auf genau diesen Wert
zu setzen.

Der Gewinn des Monopolisten lautet:

$$\pi = p_L + p_H.$$

Ein j-Typ wird den ihm angebotenen Vertrag annehmen, wenn die Konsumentenrente dieses Typs CS_j (schwach) positiv ist, d. h., wenn

$$CS_L(x_L) \geq 0 \Leftrightarrow W_L(x_L) - p_L \geq 0, \tag{14.6}$$

$$CS_H(x_H) \geq 0 \Leftrightarrow W_H(x_H) - p_H \geq 0. \tag{14.7}$$

Da der Gewinn des Monopolisten in p_j steigt, gilt somit im Gewinnmaximum,
dass

$$W_L(x_L) = p_L, \tag{14.8}$$

$$W_H(x_H) = p_H. \tag{14.9}$$

Dann gilt für den Gewinn des Monopolisten im Optimum:

$$\pi(x_L, x_H) = W_L(x_L) + W_H(x_H). \tag{14.10}$$

Die partiellen Ableitungen von (14.10) nach x_L, bzw. x_H geben die Bedingungen
erster Ordnung für ein Gewinnmaximum:

$$\frac{\partial \pi(x_L, x_H)}{\partial x_L} = 0 \quad \Leftrightarrow \quad 5 - x_L = 0 \quad \Leftrightarrow \quad x_L^* = 5, \tag{14.11}$$

$$\frac{\partial \pi(x_L, x_H)}{\partial x_H} = 0 \quad \Leftrightarrow \quad 8 - x_H = 0 \quad \Leftrightarrow \quad x_H^* = 8. \tag{14.12}$$

Abb. 14.4 Aufgabe 2.2. $W_L(5)$

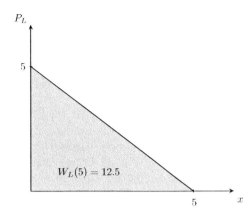

Abb. 14.5 Aufgabe 2.2. $W_H(8)$

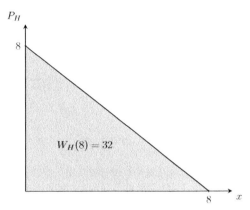

Aus Gl. (14.8) und (14.9) sowie (14.11) und (14.12) folgt, dass

$$p_L^* = W_L(x_L^*) = 12.5,$$

$$p_H^* = W_H(x_H^*) = 32,$$

wie in Abb. 14.4 und 14.5 dargestellt. Somit lauten die Verträge im Optimum $\{x_L^*, p_L^*\} = \{5, 12.5\}$ und $\{x_H^*, p_H^*\} = \{8, 32\}$, der Gewinn $\pi^* = \pi(x_L^*, x_H^*) = 12.5 + 32 = 44.5$ und die Konsumentenrente $CS^* = CS_L(x_L^*) + CS_H(x_H^*) = 0$. Diese Allokation ist Pareto-effizient, da eine Veränderung der Mengen die Summe aus Gewinn und Konsumentenrente nicht mehr erhöhen kann.

3. Der Monopolist ist nun nicht mehr in der Lage, die Individuen zu identifizieren, d. h. festzustellen, ob ein Individuum zum L- oder H-Typ gehört.

   a) Es gibt nur einen Vertrag $\{x, p\}$, der so gestaltet sein soll, dass er den Gewinn des Monopolisten maximiert und ein H-Typ ihn annimmt. Der Gewinn des Monopolisten lautet nun $\pi = p$.

   Ein H-Typ wird den Vertrag nur akzeptieren, wenn seine Konsumentenrente (schwach) positiv ist, d. h. wenn

$$CS_H = W_H(x) - p \geq 0.$$

Im Gewinnmaximum gilt dann $p = W_H(x)$, und somit haben wir

$$\pi(x) = W_H(x). \tag{14.13}$$

Die erste Ableitung von (14.13) nach x liefert die Bedingung erster Ordnung für ein Gewinnmaximum. Diese ist natürlich identisch mit Gl. (14.12) und liefert dasselbe Ergebnis $x^* = 8$ und damit $p^* = W_H(x^*) = 32$. Für einen L-Typ ist dieser Vertrag unattraktiv, da $W_L(x) = 12.5$ für $x \geq 5$: Seine Zahlungsbereitschaft steigt nicht weiter, wenn die angebotene Menge über $x = 5$ hinausgeht (siehe Gl. (14.5)). Und da $p^* > 12.5$, verzichtet der L-Typ auf das Angebot.

Der Gewinn lautet $\pi^* = p^* = 32$ und die Konsumentenrente $CS^* = 0$.

b) Es gibt nur einen Vertrag $\{x, p\}$, der so gestaltet sein soll, dass er den Gewinn des Monopolisten maximiert und ein L-Typ ihn annimmt. Der Gewinn des Monopolisten lautet wieder $\pi = p$. Ein L-Typ wird den Vertrag nur akzeptieren, wenn seine Konsumentenrente (schwach) positiv ist, d. h. wenn

$$CS_L = W_L(x) - p \geq 0.$$

Im Gewinnmaximum gilt dann $p = W_L(x)$. Da für $x > 0$ die Zahlungsbereitschaft des H-Typs immer grösser als die des L-Typs ist, wird ersterer bei einem solchen Preis ebenfalls den Vertrag akzeptieren: $p = W_L(x) < W_H(x)$ für $x > 0$. Der Gewinn des Monopolisten lautet nun:

$$\pi(x) = 2 \cdot W_L(x). \tag{14.14}$$

Die erste Ableitung von Gl. (14.14) nach x liefert die Bedingung erster Ordnung für ein Gewinnmaximum. Wir erhalten $x^* = 5$ und damit $p^* = W_L(x^*) = 12.5$. Ein L-Typ zieht keinerlei Rente aus diesem Vertrag, $CS_L(x^*) = 0$, aber bei einem H-Typ gilt

$$CS_H(x^*) = W_H(x^*) - p^* = \underbrace{8 \cdot 5 - \frac{1}{2} \cdot 5^2}_{=W_H(x^*)} - \underbrace{12.5}_{=p^*} = 15.$$

Abb. 14.6 illustriert die Zahlungsbereitschaft des H-Typs für $x = 5$, während Abb. 14.7 dessen Konsumentenrente zeigt. Die Konsumentenrente lautet somit $CS^* = CS_L(x^*) + CS_H(x^*) = 0 + 15 = 15$ und der Gewinn ist $\pi = 2 \cdot p^* = 2 \cdot 12.5 = 25$.

c) Es gibt in diesem Aufgabenteil zwei Verträge mit zwei Preisen. Somit lautet der Gewinn des Monopolisten

$$\pi = p_L + p_H. \tag{14.15}$$

Abb. 14.6 Aufgabe 2.3b).
$W_H(5)$

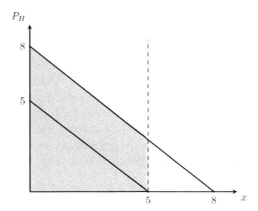

Abb. 14.7 Aufgabe 2.3b).
$CS_H(5)$

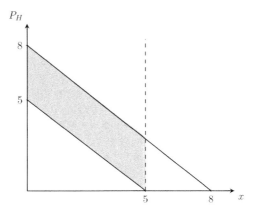

Die Pareto-effizienten Mengen sind bereits aus Aufgabenteil 2 bekannt: $x_L^* = 5$ und $x_H^* = 8$. Damit beide Typen die Verträge annehmen, die der Monopolist für sie gestaltet, müssen (i) die Teilnahmebedingung (siehe Gl. (14.6) und (14.7)) und (ii) die Selbstselektionsbedingung für jeden Typ erfüllt sein, d. h. nur der j-Typ akzeptiert auch den j-Vertrag. Aus diesen zwei Anforderungen für jeden Vertrag folgen diese Bedingungen:

$$W_L(x_L^*) - p_L \geq 0, \tag{14.16}$$

$$W_H(x_H^*) - p_H \geq 0, \tag{14.17}$$

$$W_L(x_L^*) - p_L \geq W_L(x_H^*) - p_H, \tag{14.18}$$

$$W_H(x_H^*) - p_H \geq W_H(x_L^*) - p_L. \tag{14.19}$$

Wir wissen bereits, dass $W_L(x_H^*) = W_L(x_L^*) = 12.5$, da die Zahlungsbereitschaft des L-Typs für $x \geq 5$ gleich 12.5 ist (siehe Gl. (14.5)). Somit können wir Gl. (14.18) modifizieren und finden

$$W_L(x_L^*) - p_L \geq W_L(x_H^*) - p_H \quad \Leftrightarrow \quad p_H \geq p_L.$$

Wenn also der Preis für den H-Typ mindestens so gross ist wie für den L-Typ, dann ist die Selbstselektionsbedingung für den L-Typ erfüllt. Wir gehen nun im weiteren davon aus, dass dies gilt, und prüfen am Ende der Berechnungen (wenn wir p_H^* und p_L^* kennen), ob diese Bedingung wirklich erfüllt ist.

Als nächstes vergegenwärtigen wir uns wieder, dass $W_H(x) > W_L(x)$ für $x > 0$. Verwenden wir diesen Zusammenhang in Gl. (14.16), dann folgt daraus, dass

$$W_H(x_L^*) - p_L > 0, \tag{14.20}$$

dass also ein H-Typ, der einen L-Vertrag annimmt, eine positive Konsumentenrente hat. Verwenden wir nun Gl. (14.20) in Gl. (14.19), dann erhalten wir, dass auch $W_H(x_H^*) - p_H > 0$ sein muss: Ein H-Typ wird bei Annahme eines H-Vertrags eine positive Konsumentenrente aufweisen. Wenn die Mengen für den L-Typ und den H-Typ fixiert sind und der Preis im L-Vertrag bereits feststeht, gilt dann die Bedingung (14.19) in der strikten Variante (also ... = ...)? Da der Gewinn des Monopolisten in p_H steigt, sollte dieser Preis so gewählt werden, dass der H-Typ indifferent zwischen einem L und einem H-Vertrag ist. Somit erhalten wir aus Bedingung (14.19) den folgenden Preis für den H-Vertrag:

$$p_H = W_H(x_H^*) - W_H(x_L^*) + p_L. \tag{14.21}$$

Nun fehlt nur noch der Preis für den L-Vertrag. In Teilaufgabe 3b) hatten wir als Bedingung für ein Gewinnmaximum erhalten, dass der Preis für den Vertrag, den ein L-Typ annimmt, genau der Zahlungsbereitschaft eines L-Typs entsprechen muss. Gilt dies hier auch? Zuerst einmal halten wir fest, dass jeder Preis $p_L > W_L(x_L^*)$ nicht optimal sein kann, da dieser Vertrag von keinem L-Typ akzeptiert würde. Kann es aber vielleicht sein, dass ein Preis $p_L < W_L(x_L^*)$ optimal ist? Ausgehend vom Wert $p_L = W_L(x_L^*)$ würde dies den Gewinn des Monopolisten aus dem L-Vertrag reduzieren (siehe Gl. (14.15)). Welchen Effekt hat es auf den Gewinn aus dem H-Vertrag? Ein Blick auf Gl. (14.21) gibt die Antwort: Je geringer der Preis p_L, umso geringer der Preis p_H, den der Monopolist im H-Vertrag verwenden kann. Warum? Weil eine Preissenkung im L-Vertrag aus Sicht eines H-Typs den L-Vertrag im Vergleich zum H-Vertrag attraktiver macht. Damit die Selbstselektionsbedingung weiterhin erfüllt ist, muss damit auch der Preis im H-Vertrag gesenkt werden. Dann würde aber der Monopolist auch einen geringeren Gewinn mit dem H-Vertrag machen. Das Fazit lautet also:

Abb. 14.8 Aufgabe 2.3c)

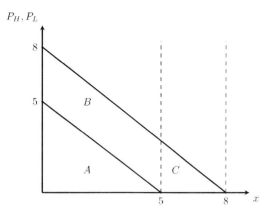

Im Gewinnmaximum muss p_L der Zahlungsbereitschaft des L-Typs für die Pareto-effiziente Menge gleichen, also

$$p_L^* = W_L(x_L^*) = 12.5,$$

welche der Fläche A in Abb. 14.8 entspricht.

Daraus folgt für den optimalen Preis des H-Vertrags (siehe Gl. (14.21))

$$p_H^* = W_H(x_H^*) - W_H(x_L^*) + p_L^* = \underbrace{32}_{=W_H(x_H^*)} - \underbrace{27.5}_{=W_H(x_L^*)} + \underbrace{12.5}_{=p_L^*} = 17,$$

welcher der Fläche $A + C$ in Abb. 14.8 entspricht. Damit ist, wie angenommen, $p_H^* \geq p_L^*$. Der Gewinn des Monopolisten ist dann

$$\pi^* = \pi(p_L^*, p_H^*) = p_L^* + p_H^* = 12.5 + 17 = 29.5.$$

Für die Konsumentenrente gilt dann

$$CS = CS_H = W_H(x_H^*) - p_H = 32 - 17 = 15$$

und entspricht damit der Fäche B in Abb. 14.8. Bisher hat sich also das Angebot zweier Verträge für den Monopolisten nicht gelohnt, da er im Aufgabenteil 3a) einen Gewinn von $\pi = p^* = W_H(x^*) = 32$ realisieren konnte. Ist es ausgehend von den Verträgen $\{x_L^*, p_L^*\} = \{5, 12.5\}$ und $\{x_H^*, p_H^*\} = \{8, 17\}$ durch eine Veränderung der angebotenen Mengen möglich, den Gewinn des Monopolisten weiter zu erhöhen?

d) In diesem Aufgabenteil wird die angebotene Menge im L-Vertrag auf $\tilde{x}_L = 2$ reduziert. Dies wird aufgrund der Bedingungen (14.16) bis (14.19) Einfluss auf die im Gewinnmaxmimum zu setzenden Preise p_L und p_H haben.

Wir wissen bereits aus Aufgabenteil 3c), dass der Preis für den L-Vertrag der Zahlungsbereitschaft des L-Typs bei $\tilde{x}_L$ entsprechen muss. Somit gilt jetzt im Gewinnmaximum:

$$\tilde{p}_L = W_L(\tilde{x}_L) = 5 \cdot 2 - \frac{1}{2} \cdot 2^2 = 8.$$

D. h., durch die Reduktion der Menge muss nun also auch der Preis p_L sinken, da sonst die Teilnahmebedingung für den L-Typ (Bedingung (14.16)) nicht mehr erfüllt wäre. Dies wird auch deutlich, wenn wir einen Blick auf Abb. 14.9 werfen: Durch die Mengenreduktion sinkt die Zahlungsbereitschaft des L-Typs um die Fläche a, und somit ist $\tilde{p}_L = W_L(\tilde{x}_L)$, was der Fläche A' entspricht.

Die Mengen- sowie Preisreduktion im L-Vertrag hat nun auch Einfluss auf den Preis des H-Vertrags. Gemäss Gl. (14.21) erhalten wir folgenden Preis im Gewinnmaximum:

$$\tilde{p}_H = W_H(x_H^*) - W_H(\tilde{x}_L) + \tilde{p}_L = \underbrace{32}_{=W_H(x_H^*)} - \underbrace{14}_{=W_H(\tilde{x}_L)} + \underbrace{8}_{=\tilde{p}_L} = 26,$$

welcher der Fläche $A' + a + C + b$ entspricht.

Woher resultiert die Preiserhöhung des H-Vertrags im Vergleich zu Aufgabenteil 3c)? Werfen wir einen Blick auf Abb. 14.9. Durch die Mengenreduktion im L-Vertrag in Höhe von $x_L^* - \tilde{x}_L = 3$ wurde der L-Vertrag aus Sicht des H-Typs unattraktiver: Die Zahlungsbereitschaft sinkt um die Fläche $a + b$. D. h., die Konsumentenrente des H-Typs, wenn er den L-Vertrag kaufte, wäre nun nur noch $W_H(\tilde{x}_L) - \tilde{p}_L = 6$. Dieser Wert entspricht der Fläche B'. Dies ist aber deutlich schlechter als die Konsumentenrente bei Erwerb des H-Vertrags, denn diese lautet immer noch $W_H(x_H^*) - p_H^* = 15$. Dies entspricht der Fläche $B' + b$. Die Differenz zwischen beiden entspricht genau dem Verlust an Konsumentenrente, den der H-Typ erlitten hätte, wenn er anstatt des H-Vertrags den L-Vertrag erworben hätte, nämlich der Fläche b in Abb. 14.9.

Diesen Unterschied macht sich der Monopolist zu Nutze: Er erhöht den Preis für den H-Vertrag, macht ihn also somit unattraktiver und setzt den neuen Preis $\tilde{p}_H$ so, dass der H-Typ wieder indifferent zwischen beiden Verträgen ist. Er erhöht also den Preis p_H um genau die Fläche b.

Hat sich dieses Vorgehen für den Monopolisten gelohnt? Hierzu vergleichen wir die durch die Preisreduktion beim L-Vertrag ausgelöste Gewinnminderung (Fläche a, entspricht $p_L^* - \tilde{p}_L = 4.5$) mit der durch die Preiserhöhung beim H-Vertrag ausgelösten Gewinnerhöhung (Fläche b, entspricht $\tilde{p}_H - p_H^* = 26 - 17 = 9$). Der Nettoeffekt entspricht somit $9 - 4.5 = 4.5$, d. h. der Gewinn steigt im Vergleich zu Aufgabenteil 3c) um 4.5:

$$\tilde{\pi} = \tilde{p}_L + \tilde{p}_H = 8 + 26 = 34.$$

Abb. 14.9 Aufgabe 2.3d)

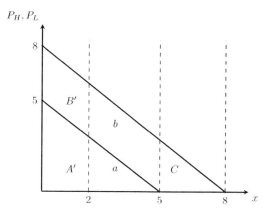

Somit lohnt es sich für den Monopolisten, zwei unterschiedliche anstatt lediglich einen Vertrag anzubieten (vgl. Aufgabenteile 3a) und 3b)). Die Konsumentenrente ist im Vergleich zu Aufgabenteil 3c) gefallen:

$$\widetilde{CS} = \widetilde{CS}_H = W_H(x_H^*) - \tilde{p}_H = 32 - 26 = 6$$

und entspricht der Fläche B'. Das Ergebnis ist nicht mehr Pareto-effizient, da dem L-Typ nicht mehr die Pareto-effiziente Menge angeboten wird. Das wird auch deutlich, wenn wir die Summe aus Konsumentenrente und Gewinn betrachten: $34 + 6 = 40$ (gegenüber der Summe von 44.5 im Pareto-effizienten Fall).

e) Wir kennen bereits den gewinnmaximierenden Preis im L-Vertrag ($p_L = W_L(x_L)$) und im H-Vertrag (siehe Gl. (14.21)) für $x_L = x_L^*$. Somit erhalten wir als Gewinn des Monopolisten für jedes $x_L \geq 0$:

$$\pi = p_L + p_H = \underbrace{W_L(x_L)}_{=p_L} + \underbrace{W_H(x_H^*) - W_H(x_L) + W_L(x_L)}_{=p_H \text{ gem. Gleichung (14.21)}} \tag{14.22}$$

$$= 2 \cdot W_L(x_L) + W_H(x_H^*) - W_H(x_L).$$

Ableiten von Gl. (14.22) nach x_L und Nullsetzen gibt uns die Bedingung erster Ordnung für ein Gewinnmaximum:

$$\pi'(x_L) = 0 \quad \Leftrightarrow \quad 2 \cdot \underbrace{(5 - x_L)}_{=W_L'(x_L)=P_L(x_L)} - \underbrace{(8 - x_L)}_{=W_H'(x_L)=P_H(x_L)} = 0 \quad \Leftrightarrow \quad x_L = 2.$$

Offensichtlich haben wir in Aufgabenteil 3d) bereits die gewinnmaximierende Menge von x_L verwendet. Somit entsprechen Gewinn und Konsumentenrente im Gewinnmaximum den in Aufgabeteil 3d) berechneten Werten.

Lösung zu Aufgabe 3

1. Aus den gegebenen Nachfragefunktionen $x_i(p_i)$ lassen sich die inversen Nachfragefunktionen ermitteln (beachte, dass im Erlösmaximum $x = y$ gilt):

$$x_1(p_1) = 300 - 2 \cdot p_1 \quad \Leftrightarrow \quad P_1(y_1) = 150 - \frac{1}{2} \cdot y_1,$$

$$x_2(p_2) = 200 - 2 \cdot p_2 \quad \Leftrightarrow \quad P_2(y_2) = 100 - \frac{1}{2} \cdot y_2.$$

Nun ermitteln wir den Gewinn des preisdiskrimierenden Monopolisten in Abhängigkeit von y_1 und y_2:

$$\begin{aligned}
\pi(y_1, y_2) &= P_1(y_1) \cdot y_1 + P_2(y_2) \cdot y_2 - C(y_1 + y_2) \\
&= (150 - \frac{1}{2} \cdot y_1) \cdot y_1 + (100 - \frac{1}{2} \cdot y_2) \cdot y_2 - c \cdot y_1 - c \cdot y_2.
\end{aligned}$$
$$(14.23)$$

Im Optimum gilt für den Monopolisten, dass der Grenzerlös in jedem Markt den Grenzkosten entspricht. Partielle Ableitung der Gewinnfunktion (14.23) nach y_1, bzw. y_2 ergibt dann

$$\frac{\partial \pi(y_1, y_2)}{\partial y_1} = P'(y_1) \cdot y_1 + P(y_1) - \frac{\partial C(y_1 + y_2)}{\partial y_1} = 150 - y_1 - c,$$

$$\frac{\partial \pi(y_1, y_2)}{\partial y_2} = P'(y_2) \cdot y_2 + P(y_2) - \frac{\partial C(y_1 + y_2)}{\partial y_2} = 100 - y_2 - c.$$

Im Optimum gilt in beiden Märkten

$$\frac{\partial \pi(y_1, y_2)}{\partial y_1} = 0 \quad \Leftrightarrow \quad \underbrace{150 - y_1}_{=\text{Grenzerlös}_1} = \underbrace{c}_{=\text{Grenzkosten}} \quad \Leftrightarrow \quad y_1^{PD} = 150 - c,$$
$$(14.24)$$

$$\frac{\partial \pi(y_1, y_2)}{\partial y_2} = 0 \quad \Leftrightarrow \quad \underbrace{100 - y_2}_{=\text{Grenzerlös}_2} = \underbrace{c}_{=\text{Grenzkosten}} \quad \Leftrightarrow \quad y_2^{PD} = 100 - c.$$
$$(14.25)$$

Der Preis auf den beiden Märkten lautet dann

$$p_1^{PD} = P_1(y_1^{PD}) = 150 - \frac{1}{2} \cdot y_1^{PD} = 150 - \frac{1}{2}(150 - c) = 75 + \frac{c}{2},$$
$$(14.26)$$

$$p_2^{PD} = P_2(y_2^{PD}) = 100 - \frac{1}{2} \cdot y_2^{PD} = 100 - \frac{1}{2}(100 - c) = 50 + \frac{c}{2}.$$
$$\text{(14.27)}$$

2. Damit der Monopolist beide Märkte beliefert, müssen die Grenzkosten kleiner sein als der kleinere der beiden Prohibitivpreise (der Preis, wenn $y_i(p_i) = 0$). Ein Vergleich der beiden Nachfragefunktionen zeigt uns, dass $c < 100$ sein muss, damit beide Märkte beliefert werden (vgl. auch Gl. 14.27).

3. Für $c = 50$ erhalten wir folgende Werte (siehe Gl. (14.24), bzw. (14.25) und (14.26), bzw. (14.27)):

$$y_1^{PD} = 150 - c = 100 \text{ und} \quad p_1^{PD} = 75 + \frac{c}{2} = 100,$$

$$y_2^{PD} = 100 - c = 50 \text{ und} \quad p_2^{PD} = 50 + \frac{c}{2} = 75.$$

Dann erhalten wir für die Preiselastizität der Nachfrage an der Stelle p_i^{PD}:

$$\varepsilon_{p_1^{PD}}^{x_1} = x_1'(p_1^{PD}) \cdot \frac{p_1^{PD}}{x_1(p_1^{PD})} = -2 \cdot \frac{p_1^{PD}}{x_1^{PD}} = -2 \cdot \frac{100}{100} = -2,$$

$$\varepsilon_{p_2^{PD}}^{x_2} = x_2'(p_2^{PD}) \cdot \frac{p_2^{PD}}{x_2(p_2^{PD})} = -2 \cdot \frac{p_2^{PD}}{x_2^{PD}} = -2 \cdot \frac{75}{50} = -3.$$

Wir sehen: Je elastischer die Nachfrage im Optimum, umso kleiner der Monopolpreis.

4. Wir nehmen nun an, dass es ein Diskriminierungsverbot gibt, d. h. der Monopolist ist gezwungen, auf beiden Märkten einen identischen Preis zu setzen. Hierzu müssen wir nun die Nachfragen aggregieren, da es sich aus Sicht des nicht-preisdiskriminierenden Monopolisten um einen gemeinsamen Markt handelt. Wir kennen bereits den Prohibitivpreis $\bar{p}_i$ auf den beiden Märkten: $\bar{p}_1 = 150$, und $\bar{p}_2 = 100$. Für $100 \leq p < 150$ entspricht die Gesamtnachfrage der Nachfrage auf dem ersten Markt, $X(p) = x_1(p)$. Für $p < 100$ entspricht die Gesamtnachfrage der Summe der einzelnen Marktnachfragen, $X(p) = x_1(p) + x_2(p)$.

$$X(p) = \begin{cases} x_1(p) & \text{für } 100 < p \leq 150, \\ x_1(p) + x_2(p) & \text{für } 0 \leq p \leq 100, \end{cases}$$

$$= \begin{cases} 300 - 2 \cdot p & \text{für } 100 < p \leq 150, \\ 500 - 4 \cdot p & \text{für } 0 \leq p \leq 100. \end{cases}$$

Da wir jedoch (wie bisher) den Gewinn des Monopolisten über die Menge maximieren wollen, brauchen wir die korrespondierende inverse Nachfragefunktion $P(y)$:

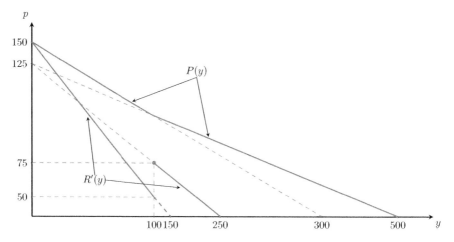

Abb. 14.10 Aufgabe 3.4. Die aggregierte Nachfrage

$$P(y) = \begin{cases} 150 - \frac{1}{2} \cdot y & \text{für } 0 \le y < 100, \\ 125 - \frac{1}{4} \cdot y & \text{für } 100 \le y \le 500. \end{cases}$$

Die Gewinnfunktion des Monopolisten lautet dann

$$\pi(y) = P(y) \cdot y - C(y) = \begin{cases} (150 - \frac{1}{2} \cdot y) \cdot y - c \cdot y & \text{für } 0 \le y < 100, \\ (125 - \frac{1}{4} \cdot y) \cdot y - c \cdot y & \text{für } 100 \le y \le 500. \end{cases}$$

Der Grenzerlös des Monopolisten lautet

$$R'(y) = P'(y) \cdot y + P(y) = \begin{cases} 150 - y & \text{für } 0 \le y < 100, \\ 125 - \frac{1}{2} \cdot y & \text{für } 100 \le y \le 500. \end{cases} \qquad (14.28)$$

Dies wird in Abb. 14.10 verdeutlicht. Wir sehen, dass für $y < 100$ der korrespondierende Monopolpreis grösser als 100 ist und somit nur Nachfrager aus dem ersten Markt das Gut nachfragen. Der Grenzerlös entspricht somit dem Grenzerlös im ersten Markt. Für $y > 100$ sinkt der Monopolpreis unter 100 und auch der zweite Markt wird beliefert. Somit entspricht der Grenzerlös dem Grenzerlös des Gesamtmarkts. Die Unstetigkeit der Grenzerlösfunktion an der Stelle $y = 100$ resultiert aus der Tatsache, dass bei einem Anstieg der Gütermenge über $y = 100$ hinaus die Nachfrage unmittelbar elastischer wird.

5. Im Optimum gilt für den Monopolisten

$$\pi'(y) = 0 \Leftrightarrow R'(y) = C'(y) \Leftrightarrow \begin{cases} 150 - y = c & \text{für } 0 \le y < 100, \\ 125 - \frac{1}{2} \cdot y = c & \text{für } 100 \le y \le 500. \end{cases}$$

$$(14.29)$$

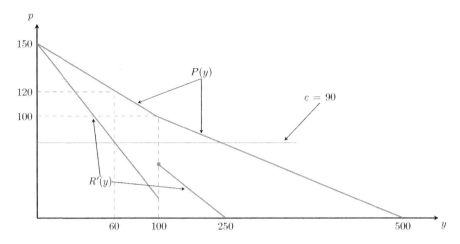

Abb. 14.11 Aufgabe 3.5. Preisdiskriminierungsverbot bei $c = 90$

Wir erhalten somit (in Abhängigkeit von $c \geq 0$) zwei Lösungen:

(i) Für $y < 100$ folgt aus (14.29), dass $y^* = y_1^{PD} = 150 - c$ und $p^* = p_1^{PD} = 75 + \frac{c}{2}$ für $c > 50$.

(ii) Für $y \geq 100$ folgt aus (14.29), dass $y^* = 250 - 2 \cdot c$ und $p^* = 62.5 + \frac{c}{2}$ für $c \leq 75$.

Was lernen wir aus (i) und (ii)? Offensichtlich gibt es 3 unterschiedliche Intervalle:

1. Intervall: $150 > c > 75$. In diesem Fall gibt es ein eindeutiges Optimum an der Stelle $y^* = 150 - c$. Es wird also nur der Markt 1 bedient, da der Monopolpreis ($p^* = 75 + \frac{c}{2}$) in diesem Intervall grösser als 100 ist. Dieser Fall ist am Beispiel $c = 90$ in Abb. 14.11 verdeutlicht. Für diesen Wert erhalten wir $y^* = 60$ und $p^* = 120$.

2. Intervall: $0 \leq c \leq 50$. In diesem Fall gibt es ein eindeutiges Optimum an der Stelle $y^* = 250 - 2 \cdot c$. Es werden also beide Märkte bedient, da der Monopolpreis ($p^* = 62.5 + \frac{c}{2}$) in diesem Intervall kleiner als 100 ist. Dieser Fall ist am Beispiel $c = 40$ in Abb. 14.12 verdeutlicht. Für diesen Wert erhalten wir $y^* = 170$ und $p^* = 82.5$.

3. Intervall: $50 < c \leq 75$. In diesem Fall gibt es zwei (lokale) Optima, da die Bedingung erster Ordnung (also $R'(y) = C'(y)$) für zwei unterschiedliche Werte von y erfüllt ist: An der Stelle $y = 150 - c$ (siehe (5)) und an der Stelle $y = 250 - 2 \cdot c$ (siehe Gl. (14.29)). Dieser Fall ist am Beispiel $c = 65$ in Abb. 14.13 verdeutlicht. Für diesen Wert erhalten wir als erste Preis-Mengen-Kombination $y^* = 85$ und $p^* = 107.5$, und als zweite Preis-Mengen-Kombination $y^* = 120$ und $p^* = 95$. An der Stelle $y = 85$ gibt es ein Optimum, bei dem nur Markt 1 beliefert wird, an der Stelle $y = 120$ gibt es ein weiteres Optimum, bei dem beide Märkte bedient werden. Welcher Wert ist nun aber relevant für den Monopolisten? Um diese Frage zu beantworten, müssen wir die Gewinne an

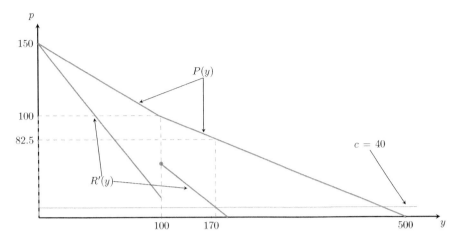

Abb. 14.12 Aufgabe 3.5. Preisdiskriminierungsverbot bei $c = 40$

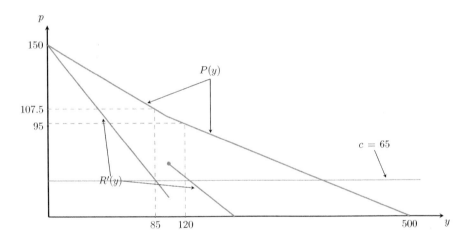

Abb. 14.13 Aufgabe 3.5. Preisdiskriminierungsverbot bei $c = 65$

beiden Stellen auswerten. Abb. 14.14 verdeutlicht den Gewinn des Monopolisten in Abhängigkeit von y.

Es zeigt sich, dass der Gewinn an der Stelle $y = 85$ den Gewinn des Monopolisten an der Stelle $y = 120$ übersteigt:

$$\pi(85) = \underbrace{85 \cdot 107.5}_{\text{Erlös}} - \underbrace{85 \cdot 65}_{\text{Kosten}} = 3'612.5 > \pi(120) = \underbrace{120 \cdot 95}_{\text{Erlös}} - \underbrace{120 \cdot 65}_{\text{Kosten}} = 3'600.$$

(14.30)

Somit würde der Monopolist in diesem Fall nur den ersten Markt bedienen, da dies seinen Gewinn maximiert.

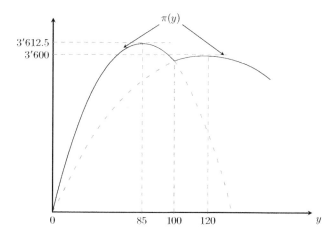

Abb. 14.14 Aufgabe 3.5. Preisdiskriminierungsverbot bei $c = 65$

Wir wollen nun überprüfen ob das für alle Werte von c zwischen 50 und 75 gilt. Hierzu setzen wir die Gewinne des Monopolisten in beiden Szenarien gleich und ermitteln den Wert $50 < c \leq 75$ bei dem der Gewinn identisch ist.

$$\pi(150 - c) = \pi(250 - 2 \cdot c)$$

$$\Leftrightarrow \quad (150 - c)\left(75 + \frac{c}{2}\right) - c \cdot (150 - c) = (250 - 2 \cdot c)\left(62.5 + \frac{c}{2}\right)$$

$$- c \cdot (250 - 2 \cdot c)$$

$$\Leftrightarrow \quad (150 - c)\left(75 - \frac{c}{2}\right) = (250 - 2 \cdot c)\left(62.5 - \frac{c}{2}\right)$$

$$\Leftrightarrow \quad 8'750 - 200 \cdot c + c^2 = 0. \tag{14.31}$$

Diese quadratische Gleichung lässt sich über die pq-Formel lösen. Wir erhalten als kritischen Wert der konstanten Grenzkosten $\bar{c} \approx 64.64.$[1] Da wir bereits wissen, dass bei $c = 65$ der Gewinn grösser ist, wenn nur Markt 1 bedient wird (siehe Gl. (14.30)), folgt daraus, dass für $c > \bar{c}$ nur Markt 1 bedient wird, während bei $c \leq \bar{c}$ beide Märkte bedient werden.[2]

Wir sehen also, dass der Monopolist im Falle eines Verbots der Preisdiskriminierung nur dann beide Märkte bedient, wenn c hinreichend klein ist, d. h. wenn $c \leq \bar{c}$. Im Falle der Preisdiskriminierung bietet er solange die Güter auf

---

[1] Der andere Wert von c, für den Gl. (14.31) erfüllt wird, ist grösser als 75 und somit für unsere Fragestellung irrelevant

[2] Streng genommen ist der Monopolist bei $c = \bar{c}$ indifferent zwischen beiden Varianten. Wir nehmen der Einfachheit halber an, dass er in diesem Fall beide Märkte bedient.

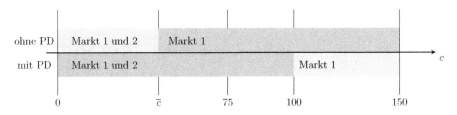

Abb. 14.15 Aufgabe 3.5. Vergleich

beiden Märkten an, wie die Grenzkosten nicht den Prohibitivpreis im 2. Markt übersteigen. Dieser Zusammenhang ist in Abb. 14.15 dargestellt.

Lösung zu Aufgabe 4

Zwei Bedingungen müssen erfüllt sein, damit sich die Alleinstellungsmerkmale einer Marke in ein Monopol übersetzen (Vgl. Abschn. 14.2).

    a. Aus Sicht der Konsumenten muss das Produkt von anderen Produkten unterscheidbar sein und auch in dem Sinne unterschieden werden, dass es sich nicht um vollständige Substitute handelt.

    b. Die Elastizität der Nachfrage ist nicht unendlich gross. Zusätzlich muss sichergestellt sein, dass die Marktposition eines Anbieters nicht durch Imitation anderer Anbieter unterlaufen wird.

1. Shell: Diesel → kein Monopol
   a. Die Tatsache, dass kein anderes Unternehmen Shell-Diesel verkauft, übersetzt sich nicht in eine Preissetzungsmacht gegenüber der Konkurrenz. Kraftstoffe verschiedener Anbieter werden von den meisten Konsumenten als homogenes Gut angesehen, weshalb die Differenzierungsbereitschaft tief ist.
   b. Die Nachfrage nach Diesel ist über die verschiedenen Anbieter gesehen sehr elastisch. Wenn Shell seine Diesel-Preise substanziell erhöht, werden beinahe alle Leute einfach zur nächsten Tankstelle wechseln.
2. Schweizerische Post: Briefversand <50g
   Die Schweizerische Post verfügt über ein *rechtliches* Monopol auf den Versand von Briefen mit einem Gewicht von weniger als 50g (Briefmonopol). Ob sich dieses rechtliche Monopol auch *de facto* in eine Monopolmacht übersetzt, hängt massgeblich von der Differenzierungsbereitschaft und -fähigkeit der Konsumenten ab. Vor einigen Jahren war dies eindeutig gegeben, da Substitute schlichtweg nicht vorhanden waren. Heute ist die Situation jedoch unklar. E-Mails und Social Media können in vielen Fällen als Substitute zu Briefen gesehen werden. Deshalb kann ohne weiterführende Analyse keine klare Aussage über die Preissetzungsspielräume der Schweizerischen Post getroffen werden.
3. Airbus: Airbus-Zivilflugzeuge → kein Monopol. (Der Markt für Zivilflugzeuge kann als Duopol beschrieben werden.)

a. Airlines – die Hauptkunden von Airbus für Zivilflugzeuge – sind sehr wohl in der Lage, zwischen Flugzeugen von Airbus und anderen Herstellern zu unterscheiden. Zudem haben sie auch eine gewisse Bereitschaft für diese Differenzierung.

b. Obwohl die Nachfrage nach Airbus-Zivilflugzeugen nicht perfekt elastisch ist, befindet sich das Unternehmen in starkem Wettbewerb mit Boeing. Auch wenn Unterschiede in den Zahlungsbereitschaften existieren, sind diese gering. Wenn Boeing ein vergleichbares Flugzeug zu einem tieferen Preis liefern kann, wird die Airline Airbus wahrscheinlich nicht berücksichtigen.

4. Red Bull: Red Bull Energy-Drink → Theorie der monopolistischen Preissetzung anwendbar (monopolistischer Wettbewerb, vgl. Abschn. 14.6)

a. Die Konsumenten sind sehr wohl in der Lage, zwischen den Energy-Drinks von Red Bull und jenen von anderen Anbietern zu unterscheiden. Die Tatsache, dass Red Bull bis zum Vierfachen des Preises der Konkurrenz verlangen kann, zeigt zudem auf, dass viele Konsumenten auch eine grosse Differenzierungsbereitschaft zeigen. Dies mag erstaunen, da die physikalischen Merkmale von Energy-Drinks (insb. deren Geschmack) suggerieren würden, dass es sich um ein ziemlich homogenes Gut handelt. Diese Argumentation ignoriert jedoch, dass Energy-Drink-Produzenten mittels Werbe- und Marketingkampagnen ein Markenimage aufbauen und daher auch kulturelle Narrative produzieren, in denen ihre Produkte eine spezifische Rolle spielen. Im Falle von Red Bull ist dieser Punkt entscheidend. Die Marketingausgaben belaufen sich auf rund einen Drittel des Umsatzes, und Red Bull schafft damit einen engen Bezug zu Action (denken Sie bspw. and die Red Bull Air Races, an das Red Bull Cliff Diving oder an Red Bull Rampage).

b. Man kann beinahe behaupten, dass Red Bull über eine loyale Fanbasis verfügt, wodurch die Nachfrage natürlich zumindest teilweise inelastisch wird. Durch die Imitation von Red Bulls Energy-Drink ist jedoch Konkurrenz in den Markt eingetreten, welche auch erhebliche Marktanteile gewonnen hat.

Obwohl Red Bull längst nicht der einzige Anbieter von Energy-Drinks ist, verfügt das Unternehmen über eine gewisse Monopolmacht und Preissetzungsspielräume.

Lösung zu Aufgabe 5

1. Vgl. Exkurs 14.1 in Abschn. 14.1.

- *Intuitives Pricing* ist ein – etwas spöttischer – Sammelbegriff für Strategien, die nicht auf empirischen Schätzungen der Kundenreaktionen basieren.
- *Offenbarte Präferenzmodelle* versuchen, Zahlungsbereitschaften aus dem Verhalten von Marktteilnehmern abzuleiten. Dabei kann es sich um echte Marktdaten handeln (also zum Beispiel die Informationen, die man preisgibt, wenn man im Internet surft) oder auch um experimentell erhobene Daten.
- *Bekundete Präferenzmodelle* basieren auf Befragungen, deren Ziel es ist, Informationen über Zahlungsbereitschaften direkt zu erhalten. Dabei kann es sich beispielsweise um Expertenbefragungen oder Kundenbefragungen handeln.

Da Bier ein Produkt ist, das in grossen Mengen verkauft wird, können selbst sehr kleine Preisanpassungen grosse Auswirkungen auf den Gewinn haben. Intuitives Pricing sollte daher bloss als erster Schritt dienen, welcher dann empirisch überprüft werden kann. Ob dies mittels offenbarten oder bekundeten Präferenzmodellen erfolgt, hängt von Faktoren wie dem Budget Ihrer Abteilung, der Datenverfügbarkeit etc. ab.

2. Da die Kaufkraft Ihrer Kunden gestiegen ist, könnte sich eine Preiserhöhung tatsächlich lohnen. Die Kaufkraft ist jedoch lediglich ein (potenzieller) Bestimmungsfaktor für die Nachfrage. Sie sollten deshalb an der Bereitschaft und Fähigkeit Ihrer Kunden, Ihr Bier mit anderen Produkten zu substituieren (d. h. an Ihrer Monopolstellung), interessiert sein. Daher sollten Sie idealerweise die Marktnachfrage und insbesondere deren Preiselastizität (neu) beurteilen. Basierend auf Ihren Schätzungen können Sie dann den gewinnmaximierenden Preis ableiten.

Um dieses Argument zu verdeutlichen, können Sie von einer konventionellen linearen Inversen der Nachfragefunktion ausgehen, d. h. $P(y) = a - b \cdot y$. In diesem Fall hängt die Nachfrage lediglich vom Preis ab, und der gewinnmaximierende Preis ist gegeben durch $p^* = (a + c)/2$ – unabhängig von der Steigung der Nachfragekurve. Ein Anstieg der Kaufkraft wird deshalb die optimale Preisstrategie nicht beeinflussen, sofern sich dieser Anstieg lediglich im Parameter b widerspiegelt. Vgl. Abschn. 14.4 und Exkurs 14.1.

Lösung zu Aufgabe 6
Vgl. Abschn. 14.5.1.

1. Ja.
2. Nein. Perfekte Preisdifferenzierung maximiert die Produzentenrente des Monopolisten.
3. Nein. Im Vergleich zu einer Situation ohne Preisdifferenzierung würde der Monopolist mehr von seinem Produkt verkaufen. Vgl. Abb. 14.1 in Abschn. 14.4 und Abb. 14.3 in Abschn. 14.5.1.
4. Nein. Ein Monopolist agiert nie als Preisnehmer, sondern setzt den Preis.
5. Ja.
6. Ja.

Lösung zu Aufgabe 7
1. Wenn Sie auf der Website einer Zeitschrift einen kostenpflichtigen Artikel aufrufen möchten, können Sie diesen in aller Regel nicht als einzelnen Artikel erwerben. Stattdessen müssen Sie sich für ein Abo entscheiden, welches Ihnen uneingeschränkten Zugriff auf das gesamte Bündel an kostenpflichtigen Artikeln gewährt. Vgl. Abschn. 14.5.2.
2. Ganz offensichtlich ist die Zahlungsbereitschaft in der Schweiz höher als im Ausland, was sich in einer tieferen Preiselastizität der Nachfrage widerspiegelt. Ein Monopolist, welcher sowohl den Schweizer als auch den deutschen Markt

bedient, sieht sich unterschiedlichen Preiselastizitäten gegenüber und kann deshalb Preisdifferenzierung dritten Grads betreiben.

3. Nikon versuchte, Parallelimporte zu verhindern, indem sie ausländischen Nikon-Händlern den Vertrieb von Nikon-Produkten in der Schweiz untersagte. Ziel war, den Schweizer Markt abzuschotten, um so Preisdifferenzierung dritten Grads betreiben und die höhere Zahlungsbereitschaft der Schweizer Kunden besser abschöpfen zu können. Aus rechtlicher Perspektive fanden sich Parallelimporte lange in einem Spannungsverhältnis zwischen Wettbewerbsrecht und Patent-recht. Seit 2009 sind Parallelimporte in der Schweiz jedoch uneingeschränkt zugelassen (mit Ausnahme von Medikamenten) und deren Behinderung ist unter-sagt (Beseitigung wirksamen Wettbewerbs). Die Absicht des Gesetzgebers war die Intensivierung des Wettbewerbs, um so Druck auf das hohe Preisniveau in der Schweiz auszuüben. Wohlfahrtsverluste als Resultat von Nikons (teilweiser) Monopolstellung und jener anderer Firmen sollen dadurch reduziert werden. Vgl. Exkurs 14.6 in Abschn. 14.5.3.

Wenn Sie sich für dieses Aufeinandertreffen rechtlicher und ökonomischer Überlegungen interessieren, können Sie die Verfügung zum Fall Nikon auf der Website der WEKO herunterladen.

4. Es gibt mehrere Wege. So kann Lobbying ein Mittel sein, um
   - eine rechtliche Monopolstellung zu erlangen oder zu schützen. Ein rechtli-ches Monopol übersetzt sich jedoch nicht automatisch in eine tatsächliche Monopolstellung. Entscheidend dafür sind die Fähigkeit und der Wille der Konsumenten, zwischen Produkten zu unterscheiden.
   - neue Regulierungen zu erwirken, die den Markteintritt für die potenzielle Konkurrenz erschwert.
   - staatliche Unterstützung für das Produkt des Monopolisten zu erhalten (bspw., dass es als gesundes Produkt empfohlen wird) – was die Bereitschaft der Konsumenten erhöht, das Produkt von Substituten zu unterscheiden.

Diesen Interventionen ist das Ziel gemein, die Behörden so zu beeinflussen, dass der Gewinn gesteigert oder geschützt werden kann. Dieses Verhalten kann als Rent-Seeking beschrieben werden. Typischerweise ist Rent-Seeking ineffizient, da der Anstieg der Produzentenrente meist mit einem stärkeren Rückgang der Konsumentenrente einhergeht.

14.3 Offene Fragen mit strukturierten Antworten

14.3.1 Aufgaben

Aufgabe 1

Ein Monopolist sieht sich einer inversen Marktnachfragefunktion $P(y) = 101 - y$ gegenüber. Er kann ohne Fixkosten und zu Grenzkosten von $MC(y) = c$ produzieren.

1. Bestimmen Sie die gewinnmaximierende Menge.
   a) $y^* = \frac{101-c}{2}$.
   b) $y^* = 101 - c$.
   c) $y^* = \frac{100-c}{2}$.
   d) $y^* = 100 - c$.
   e) Keine der obigen Antworten ist richtig.

2. Für welchen Wert von $\tilde{y}$ wird der Grenzerlös des Monopolisten negativ, falls dies überhaupt passieren kann?
   a) $\tilde{y} > 50.5$.
   b) $\tilde{y} > 50$.
   c) $\tilde{y} > 101$.
   d) Der Grenzerlös ist nie negativ.
   e) Keine der obigen Antworten ist richtig.

3. Bestimmen Sie die gewinnmaximierenden Menge und den Gewinn, wenn der Monopolist perfekte Preisdiskriminierung betreiben kann.
   a) $y^* = 101 - c$, der Gewinn ist unbestimmt, da der Preis unbestimmt ist.
   b) $y^* = \frac{101-c}{2}$ und $\pi(y^*) = \frac{101-c}{2}$.
   c) $y^* = 101 - c$ und $\pi(y^*) = 101 - c$.
   d) $y^* = 101 - c$ und $\pi(y^*) = \frac{(101-c)^2}{2}$.
   e) Keine der obigen Antworten ist richtig.

4. Bestimmen Sie die Konsumentenrente mit und ohne Preisdiskriminierung basierend auf Teilaufgabe 1 und 3.
   a) Mit PD: $CS(y^*) = \frac{(101-c)^2}{2}$. Ohne PD: $CS(y^*) = 0$.
   b) Mit PD: $CS(y^*) = 0$. Ohne PD: $CS(y^*) = \frac{(101-c)^2}{8}$.
   c) Mit PD: $CS(y^*) = 0$. Ohne PD: $CS(y^*) = \frac{(101-c)^2}{4}$.
   d) Mit PD: $CS(y^*) = \frac{(101-c)^2}{2}$. Ohne PD: $CS(y^*) = \frac{(101-c)^2}{4}$.
   e) Keine der obigen Antworten ist richtig.

Aufgabe 2

Ein Monopolist sieht sich einer inversen Nachfrage von $P(y) = 11 - y$ gegenüber. Seine Kostenfunktion lautet $C(y) = y$.

1. Berechnen Sie seine gewinnmaximale Angebotsmenge sowie seinen Gewinn, falls keine Preisdiskriminierung möglich ist.
   a) $y^* = 5$ und $\pi(y^*) = 25$.
   b) $y^* = 6$ und $\pi(y^*) = 25$.
   c) $y^* = 5$ und $\pi(y^*) = 30$.
   d) $y^* = 6$ und $\pi(y^*) = 30$.
   e) Keine der obigen Antworten ist richtig.

Nun hat der Monopolist die Möglichkeit, durch Investition in Werbung die Nachfrage nach seinem Produkt zu beeinflussen. Investitionen in Höhe von F führen dazu, dass die inverse Nachfrage nun $P(y) = 13 - y$ lautet.

2. Bestimmen Sie die gewinnmaximierende Menge und den Gewinn ohne Berücksichtigung der Investitionskosten F, falls keine Preisdiskriminierung möglich ist.
   a) $y^* = 8$ und $\pi(y^*) = 32$.
   b) $y^* = 6$ und $\pi(y^*) = 36$.
   c) $y^* = 8$ und $\pi(y^*) = 36$.
   d) $y^* = 8$ und $\pi(y^*) = 50$.
   e) Keine der obigen Antworten ist richtig.
3. Wann würde der Monopolist diese Investition durchführen?
   a) Niemals.
   b) Nur wenn $F \leq 7$.
   c) Nur wenn $F = 10$.
   d) Nur wenn $F \leq 6$.
   e) Keine der obigen Antworten ist richtig.
4. Wann wird der Monopolist diese Investition durchführen, wenn er perfekte Preisdiskriminierung betreiben kann?
   a) Niemals.
   b) Nur wenn $F = 22$.
   c) Nur wenn $F \leq 72$.
   d) Nur wenn $F \leq 22$.
   e) Keine der obigen Antworten ist richtig.

Aufgabe 3
Ein Monopolist mit Kostenfunktion $C(y) = 2 \cdot y$ sehe sich folgender inversen Nachfrage gegenüber: $P(y) = 200 - y$.

1. Bestimmen Sie die optimale Menge und den optimalen Preis des Monopolisten, wenn er keine Preisdiskriminierung betreiben kann.
   a) $y^* = 99$ und $p^* = 101$.
   b) $y^* = 85$ und $p^* = 115$.
   c) $y^* = 101$ und $p^* = 99$.
   d) $y^* = 111$ und $p^* = 89$.
   e) Keine der obigen Antworten ist richtig.
2. Bestimmen Sie den Gewinn sowie die Konsumentenrente, wenn er keine Preisdiskriminierung betreiben kann.
   a) $\pi(y^*) = 9'200$ und $CS(y^*) = 4'600$.
   b) $\pi(y^*) = 9'800$ und $CS(y^*) = 5'000$.
   c) $\pi(y^*) = 9'801$ und $CS(y^*) = 4'600$.
   d) $\pi(y^*) = 9'801$ und $CS(y^*) = \frac{9'801}{2}$.
   e) Keine der obigen Antworten ist richtig.
3. Bestimmen Sie die optimale Menge und den optimalen Preis des Monopolisten, wenn er Preisdiskriminierung ersten Grads betreiben kann.
   a) $y^{*PD} = 200$ und $p^{*PD} = 2$.
   b) $y^{*PD} = 198$, und der optimale Preis entspricht der jeweiligen Zahlungsbereitschaft der Nachfrager.

c) $y^{*PD} = 98$, und der optimale Preis entspricht der jeweiligen Zahlungsbereitschaft der Nachfrager, falls diese grösser oder gleich 2 ist.

d) $y^{*PD} = 198$ und $p^{*PD} = 2$.

e) Keine der obigen Antworten ist richtig.

4. Bestimmen Sie den Gewinn sowie die Konsumentenrente, wenn er Preisdiskriminierung ersten Grads betreiben kann.

   a) $\pi(y^{*PD}) = 39'204$ und $CS(y^{*PD}) = 796$.

   b) $\pi(y^{*PD}) = 39'601$ und $CS(y^{*PD}) = 0$.

   c) $\pi(y^{*PD}) = 39'204$ und $CS(y^{*PD}) = 0$.

   d) $\pi(y^{*PD}) = 0$ und $CS(y^{*PD}) = 39'601$.

   e) Keine der obigen Antworten ist richtig.

Aufgrund eines Freihandelsabkommens mit einem Nachbarland kann der Monopolist einen zweiten Markt beliefern. Die inverse Nachfrage auf diesem Markt kann durch $\tilde{P}(y) = 100 - \tilde{y}$ beschrieben werden, wobei $\tilde{p}$ der Preis in diesem Markt und $\tilde{y}$ die in diesem Markt gehandelte Menge des Guts ist.

5. Bestimmen Sie die optimale Menge und den optimalen Preis des Monopolisten auf beiden Märkten, wenn er Preisdiskriminierung dritten Grads betreiben kann.

   a) In Markt 1 ist die optimale Menge $y^* = 99$, und der optimale Preis ist $p^* = 101$. In Markt 2 ist die optimale Menge $\tilde{y}^* = 49$, und der optimale Preis ist $\tilde{p}^* = 51$.

   b) In Markt 1 ist die optimale Menge $y^* = 85$, und der optimale Preis ist $p^* = 115$. In Markt 2 ist die optimale Menge $\tilde{y}^* = 51$, und der optimale Preis ist $\tilde{p}^* = 49$.

   c) In Markt 1 ist die optimale Menge $y^* = 101$, und der optimale Preis ist $p^* = 99$. In Markt 2 ist die optimale Menge $\tilde{y}^* = 60$, und der optimale Preis ist $\tilde{p}^* = 40$.

   d) In Markt 1 ist die optimale Menge $y^* = 111$, und der optimale Preis ist $p^* = 89$. In Markt 2 ist die optimale Menge $\tilde{y}^* = 30$, und der optimale Preis ist $\tilde{p}^* = 70$.

   e) Keine der obigen Antworten ist richtig.

Aufgabe 4

Ein Monopolist mit der Kostenfunktion $C(y) = 2(y_1 + y_2)$ beliefert zwei verschiedene Märkte, 1 und 2, wobei y_i die auf Markt i angebotene Menge bezeichnet. Die inversen Nachfragefunktionen auf den beiden Märkten sind $P_1(y_1) = 84 - y_1$ und $P_2(y_2) = 42 - y_2$.

1. Bestimmen Sie die optimalen Mengen sowie die optimalen Preise, falls der Monopolist Preisdiskriminierung dritten Grads praktizieren kann.

   a) Die optimalen Mengen sind $y_1^* = 48$ und $y_2^* = 20$, die Preise sind $p_1^* = 34$ und $p_2^* = 22$.

  b) Die optimalen Mengen sind $y_1^* = 41$ und $y_2^* = 20$, die Preise sind $p_1^* = 43$ und $p_2^* = 22$.

  c) Die optimalen Mengen sind $y_1^* = 41$ und $y_2^* = 25$, die Preise sind $p_1^* = 41$ und $p_2^* = 22$.

  d) Die optimalen Mengen sind $y_1^* = 31$ und $y_2^* = 18$, die Preise entsprechen der jeweiligen Zahlungsbereitschaft der Konsumenten in Markt 1 und 2.

  e) Keine der obigen Antworten ist richtig.

2. Eine Regulierungsbehörde untersagt Preisdiskriminierung. Bestimmen Sie die optimale Menge sowie den optimalen Preis in der neuen Situation.

  a) Die optimale Menge ist $y^* = 61$, der optimale Preis ist $p^* = 43$.

  b) Die optimale Menge ist $y^* = 50$, der optimale Preis ist $p^* = 20$.

  c) Die optimale Menge ist $y^* = 55$, der optimale Preis ist $p^* = 32.5$.

  d) Die optimale Menge ist $y^* = 61$, der optimale Preis ist $p^* = 32.5$.

  e) Keine der obigen Antworten ist richtig.

3. Nehmen Sie nun an, dass der Monopolist perfekte Preisdiskriminierung betreiben kann. Bestimmen Sie die optimale Menge sowie die Preisfunktion.

  a) Die optimale Menge ist $y^* = 80$, jeder Konsument, dessen Zahlungsbereitschaft grösser als 2 ist, zahlt seine Zahlungsbereitschaft, alle anderen konsumieren das Gut nicht.

  b) Die optimale Menge ist $y^* = 110$, jeder Konsument, dessen Zahlungsbereitschaft grösser als 1 ist, zahlt seine Zahlungsbereitschaft, alle anderen konsumieren das Gut nicht.

  c) Die optimale Menge ist $y^* = 122$, jeder Konsument, dessen Zahlungsbereitschaft grösser als 2 ist, zahlt seine Zahlungsbereitschaft, alle anderen konsumieren das Gut nicht.

  d) Die optimale Menge ist $y^* = 98$, der Preis ist $p^* = 20$.

  e) Keine der obigen Antworten ist richtig.

4. Bestimmen Sie die Summe aus Produzenten- und Konsumentenrente in Teilaufgabe 3.

  a) Die Summe aus Produzenten- und Konsumentenrente ist $5'250$.

  b) Die Summe aus Produzenten- und Konsumentenrente ist $3'625$.

  c) Die Summe aus Produzenten- und Konsumentenrente ist $4'162$.

  d) Die Summe aus Produzenten- und Konsumentenrente ist $4'872$.

  e) Keine der obigen Antworten ist richtig.

Aufgabe 5

Ein gewinnmaximierender Monopolist sieht sich zwei Typen von Käufern gegenüber, H und L. Die Nachfragefunktionen der beiden Typen sind in den Abb. 14.16 und 14.17 gegeben. Beide Typen kommen mit gleicher Wahrscheinlichkeit in der Bevölkerung vor. Der Monopolist kann zu Grenzkosten von null produzieren, und die Fixkosten sind hinreichend klein, um die Produktion in allen folgenden Situationen aufrechtzuerhalten.

Abb. 14.16 Aufgaben 5.1
und 5.2

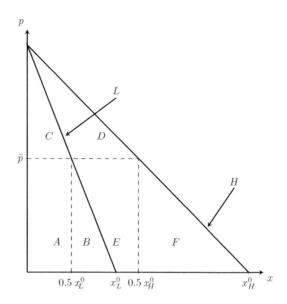

1. Zu Abb. 14.16: Welche Mengen verkauft der Monopolist den beiden Typen (x_L^*
   und x_H^*), wenn er vollständige Information über den Typ eines Kunden hat?
   Welches sind die zugehörigen Preise (p_L und p_H)?
   a) Die optimalen Mengen sind $x_L^* = 0.5 \cdot x_L^0$ und $x_H^* = 0.5 \cdot x_H^0$, die zugehörigen
      Preise sind $p_L = A + C$ und $p_H = A + B + C + D + E$.
   b) Die optimalen Mengen sind $x_L^* = x_L^0$ und $x_H^* = x_H^0$, die zugehörigen Preise
      sind $p_L = A + B + C$ und $p_H = A + B + C + D + E + F$.
   c) Die optimalen Mengen sind $x_L^* = x_L^0$ und $x_H^* = x_H^0$, die zugehörigen Preise
      sind $p_L = A + B + C$ und $p_H = D + E + F$.
   d) Die optimalen Mengen sind $x_L^* = 0.5 \cdot x_L^0$ und $x_H^* = 0.5 \cdot x_H^0$, die zugehörigen
      Preise sind $p_L = A + C$ und $p_H = D + E$.
   e) Keine der obigen Antworten ist richtig.
2. Zu Abb. 14.16: Wie hoch ist der durchschnittliche Gewinn bei vollständiger
   Information?
   a) Der durchschnittliche Gewinn ist $A + B + C + 0.5 \cdot (D + E + F)$.
   b) Der durchschnittliche Gewinn ist $A + C + 0.5 \cdot (A + B + C + D + E)$.
   c) Der durchschnittliche Gewinn ist $A + B + C + D + E + F$.
   d) Der durchschnittliche Gewinn ist $A + C + D + E$.
   e) Keine der obigen Antworten ist richtig.
3. Zu Abb. 14.17: Gehen Sie davon aus, dass der Monopolist den Typ eines
   Kunden nicht kennt. Welche Menge verkauft er einem Kunden mit Typ L im
   Gewinnmaximum (x_L^*)?
   a) $x_L^* = G$.
   b) $x_L^* = F$.
   c) $x_L^* = I$.

Abb. 14.17 Aufgaben 5.3 und 5.4

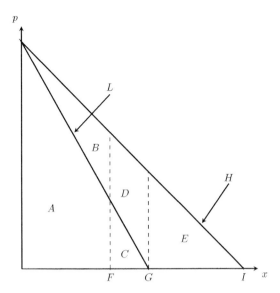

d) $x_L^* = A + C$.

e) Keine der obigen Antworten ist richtig.

4. Zu Abb. 14.17: Gehen Sie weiterhin davon aus, dass der Monopolist den Typ eines Kunden nicht kennt. Welchen Preis setzt der Monopolist im Gewinnmaximum einem Kunden vom Typ H?

a) Der Preis ist $A + C + B + D + E$.

b) Der Preis ist $B + D + E$.

c) Der Preis ist $A + C + B + D$.

d) Der Preis ist $A + C + D + E$.

e) Keine der obigen Antworten ist richtig.

14.3.2 Lösungen

Lösung zu Aufgabe 1

- Frage 1, Antwort *a)* ist korrekt.
- Frage 2, Antwort *a)* ist korrekt.
- Frage 3, Antwort *d)* ist korrekt.
- Frage 4, Antwort *b)* ist korrekt.

Lösung zu Aufgabe 2

- Frage 1, Antwort *a)* ist korrekt.
- Frage 2, Antwort *b)* ist korrekt.
- Frage 3, Antwort *e)* ist korrekt. Der Monopolist würde die Investition durchführen, wenn $F \leq 11$.
- Frage 4, Antwort *d)* ist korrekt.

Lösung zu Aufgabe 3

- Frage 1, Antwort *a)* ist korrekt.
- Frage 2, Antwort *d)* ist korrekt.
- Frage 3, Antwort *b)* ist korrekt.
- Frage 4, Antwort *e)* ist korrekt. Die korrekte Angabe wäre ein Gewinn von $19'602$ und eine Konsumentenrente von 0.
- Frage 5, Antwort *a)* ist korrekt.

Lösung zu Aufgabe 4

- Frage 1, Antwort *b)* ist korrekt.
- Frage 2, Antwort *d)* ist korrekt.
- Frage 3, Antwort *c)* ist korrekt.
- Frage 4, Antwort *c)* ist korrekt.

Lösung zu Aufgabe 5

- Frage 1, Antwort *b)* ist korrekt.
- Frage 2, Antwort *a)* ist korrekt.
- Frage 3, Antwort *b)* ist korrekt.
- Frage 4, Antwort *d)* ist korrekt.

Unternehmen auf Oligopolmärkten

15

15.1 Selektivfragen

15.1.1 Aussagen

Block 1

1. In einem Cournot-Oligopol vernachlässigen die Unternehmen bei ihrer Mengenwahl deren Einfluss auf den Preis.
2. In einem Duopol kann durch kollusives Verhalten der Gesamtgewinn erhöht werden.
3. In einem Duopol entspricht kollusives Verhalten der gleichgewichtigen Strategie.
4. Im Bertrand-Oligopol mit identischen Firmen und konstanten Grenzkosten ist der Gleichgewichtspreis gleich den Grenzkosten.

Block 2

In einem oligopolistischen Markt haben alle Unternehmen dieselbe Kostenfunktion $C(y) = c \cdot y$, mit $c \geq 0$. Die Marktnachfragefunktion fällt linear im Marktpreis, und die maximale marginale Zahlungsbereitschaft im Markt ist grösser als die Grenzkosten.

1. Wenn die Unternehmen in Bertrand-Preiswettbewerb stehen, gibt es im Gleichgewicht keinen Wohlfahrtsverlust.
2. Kollusives Verhalten ist keine gleichgewichtige Strategie, da die Unternehmen konstante Grenzkosten haben.
3. Sowohl im Cournot-Wettbewerb als auch im Bertrand-Wettbewerb ist der gleichgewichtige Marktpreis grösser als die Grenzkosten.
4. Bei normalem Nachfrageverlauf wird die insgesamt angebotene Menge des Guts bei Cournot-Wettbewerb geringer sein als bei Bertrand-Wettbewerb.

© Der/die Autor(en), exklusiv lizenziert durch Springer-Verlag GmbH, DE, ein Teil von Springer Nature 2021
M. Kolmar, M. Hoffmann, *Arbeitsbuch zu Grundlagen der Mikroökonomik*, https://doi.org/10.1007/978-3-662-63473-8_15

Block 3

Betrachten Sie einen Duopolmarkt, auf dem zwei Unternehmen mit identischen, konstanten Grenzkosten von $MC = 0$ ein Gut produzieren. Die inverse Nachfragefunktion bei einer Gesamtmenge y im Markt sei $P(y) = 300 - y$.

1. Bei Bertrand-Preiswettbewerb werden im Gleichgewicht insgesamt 300 Einheiten des Guts gehandelt.
2. Bei Cournot-Mengenwettbewerb werden im Gleichgewicht insgesamt 200 Einheiten des Guts gehandelt.
3. Im Gleichgewicht ist die Konsumentenrente im Bertrand-Preiswettbewerb grösser als im Cournot-Mengenwettbewerb.
4. Die Grenzkosten können höchstens auf Werte kleiner als 300 steigen, damit bei Cournot-Wettbewerb noch eine positive Menge gehandelt wird.

Block 4

1. Gehen Sie davon aus, dass ein gewinnmaximierendes Unternehmen eine strikt positive und endliche Menge anbietet. Die Optimalitätsbedingung „Grenzerlös = Grenzkosten" gilt nur für den Monopolisten und nicht für ein Unternehmen in einem Cournot-Oligopol.
2. Auf einem Markt mit Bertrand-Wettbewerb bieten zwei Unternehmen mit konstanten und identischen Grenzkosten an, welche kleiner als der Prohibitivpreis auf dem Markt sind. Dann entspricht der Erlös im Nash-Gleichgewicht den variablen Kosten (bei Fixkosten von null).
3. Die inverse Nachfragefunktion auf einem Duopolmarkt sei $P(y_1, y_2) = 90 - y_1 - y_2$. Zwei Unternehmen im Cournot-Wettbewerb, die zu Grenzkosten von null produzieren, werden gewinnmaximierende Mengen wählen, die zu einem Gleichgewichtspreis von $p^{CN} = 60$ führen.
4. Die Reaktionsfunktion eines Duopolisten bei Cournot-Wettbewerb gibt an, um wieviel sich die gleichgewichtige Menge ändert, wenn das andere Unternehmen seine Angebotsmenge ändert.

Block 5

1. In Oligolpolmärkten verkaufen wenige Anbieter ein homogenes Gut.
2. Im symmetrischen Cournot-Duopol ist die angebotene Menge eines jeden Unternehmens im Nash-Gleichgewicht kleiner als die gewinnmaximierende Menge desselben Unternehmens, wenn es ein Monopolist auf demselben Markt wäre.
3. In Oligopolmärkten erwirtschaften Unternehmen stets Nullgewinne.
4. Wenn in einem symmetrischen Oligopolmarkt die Anzahl der Unternehmen zunimmt, nimmt die insgesamt produzierte Menge an Gütern im Nash-Gleichgewicht ab.

Block 6

1. In einem symmetrischen Cournot-Duopol ist der Wert der Reaktionsfunktion der Firma 1 bei einer Angebotsmenge der Firma 2 in Höhe von $\hat{y}_2 > 0$ gleich null. Somit entspricht $\hat{y}_2$ der gewinnmaximierenden Menge des Unternehmens 2 in einem nicht preisdiskriminierenden Monopol auf diesem Markt.
2. Die Beste Antwort eines Unternehmens auf den Preis des Konkurrenten muss im Bertrand-Wettbewerb nicht eindeutig sein.
3. Die Marktnachfragefunktion sei linear fallend im Preis, und die identischen konstanten Grenzkosten der Produktion zweier Firmen auf diesem Markt seien kleiner als die maximale marginale Zahlungsbereitschaft der Nachfrager. Die Fixkosten seien null. Dann ist die Konsumentenrente im Nash-Gleichgewicht eines Bertrand-Duopols stets grösser als im Nash-Gleichgewicht eines Cournot-Duopols.
4. Bei identischen und konstanten Grenzkosten zweier Firmen ist der Gewinn im Nash-Gleichgewicht eines Bertrand-Duopols gleich null.

Block 7

Zwei Unternehmen in einem Cournot-Duopol haben identische und konstante Grenzkosten, welche geringer sind als die maximale Zahlungsbereitschaft im Markt. Die Marktnachfragefunktion fällt linear im Marktpreis.

1. Das Nash-Gleichgewicht muss nicht eindeutig sein.
2. Im Nash-Gleichgewicht bieten beide Unternehmen identische Mengen an.
3. Die Reaktionsfunktionen der beiden Unternehmen steigen nicht in der angebotenen Menge des jeweils anderen Unternehmens.
4. Im Nash-Gleichgewicht gilt für jedes Unternehmen, dass der Grenzerlös den Grenzkosten entspricht.

Block 8

1. Nach seiner Ankunft in Mexiko verbrannte Cortés seine Schiffe, um sich zur Strategie der Eroberung zu verpflichten. Dies gilt allerdings nicht als Selbstbindungsmechanismus, weil Cortés die einzige alternative Strategie, nämlich Rückzug, eliminiert hat und ihm somit nichts anderes mehr übrig blieb.
2. Zeitinkonsistente Anreize können dazu führen, dass Politiker in ihren Wahlkampagnen ein bestimmtes politisches Programm vertreten, sobald sie gewählt sind aber ein anderes Programm umsetzen.
3. Ein Oligopolmarkt ist kompetitiver als ein Monopolmarkt und führt daher immer zu einer effizienteren Ressourcenallokation.
4. Im besten Fall führt kollusives Verhalten zu Monopolgewinnen. Daher ist kollusives Verhalten sowohl für Oligopolisten als auch für Monopolisten attraktiv, nicht aber für Unternehmen auf Märkten mit Vollständiger Konkurrenz.

15.1.2 Lösungen

Musterlösung für Block 1

1. **Falsch.** Der im Markt erzielbare Preis ist eine Funktion der Gesamtangebotsmenge. Das Problem aus Sicht eines Duopolisten bei der Bestimmung der optimalen Angebotsmenge besteht also darin, dass der Gewinn nicht nur von der eigenen Mengenentscheidung, sondern auch von der Mengenentscheidung des anderen Unternehmens abhängt. Vgl. Abschn. 15.2.

2. **Wahr.** Die beiden Anbieter können mittels Absprache wie ein Monopolist auftreten und sich die zusätzliche Rente aufteilen. Allerdings ist dies keine gleichgewichtige Strategie.

3. **Falsch.** Durch Abweichen vom kollusiven Verhalten kann ein Unternehmen seinen Gewinn zumindest kurzfristig stets erhöhen. Kollusives Verhalten stellt somit kein Nash-Gleichgewicht dar. Vgl. detaillierte Ausführungen in Abschn. 15.5.

4. **Wahr.** Wenn beide Unternehmen einen Preis verlangen, der gleich den Grenzkosten ist, teilt sich die Marktnachfrage hälftig auf, und beide Unternehmen machen Nullgewinne. Einseitiges Abweichen eines der beiden Unternehmen von diesem Strategieprofil $(\bar{p}_1, \bar{p}_2)$, mit $\bar{p}_1 = \bar{p}_2 = c$, kann dieses Unternehmen nicht besser stellen: (i) Sollte z. B. Unternehmen 1 einen Preis $p_1 > \bar{p}_1$ wählen, so wäre $x_1(p_1, \bar{p}_2) = 0$, und der Gewinn des Unternehmens wäre weiter null. (ii) Sollte Unternehmen 1 einen Preis $p_1 < \bar{p}_1$ wählen, so wäre der Gewinn negativ, da nun $p_1 < c$ gilt. Bei jedem anderen Strategieprofil ausser $(\bar{p}_1, \bar{p}_2)$ kann sich zumindest ein Unternehmen durch Abweichen besser stellen. Somit ist $(\bar{p}_1, \bar{p}_2)$ das einzige Nash-Gleichgewicht im Bertrand-Duopol. Vgl. Abschn. 15.4.

Musterlösung für Block 2

1. **Wahr.** Im Bertrand-Preiswettbewerb mit konstanten und identischen Grenzkosten setzen die Unternehmen im Nash-Gleichgewicht den Preis gleich den Grenzkosten. Dies entspricht dem Gleichgewicht bei vollständiger Konkurrenz, und es entsteht kein Wohlfahrtsverlust. Vgl. Abschn. 15.4.

2. **Falsch.** Kollusives Verhalten ist keine gleichgewichtige Strategie. Allerdings liegt dies nicht an den konstanten Grenzkosten. Vgl. Abschn. 15.5.

3. **Falsch.** Im Bertrand-Wettbewerb entspricht der gleichgewichtige Marktpreis den Grenzkosten.

4. **Wahr.** Nachfolgend wird von einer inversen linearen Nachfragefunktion $P(y) = a - b \cdot y$ ausgegangen. (Die Implikationen sind auch für nicht-lineare Nachfragefunktionen mit normalem Verlauf gültig). Die insgesamt angebotene Menge beträgt im Cournot-Oligopol $y^{CN} = n \cdot y_i^* = \frac{n}{n+1} \cdot \frac{a-c}{b}$ (Vgl. Abschn. 15.3). Im Bertrand-Oligopol gilt im Nash-Gleichgewicht „Preis = Grenzkosten". Unter Berücksichtigung der Kosten und Nachfragefunktion erhalten wir $P(y) = C'(y) \Leftrightarrow a - b \cdot y = c$ und damit $y^B = (a - c)/b$. Folglich gilt

$$y^{CN} = \frac{n}{n+1} \cdot \frac{a-c}{b} < \frac{a-c}{b} = y^B.$$

Musterlösung für Block 3

1. **Wahr.** Im Bertrand-Preiswettbewerb entspricht der Gleichgewichtspreis den Grenzkosten, d. h. $p^B = 0$. Dann erhalten wir $y^B = 300$. Vgl. Abschn. 15.4.
2. **Wahr.** Sei $P(y_1, y_2) = a - b \cdot (y_1 + y_2)$. Im Duopol gilt dann $y^{CN} = y_1^* + y_2^* = \frac{2 \cdot (a-c)}{3 \cdot b}$. Für $a = 300$, $b = 1$ und $c = 0$ ergibt sich $y^{CN} = 200$. Vgl. Abschn. 15.2.
3. **Wahr.** Im Gleichgewicht des Bertrand-Preiswettbewerbs ist der Preis geringer und die angebotene Menge grösser als im Cournot-Mengenwettbewerb.
4. **Wahr.** Grenzkosten von 300 entsprechen dem Prohibitivpreis, d. h. $P(0) = a = 300$. Somit ist $y^{CN} = \frac{2}{3} \cdot \frac{a-c}{b} > 0 \Leftrightarrow c < a$ (vgl. Abschn. 15.3).

Musterlösung für Block 4

1. **Falsch.** Für jedes Unternehmen im Cournot-Wettbewerb und im Bertrand-Wettbewerb gilt entlang der Reaktionsfunktion „Grenzerlös = Grenzkosten" (solange der Grenzerlös nicht negativ ist). Somit findet sich die Optimalitätsbedingung sowohl im Monopol als auch im Cournot-Oligopol. Vgl. Abschn. 15.2.
2. **Wahr.** Im Bertrand-Wettbewerb gilt im Gleichgewicht für jedes Unternehmen „Preis = Grenzkosten" ($p_i = c$, mit $i \in \{1, 2\}$). Der Erlös entspricht bei konstanten Grenzkosten von c den variablen Kosten im Nash-Gleichgewicht. Vgl. Abschn. 15.4.
3. **Falsch.** Die Optimalitätsbedingung für Unternehmen i im Cournot-Duopol ist

$$P(y_i + y_j) + \frac{\partial P(y_i + y_j)}{\partial y_i} y_i - MC = 0,$$

$$\Leftrightarrow \quad 90 - (y_i + y_j) - y_i = 0,$$

mit $i \neq j$ und $i \in \{1, 2\}$. Die Grenzkosten MC sind null für beide Unternehmen. Da beide Unternehmen identisch sind, wissen wir, dass im Gleichgewicht $y_i^* = y_j^*$ gilt. Die Optimalitätsbedingung ergibt dann also

$$90 - 3 \cdot y_i = 0 \quad \Leftrightarrow \quad y_i^* = 30.$$

Damit ist $y_i^* = y_j^* = 30$, was zu $P(y_i^* + y_j^*) = p^{CN} = 30$ führt.
4. **Falsch.** Die Reaktionsfunktion ist eine Funktion, die die Besten Antworten eines Spielers i auf alle möglichen Strategieprofile der anderen Spieler angibt. Die Steigung der Reaktionsfunktion eines Oligopolisten gibt dann also an, um wieviel sich die von ihm angebotene Menge ändert, wenn sich die angebotene Menge des anderen Unternehmens um eine Einheit ändert. Vgl. Abschn. 15.3.

Musterlösung für Block 5

1. **Wahr.** Vgl. Abschn. 3.2 und Abschn. 15.
2. **Wahr.** Vgl. Abschn. 14.4.1 und 15.2.
3. **Falsch.** Das trifft nicht auf das Cournot-Modell zu. Vgl. Abschn. 15.2.

4. **Falsch.** Im Cournot-Oligopol mit mehreren symmetrischen Unternehmen fällt das individuelle Angebot in der Anzahl der Wettbewerber, das Marktangebot steigt jedoch. Obwohl jedes einzelne Unternehmen weniger produziert, wird dieser Effekt durch das zusätzliche Angebot weiterer Unternehmen überkompensiert. Wenn nun die Anzahl der Unternehmen sehr gross wird, tendiert der Markt zum Gleichgewicht bei vollständiger Konkurrenz. Vgl. Abschn. 15.2.

Musterlösung für Block 6

1. **Falsch.** Wenn die Beste Antwort von Firma 1 auf $\hat{y}_2$ die Angebotsmenge null ist, dann bietet Firma 2 offensichtlich soviel an, dass der Marktpreis kleiner oder gleich den Grenzkosten von Firma 1 ist. In einem symmetrischen Duopol kann das nie dem Monopolpreis entsprechen. Vgl. Abschn. 15.2.
2. **Wahr.** Sei $c_1 > 0$ der Wert der konstanten Grenzkosten von Firma 1. Dann ist zum Beispiel die beste Antwort von Firma 1 auf einen Preis $p_2 < c_1$ jeder Preis $p_1 > p_2$ und damit nicht eindeutig. Vgl. Abschn. 15.4.
3. **Wahr.** Im Cournot-Wettbewerb schöpfen die Oligopolisten im Gegensatz zum Bertrand-Wettbewerb einen Teil der Konsumentenrente ab und erwirtschaften einen Gewinn. Vgl. Abschn. 15.2 und 15.4.
4. **Wahr.** Vgl. Abschn. 15.4.

Musterlösung für Block 7

1. **Falsch.** Das Nash-Gleichgewicht in diesem symmetrischen Cournot-Duopol ist eindeutig. Vgl. Abschn. 15.2 und 15.3.
2. **Wahr.** Das eindeutige Nash-Gleichgewicht in einem symmetrischen Cournot-Oligopol ist ebenfalls symmetrisch, d. h. es gilt $y_1^* = y_2^*$. Vgl. Abschn. 15.2 und 15.3.
3. **Wahr.** Die Reaktionsfunktionen fallen oder verlaufen konstant im Angebot des Konkurrenten. Vgl. Abschn. 15.2 und 15.3.
4. **Wahr.** Im Optimum gilt für jedes Unternehmen „Grenzerlös = Grenzkosten" und damit auch im Nash-Gleichgewicht. Vgl. Abschn. 15.

Musterlösung für Block 8

1. **Falsch.** Das Eliminieren einer alternativen Strategie kann zu einer glaubwürdigen Verpflichtung im Sinne eines Selbstbindungsmechanismus führen. Mit der Eliminierung der Fluchtmöglichkeit hat Cortés einen *lock-in*-Effekt erzeugt: Er ist in seiner gewählten Strategie „eingeschlossen". Es ist ja gerade eine Charakteristik der Selbstbindungsmechanismen, dass sie Flexibilität reduzieren. Vgl. Exkurs 15.1 in Abschn. 15.1.
2. **Wahr.** Beispiele sind Inflation und Steuerpolitik. Vgl. Exkurs 15.1 in Abschn. 15.1.
3. **Falsch.** Erstens ist ein Oligopolmarkt im gleichen Masse ineffizient wie ein Monopolmarkt, falls sich die Oligopolisten kollusiv verhalten. Zweitens ist ein Monopol mit perfekter Preisdifferenzierung effizienter als ein Oligopolmarkt mit Bertrand-Wettbewerb. Vgl. Abschn. 15.5.

4. **Falsch**. Es gibt kein Unternehmen, mit dem sich ein Monopolist kollusiv verhalten könnte.

15.2 Offene Fragen

15.2.1 Aufgaben

Aufgabe 1

Die Nachfrage auf einem Markt sei gegeben durch $X(p) = 100 - p$. Es gebe zwei Anbieter auf dem Markt, die das Gut zu konstanten Grenzkosten von $c = 10$ und ohne Fixkosten produzieren. Die beiden Firmen bieten das Gut zu Preisen p_1 bzw. p_2 an (Bertrand-Wettbewerb). Bei identischen Preisen teilen sich beide Firmen die Marktnachfrage hälftig.

1. Bestimmen Sie die firmenspezifische Nachfragefunktion von Firma 1 in Abhängigkeit von den Preisen p_1 und p_2, $x_1(p_1, p_2)$.
2. Zeichnen Sie die Gewinnfunktion der Firma 1 in Abhängigkeit von $p_1 \geq 0$ unter folgenden Annahmen:
   a) $0 < p_2 < 10$,
   b) $p^M < p_2$,
   c) $p_2 = 10$,
   d) $10 < p_2 \leq p^M$,
   wobei p^M den Monopolpreis bezeichnet.
3. Bestimmen Sie die Reaktionsfunktion der Firma 1 in Abhängigkeit von p_2, $P_1(p_2)$.
4. Bestimmen Sie den Preis p^B und die Gesamtangebotsmenge x^B im Nash-Gleichgewicht.
5. Bestimmen Sie die Produzentenrente $PS(x^B)$ und die Konsumentenrente $CS(x^B)$ im Nash-Gleichgewicht.
6. Ist das Marktergebnis Pareto-effizient?

Aufgabe 2

Die inverse Nachfragefunktion in einem Cournot-Duopol sei gegeben durch $P(y) = 100 - y$. Es gebe zwei Anbieter auf dem Markt, die das Gut zu konstanten Grenzkosten von $MC(y) = 10$ und ohne Fixkosten produzieren. Das Angebot der Firma i bezeichnen wir mit y_i, wobei $i \in \{1, 2\}$. Das Gesamtangebot entspricht $y = y_1 + y_2$.

1. Skizzieren Sie die Gewinnfunktion der Firma 1 in Abhängigkeit von y_1 unter folgenden Annahmen:
   a) $y_2 = 20$,
   b) $y_2 = 30$.
   Was fällt Ihnen auf?

Abb. 15.1 Aufgabe 2.7.
Nash-Gleichgewicht im
Cournot-Duopol

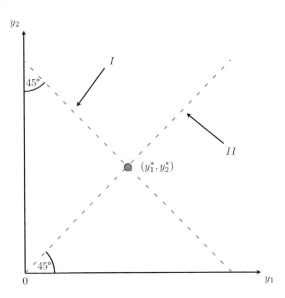

2. Bestimmen Sie die Reaktionsfunktion der Firma 1 in Abhängigkeit von y_2 ($Y_1(y_2)$). Wie gross ist $Y_1(y_2)$ bei
    a) $y_2 = 0$,
    b) $y_2 = 90$?
    Kommentieren Sie ihr Ergebnis.
3. Skizzieren Sie den Verlauf beider Reaktionsfunktionen im Strategienraum (y_1, y_2) und verdeutlichen Sie das Nash-Gleichgewicht.
4. Bestimmen Sie den Preis (p^{CN}) und das Marktangebot (y^{CN}) im Nash-Gleichgewicht.
5. Bestimmen Sie die Produzentenrente $PS(y^{CN})$ und die Konsumentenrente $CS(y^{CN})$ im Nash-Gleichgewicht.
6. Ist das Nash-Gleichgewicht Pareto-effizient?
7. Betrachten Sie Abb. 15.1. Nehmen Sie an, dass ausgehend vom Cournot-Nash-Gleichgewicht (y_1^*, y_2^*) nur Bewegungen entlang der Geraden I und II möglich seien. In welche Richtung sollten sich beide Unternehmen bewegen, damit die Gewinne beider Firmen steigen? Was ist hierbei zu beachten?

Betrachten Sie nun den allgemeinen Fall mit n symmetrischen Unternehmen. Sowohl die Marktnachfrage als auch die Kostenfunktionen bleiben unverändert.

8. Bestimmen Sie die von Firma i angebotene Menge y_i^*, den Marktpreis p^{CN} sowie die Gesamtmenge y^{CN} im Nash-Gleichgewicht ($i \in \{1, 2, ..., n\}$).
9. Welcher Zusammenhang besteht zwischen (i) dem Angebot einer einzelnen Firma y_i^*, (ii) dem Industrieangebot y^{CN} und dem Marktpreis (p^{CN}) einerseits sowie der Anzahl der Firmen n andererseits?

Aufgabe 3

1. Welche Marktsituation lässt sich am besten durch das Bertrand-Modell analysieren, welche durch das Cournot-Modell?
2. Erklären Sie, wie das Problem eines Oligopolisten in zwei Phasen zerlegt werden kann. Welche Einsicht eröffnet dieser Denkansatz?
3. Warum haben Oligopolisten einen Anreiz zu kollusivem Verhalten? Wie kann dieses Verhalten glaubhaft durchgesetzt werden?
4. Ist kollusives Verhalten stabil? Was sagt die empirische Evidenz zur Stabilität von kollusivem Verhalten? Ist Kollusion wünschenswert?
5. Erklären Sie die drei C's der Ökonomik. Warum ist dieses Konzept hilfreich?

Aufgabe 4

1. Warum gibt es auf einem Monopolmarkt sowie auf einem Markt mit vollständiger Konkurrenz keine strategische Interdependenz der Unternehmensentscheidungen?
2. Gibt es auf einem Oligopolmarkt eine solche strategische Interdependenz? Warum?
3. Welche zwei Instrumente stehen Unternehmen auf einem Oligopolmarkt zur Verfügung, um ihren Gewinn zu maximieren? Welche Marktstrukturen resultieren aus den jeweiligen Instrumenten?
4. Was ist der Unterschied zwischen dem Stackelberg-Modell und dem Cournot-Modell? Wie verändert sich der strategische Vorteil der Unternehmen?
5. Was ist ein Selbstbindungsmechanismus? Wieso ist das in diesem Kontext relevant? Nennen Sie Beispiele für solche Mechanismen.
6. Was macht einen Selbstbindungsmechanismus glaubwürdig?
7. Erläutern Sie die Problematik der Zeitinkonsistenz anhand der Themenfelder Inflation und Steuerpolitik. Welche Selbstbindungsmechanismen können diese Probleme lösen?
8. Was versteht man unter dem *Lock-in*-Effekt? Wie hängt dieser mit Selbstbindungsmechanismen zusammen?
9. Was ist der Nachteil von Selbstbindungsmechanismen?

15.2.2 Lösungen

Lösung zu Aufgabe 1

1. Für $p_1 < p_2$ ist Firma 1 alleiniger Anbieter auf dem Markt, und somit entspricht die firmenspezifische Nachfragefunktion genau $X(p_1)$. Für $p_1 = p_2$ teilen sich beide Firmen die Marktnachfrage, und für $p_1 > p_2$ ist die Nachfrage nach Produkten der Firma 1 genau null. Wir erhalten somit als firmenspezifische Nachfragefunktion:

$$x_1(p_1, p_2) = \begin{cases} 0 & \text{für } p_1 > p_2, \\ \frac{1}{2} \cdot X(p_1) & \text{für } p_1 = p_2, \\ X(p_1) & \text{für } p_1 < p_2, \end{cases} = \begin{cases} 0 & \text{für } p_1 > p_2, \\ 50 - \frac{1}{2} \cdot p_1 & \text{für } p_1 = p_2, \\ 100 - p_1 & \text{für } p_1 < p_2. \end{cases}$$
$$(15.1)$$

2. Die Gewinnfunktion von Firma 1 lautet

$$\pi_1(p_1, p_2) = \underbrace{p_1 \cdot x_1(p_1, p_2)}_{=\text{Erlös}} - \underbrace{c \cdot x_1(p_1, p_2)}_{=\text{Kosten}} = (p_1 - 10) \cdot x_1(p_1, p_2).$$

Nehmen wir an, dass $p_1 < p_2$, so entspricht $x_1(p_1, p_2)$ immer $X(p_1) = 100 - p_1$ (siehe Gl. 15.1). Die Gewinnfunktion der Firma 1 ist dann

$$\pi_1(p_1, p_2) = p_1 \cdot X(p_1) - c \cdot X(p_1) = (p_1 - 10) \cdot (100 - p_1).$$

Bei genauerer Betrachtung sehen wir, dass

$$\frac{\partial \pi_1(p_1, p_2)}{\partial p_1} = 110 - 2 \cdot p_1,$$

$$\frac{\partial^2 \pi_1(p_1, p_2)}{\partial p_1^2} = -2.$$

Nehmen wir also an, dass $p_1 < p_2$, so handelt es sich bei $\pi_1(p_1, p_2)$ um eine streng konkave Funktion, mit einem Maximimum an der Stelle

$$\frac{\partial \pi_1(p_1, p_2)}{\partial p_1} = 0 \quad \Leftrightarrow \quad 110 - 2 \cdot p_1 = 0 \quad \Leftrightarrow \quad p_1 = 55,$$

(siehe Abb. 15.2). Des Weiteren wissen wir, dass $\pi_1(0, p_2) = -c \cdot X(0) = -10 \cdot 100 = -1'000$ für $p_2 > 0$. D. h., wenn $p_2 > 0$ ist und $p_1 = 0$, dann ist der Gewinn der Firma 1 genau CHF $-1'000$: Da $p_1 = 0 < p_2$, entspricht die firmenspezifische Nachfrage der Firma 1 der Gesamtnachfrage. Bei einem Preis von null entspricht diese 100 Einheiten des Guts. Da konstante Grenzkosten und damit auch konstante durchschnittliche variable Kosten in Höhe von 10 vorliegen, entspricht diesem Angebot ein negativer Gewinn von CHF $-1'000$.

a) In diesem Fall steigt der Gewinn in p_1, bleibt jedoch negativ, bis wir an die Stelle $p_1 = p_2$ gelangen. Hier hat die Gewinnfunktion eine Sprungstelle, da sich nun beide Firmen die Nachfrage teilen (siehe Gl. 15.1) und somit die Verluste halbiert werden.

   Der Gewinn springt somit auf $\pi_1(p_1, p_2) = p_1 \cdot (50 - \frac{1}{2} \cdot p_1) - 10 \cdot (50 - \frac{1}{2} \cdot p_1) = (p_1 - 10) \cdot (50 - \frac{1}{2} \cdot p_1)$. Für $p_1 > p_2$ schliesslich steigt der Gewinn auf null (Abb. 15.3).

b) Wir wissen bereits, dass für $p_1 < p_2$ das Gewinnmaximum an der Stelle $p = 55$ liegt (siehe Abb. 15.2). Somit ist $p^M = 55$.

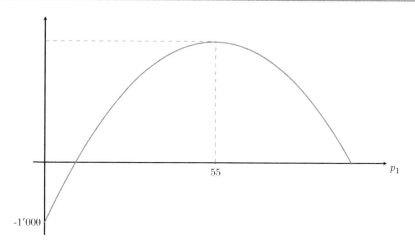

Abb. 15.2 Aufgabe 1.2. $\pi_1(p_1, p_2)$ für $p_1 < p_2$

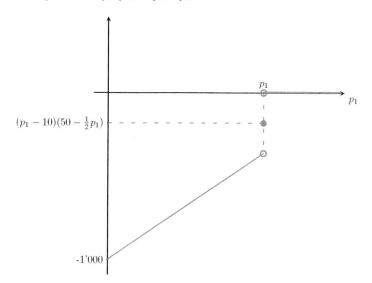

Abb. 15.3 Aufgabe 1.2a). $\pi_1(p_1, p_2)$ für $0 < p_2 < 10$

 Laut Annahme ist $p_2 > p^M$. In diesem Fall steigt $\pi_1(p_1, p_2)$ stetig bis $p = 55$, fällt dann stetig bis zum Punkt $p_1 = p_2$, und wir stossen wiederum auf eine Sprungstelle, an der sich der Gewinn halbiert. Für $p_1 > p_2$ gilt dann wieder, dass $\pi_1(p_1, p_2) = 0$ (siehe Abb. 15.4).

c) In diesem Fall ähnelt die Gewinnfunktion der aus Aufgabenteil 2a). Der einzige Unterschied besteht darin, dass an der Stelle $p_1 = p_2 = 10$ der Gewinn der Unternehmen null ist (da der Preis den Grenzkosten entspricht) und sich dies für Firma 1 auch nicht ändert, wenn sie $p_1 > p_2$ setzt (siehe Abb. 15.5).

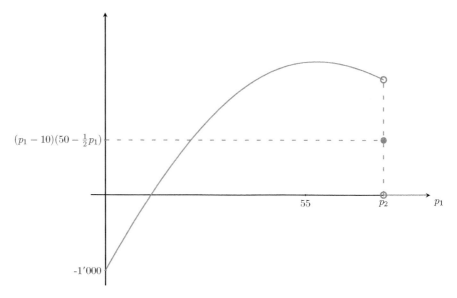

Abb. 15.4 Aufgabe 1.2b). $\pi_1(p_1, p_2)$ für $p^M < p_2$

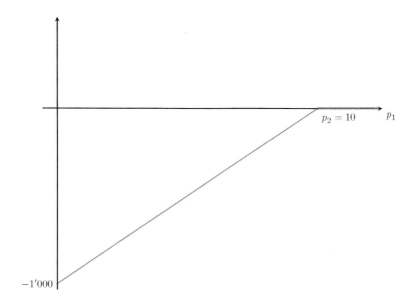

Abb. 15.5 Aufgabe 1.2c). $\pi_1(p_1, p_2)$ für $p_2 = MC(y)$

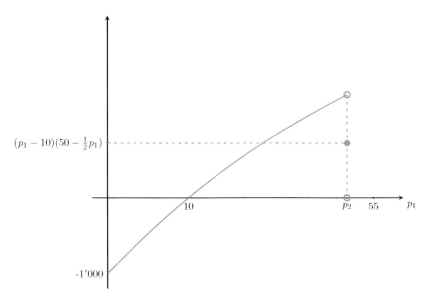

Abb. 15.6 Aufgabe 1.2d). $\pi_1(p_1, p_2)$ für $p^M > p_2 > MC(y)$

d) Da $p^M \geq p_2 > c = 10$, ist der Gewinn für Firma 1 positiv für $p_2 > p_1 > c$ und steigt monoton in p_1 bis $p_1 = p_2$. Für $p_1 > p_2$ fällt der Gewinn schliesslich wieder auf null (siehe Abb. 15.6).

3. Die Reaktionsfunktion von Firma 1 lässt sich wie folgt ableiten: Für $p_2 < c$ liefert jeder Preis $p_1 \leq p_2$ einen negativen Gewinn, während $p_1 > p_2$ einen Gewinn von null garantiert (siehe Aufgabenteil 2a)). Somit ist jeder Preis p_1 grösser p_2 eine Beste Antwort. Für $p_2 = c$ ändert sich das Argument: Nun gilt, dass bei $p_1 < p_2$ der Gewinn negativ ist, aber bei $p_1 \geq p_2$ zumindest null (siehe Aufgabenteil 2c)). Nun ist jeder Preis p_1 grösser oder gleich p_2 eine Beste Antwort. Für $c < p_2 \leq p^M$ hingegen steigt der Gewinn monoton in p_1, solange $p_1 < p_2$. Dann fällt der Gewinn auf $(p_1 - c) \cdot (50 - \frac{1}{2} \cdot p_1)$ (bei $p_1 = p_2$), bzw. auf null (bei $p_1 > p_2$, siehe Aufgabenteil 2d)). Firma 1 sollte nun den Preis von Firma 2 knapp unterbieten, um ihren Gewinn zu maximieren. Für $p_2 > p^M$ ist die Beste Antwort, den Monopolpreis zu setzen ($P_1(p_2) = p^M$, siehe Aufgabenteil 2b)). Die Reaktionsfunktion der Firma 1 lautet somit

$$
P_1(p_2) = \begin{cases} > p_2 & \text{für } p_2 < 10, \\ \geq p_2 & \text{für } p_2 = 10, \\ p_2 - \varepsilon & \text{für } 10 < p_2 \leq 55 = p^M, \\ 55 & \text{für } p_2 > 55 = p^M, \end{cases} \tag{15.2}
$$

mit $\varepsilon > 0, \varepsilon \to 0$. Vgl. Abschn. 15.4.

4. In einem Nash-Gleichgewicht darf sich keine der Firmen durch eine einseitige Veränderung des Preises besser stellen können, bzw. beide Preise p_1^* und p_2^* müssen wechselseitig Beste Antworten sein. Hierbei ist zu berücksichtigen, dass wir es mit einem symmetrischen Spiel zu tun haben. D. h., dass die Reaktionsfunktion der Firma 2 ($P_2(p_1)$) dadurch ermittelt werden kann, indem in Gl. (15.2) p_1 und p_2 vertauscht werden. Dann hilft ein Blick auf die Reaktionsfunktion: Es gibt nur ein Strategieprofil, bei dem keine der beiden Firmen einen Anreiz besitzt vom gewählten Preis abzuweichen, nämlich bei $p_1^* = p_2^* = p^B = 10$. Die korrespondierende Menge ist dann $x^B = \frac{1}{2} \cdot X(p_1^*) + \frac{1}{2} \cdot X(p_2^*) = 90$ (vgl. Gl. (15.1)).

5. Da der Preis im Nash-Gleichgewicht den Grenzkosten entspricht, ist die Produzentenrente null. Die Konsumentenrente ist damit

$$CS(x^B) = (100 - 10) \cdot X(10) \cdot \frac{1}{2} = 4'050.$$

6. Kein anderes Strategieprofil (p_1, p_2) kann die Summe aus Konsumenten- und Produzentenrente erhöhen. Somit ist das Marktergebnis Pareto-effizient.

Lösung zu Aufgabe 2

1. Die Gewinnfunktion des Unternehmens 1 im Cournot-Oligopol ist gegeben durch

$$\pi_1(y_1, y_2) = \underbrace{P(y_1, y_2) \cdot y_1}_{=\text{Erlös}} - \underbrace{C(y_1)}_{=\text{Kosten}} = (100 - (\underbrace{y_1 + y_2}_{=y})) \cdot y_1 - 10 \cdot y_1.$$

Bei genauerer Betrachtung sehen wir, dass

$$\frac{\partial \pi_1(y_1, y_2)}{\partial y_1} = \underbrace{100 - 2 \cdot y_1 - y_2}_{=\text{Grenzerlös}} - \underbrace{10}_{=\text{Grenzkosten}},$$

$$\frac{\partial^2 \pi_1(y_1, y_2)}{\partial y_1^2} = -2.$$

Somit handelt es sich bei $\pi_1(y_1, y_2)$ um eine streng konkave Funktion, mit einem Maximum an der Stelle

$$\frac{\partial \pi_1(y_1, y_2)}{\partial y_1} = 0 \quad \Leftrightarrow \quad 90 - 2 \cdot y_1 - y_2 = 0 \quad \Leftrightarrow \quad \tilde{y}_1 = 45 - \frac{1}{2} \cdot y_2.$$

$$(15.3)$$

Des Weiteren wissen wir, dass

$$\pi_1(y_1, y_2) = 0 \quad \Leftrightarrow \quad P(y_1, y_2) \cdot y_1 = c \cdot y_1$$

$$\Rightarrow \quad y_1 = 0 \quad \vee \quad P(y_1, y_2) = c,$$

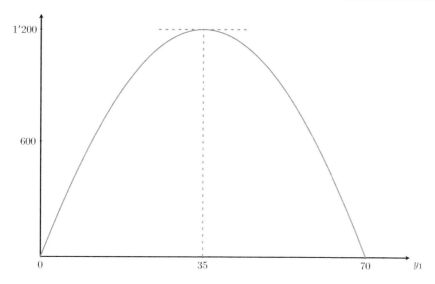

Abb. 15.7 Aufgabe 2.1a). $\pi_1(y_1, 20)$

d. h., der Gewinn der Firma 1 ist null, wenn sie nichts anbietet ($y_1 = 0$)
oder wenn das Gesamtangebot auf dem Markt ($y_1 + y_2$) so gross ist, dass der
Marktpreis den Grenzkosten entspricht.

a) Dann sieht die Gewinnfunktion der Firma 1 bei $y_2 = 20$ wie folgt aus:
   Sie verläuf strikt konkav mit einem Maximum an der Stelle $\tilde{y}_1 = 45 - \frac{1}{2} \cdot 20 = 35$ (siehe Abb. 15.7).

b) Wie verändert sich der Verlauf der Gewinnfunktion, wenn $y_2 = 30$? Dazu
   müssen wir zuerst untersuchen, wie $\pi_1(y_1, y_2)$ auf eine Erhöhung von y_2
   reagiert:

$$\frac{\partial \pi_1(y_1, y_2)}{\partial y_2} = -y_1,$$

d. h. der Gewinn sinkt in y_2 für $y_1 > 0$. Dies entspricht auch der ökonomischen Intuition: Je grösser das Angebot des Konkurrenten, umso geringer, *ceteris paribus*, der Marktpreis gemäss inverser Nachfragefunktion ($P(y_1, y_2)$)
und damit auch der Gewinn. Grafisch bedeutet das, dass $\pi_1(y_1, 30)$ unterhalb
von $\pi_1(y_1, 20)$ verlaufen muss. Damit wissen wir aber noch nicht, wie
sich das Gewinnmaximimum verändert. An welcher Stelle ist nun $\pi_1(y_1, 30)$
maximal? Ein Blick auf Gl. (15.3) gibt die Antwort: $\tilde{y}_1 = 45 - \frac{1}{2} \cdot y_2 = 45 - \frac{1}{2} \cdot 30 = 30$ (siehe Abb. 15.8). Wir lernen also: Je grösser das Angebot des
Konkurrenten, umso geringer die gewinnmaximimierende Menge der Firma 1.

2. Die Reaktionsfunktion der Firma 1 gibt für jedes $y_2 \geq 0$ die gewinnmaximierende Menge von Firma 1. Diese haben wir jedoch bereits errechnet ($\tilde{y}_1$, siehe
   Gl. (15.3)). Allerdings kann dieser Wert, abhängig von y_2, auch negativ werden.

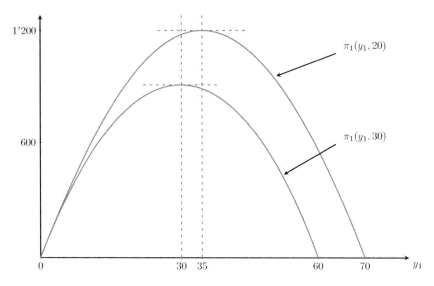

Abb. 15.8 Aufgabe 2.1b). $\pi_1(y_1, y_2)$ für $y_2 = 20$ und $y_2 = 30$

Deshalb lautet die Reaktionsfunktion von Firma 1:

$$Y_1(y_2) = \begin{cases} \tilde{y}_1 & \text{für } y_2 \leq 90, \\ 0 & \text{sonst,} \end{cases} = \begin{cases} 45 - \frac{1}{2} \cdot y_2 & \text{für } y_2 \leq 90, \\ 0 & \text{sonst.} \end{cases} \tag{15.4}$$

a) An der Stelle $y_2 = 0$ finden wir, dass $Y_1(0) = 45$. Dies entspricht der Menge im Monopol, da bei $y_2 = 0$ Firma 1 der einzige Anbieter auf dem Markt ist und somit im Gewinnmaximum die Monopolmenge anbieten wird.

b) An der Stelle $y_2 = 90$ finden wir, dass $Y_1(90) = 0$. In diesem Fall ist das Angebot des Konkurrenten so gross, dass $P(y_1, 90) = 10 - y_1$. D. h., an der Stelle $y_1 = 0$ entspricht der Marktpreis den Grenzkosten der Firma 1 ($P(0, 90) = 10$), für $y_1 > 0$ sinkt der Marktpreis unter diese Grenzkosten. Folgerichtig ist die Beste Antwort der Firma 1, nichts anzubieten, und das Gesamtangebot entspricht $y_1 + y_2 = 90$. Da beide Firmen identische und konstante Grenzkosten aufweisen, entspricht diese Menge jener im Falle vollständiger Konkurrenz.

3. Der Verlauf beider Reaktionsfunktionen im Strategienraum ist in Abb. 15.9 gegeben. Im Cournot-Nash-Gleichgewicht $y^{CN} = (y_1^*, y_2^*)$ sind beide Strategien wechselseitig Beste Antworten, d. h. es gilt $y_1^* = Y_1(y_2^*)$ und $y_2^* = Y_2(y_1^*)$. Dies gilt im (einzigen) Schnittpunkt beider Reaktionfunktionen.

4. Wir wissen, dass für jedes Strategieprofil auf der Reaktionsfunktion von Firma 1 gilt:

$$y_1 = Y_1(y_2).$$

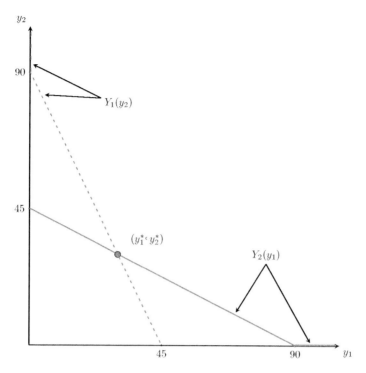

Abb. 15.9 Aufgabe 2.3. $Y_1(y_2)$ und $Y_2(y_1)$ im Strategienraum.

Im Cournot-Nash-Gleichgewicht gilt darüber hinaus, dass y_2 eine Beste Antwort auf y_1 ist. Wir erhalten also

$$y_1^* = Y_1(\underbrace{Y_2(y_1^*)}_{=y_2^*}),$$

$$\Leftrightarrow \quad y_1^* = 45 - \frac{1}{2}\underbrace{\left(45 - \frac{1}{2} \cdot y_1^*\right)}_{=y_2^*}$$

$$\Leftrightarrow \quad y_1^* = 22.5 + \frac{1}{4} \cdot y_1^*$$

$$\Leftrightarrow \quad y_1^* = 30.$$

Somit ist $y_1^* = 30$ und (da wir ein symmetrisches Duopol haben) $y_2^* = 30$. Das Gesamtangebot auf dem Markt im Nash-Gleichgewicht lautet dann $y^{CN} = y_1^* + y_2^* = 60$, und der Marktpreis ist $p^{CN} = P(y_1^*, y_2^*) = 100 - 30 - 30 = 40$.

5. Die Produzentenrente entspricht der Gewinnsumme beider Firmen in (y_1^*, y_2^*). Wir ermitteln zuerst den Gewinn einer Firma:

$$\pi_1^* = \pi_1(y_1^*, y_2^*) = y_1^* \cdot p^{CN} - c \cdot y_1^* = (p^{CN} - c) \cdot y_1^* = (40 - 10) \cdot 30 = 900.$$

Damit erhalten wir

$$PS(y^{CN}) = \pi_1^* + \pi_2^* = 1'800.$$

Die Konsumentenrente bei einem Preis von $p^{CN} = 40$ ist dann

$$CS(y^{CN}) = (100 - 40) \cdot 60 \cdot \frac{1}{2} = 1'800.$$

6. Nein. Da $p^{CN} > c$, kann die angebotene Menge ausgeweitet werden, bis $p = c$ ist.

7. a) Wenn sich beide Firmen entlang der Geraden I bewegen, so hat dies zur Folge, dass
   i) das Gesamtangebot im Markt konstant bleibt, d. h. entlang der Geraden I gilt, dass $y_1 + y_2 = y^{CN}$,
   ii) die angebotene Menge einer Firma steigt, während die Menge der anderen Firma um genau diesen Betrag sinkt.
   Diese Bewegung hat somit keinen Einfluss auf den Marktpreis, da $p^{CN} = P(y^{CN})$. Allerdings verschieben sich die Gewinne von einer Firma zur anderen, während die Summe der Gewinne konstant bleibt.

   b) Eine Bewegung entlang der Geraden II in nord-östliche Richtung
   i) erhöht das Gesamtangebot im Markt und
   ii) lässt die Gewinnanteile beider Firmen unberührt.
   Da jedoch die angebotene Menge im Nash-Gleichgewicht ($y^{CN} = 60$) die angebotene Menge im Monopol ($y^M = 45$, siehe Aufgabe 2.2a)) bereits übertrifft, wird eine weitere Ausweitung der Angebotsmenge den Gesamtgewinn reduzieren.

   c) Eine Bewegung entlang der Geraden II in südwestliche Richtung lässt die Gewinnanteile der beiden Firmen unberührt und verringert die Gesamtmenge im Markt. Dies muss somit den Gewinn beider Firmen erhöhen, da die Gesamtmenge im Cournot-Nash-Gleichgewicht grösser als die Menge im Monopol ist. Zu bedenken ist hierbei, dass der Einfluss dieser Bewegung auf den Gewinn nicht monoton ist. Hierfür reicht es aus, sich zu überlegen, dass bei $y_1 + y_2 = 0$ der Gewinn beider Firmen kleiner ist als im Cournot-Nash-Gleichgewicht.

8. Analog zu Aufgabenteil 1 präsentiert sich die Gewinnfunktion von Unternehmen i wie folgt:

$$\pi_i(y_i, Y_{-i}) = \underbrace{P(y_i, Y_{-i}) \cdot y_i}_{=\text{Erlös}} - \underbrace{C(y_i)}_{=\text{Kosten}} = (100 - y_i - Y_{-i}) \cdot y_i - 10 \cdot y_i,$$

mit $Y_{-i} = y_1, ..., y_{i-1}, y_{i+1}, ..., y_n$. Daraus folgt, dass

$$\frac{\partial \pi_i(y_i, Y_{-i})}{\partial y_i} = \underbrace{100 - 2 \cdot y_i - Y_{-i}}_{=\text{Grenzerlös}} - \underbrace{10}_{=\text{Grenzkosten}},$$

$$\frac{\partial^2 \pi_i(y_i, Y_{-i})}{\partial y_i^2} = -2.$$

Somit handelt es sich auch bei $\pi_i(y_i, Y_{-i})$ um eine streng konkave Funktion mit einem Maximum an der Stelle

$$\frac{\partial \pi_i(y_i, Y_{-i})}{\partial y_i} = 0 \quad \Leftrightarrow \quad 90 - 2 \cdot y_i - Y_{-i} = 0. \tag{15.5}$$

Dieser Term kann nun wesentlich vereinfacht werden, indem wir uns in Erinnerung rufen, dass die Unternehmen identische Gewinnfunktionen haben. Dies impliziert nämlich, dass alle n Unternehmen im Gleichgewicht eine identische Menge y^* anbieten werden, und somit ist $y_i = y^*$ und $Y_{-i} = (n-1) \cdot y^*$. Aus Gl. (15.5) folgt dann

$$\begin{aligned}
\frac{\partial \pi_i(y_i, Y_{-i})}{\partial y_i}\bigg|_{y_i = y^*, Y_{-i} = (n-1) \cdot y^*} &= 0 \\
\Leftrightarrow 90 - 2y^* - (n-1) \cdot y^* &= 0 \\
\Leftrightarrow 90 = (n+1) \cdot y^* \\
\Leftrightarrow y^* = \frac{90}{n+1}.
\end{aligned} \tag{15.6}$$

Für die gesamthaft angebotene Menge folgt daraus

$$y^{CN} = n \cdot y^* = 90 \cdot \frac{n}{n+1}, \tag{15.7}$$

und aus der inversen Marktnachfragefunktion erhalten wir schliesslich

$$p^{CN} = 100 - y^{CN} = 100 - 90 \cdot \frac{n}{n+1}. \tag{15.8}$$

9. a) Das gleichgewichtige Angebot eines einzelnen Unternehmens i sinkt in der Anzahl der Unternehmen n auf dem Markt. Dieses Ergebnis folgt direkt aus Gl. (15.6).

$$\frac{dy^*}{dn} = -\frac{90}{(n+1)^2} < 0.$$

b) Das gleichgewichtige Marktangebot y^{CN} steigt in der Anzahl an Unternehmen auf dem Markt. Dieses Ergebnis folgt direkt aus Gl. (15.7).

$$\frac{dy^{CN}}{dn} = \frac{90}{(n+1)^2} > 0.$$

c) Betrachtet man zusätzlich den Zusammenhang zwischen dem Marktpreis p^{CN} und der Anzahl Unternehmen n, sieht man, dass der Marktpreis in der Anzahl Unternehmen sinkt. Dieses Ergebnis folgt direkt aus Gl. (15.8).

$$\frac{dp^{CN}}{dn} = -\frac{90}{(n+1)^2} < 0.$$

Für den Fall von symmetrischen Unternehmen lässt sich allgemein festhalten: Je mehr Unternehmen auf einem Markt in Cournot-Wettbewerb stehen, desto kompetitiver und effizienter präsentiert sich das entsprechende Marktergebnis.

Lösung zu Aufgabe 3

1. Das Bertrand-Modell eignet sich besser zur Analyse von Preiskämpfen. Es zeigt, dass die Ergebnisse des Modells vollständiger Konkurrenz auch auf Märkten mit wenigen Anbietern gelten können. Das Cournot-Modell hingegen eignet sich zur Analyse von Unternehmensverhalten in weniger kompetitiven Situationen. Es kann als Bindeglied zwischen dem Monopolmodell und dem Modell Vollständiger Konkurrenz verstanden werden.

2. Dieses Denkmodell kann als vereinheitlichter Ansatz zum Problem des Mengen- und Preiswettbewerbs verstanden werden. Es nimmt an, dass ein Unternehmen seine Produktionskapazität in einer ersten Phase festlegt (im Sinne des Cournot-Wettbewerbs) und die konkrete Produktionsentscheidung für die gegebenen Kapazitätsgrenzen in einer zweiten Phase trifft (im Sinne des Bertrand-Wettbewerbs). Ähnlich wie im Cournot-Wettbewerb kann das Modell Preise über den Grenzkosten erklären, wenn die Produktionskapazität bindend ist.

3. Sowohl im Cournot- als auch im Bertrand-Wettbewerb ist die Summe der Unternehmensgewinne kleiner als der Monopolgewinn. Daher wollen gewinnmaximierende Oligopolisten kollusivem Verhalten nachgehen, um dadurch Monopolgewinne zu erzielen. Kollusives Verhalten kann durch explizite Preisabsprachen, welche oft illegal sind, durch Fusionen oder Unternehmenskäufe, welche reguliert werden, oder durch implizite Kooperation erreicht werden. Implizite Abmachungen sind aber instabil, da sie oft nicht durchgesetzt werden können und für alle Beteiligten immer ein Anreiz zur Abweichung besteht. Daher haben solche Absprachen den Charakter eines Gefangenendilemmas.

4. Wie bereits erwähnt, ist kollusives Verhalten instabil, da für alle Beteiligten immer ein Anreiz zur Abweichung besteht. Empirische Studien zeigen, dass die Vorhersagen der Theorie zutreffen, wenn die Beteiligten nur einmal und anonym miteinander interagieren. Wiederholte Interaktion und die Möglichkeit, miteinander zu kommunizieren, machen abgestimmtes Verhalten wahrscheinlicher. Zudem sinkt die Wahrscheinlichkeit des erfolgreichen kollusiven Verhaltens mit zunehmender Anzahl der Unternehmen.

Ob kollusives Verhalten wünschenswert ist oder nicht, hängt vom Betrachtungsstandpunkt ab. Oligopolisten halten erfolgreiche Absprachen für sehr wünschenswert, weil sich dann ihr Gewinn erhöht. Für die Gesellschaft ist kollusives Verhalten hingegen nicht wünschenswert, da sich dadurch der Wettbewerb auf dem Markt reduziert, was zu mehr Ineffizienzen führt.

5. Vgl. Exkurs 15.3 in Abschn. 15.5.

Lösung zu Aufgabe 4

1. In einem Monopol gibt es lediglich einen Anbieter, daher kann es der Definition nach keine strategische Interdependenz geben. Auf einem Markt mit vollständiger Konkurrenz sind die Unternehmensentscheidungen nicht interdependent, weil jedes einzelne Unternehmen zu unwichtig ist, um Einfluss auf den Markt zu haben. Die Unternehmen verhalten sich als Preisnehmer. Vgl. Abschn. 15.1.

2. Auf einem Oligopolmarkt existiert eine strategische Interdependenz der Unternehmensentscheidungen, weil es mehrere Unternehmen gibt und diese so gross sind, dass sie durch ihr Verhalten den Marktpreis und damit die Gewinne anderer Unternehmen beeinflussen. Vgl. Abschn. 15.1.

3. Einerseits der Preis, zu dem das Produkt angeboten wird (Bertrand-Modell), und andererseits die Menge, die in dem Markt abgesetzt werden soll (Cournot-Modell). Vgl. Abschn. 15.1.

4. Das Stackelberg-Modell nimmt an, dass in einem Duopol die beiden Unternehmen ihre Produktionsmengen sequenziell (also nacheinander) und nicht simultan setzen, wie dies im Cournot-Modell angenommen wird. Es stellt sich heraus, dass ein Unternehmen, welches seine Produktionsmenge als erstes setzt (der Stackelbergführer), einen strategischen Vorteil gegenüber dem Unternehmen besitzt, welches die Produktionsmenge danach setzt (der Stackelbergfolger). Vgl. Abschn. 15.1.

5. Selbstbindungsmechanismen erlauben die Selbstverpflichtung gegenüber einer Strategie, die man ansonsten aufgeben würde, z. B. im Falle zeitinkonsistenter Präferenzen. Beispiel für solche Strategien sind der Sportpartner, mit dem man sich verabredet, damit man sich nicht vor der sportlichen Betätigung drückt, oder der fixe Sparplan, den man mit einer Versicherung anlegt, damit man genug für die Pension zur Seite legt.

Da im Stackelberg-Modell der Marktführer einen strategischen Vorteil gegenüber dem Marktfolger hat, möchte ein Unternehmen eine Vorrichtung, mit welcher es glaubhaft machen kann, dass es in der Marktführerposition ist, d. h. es möchte einen Selbstbindungsmechanismus. Vgl. Abschn. 15.1.

6. Damit ein Selbstbindungsmechanismus glaubwürdig ist, muss er eine Abweichung von der Strategie mit so hohen Kosten bestrafen, dass es irrational wäre, von der Strategie abzuweichen. Beispiele sind das Empfinden von Scham oder Peinlichkeit, wenn man ein Versprechen nicht einhält, finanzielle Kosten, falls man einen Vertrag verletzt, usw. Vgl. Abschn. 15.1.

7. Im Bereich der Geldpolitik haben Länder langfristig einen Anreiz, niedrige Inflationsraten anzukündigen, kurzfristig aber haben sie eine Präferenz für hohe Inflationsraten, weil dies z. B. eine Senkung der Arbeitslosigkeit verspricht. Politisch unabhängige Zentralbanken können in dieser Situation ein glaubwürdiger Selbstbindungsmechanismus sein. Ein ähnliches Problem liegt in der Steuerpolitik vor. Länder haben einen Anreiz, mit tiefen Steuern Unternehmen anzulocken. Haben die Unternehmen aber erst mal vor Ort investiert, besteht ein Anreiz, die Steuern zu erhöhen. Wenn dieser Anreiz aber antizipiert wird, werden die Investitionen erst gar nicht stattfinden. Ein Ruf, dieser Versuchung zu widerstehen, kann hier als Selbstbindungsmechanismus dienen. Vgl. Abschn. 15.1.

8. Man ist „locked-in", wenn die Opportunitätskosten eines Strategiewechsels zu hoch sind. In diesem Sinne, ist „locking-in" ebenfalls ein Selbstbindungsmechanismus. Vgl. Abschn. 15.1.

9. Sie reduzieren Flexibilität. Je unsicherer die Zukunft ist, desto riskanter ist es, die eigenen Handlungsmöglichkeiten zu beschränken. Vgl. Abschn. 15.1.

15.3   Offene Fragen mit strukturierten Antworten

15.3.1 Aufgaben

Aufgabe 1

Zwei identische Unternehmen haben eine Produktionsfunktion $Y(l) = 5 \cdot l$. Der Lohn sei $w = 10$ und es gebe keine Fixkosten. Die inverse Marktnachfrage nach dem Gut sei durch $P(y) = 95 - y$ gegeben.

1. Bestimmen Sie die Menge, die jedes Unternehmen bei Bertrand-Wettbewerb produziert.
   a) Unbestimmt.
   b) $y_i^* = \frac{93}{2}$.
   c) $y_i^* = \frac{237}{5}$.
   d) $y_i^* = \frac{45}{2}$.
   e) Keine der obigen Antworten ist richtig.
2. Bestimmen Sie den gleichgewichtigen Preis, falls die Unternehmen Bertrand-Preiswettbewerb betreiben.
   a) Unbestimmt.
   b) $p^B = 2$.

c) $p^B = \frac{1}{5}$.

d) $p^B = 50$.

e) Keine der obigen Antworten ist richtig.

3. Bestimmen Sie die Menge, die jedes Unternehmen bei Cournot-Wettbewerb produziert.

a) Unbestimmt.

b) $y_i^* = 31$.

c) $y_i^* = \frac{93}{2}$.

d) $y_i^* = 15$.

e) Keine der obigen Antworten ist richtig.

4. Bestimmen Sie den gleichgewichtigen Preis, falls die Unternehmen Cournot-Mengenwettbewerb betreiben.

a) Unbestimmt.

b) $p^{CN} = 64$.

c) $p^{CN} = 65$.

d) $p^{CN} = 33$.

e) Keine der obigen Antworten ist richtig.

Aufgabe 2

Betrachten Sie einen Duopolmarkt, auf dem zwei Unternehmen, 1 und 2, mit identischen, konstanten Grenzkosten von 25 und ohne Fixkosten ein homogenes Gut produzieren. Die Nachfrage bei einer Gesamtmenge y im Markt sei durch $P(y) = 145 - y$ beschreibbar.

1. Wie viel bieten die Unternehmen im Falle des Bertrand-Preiswettbewerbs im Gleichgewicht insgesamt an? Wie hoch ist der Gleichgewichtspreis?

a) $p^B = 50$ und $y^B = 95$.

b) $p^B = 25$ und $y^B = 120$.

c) $p^B = 51$ und $y^B = 94$.

d) $p^B = 26$ und $y^B = 119$.

e) Keine der obigen Antworten ist richtig.

2. Bestimmen Sie den Wohlfahrtsverlust (DWL) im Falle des Bertrand-Preiswettbewerbs im Nash-Gleichgewicht.

a) $DWL = 240$.

b) $DWL = 340$.

c) $DWL = 360$.

d) $DWL = 0$.

e) Keine der obigen Antworten ist richtig.

3. Wie viel bieten die Unternehmen im Falle des Cournot-Mengenwettbewerbs im Gleichgewicht insgesamt an? Wie hoch ist der Gleichgewichtspreis?

a) $p^{CN} = 25$ und $y^{CN} = 120$.

b) $p^{CN} = 55$ und $y^{CN} = 90$.

c) $p^{CN} = 65$ und $y^{CN} = 80$.

d) $p^{CN} = 45$ und $y^{CN} = 100$.

e) Keine der obigen Antworten ist richtig.

4. Bestimmen Sie den Wohlfahrtsverlust im Falle des Cournot-Mengenwettbewerbs im Nash-Gleichgewicht.

   a) $DWL = 2'300$.

   b) $DWL = 800$.

   c) $DWL = 1'600$.

   d) $DWL = 825$.

   e) Keine der obigen Antworten ist richtig.

5. Es herrscht Cournot-Mengenwettbewerb. Eine Behörde reguliert die Unternehmen mit dem Ziel, die Wohlfahrt zu steigern. Durch die Regulierung ändert sich das Wettbewerbsverhalten, und es entsteht Bertrand-Preiswettbewerb. Die Behörde verursacht durch ihre Existenz direkte gesellschaftliche Kosten in Höhe von C. Wie gross darf C maximal sein, sodass durch die Behörde die Wohlfahrt unter Einbeziehung dieser Kosten steigt?

   a) C darf nicht grösser als die Summe aus Konsumenten- und Produzentenrente im Bertrand-Wettbewerb sein.

   b) C darf nicht grösser als der Wohlfahrtsverlust im Cournot-Wettbewerb sein.

   c) C darf nicht grösser als die Summe aus Konsumenten- und Produzentenrente im Cournot-Wettbewerb sein.

   d) Die Höhe von C ist für die Wohlfahrtsbetrachtung auf dem Oligopolmarkt unerheblich.

   e) Keine der obigen Antworten ist richtig.

Aufgabe 3

In einem Markt gibt es zwei Unternehmen, $i = 1, 2$. Die Kostenfunktion ist $C_i(y_i) = 9 \cdot y_i$. Die Inverse der Nachfrage ist gegeben durch $P(y) = 201 - y$, wobei $y = y_1 + y_2$ die am Markt gehandelte Menge ist.

1. Bestimmen Sie die gleichgewichtige Menge sowie den gleichgewichtigen Preis für den Fall von Cournot-Mengenwettbewerb.

   a) $y_1^* = y_2^* = 64$ und $p^{CN} = 73$.

   b) $y_1^* = y_2^* = 50$ und $p^{CN} = 101$.

   c) $y_1^* = y_2^* = 75$ und $p^{CN} = 51$.

   d) $y_1^* = y_2^* = 79$ und $p^{CN} = 43$.

   e) Keine der obigen Antworten ist richtig.

2. Bestimmen Sie die gleichgewichtige Menge sowie den gleichgewichtigen Preis für den Fall von Bertrand-Preiswettbewerb.

   a) $y_1^* + y_2^* = 190$ und $p^B = 11$.

   b) $y_1^* + y_2^* = 150$ und $p^B = 52$.

   c) $y_1^* + y_2^* = 192$ und $p^B = 9$.

   d) $y_1^* + y_2^* = 170$ und $p^B = 31$.

   e) Keine der obigen Antworten ist richtig.

Nehmen Sie nun an, dass ein drittes Unternehmen mit identischer Kostenfunktion in den Markt eintritt.

3. Wie verändern sich die im Markt gehandelte Menge, der Marktpreis und die Wohlfahrt im Fall von Cournot-Mengenwettbewerb?
   a) Die Menge steigt, der Preis sinkt, die Wohlfahrt sinkt.
   b) Die Menge sinkt, der Preis sinkt, die Wohlfahrt steigt.
   c) Die Menge sinkt, der Preis steigt, die Wohlfahrt sinkt.
   d) Die Menge steigt, der Preis sinkt, die Wohlfahrt steigt.
   e) Keine der obigen Antworten ist richtig.

Aufgabe 4

Gegeben sei die inverse Nachfragefunktion $P(y) = 300 - \frac{1}{2} \cdot y$ auf einem Oligopolmarkt. Die Grenzkosten der beiden einzigen Firmen (Firma 1 und Firma 2) auf dem Markt sind identisch und gleich $c_1 = c_2 = 30$, die Fixkosten sind null. Beide Firmen verhalten sich als Mengensetzer (Cournot-Oligopol).

1. Bestimmen Sie die Reaktionsfunktion der Firma 1, $Y_1(y_2)$.
   a) $Y_1(y_2) = \begin{cases} \frac{540-3 \cdot y_2}{2} & \text{für } y_2 < 400, \\ 0 & \text{sonst.} \end{cases}$

   b) $Y_1(y_2) = \begin{cases} \frac{540-y_2}{2} & \text{für } y_2 < 540, \\ 0 & \text{sonst.} \end{cases}$

   c) $Y_1(y_2) = \begin{cases} \frac{1'080-y_2}{2} & \text{für } y_2 < 1'080, \\ 0 & \text{sonst.} \end{cases}$

   d) $Y_1(y_2) = \begin{cases} \frac{980-y_2}{2} & \text{für } y_2 < 980, \\ 10 & \text{sonst.} \end{cases}$

   e) Keine der obigen Antworten ist richtig.

2. Bestimmen Sie das Nash-Gleichgewicht. Wie gross ist der Gleichgewichtspreis (p^{CN}), wie gross sind die Gleichgewichtsmengen (y_1^*, y_2^*)?
   a) $p^{CN} = 326\frac{2}{3}$ und $y_1^* = y_2^* = 336\frac{2}{3}$.
   b) $p^{CN} = 120$ und $y_1^* = y_2^* = 180$.
   c) $p^{CN} = 165$ und $y_1^* = y_2^* = 135$.
   d) $p^{CN} = 30$ und $y_1^* = y_2^* = 270$.
   e) Keine der obigen Antworten ist richtig.

3. Wie gross ist die Konsumentenrente im Cournot-Gleichgewicht $CS(y^{CN})$?
   a) Die Konsumentenrente im Cournot-Nash Gleichgewicht ist nicht definiert.
   b) $CS(y^{CN}) = 32'400$.
   c) $CS(y^{CN}) = 18'000$.
   d) $CS(y^{CN}) = 0$.
   e) Keine der obigen Antworten ist richtig.

4. Bestimmen Sie den Wohlfahrtsverlust DWL gegenüber der Pareto-effizienten Allokation.
   a) $DWL = 8'100$.
   b) $DWL = 0$.

c) $DWL = 60'025.$

d) $DWL = 24'000.$

e) Keine der obigen Antworten ist richtig.

Aufgabe 5

Nehmen Sie an, die inverse Marktnachfragefunktion in einem Cournot Duopol ist gegeben durch $P(y) = 100 - y$. Die Fixkosten der Produktion sind bei beiden Unternehmen null, die variablen Kosten entsprechen $VC(y_i) = 40 \cdot y_i$.

1. Bestimmen Sie die Reaktionsfunktion von Unternehmen 1. Die Reaktionsfunktion des Unternehmens 1 lautet:

   a)

   $$Y_1(y_2) = \begin{cases} \frac{60-y_2}{4} & \text{für } y_2 < 40, \\ 0 & \text{für } y_2 \geq 40. \end{cases}$$

   b)

   $$Y_1(y_2) = \begin{cases} \frac{30-y_2}{2} & \text{für } y_2 < 60, \\ 10 & \text{für } y_2 \geq 60. \end{cases}$$

   c)

   $$Y_1(y_2) = \begin{cases} \frac{30-y_2}{3} & \text{für } y_2 < 30, \\ 0 & \text{für } y_2 \geq 30. \end{cases}$$

   d)

   $$Y_1(y_2) = \begin{cases} \frac{60-y_2}{2} & \text{für } y_2 < 60, \\ 0 & \text{für } y_2 \geq 60. \end{cases}$$

   e) Keine der obigen Antworten ist richtig.

2. Bestimmen Sie den Marktpreis (p^{CN}) und die angebotene Menge ($y^{CN} = y_1^* + y_2^*$) im Nash-Gleichgewicht.

   a) $p^{CN} = 50$ und $y_1^* + y_2^* = 50.$

   b) $p^{CN} = 40$ und $y_1^* + y_2^* = 60.$

   c) $p^{CN} = 60$ und $y_1^* + y_2^* = 40.$

   d) $p^{CN} = 70$ und $y_1^* + y_2^* = 30.$

   e) Keine der obigen Antworten ist richtig.

3. Die beiden Unternehmen möchten ihren Gewinn im Markt erhöhen. Aus diesem Grund denken sie über abgestimmtes Verhalten nach. Wie hoch wäre in diesem Fall der maximale Gesamtgewinn (π) beider Unternehmen?

   a) $\pi = 450.$

   b) $\pi = 900.$

   c) $\pi = 1'000.$

d) $\pi = 100$.

e) Keine der obigen Antworten ist richtig.

4. Bevor es zu einem abgestimmten Verhalten kommt, tritt eine weitere Firma mit identischer Technologie in den Markt ein. Bestimmen Sie den Marktpreis (p^{CN}) und die angebotene Menge ($y^{CN} = y_1^* + y_2^* + y_3^*$) im neuen Nash-Gleichgewicht.

a) $p^{CN} = 60$ und $y_1^* + y_2^* + y_3^* = 40$.

b) $p^{CN} = 50$ und $y_1^* + y_2^* + y_3^* = 50$.

c) $p^{CN} = 40$ und $y_1^* + y_2^* + y_3^* = 60$.

d) $p^{CN} = 55$ und $y_1^* + y_2^* + y_3^* = 45$.

e) Keine der obigen Antworten ist richtig.

15.3.2 Lösungen

Lösung zu Aufgabe 1

- Frage 1, Antwort b) ist korrekt.
- Frage 2, Antwort b) ist korrekt.
- Frage 3, Antwort b) ist korrekt.
- Frage 4, Antwort d) ist korrekt.

Lösung zu Aufgabe 2

- Frage 1, Antwort b) ist korrekt.
- Frage 2, Antwort d) ist korrekt.
- Frage 3, Antwort c) ist korrekt.
- Frage 4, Antwort b) ist korrekt.
- Frage 5, Antwort b) ist korrekt.

Lösung zu Aufgabe 3

- Frage 1, Antwort a) ist korrekt.
- Frage 2, Antwort c) ist korrekt.
- Frage 3, Antwort d) ist korrekt.

Lösung zu Aufgabe 4

- Frage 1, Antwort b) ist korrekt.
- Frage 2, Antwort b) ist korrekt.
- Frage 3, Antwort b) ist korrekt.
- Frage 4, Antwort a) ist korrekt.

Lösung zu Aufgabe 5

- Frage 1, Antwort d) ist korrekt.
- Frage 2, Antwort c) ist korrekt.
- Frage 3, Antwort b) ist korrekt.
- Frage 4, Antwort d) ist korrekt.

Elastizitäten

<h1>16</h1>

Dieses Kapitel nimmt Bezug auf Abschn. 17.4 im Lehrbuch.

16.1 Selektivfragen

16.1.1 Aussagen

Block 1

1. Elastizitäten sind stets unabhängig von Masseinheiten.
2. Die Punkt- und Bogenelastizität einer linearen Nachfragefunktion sind stets gleich.
3. Der Betrag der Preiselastizität einer Nachfragefunktion $x(p) = \frac{10}{p}$ beträgt immer 10.
4.. Die Preiselastizität der Marktangebotsfunktion wird von der Produktionsfunktion der auf dem Markt anbietenden Unternehmen beeinflusst.

Block 2

Die Marktforschung hat für einen bestimmten Gütermarkt die folgende Marktnachfragefunktion ermittelt: $x(p) = 1'000 - 300 \cdot p$. Die Marktangebotsfunktion laute $y(p) = \alpha + 100 \cdot p$, mit $-\frac{1'000}{3} < \alpha < 1'000$.

1. Die Preiselastizität der Marktnachfrage ist konstant.
2. Die Marktnachfrage im Marktgleichgewicht reagiert unelastisch auf Preisänderungen.
3. Das Marktangebot reagiert unelastisch auf Preisänderungen, wenn $\alpha > 0$ ist.
4. Das Marktangebot im Marktgleichgewicht reagiert elastisch auf Preisänderungen, wenn $\alpha < 0$.

© Der/die Autor(en), exklusiv lizenziert durch Springer-Verlag GmbH, DE, ein Teil von Springer Nature 2021
M. Kolmar, M. Hoffmann, *Arbeitsbuch zu Grundlagen der Mikroökonomik*,
https://doi.org/10.1007/978-3-662-63473-8_16

Block 3
Thilo möchte stets eine Hälfte seines Einkommens für Bekleidung ausgeben.

1. Die Einkommenselastizität seiner Bekleidungsnachfrage ist (im Betrag) 0.5.
2. Die Preiselastizität seiner Bekleidungsnachfrage ist 0. Carl möchte stets einen konstanten Anteil seines Einkommens für Bekleidung ausgeben.
3. Die Einkommenselastizität seiner Bekleidungsnachfrage ist (im Betrag) 0.5.
4. Die Preiselastizität seiner Bekleidungsnachfrage ist 0.

Block 4
1. Sei $y(p) = p^2$ eine Angebotsfunktion. Das Angebot reagiert elastisch auf Preisänderungen.
2. Sei $y(p) = 1 + p$ eine Angebotsfunktion. Das Angebot reagiert unelastisch auf Preisänderungen.
3. Sei $x\,(p, b) = \frac{b}{2 \cdot p}$ eine Nachfragefunktion. Der Betrag der Einkommenselastizität der Nachfrage ist immer gleich 1.
4. Sei $x(p) = 100 - p$ eine Nachfragefunktion. Die Preiselastizität der Nachfrage ist an der Stelle $p = 100$ gleich null.

Block 5
1. Auf einer linearen Nachfragekurve ist der Betrag der Preiselastizität der Nachfrage umso kleiner, je höher der Preis ist.
2. Die Preiselastizität der Marktangebotsfunktion ist unabhängig von den variablen Kosten.
3. Wenn die Einkommenselastizität der Nachfrage nach einem Gut negativ ist, dann handelt es sich um ein normales Gut.
4. Wenn die Kreuzpreiselastizitäten zweier Güter beide negativ sind, dann handelt es sich bei den Gütern um gegenseitige Substitute.

Block 6
1. Ist ein Gut inferior, so ist die Einkommenselastizität der Nachfrage grösser null.
2. Wenn die Eigenpreiselastizität der Nachfrage konstant ist, dann handelt es sich um eine lineare Nachfragekurve.
3. Die Preiselastizität der Nachfrage für eine lineare Nachfragefunktion soll berechnet werden. Hierbei ist es für das Ergebnis unerheblich, ob wir die Punkt- oder die Bogenelastizität ermitteln.
4. Eine streng konvexe Nachfragefunktion eines gewöhlichen Gutes reagiert isoelastisch auf Preisänderungen.

16.1.2 Lösungen

Musterlösung für Block 1
1. **Wahr.** Per definitionem. Eine Elastizität ist definiert als

$$\frac{\%\ \textit{Veränderung der abhängigen Variable}}{\%\ \textit{Veränderung der unabhängigen Variable}}$$

Vgl. Abschn. 17.4.

2. **Wahr.** Betrachte die Definition der Bogen- und Punktelastizität. Bogenelastizität:

$$\epsilon_p^x = \frac{\frac{\Delta x}{x}}{\frac{\Delta p}{p}} = \frac{\Delta x}{\Delta p} \cdot \frac{p}{x}.$$

Punktelastizität:

$$\epsilon_p^x = \frac{dx}{dp} \cdot \frac{p}{x}.$$

Daraus folgt, dass es einen Unterschied gibt zwischen der Bogen- und Punktelastizität, solange Folgendes gilt:

$$\frac{\Delta x}{\Delta p} \neq \lim_{\Delta p \to 0} \cdot \frac{\Delta x}{\Delta p} = \frac{dx(p)}{dp}.$$

Dies gilt immer, wenn die Nachfragefunktion nicht linear ist. Wenn eine lineare Nachfragefunktion vorliegt, gibt es keinen Unterschied zwischen Bogen- und Punktelastizität, vielmehr sind die beiden dann identisch. Vgl. Abschn. 17.4.

3. **Falsch.** Die Preiselastizität der Nachfrage ist definiert als Verhältnis der relativen Nachfrageänderung zur relativen Preisänderung (vgl. Definition 17.1 in Abschn. 17.4):

$$\epsilon_p^x = \frac{dx(p)}{dp} \cdot \frac{p}{x(p)}.$$

Für die vorliegende Nachfragefunktion ergibt sich somit

$$|\epsilon_p^x| = \frac{10}{p^2} \cdot \frac{p}{10/p}$$

$$= \frac{10}{p^2} \cdot \frac{p^2}{10}$$

$$= 1.$$

4. **Wahr.** Die Marktangebotsfunktion wird von der Produktionsfunktion der anbietenden Unternehmen beeinflusst. Entsprechend gilt dasselbe auch für die Preiselastizität der Marktangebotsfunktion.

Musterlösung für Block 2

1. **Falsch.**

$$\epsilon_p^x = \frac{dx(p)}{dp} \cdot \frac{p}{x(p)}$$

$$= -\frac{300 \cdot p}{1'000 - 300 \cdot p}.$$

Die Preiselastizität der Nachfrage ϵ_p^x ist abhängig vom Preis p und nicht konstant. Vgl. Definition 17.1 in Abschn. 17.4.

2. **Falsch.** Im Marktgleichgewicht gilt:

$$y(p) = x(p)$$

$$\Leftrightarrow \alpha + 100 \cdot p = 1'000 - 300 \cdot p$$

$$\Leftrightarrow p^* = 2.5 - \frac{\alpha}{400}.$$

Daraus folgt für die Preiselastizität der Nachfrage:

$$\left| \epsilon_{p^*}^x \right| = \frac{1}{\frac{1'000}{300 \cdot p^*} - 1}$$

$$= \frac{750 - \frac{3}{4}\alpha}{250 + \frac{3}{4}\alpha},$$

sodass,

$$\left| \epsilon_{p^*}^x \right| < 1 \Leftrightarrow \alpha > \frac{1'000}{3}.$$

Das bedeutet, die obige Aussage ist nur wahr für $\alpha > \frac{1'000}{3}$ und somit im allgemeinen Fall falsch.

3. **Wahr.** Vgl. Definition 17.8 in Abschn. 17.4.

$$\epsilon_p^y = \frac{dy(p)}{dp} \cdot \frac{p}{y(p)}$$

$$= \frac{100 \cdot p}{\alpha + 100 \cdot p} < 1 \text{ für } \alpha > 0.$$

4. **Falsch.** Da $-\frac{1'000}{3} < \alpha < 1'000$ ist $p^* > 0$ und $x^* = y^* > 0$. Da wir aus Block 2, Aussage 3 bereits wissen, dass für $p > 0$ $\epsilon_p^y < 1$ wenn $\alpha > 0$ und $\epsilon_p^y > 1$ wenn $\alpha < 0$, muss diese Aussage falsch sein.

Musterlösung für Block 3

Die individuelle Nachfrage nach Bekleidung beträgt für beide $x = \alpha \cdot \frac{b}{p}$ (dies folgt aus $p \cdot x = \alpha \cdot b$), wobei Thilos $\alpha = \frac{1}{2}$ und Carls $\alpha \in [0, 1]$.

1. **Falsch.**

$$\epsilon_b^x = \frac{\partial x}{\partial b} \cdot \frac{b}{x} = \frac{1}{2 \cdot p} \cdot \frac{b}{b/2 \cdot p} = 1.$$

2. **Falsch.**

$$\epsilon_p^x = \frac{\partial x}{\partial p} \cdot \frac{p}{x} = -\frac{b}{2 \cdot p^2} \cdot \frac{p}{b/2 \cdot p} = -1.$$

3. **Falsch.**

$$\epsilon_b^x = \frac{\partial x}{\partial b} \cdot \frac{b}{x} = \frac{\alpha}{p} \cdot \frac{b}{\alpha \cdot b/p} = 1.$$

4. **Falsch.**

$$\epsilon_p^x = \frac{\partial x}{\partial p} \cdot \frac{p}{x} = -\frac{\alpha \cdot b}{p^2} \cdot \frac{\alpha \cdot p}{\alpha \cdot b/p} = -1.$$

Musterlösung für Block 4

1. **Wahr.**

$$\epsilon_p^y = \frac{dy(p)}{dp} \cdot \frac{p}{y(p)} = 2 \cdot p \cdot \frac{p}{p^2} = 2.$$

Eine erklärte Variable reagiert elastisch auf eine Änderung einer erklärenden Variable, wenn die Elastizität (im Betrag) grösser als eins ist. Vgl. Definition 17.7 in Abschn. 17.4.

2. **Wahr.**

$$\epsilon_p^y = \frac{dy(p)}{dp} \cdot \frac{p}{y(p)} = 1 \cdot \frac{p}{1+p} = \frac{p}{1+p} < 1, \quad \text{da } p > 0.$$

Eine erklärte Variable reagiert unelastisch auf eine Änderung einer erklärenden Variable, wenn die Elastizität (im Betrag) kleiner als eins ist. Vgl. Definition 17.8 in Abschn. 17.4.

3. **Wahr.**

$$\epsilon_b^x = \frac{dx(p)}{db} \cdot \frac{b}{x(p)} = \frac{1}{2 \cdot p} \cdot \frac{b}{\frac{b}{2 \cdot p}} = \frac{b}{b} = 1.$$

4. **Falsch.**

$$\epsilon_p^x = \frac{dx(p)}{dp} \cdot \frac{p}{x(p)} = -1 \cdot \frac{p}{100 - p} \Rightarrow \lim_{p \to 100} \epsilon_p^x = -\infty.$$

Musterlösung für Block 5

1. **Falsch.** Auf einer linearen Nachfragekurve ist der Betrag der Preiselastizität umso kleiner, je niedriger der Preis ist. Entscheidend ist hierbei, dass (i) $dx(p)/dp$ konstant ist, da es sich um eine lineare Nachfragefunktion handelt, und dass (ii) der Quotient $p/x(p)$ in p steigt:

$$\left| \epsilon_p^x \right| = \underbrace{\left| \frac{dx(p)}{dp} \right|}_{=\text{konst.}} \cdot \underbrace{\frac{p}{x(p)}}_{\text{steigt in } p} \cdot$$

2. **Falsch.** Die Marktangebotsfunktion wird von den Produktionsfunktionen (und damit den Kostenfunktionen) der anbietenden Unternehmen beeinflusst. Entsprechend gilt dasselbe auch für die Preiselastizität der Marktangebotsfunktion.

3. **Falsch.** Die Einkommenselastizität ist bei einem Einkommen b gegeben als $\epsilon_b^x = \frac{\partial x(b)}{\partial b} \cdot \frac{b}{x(b)}$. Sollte ϵ_b^x negativ sein, so muss selbiges auch für $\frac{\partial x(b)}{\partial b}$ gelten, da $\frac{b}{x(b)} \geq 0$. In diesem Fall handelt es sich aber um ein inferiores Gut. Vgl. Definition 4.4 in Abschn. 4.2 und Definition 17.3 in Abschn. 17.4.

4. **Falsch.** Bei negativer Kreuzpreiselastizität handelt es sich um gegenseitige Komplemente. Sei

$$\epsilon_{p_j}^{x_i} = \frac{dx_i(p)}{dp_j} \cdot \frac{p_j}{x_i(p)}, \text{ mit } i, j \in \{1, 2\} \text{ und } i \neq j.$$

Dann folgt aus $\epsilon_{p_j}^{x_i} < 0$

$$\Rightarrow \frac{dx_i(p)}{dp_j} < 0, \text{ da} \frac{p_j}{x_i(p)} \geq 0.$$

Wenn $\frac{dx_i(p)}{dp_j} < 0$ dann handelt es sich bei den Gütern um Komplemente. Vgl. Definition 4.6 in Abschn. 4.2 und Definition 17.2 in Abschn. 17.4.

Musterlösung für Block 6

1. **Falsch.** Ist ein Gut inferior, so ist die Einkommenselastizität der Nachfrage kleiner null. Vgl. Abschn. 4.2 und 17.4.

2. **Falsch.** Siehe Lösung zu Block 5, Aussage 1.

3. **Wahr.** Da es sich um eine lineare Nachfragekurve handelt, sind die Punkt- und die Bogenelastizität in allen Punkten identisch. Vgl. Ausführungen zu Block 1, Aussage 2.

4. **Falsch.** Nicht jede streng konvexe Nachfragefunktion ist isoelastisch. Sei $x(p) = \frac{1}{p} - 1$. Dann ist

$$x''(p) = -\left(\frac{1}{p^2}\right)' = \frac{2}{p^3} > 0$$

und

$$\epsilon_p^x = -\frac{1}{p^2} \cdot \frac{p^2}{1-p} = -\frac{1}{1-p}$$

und somit nicht isoelastisch.

16.2 Offene Fragen

16.2.1 Aufgaben

Aufgabe 1

Die Nachfrager nach Konzertkarten für den Schlagersänger Volxlead lassen sich in zwei Gruppen aufteilen: Liebhaber (L) und Sympathisanten (S). Die Nachfragemengen dieser beiden Gruppen in Abhängigkeit vom Marktpreis sind in Tab. 16.1 gegeben.

1. Verdeutlichen Sie die Nachfragefunktionen in einem Preis-Mengendiagramm.
2. Ermitteln Sie die Preiselastizität der Nachfrage in beiden Gruppen für folgende Preisveränderungen:
   a) von CHF 80 auf CHF 100,
   b) von CHF 60 auf CHF 70,
   c) von CHF 40 auf CHF 50.
   Was fällt Ihnen auf?

Tab. 16.1 Aufgabe 1. Nachfragemengen

Preis	Nachfrage L	Nachfrage S
100	1'000	3'750
90	1'500	4'250
80	2'000	5'000
70	2'500	6'000
60	3'000	7'200
50	3'500	9'000
40	4'000	12'000

Aufgabe 2

Es seien folgende Nachfragefunktionen gegeben:

$$x^A(p) = \alpha \cdot p^{-\beta}, \qquad x^B(p) = a - b \cdot p,$$

mit $\alpha, \beta, a, b > 0$.

1. Berechnen Sie die Preiselastizität der Nachfrage für infinitesimale Änderungen des Marktpreises (Punktelastizität). Verdeutlichen Sie in einer geeigneten Graphik die Bereiche mit elastischer und unelastischer Nachfrage.
2. Sei $\alpha = 5'000$, $\beta = 1$, $a = 6'000$ und $b = 50$.
   a) Berechnen Sie die Bogenelastizität für eine Preisänderung in Höhe von CHF 10, wobei der Ausgangspreis CHF $p = 100$ sei.
   b) Vergleichen Sie Ihr Ergebnis mit der korrespondierenden Punktelastizität. Was fällt Ihnen auf?

Aufgabe 3

Christian habe ein monatliches Einkommen in Höhe von $b > 0$, dass er auch immer komplett für Konsum (Pizza, Wein, Ökonomik-Bücher) ausgibt.

1. Pizza und Wein seien komplementäre Güter. Was können Sie über die Kreuzpreiselastizitäten der Nachfrage nach Wein und Pizza aussagen?
2. Pizza und Wein seien normale Güter und Christians Nachfrage nach diesen beiden Gütern reagiere elastisch auf Einkommensänderungen. Was können Sie über die Einkommenselastizität der Nachfrage nach Ökonomik-Büchern aussagen?
3. Könnten theoretisch Pizza, Wein und Ökonomik-Bücher eine negative Einkommenselastizität der Nachfrage haben?
4. Erkennen Sie einen Zusammenhang zwischen Einkommens- bzw. Preiselastizitäten der Nachfrage und dem jeweiligen Gütertyp?

Aufgabe 4

Berechnen Sie die Preis- und Einkommenselastizitäten (und wenn möglich die Kreuzpreiselastizität) für die folgenden Nachfragefunktionen (p_1 und p_2 sind die Preise und b ist das Einkommen):

1. $x_1(p_1, b) = \frac{b}{2 \cdot p_1}$, mit $p_1 > 0, b > 0$,
2. $x_1(p_1, p_2, b) = \frac{b^2}{p_1 + p_2}$, mit $p_1 > 0, p_2 > 0, b > 0$,
3. $x_1(p_1, b) = b - p_1$, mit $b > p_1 > 0$.

Aufgabe 5

Im Land A und B seien folgende Marktnachfragefunktionen angenommen:

$$x^A(p) = 100 - p \text{ und } x^B(p) = 160 - 2 \cdot p.$$

Die Angebotsfunktion in beiden Ländern sei identisch:

$$y(p) = -20 + p.$$

1. Berechnen Sie die Gleichgewichtspreise (p^{A^*} und p^{B^*}) und die gleichgewichtigen Mengen in beiden Ländern ($x^A(p^{A^*}) = x^{A^*}$ und $x^B(p^{B^*}) = x^{B^*}$). Verdeutlichen Sie Ihr Ergebnis anhand einer geeigneten Graphik.
2. Berechnen Sie für beide Länder die Preiselastizität der Nachfrage ($\epsilon_{p^*}^{x^A}$ und $\epsilon_{p^*}^{x^B}$) und des Angebots ($\epsilon_{p^*}^{y}$) im Gleichgewicht.
3. In beiden Ländern wird auf das gehandelte Gut eine Mengensteuer in Höhe von $t = 5$ Geldeinheiten eingeführt, welche von den Anbietern an den Staat abgeführt werden. Dadurch erhöht sich der von den Unternehmen geforderte Bruttopreis (=Preis inkl. Steuer) um genau die Mengensteuer t. Die neue Angebotsfunktion lautet nun:

$$y_t(p) = -20 + p - t = -25 + p.$$

   a) Berechnen Sie den neuen Gleichgewichtspreis (Bruttopreis $p_t^{A^*}$ und $p_t^{B^*}$) sowie die gleichgewichtige Menge ($x_t^{A^*}$ und $x_t^{B^*}$). Berechnen Sie auch den jeweiligen Nettopreis ($q_t^{A^*} = p_t^{A^*} - t$ und $q_t^{B^*} = p_t^{B^*} - t$). Verdeutlichen Sie Ihr Ergebnis in Ihrer Graphik.
   b) Welcher Zusammenhang zwischen der Preiselastizität des Nachfrage ($\epsilon_{p^{A^*}}^{x^A}$ bzw. $\epsilon_{p^{B^*}}^{x^B}$) einerseits und der durch die Steuereinführung induzierten Mengenreduktion ($x^{A^*} - x_t^{A^*}$ bzw. $x^{B^*} - x_t^{B^*}$) andererseits lässt sich vermuten?
   c) Welcher Zusammenhang zwischen der Differenz von altem und neuem Bruttopreis ($p_t^{A^*} - p^{A^*}$ bzw. $p_t^{B^*} - p^{B^*}$) einerseits und dem Verhältnis von Preiselastizität der Nachfrage und des Angebots ($\epsilon_{p^{A^*}}^{x^A}$ und $\epsilon_{p^{A^*}}^{y}$ bzw. $\epsilon_{p^{B^*}}^{x^B}$ und $\epsilon_{p^{B^*}}^{y}$) andererseits lässt sich vermuten?

16.2.2 Lösungen

Lösung zu Aufgabe 1

1. Preis-Mengendiagramm: siehe Abb. 16.1.
2. Die Preiselastizität der Nachfrage soll für eine diskrete (endliche) Preisänderung ermittelt werden. Hierzu verwenden wir die Bogenelastizität. Allgemein gilt:

$$\epsilon_p^x = \frac{\dfrac{\Delta x}{x}}{\dfrac{\Delta p}{p}},$$

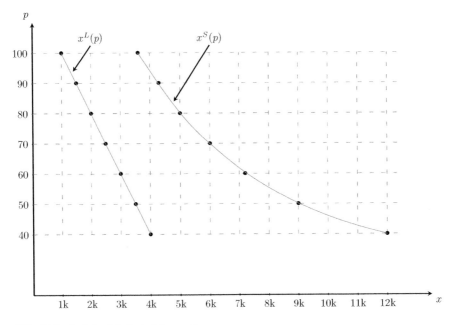

Abb. 16.1 Aufgabe 1.1. Preis-Mengendiagramm

wobei x und p jeweils die Werte *vor* der Änderung bezeichnen.[1] Wir erhalten für die L-Gruppe:

a)

$$\epsilon_p^{x^L} = \frac{\dfrac{-1'000}{2'000}}{\dfrac{20}{80}} = \frac{-\dfrac{1}{2}}{\dfrac{1}{4}} = -2,$$

b)

$$\epsilon_p^{x^L} = \frac{\dfrac{-500}{3'000}}{\dfrac{10}{60}} = \frac{-\dfrac{1}{6}}{\dfrac{1}{6}} = -1,$$

c)

$$\epsilon_p^{x^L} = \frac{\dfrac{-500}{4'000}}{\dfrac{10}{40}} = \frac{-\dfrac{1}{8}}{\dfrac{1}{4}} = -0.5.$$

---

[1] Wir bezeichnen mit Δ eine diskrete (endliche) Änderung einer Variable.

Es folgen die Ergebnisse der S-Gruppe:

a)

$$\epsilon_p^{x^S} = \frac{\dfrac{-1'250}{5'000}}{\dfrac{20}{80}} = \frac{-\dfrac{1}{4}}{\dfrac{1}{4}} = -1,$$

b)

$$\epsilon_p^{x^S} = \frac{\dfrac{-1'200}{7'200}}{\dfrac{10}{60}} = \frac{-\dfrac{1}{6}}{\dfrac{1}{6}} = -1,$$

c)

$$\epsilon_p^{x^S} = \frac{\dfrac{-3'000}{12'000}}{\dfrac{10}{40}} = \frac{-\dfrac{1}{4}}{\dfrac{1}{4}} = -1.$$

Offensichtlich reagiert die Nachfrage der *L*-Gruppe sowohl elastisch als auch unelastisch. Das heisst, abhängig von der Ausgangssituation ist die prozentuale Änderung der nachgefragten Menge grösser, gleich, oder kleiner als die korrespondierende prozentuale Preisänderung. Die Nachfrage in der S-Gruppe ist hingegen in allen drei Fällen einheitselastisch. So entspricht die prozentuale Änderung der nachgefragten Menge immer der prozentualen Änderung des Preises.

Lösung zu Aufgabe 2

1. Die Punktelastizität berechnet sich nach folgender Regel

$$\epsilon_p^x = \frac{dx(p)}{dp} \cdot \frac{p}{x(p)}.$$

Daraus folgt für die Individuen *A* und *B*:

$$\epsilon_p^{x^A} = -\alpha \cdot \beta \cdot p^{-\beta-1} \cdot p \cdot \alpha^{-1} \cdot p^\beta = -\beta$$

und

$$\epsilon_p^{x^B} = -b \cdot \frac{p}{a-bp} = \frac{1}{1-\dfrac{a}{b \cdot p}}. \tag{16.1}$$

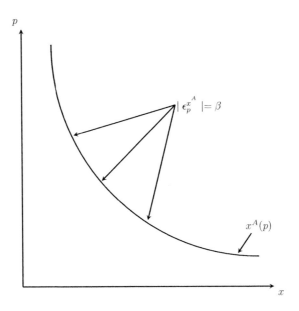

Abb. 16.2 Aufgabe 2.1. Preiselastizität der Nachfrage bei Individuum A

Abb. 16.3 Aufgabe 2.1.
Preiselastizität der Nachfrage
bei Individuum B

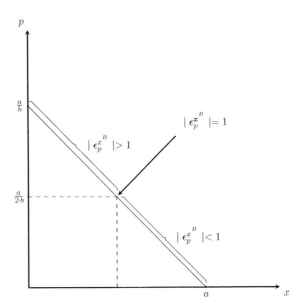

Während Individuum A eine Nachfragefunktion besitzt, welche abhängig vom
Wert des Parameters β für alle Preise elastisch oder für alle Preise unelastisch ist
(vgl. Abb. 16.2), variiert die Preiselastizität der Nachfrage bei Individuum B mit
dem Preis (vgl. Abb. 16.3). Aus Gl. (16.1) folgt dann unmittelbar, dass

$$\left|\epsilon_p^{x^B}\right| \begin{cases} > 1 & \text{für } p > \frac{a}{2 \cdot b}, \\ = 1 & \text{für } p = \frac{a}{2 \cdot b}, \\ < 1 & \text{für } p < \frac{a}{2 \cdot b}. \end{cases}$$

Somit regiert die Nachfragefunktion $x^B(p)$ elastisch (unelastisch) auf Preisänderungen wenn $p > \frac{a}{2 \cdot b}$ ($p < \frac{a}{2 \cdot b}$).

2. Aus den Angaben folgt, dass

$$x^A(p) = \frac{5'000}{p} \text{ und } x^B(p) = 6'000 - 50 \cdot p.$$

a) • $x^A(100) = 50$, $x^A(110) = 45\frac{5}{11}$, und somit ist $\Delta x = -4\frac{6}{11}$. Wir erhalten

$$\epsilon_p^{x^A} = \frac{\dfrac{\Delta x}{x}}{\dfrac{\Delta p}{p}} = \frac{\dfrac{-4\frac{6}{11}}{50}}{\dfrac{10}{100}} = -\frac{10}{11} \approx -0.91.$$

• $x^B(100) = 1'000$, $x^B(110) = 500$, und somit ist $\Delta x = -500$. Wir erhalten

$$\epsilon_p^{x^B} = \frac{\dfrac{\Delta x}{x}}{\dfrac{\Delta p}{p}} = \frac{\dfrac{-500}{1'000}}{\dfrac{10}{100}} = -5.$$

b) Aus Aufgabenteil 1 folgt unmittelbar:

$$\epsilon_p^{x^A} = -\beta = -1,$$

und

$$\epsilon_p^{x^B} = \frac{1}{1 - \frac{a}{b \cdot p}} = \frac{1}{1 - \frac{6'000}{50 \cdot 100}} = -5.$$

Punkt- und Bogenelastizität fallen bei $x^A(p)$ auseinander, bei $x^B(p)$ jedoch nicht. Warum ist dies der Fall? Betrachten wir hierzu erneut die allgemeinen Definitionen von Punkt und Bogenelastizität:

• Bogenelastizität: $\epsilon_p^x = \dfrac{\dfrac{\Delta x}{x}}{\dfrac{\Delta p}{p}} = \dfrac{\Delta x}{\Delta p} \cdot \dfrac{p}{x}$

• Punktelastizität: $\epsilon_p^x = \dfrac{dx}{dp} \cdot \dfrac{p}{x}$

Es wird deutlich, dass ein Unterschied zwischen Punkt- und Bogenelastizität auftreten muss, wenn

$$\frac{\Delta x}{\Delta p} \neq \lim_{\Delta p \to 0} \frac{\Delta x}{\Delta p} = \frac{dx(p)}{dp}.$$

Und dies tritt immer dann auf, wenn eine nicht-lineare Nachfragefunktion vorliegt.

Lösung zu Aufgabe 3

1. Wenn Wein (W) und Pizza (P) komplementäre Güter sind, fällt die Nachfrage nach P im Preis von W und die Nachfrage nach W fällt im Preis von P:

$$\frac{\partial x_P(p_P, p_W, b)}{\partial p_W} < 0 \text{ und } \cdot \frac{\partial x_W(p_P, p_W, b)}{\partial p_P} < 0.$$

Die Kreuzpreiselastizitäten sind dann

$$\epsilon^{x_P}_{p_W} = \underbrace{\frac{\partial x_P(p_P, p_W, b)}{\partial p_W}}_{<0} \cdot \underbrace{\frac{p_W}{x_P(p_P, p_W, b)}}_{\geq 0} \leq 0,$$

bzw.

$$\epsilon^{x_W}_{p_P} = \underbrace{\frac{\partial x_W(p_P, p_W, b)}{\partial p_P}}_{<0} \cdot \underbrace{\frac{p_P}{x_W(p_P, p_W, b)}}_{\geq 0} \leq 0.$$

Der zweite Term ist niemals negativ, da Preis und Menge nur Werte grösser oder gleich null annehmen können. Damit ist die Kreuzpreiselastizität kleiner oder gleich null.

2. Bei normalen Gütern steigt mit dem Einkommen auch die Nachfrage nach dem Gut. Wir wissen also, dass

$$\frac{\partial x_P(p_P, p_W, b)}{\partial b} > 0 \text{ und } \cdot \frac{\partial x_W(p_P, p_W, b)}{\partial b} > 0.$$

Die Einkommenselastizität der Nachfrage bei Pizza ist zum Beispiel

$$\epsilon^{x_P}_{b} = \underbrace{\frac{\partial x_P(p_P, p_W, b)}{\partial b}}_{>0} \cdot \underbrace{\frac{b}{x_P(p_P, p_W, b)}}_{\geq 0} \geq 0.$$

Die Annahme ist nun, dass $\epsilon^{x_P}_{b}(b) > 1$ und $\epsilon^{x_W}_{b}(b) > 1$, dass also zum Beispiel aufgrund einer einprozentigen Erhöhung des Einkommens die nachgefragte

Menge nach P und W um mehr als ein Prozent steigt. Somit muss die Nachfrage nach Ökonomik-Büchern um weniger als ein Prozent steigen. Dies wird auch deutlich wenn wir uns die Budgetgleichung von Christian anschauen:

$$b = x_P \cdot p_P + x_W \cdot p_W + x_V \cdot p_V. \tag{16.2}$$

Wenn die linke Seite von Gl. (16.2) zum Beispiel um ein Prozent steigt, dann muss auch die rechte Seite um insgesamt ein Prozent steigen. Dies ist nur dann möglich, wenn Ökonomik-Bücher normale Güter sind und die Nachfrage nach Ökonomik-Büchern unelastisch reagiert.

3. Wenn alle Güter eine negative Einkommenselastizität der Nachfrage haben, sinken bei einem Einkommenszuwachs die Gesamtausgaben. Da Christian aber immer sein gesamtes Budget ausgibt, kann das nie geschehen und es muss immer zumindest ein Gut eine positive Einkommenselastizität der Nachfrage haben.

4. Allgemein: Es gebe zwei Güter (1 und 2) und ein Einkommen (b).
   - Die Einkommenselastizität der Nachfrage nach Gut 1 ist definiert als

$$\epsilon_b^{x_1} = \frac{\partial x_1(p_1, p_2, b)}{\partial b} \cdot \frac{b}{x_1(p_1, p_2, b)}.$$

Wir wissen auch, dass ein Gut normal (inferior) ist, wenn die Nachfrage positiv (negativ) auf Einkommenserhöhungen reagiert. Somit gilt folgender Zusammenhang:

$$\frac{\partial x_1(p_1, p_2, b)}{\partial b} \cdot \frac{b}{x_1(p_1, p_2, b)} \begin{Bmatrix} > \\ < \end{Bmatrix} 0 \quad \Rightarrow \quad \frac{\partial x_1(p_1, p_2, b)}{\partial b} \begin{Bmatrix} > \\ < \end{Bmatrix} 0,$$

da $\frac{b}{x_1(p_1, p_2, b)} \geq 0$. Wenn also die Einkommenselastizität der Nachfrage positiv (negativ) ist, handelt es sich um ein normales (inferiores) Gut.

   - Die Kreuzpreiselastizität der Nachfrage nach Gut 1 ist definiert als

$$\epsilon_{p_2}^{x_1} = \frac{\partial x_1(p_1, p_2, b)}{\partial p_2} \cdot \frac{p_2}{x_1(p_1, p_2, b)}.$$

Wir wissen auch, dass zwei Güter Substitute (Komplemente) sind, wenn die Nachfrage nach einem Gut positiv (negativ) auf eine Preisänderung des anderen Gutes reagiert. Somit gilt folgender Zusammenhang:

$$\frac{\partial x_1(p_1, p_2, b)}{\partial p_2} \cdot \frac{p_2}{x_1(p_1, p_2, b)} \begin{Bmatrix} > \\ < \end{Bmatrix} 0 \quad \Rightarrow \quad \frac{\partial x_1(p_1, p_2, b)}{\partial p_2} \begin{Bmatrix} > \\ < \end{Bmatrix} 0,$$

da $\frac{p_2}{x_1(p_1, p_2, b)} \geq 0$. Wenn also die Kreuzpreiselastizitäten zweier Güter positiv (negativ) ist, handelt es sich bei diesen Gütern um Substitute (Komplemente).

   - Die Eigenpreiselastizität der Nachfrage nach Gut 1 ist definiert als

$$\epsilon_{p_1}^{x_1} = \frac{\partial x_1(p_1, p_2, b)}{\partial p_1} \cdot \frac{p_1}{x_1(p_1, p_2, b)}.$$

Wir wissen auch, dass Gut 1 gewöhnlich (ein Giffen-Gut) ist, wenn die Nachfrage nach Gut 1 negativ (positiv) auf eine Änderung von p_1 reagiert. Somit gilt folgender Zusammenhang:

$$\frac{\partial x_1(p_1, p_2, b)}{\partial p_1} \cdot \frac{p_1}{x_1(p_1, p_2, b)} \quad \genfrac{\{}{\}}{0pt}{}{>}{<} \quad 0 \quad \Rightarrow \quad \frac{\partial x_1(p_1, p_2, b)}{\partial p_1} \quad \genfrac{\{}{\}}{0pt}{}{>}{<} \quad 0,$$

da $\frac{p_1}{x_1(p_1, p_2, b)} \geq 0$. Ist also die Eigenpreiselastizität eines Gutes negativ (positiv), dann ist Gut 1 gewöhnlich (ein Giffen-Gut).

Lösung zu Aufgabe 4

1. Die Elastizitäten lauten
   - Eigenpreiselastizität:

$$\epsilon_{p_1}^{x_1} = \frac{\partial x_1(p_1, b)}{\partial p_1} \cdot \frac{p_1}{x_1(p_1, b)} = -\frac{b}{2 \cdot p_1^2} \cdot \frac{2 \cdot p_1^2}{b} = -1,$$

   - Einkommenselastizität:

$$\epsilon_b^{x_1} = \frac{\partial x_1(p_1, b)}{\partial b} \cdot \frac{b}{x_1(p_1, b)} = \frac{1}{2 \cdot p_1} \cdot \frac{2 \cdot p_1 \cdot b}{b} = 1.$$

2. Die Elastizitäten lauten
   - Eigenpreiselastizität:

$$\begin{aligned}
\epsilon_{p_1}^{x_1} &= \frac{\partial x_1(p_1, p_2, b)}{\partial p_1} \cdot \frac{p_1}{x_1(p_1, p_2, b)} \\
&= \frac{-b^2}{(p_1 + p_2)^2} \cdot \frac{p_1(p_1 + p_2)}{b^2} = -\frac{p_1}{p_1 + p_2},
\end{aligned}$$

   - Kreuzpreiselastizität:

$$\begin{aligned}
\epsilon_{p_2}^{x_1} &= \frac{\partial x_1(p_1, P_2, b)}{\partial p_2} \cdot \frac{p_2}{x_1(p_1, p_2, b)} \\
&= \frac{-b^2}{(p_1 + p_2)^2} \cdot \frac{p_2(p_1 + p_2)}{b^2} = -\frac{p_2}{p_1 + p_2},
\end{aligned}$$

   - Einkommenselastizität:

$$\epsilon_b^{x_1} = \frac{\partial x_1(p_1, p_2, b)}{\partial b} \cdot \frac{b}{x_1(p_1, p_2, b)} = \frac{2 \cdot b}{p_1 + p_2} \frac{b(p_1 + p_2)}{b^2} = 2.$$

3. Die Elastizitäten lauten

- Eigenpreiselastizität:

$$\epsilon_{p_1}^{x_1} = \frac{\partial x_1(p_1, b)}{\partial p_1} \cdot \frac{p_1}{x_1(p_1, b)} = -\frac{p_1}{b - p_1} = \frac{p_1}{p_1 - b},$$

- Einkommenselastizität:

$$\epsilon_{b}^{x_1} = \frac{\partial x_1(p_1, b)}{\partial b} \cdot \frac{b}{x_1(p_1, b)} = \frac{b}{b - p_1}.$$

Lösung zu Aufgabe 5

1. • Land A:

$$x^A(p) = y(p)$$

$$\Leftrightarrow \quad 100 - p = -20 + p$$

$$\Leftrightarrow \quad p = 60.$$

Somit ist der gleichgewichtige Preis $p^{A^*} = 60$. Die gleichgewichtige Menge ist dann:

$$x^{A^*} = x^A(p^{A^*}) = 100 - 60 = 40.$$

Dies ist in Abb. 16.4 dargestellt.

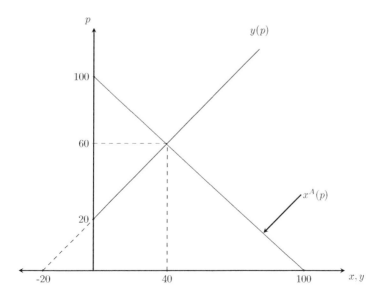

Abb. 16.4 Aufgabe 5.1. Marktgleichgewicht im Land A

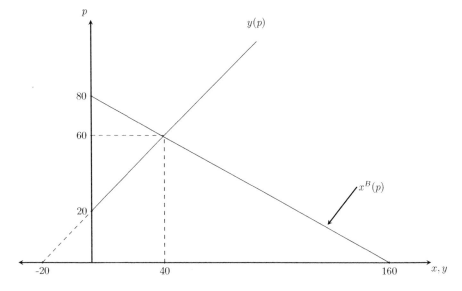

Abb. 16.5 Aufgabe 5.1. Marktgleichgewicht im Land B

- Land B:

$$x^B(p) = y(p)$$

$$\Leftrightarrow \quad 160 - 2 \cdot p = -20 + p$$

$$\Leftrightarrow \quad p = 60.$$

Die gleichgewichtige Menge ist dann:

$$x^{B^*} = x^B(p^{B^*}) = 160 - 120 = 40.$$

Dies ist in Abb. 16.5 dargestellt.

2. Die Preiselastizitäten sind:

- $\epsilon^{x^A}_{p^A} = \dfrac{-p}{100 - p}$. Im Gleichgewicht erhalten wir

$$\epsilon^{x^A}_{p^{A^*}} = \frac{-p^{A^*}}{100 - p^{A^*}} = -\frac{3}{2}.$$

- $\epsilon^{x^B}_{p^B} = \dfrac{-2p}{160 - 2p}$. Im Gleichgewicht erhalten wir

$$\epsilon^{x^B}_{p^{B^*}} = \frac{-2 \cdot p^{B^*}}{160 - 2 \cdot p^{B^*}} = -3.$$

- $\epsilon_p^y = \dfrac{p}{p-20}$. Im Gleichgewicht erhalten wir

$$\epsilon_{p^{A*}}^y = \frac{p^{A*}}{p^{A*}-20} = \frac{3}{2} \quad \text{und} \quad \epsilon_{p^{B*}}^y = \frac{p^{B*}}{p^{B*}-20} = \frac{3}{2},$$

da $p^{A*} = p^{B*}$.

3. Nach Steuereinführung.

a) • Land A: Der Bruttopreis ergibt sich wie folgt:

$$x^A(p) = y_t(p)$$
$$\Leftrightarrow \quad 100 - p = -25 + p$$
$$\Leftrightarrow \quad p = 62.5.$$

Der gleichgewichtige Bruttopreis im Steuerfall ist somit $p_t^{A*} = 62.5$. Der Nettopreis im Gleichgewicht (Preis, der den Unternehmen nach Abführung der Steuer verbleibt) ist dann:

$$q_t^{A*} = p_t^{A*} - t = 62.5 - 5 = 57.5.$$

Die gleichgewichtige Menge ist dann:

$$x_t^{A*} = x^A(p_t^{A*}) = 100 - 62.5 = 37.5. \tag{16.3}$$

Dies ist in Abb. 16.6 dargestellt.

- Land B:

$$x^B(p) = y_t(p)$$
$$\Leftrightarrow \quad 160 - 2 \cdot p = -25 + p$$
$$\Leftrightarrow \quad p = 61\frac{2}{3}.$$

Der Bruttopreis ist somit $p_t^{B*} = 61\frac{2}{3}$. Der Nettopreis im Gleichgewicht ist dann

$$q_t^{B*} = p_t^{B*} - t = 61\frac{2}{3} - 5 = 56\frac{2}{3},$$

und die gleichgewichtige Menge lautet

$$x_t^{B*} = x^B(p_t^{B*}) = 160 - 123\frac{1}{3} = 36\frac{2}{3}.$$

Dies ist in Abb. 16.7 dargestellt.

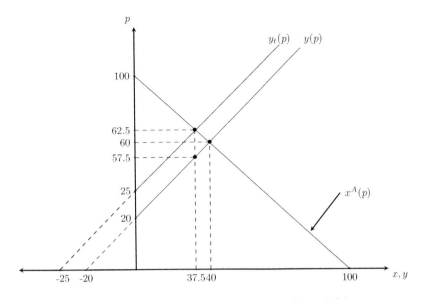

Abb. 16.6 Aufgabe 5.3a. Gleichgewicht im Land A vor und nach Steuereinführung

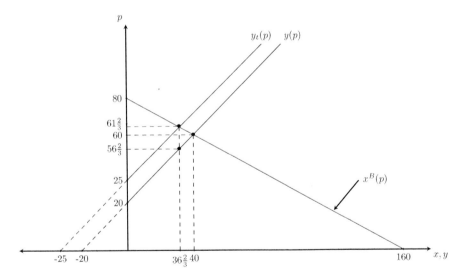

Abb. 16.7 Aufgabe 5.3a. Gleichgewicht im Land B vor und nach Steuereinführung

b) Die Nachfrage im Land B reagiert elastischer auf Preiserhöhungen als die Nachfrage im Land A, da

$$\left|\epsilon_{p^{B*}}^{x^{B}}\right| = 3 > \frac{3}{2} = \left|\epsilon_{p^{A*}}^{x^{A}}\right|.$$

Gleichzeitig ist der Rückgang in der gehandelten Menge im Land B höher als im Land A, da

$$x^{B*} - x_t^{B*} = 3\frac{1}{3} > 2.5 = x^{A*} - x_t^{A*}.$$

Die Hypothese wäre also: *Je elastischer die Nachfrage im Gleichgewicht vor Einführung der Steuer, umso grösser die durch die Steuer induzierte Mengenreduktion.*[2]

c) Im Land A reagiert die Nachfrage und das Angebot gleichermassen elastisch auf Preisänderungen, da

$$\left|\epsilon_{p^{A*}}^{x^A}\right| = \epsilon_{p^{A*}}^{y} = \frac{3}{2}.$$

Der neue Bruttopreis im Gleichgewicht nach Steuern (p_t^{A*}) entspricht dem alten Bruttopreis (p^{A*}) plus der Hälfte der Mengensteuer. Somit tragen Konsumenten- und Produzentenseite die Steuerlast zu gleichen Teilen. Die Konsumenten müssen nach Steuereinführung CHF 2.5 mehr zahlen und die Produzenten erhalten CHF 2.5 weniger als vor Steuereinführung.

Im Land B reagiert die Nachfrage elastischer auf Preisänderungen als das Angebot, da

$$\left|\epsilon_{p^{B*}}^{x^B}\right| = 3 > \frac{3}{2} = \epsilon_{p^{B*}}^{y}.$$

Der neue Bruttopreis im Gleichgewicht nach Steuern (p_t^{B*}) entspricht dem alten Bruttopreis (p^{B*}) plus CHF $1\frac{2}{3}$. Dies entspricht nur einem Drittel der Mengensteuer $t = 5$. Somit tragen die Konsumenten eine geringere Steuerlast als die Produzenten. Während jeder Konsument nach Steuereinführung CHF $1\frac{2}{3}$ mehr zahlen muss, sind die Produzenten gezwungen, auf CHF $3\frac{1}{3}$ pro verkaufte Einheit zu verzichten. Die Hypothese wäre also: *Je elastischer die Preiselastizität der Nachfrage im Vergleich zur Preiselastizität des Angebots, umso geringer die Preissteigerung bei den Konsumenten und umso höher die Preissenkung für die Produzenten.*

---

[2]Streng genommen gilt dieser Zusammenhang natürlich nur, solange die Preiselastizität des Angebotes im Gleichgewicht ($\epsilon_{p^{A*}}^{y}$ und $\epsilon_{p^{B*}}^{y}$) in beiden Ländern identisch ist.

Printed by Printforce, the Netherlands